林继肯选集

第八卷

中国金融出版社

责任编辑：张　铁
责任校对：刘　明
责任印制：程　颖

图书在版编目（CIP）数据

林继肯选集．第八卷/林继肯著．—北京：中国金融出版社，2022.4
ISBN 978 – 7 – 5220 – 1582 – 8

Ⅰ.①林…　Ⅱ.①林…　Ⅲ.①货币—中国—文集　Ⅳ.①F822 – 53

中国版本图书馆 CIP 数据核字（2022）第 047796 号

林继肯选集（第八卷）
LIN JIKEN XUANJI（DI – BA JUAN）
出版
发行　**中国金融出版社**
社址　北京市丰台区益泽路 2 号
市场开发部　（010）66024766，63805472，63439533（传真）
网 上 书 店　www.cfph.cn
　　　　　　（010）66024766，63372837（传真）
读者服务部　（010）66070833，62568380
邮编　100071
经销　新华书店
印刷　河北松源印刷有限公司
尺寸　155 毫米×235 毫米
印张　22
字数　370 千
版次　2022 年 4 月第 1 版
印次　2022 年 4 月第 1 次印刷
定价　98.00 元
ISBN 978 – 7 – 5220 – 1582 – 8
如出现印装错误本社负责调换　联系电话　（010）63263947

行为货币学

目　　录

绪　　论

一、行为货币学的研究对象

行为货币学是研究人的货币心理和货币行为及其规律的科学，研究对象是人。货币银行学是研究货币、信贷、金融等及其运行规律的科学，研究对象是物。物是由人掌握和运用的，人是主体，物是载体。研究人的货币心理和货币行为，主要是研究以下八个重点：货币心理、货币行为、货币意识、货币心情、货币传情、货币关系、货币氛围、货币态度。货币心理是没有办法观察和测量的，只能通过人的货币行为结合心理学的规律，推测一个人的内心。心理学能研究看得见、摸得着的客观东西，也就是行为，因此，心理学又产生了行为心理学流派，这说明货币心理和货币行为是密切联系的。后六者都是由货币心理派生的，但具有相对的独立性，对后六者进行独立的研究，能更深入、具体地研究货币心理。

第一，货币心理。人的货币心理是复杂的，可以分为认知，动机、态度和情绪，不同性格的货币心理三个方面。

认知是指人认识货币和使用货币的过程，这是人最基本的货币心理过程，它包括对货币的感觉、知觉、记忆、思维等，这个过程就是对货币的认知过程。

人的货币认知和行为是在人的动机支配下进行的，动机的基础是人类的各种需要，包括人对物质的需要、精神的需要，还有社会交往的需要，正是这些需要形成了人对货币需要的动机。人的需要不同、心理不同、动机不同，货币行为也不同，还会导致对货币产生不同的态度、情绪。情绪在认知的基础上产生，对认知产生很大的影响。人不仅能够认识货币，而且能掌握和使用货币，产生货币行为的意志，意志与认知、情绪有着密切的关系，人的意志强弱对货币行为产生很大的影响。

在认识和使用货币的过程中，会形成各种各样的货币心理，显示出人与人之间货币心理的差异，差异形成人的货币心理的特性，货币心理差异有些是暂时的，有些是稳固的。货币心理特性包括人的能力和人格。人的能力和人格是在获得应用知识的过程中产生和表现出来的，并调动着人脑信息加工的过程，同时赋予这些过程以个体的特色。

人有个体的货币心理和货币行为，但人作为社会成员总是生活在各种社会群体里，并与其他人结成各种各样的关系，社会产生关系是客观存在的，由此产生了社会的货币心理和货币行为。在不同的社会制度下，既存在不同的货币心理和货币行为，又存在共同的货币心理和货币行为。社会货币心理与个体货币心理是个性与共性的关系，社会货币心理是在共同的社会制度、生活条件和环境中产生的，它是该社会内个体货币心理特征的表现，直接影响个体货币心理的形成与发展。

第二，货币行为。货币行为是在一定的刺激情境下产生的，人的货币心理和货币心理活动是很复杂的，货币心理支配货币行为，又通过货币行为表现货币心理。因此，可以通过人的货币行为观察和分析货币心理。

第三，货币意识。人的货币意识是由人的认知、情绪、情感、欲望等构成的一种丰富而稳定的内在世界，是人们能动地认识货币和使用货币的内部资源，这是人的货币意识的一个特点。货币意识的另一个特点是其具有能动作用。通过货币意识，凭借对货币本质和规律的认识，人能够在实施货币行为前明确其目的，能够预先计划达到目的的方法和手段，在实现目的的过程中，能够坚持预定的方向，分析出现的新情况、新问题，克服各种困难，达到预定目的。

第四，货币心情。人们之间的货币交往，不仅仅是货币收支的关系，其也传递货币交换双方的心情，货币能够传递真情，传递人世间感情中的真、善、美，传递和谐、友谊和快乐，也能够传递猜忌、扭曲和诱惑。

第五，货币传情。货币传情是由货币对人的作用产生的，是货币对人的作用在心理和行为上的反映，这种货币心理和货币行为反映对人的关切、人对人的感情。虽然货币是物，但是由于注入了人的货币心理和货币行为、人的货币动机和货币意志、人的生命活力，货币就带上了人的情感，货币"活"起来了，货币"蹦"起来了，传递了人间激情。

第六，货币关系。货币交换体现了货币交换的双方或多方人与人之间的关系，这种货币关系既是客观的，又是主观的。货币关系是社会生产关系最集中、最具体的反映，有什么样的社会关系，就有什么样的货币关系，因此，货币关系是客观的。货币关系又是主观的，货币关系反映的是人与人之间的关系，这种关系是人的货币心理和货币行为的反映，不同的人存在不同的货币心理和货币行为，对货币关系的认识、态度和处理也是不同的，因此，货币关系又是主观的。

第七，货币氛围。在社会主义市场经济条件下，货币交换发生在社会各个领域、各个方面、各个阶层。人的货币心理、货币行为不同，向社会散发不同的货币气息，有的传递风清气正的货币气息，也有的散发铜臭。我国仍处于并将长期处于社会主义初级阶段，对我国来说，净化社会货币氛围是一个长期、艰巨和重要的任务。

第八，货币态度。货币态度就是人们对货币的看法、态度和追求，是人的货币观的具体表现，人们的经济生活离不开货币，货币在人们头脑中的反映必然形成货币观，货币观在意识形态中占有重要地位，它受社会经济形态的制约，是由社会经济基础决定的，不同的社会有不同的货币观，但同一个社会每个人的货币观又是不同的，甚至有很大的差别。

二、行为货币学的研究任务

探索人的货币心理和货币行为发生、发展和变化的规律，是行为货币学研究的基本任务，这个任务是通过以下几个方面的研究来实现的。

第一，货币心理和货币行为的发生和发展过程。人的货币心理和货币行为是发生、发展和实现的过程，如认知过程、情绪过程、行为过程等，这个过程可能很快，可能分阶段，也可能很慢，研究这个过程对于科学地揭示货币心理和货币行为规律是非常重要的。

第二，货币心理和货币行为的结构。人的货币心理和货币行为是很复杂的，但又不是杂乱无章的，各种货币心理和货币行为之间存在着一定的联系，成为一个有结构的整体。研究货币心理和货币行为结构就是揭示各种货币心理和货币行为之间的联系，对于探索货币心理和货币行为规律同样很重要。

第三，货币心理、货币行为与环境。人的货币心理、货币行为与周围的环境存在着复杂的交互关系，货币心理和货币行为往往是由外界输入的信息引起的。客观世界是货币心理的源泉，外界的刺激会使人脑中产生各种心理现象，从而使人采取相应的货币行为。同样，人的货币心理和货币行为又反作用于周围的环境，进而引起新的货币心理和货币行为。因此，人的货币心理和货币行为与人的外部环境之间，包括自然的和社会的环境存在着规律性的联系，只有深入地研究这种联系，才能进一步揭示货币心理、货币行为及其规律。

第四，货币心理、货币行为与生活有着密切关系。在日常经济生活中，我们每做一件事、每说一句话，往往和货币有着密切的关系，受到一定的货币心理状态和货币心理活动的影响和制约。一个人对别人抱怨、发脾气，就是一种货币心理活动，一个人得意扬扬、意气风发，也是一种货币心理状态。在社会主义市场经济条件下，评价一个人的人品如何、是否有道德，在一定程度上就是评价这个人日常生活中的货币心理和货币行为的好坏。因此，在任何情况下，人都要管好自己的货币心理和货币行为。

过去高等财经院校金融专业只开设货币银行学课程，教授货币、信贷等金融知识，学生仅学会货币、信贷、银行、金融的业务知识和相关理论。不开设行为货币学，不对学生进行正确、健康、为公的货币心理和货币行为教育，只教授货币知识和理论，没有进行货币心理和货币行为的教育，这是课程设置以及立德树人教育上的很大缺陷。设置行为货币学的重要性、理论和实践意义主要表现在以下几个方面：

第一，既要研究物，又要研究人。深入研究和掌握作为经济范畴的货币和货币运行规律，并与人的货币心理、货币行为规律相互联系和统一。只有掌握这个物的客观规律与人的规律的统一，才能使金融工作适应经济高质量发展的新思想、新理念、新格局，才能更好地支持和促进经济的高质量发展。过去金融专业课程的教学内容，只强调认识和掌握货币及货币运行的客观规律，不重视掌握和运用货币心理、货币行为规律，这是见物不见人，是片面的，不利于做好经济和金融工作。

第二，行为货币学是一门新兴的学科。前人没有论述，到目前为止，国内外没有出版相关专著。现已出版的《行为金融学》研究的是金融市场，与本课程的内容没有牵连，它们的界限是很清楚的。新兴的学科需要不断开拓，也需要扶植，前景无限。

第三，行为货币学集心理学、行为学、货币学为一体。它大大开拓了研究货币的领域，提升了研究货币的境界。学生通过本课程的学习，能够初步掌握心理学、行为学的基本原理和知识，这可以为培养良好的货币心理和货币行为奠定理论基础，到达工作岗位后，随着工作、生活阅历的增长，会进一步形成良好的货币心理和货币行为，这是在社会主义市场经济条件下，做好一切经济、金融工作的货币心理和货币行为的基础，是一生不犯金钱错误的基础，是一生快乐幸福的基础。

第四，吸收世界上心理学、行为学研究的新成果，建设行为货币学，着重研究中国实践中的新经验、新问题，建设具有中国特色的课程内容和体系。

行为货币学的内容和体系具有以下特点。

第一，系统性。从货币心理、货币行为、货币意识、货币心情、货币传情、货币关系、货币氛围、货币态度等方面对人的货币心理进行系统研究，体现了对人的货币心理研究的系统性，也体现了课程内容的系统性。货币银行学一般是在本科一年级开设，行为货币学最好在本科三年级开设，学生学习了金融的基本理论和业务知识后，再学习行为货币学"立德树人"的课程，体现了课程设置的系统性。

第二，完整性。行为货币学把人作为研究的主体，把货币作为研究的载体，马克思曾经说过："商品不能自己到市场去，不能自己去交换。因此，我们必须找寻它的监护人，商品所有者。"① 货币也是不能自己走到市场去的，因此必须研究它的主体。货币心理支配货币行为，货币行为反映货币的心理，货币心理是很复杂的，货币行为是打开货币心理的"钥匙"，它透视了人对货币的态度、动机、观点甚至是人品和道德。这样从人到物、从里到外对货币进行全面系统的研究，体现了对货币研究的完整性。

第三，深刻性。上述对货币心理和货币行为研究的八个重点、四个方面，体现了对货币心理和货币行为研究的深刻性，从这方面来说，对货币理论的研究达到了新境界、新高度。

第四，实践性。行为货币学是培养金融工作岗位的社会主义接班人以及反腐拒腐、廉洁自律、反对拜金主义的课程。在社会主义市场经济条件下，拜金主义是主要危险，人数虽然极少，危害却极大，其中有不少人是受过高等教育的。在高等院校，特别是财经院校开设这门课程具有很强的针对性和实践性，这门课程的教学内容和体系能够使学生在认知、信念、情感、态度、行为等方面站在更高的水平上对待金融专业。学生到达工作岗位后，对老师在校的教导记忆犹新，警钟长鸣，将会努力做好经济金融工作，保持风清气正，走阳光大道，不走邪路，一生平安，为党和国家的金融事业多做贡献。

第五，开拓性。行为货币学的很多内容、体系、理论、范畴、规律等都是过去货币银行学所没有的，它大大拓宽了对货币、银行、金融的研究，不仅研究经济范畴，而且把研究人作为重点，研究货币的监护人、货

---

① 马克思. 资本论：第1卷 [M]. 北京：人民出版社，1963：102.

币的所有者，开拓了货币、银行、金融研究的新视野、新领域。

行为货币学是一门把立德树人作为根本任务，培养担当民族伟大复兴时代新人的金融专业理论课程，立德树人贯穿教学内容始终，但又和政治课不重复，立德树人是这门课程的特色，这个特色表现在课程内容体系中，有以下四重内涵。

第一，人民币是为人民服务的。老一辈无产阶级革命家在 1948 年 10 月 1 日人民币发行时，命名中华人民共和国的货币为人民币，含义是十分深远的，所有金融工作者都要坚决落实和执行全心全意为人民服务的宗旨。一切金融工作都要想到为人民服务，为人民谋福祉，为全体人民的根本利益服务；不忘人民币命名的初心，牢记使命；坚定理想信念，忠于祖国，忠于人民，不辜负伟大时代的希望与厚爱，成为能够担当民族复兴大任的时代新人，立志为人民的金融事业作出贡献。

第二，培养社会主义金融事业接班人。要全面提升金融专业人才培养的质量，落实立德树人的根本任务。金融专业的学生进入工作岗位以后，大部分经常与货币打交道。在本课程内容中加强廉洁自律教育和反腐、防腐、拒腐的教育，坚决反对拜金主义，有助于清除一切侵害党的健康肌体的病毒，应以史为鉴，努力学习党的百年奋斗重大成就和历史经验，确保党不变质、不变色、不变味。

第三，培养良好的货币心理和货币行为。教育学生懂得货币心理和货币行为产生的原因、特性、作用，到达金融工作岗位后，在与货币打交道的过程中，只有具备良好的货币心理和货币行为，才能焕发青春的活力，才能全心全意为人民的金融事业做贡献，才能成为合格的金融事业的接班人。

第四，在生活中成为建设社会主义和谐社会的群众带头人。金融专业的毕业生在学校接受了良好货币心理和货币行为的教育，到达金融工作岗位后，在实践中经过培育良好的货币心理和货币行为的锤炼，就会懂得如何正确处理人们之间的货币关系，他们将成为建设社会主义和谐社会的群众带头人。

三、行为货币学的研究方法

行为货币学的研究方法主要包括以下几点。

第一，从人类社会历史发展来研究。研究人、人与货币的关系、人的货币心理和货币行为，必须从人类社会的存在及其发展来研究。因为人是有意识的、追求目的的，任何事情的发生都带着自觉的意图和预期的目的，支配人的行为的动机和意图是各式各样的。作为意识主体的人，其自觉活动在复杂的社会历史链条中起着这样或那样的作用。但是，人类历史发展的总趋势却是不以人的意志为转移的，历史是由人有意识的活动创造的，但这并不能抹杀社会历史发展规律的客观性，因为人的活动受社会条件及其规律的限制，任何人都不能改变历史的总趋势和总过程，历史的发展是有其客观规律的。不仅如此，人的货币心理和货币行为受社会生产关系、条件、环境的影响很大，是社会生产关系、社会制度的反映，因此，历史唯物主义是研究本课程的基本方法。

第二，坚持洋为中用。西方的各种货币心理、货币行为的概念、理论、学说是根据西方社会发展的阶段、社会制度、国情、环境提出来的，有的带有共性，有的差异性很大，因此必须结合中国特色社会主义制度进行研究，洋为中用，不能生搬硬套。

第三，总结中国的实践经验，上升到理论上、体系上进行研究。中国社会主义建设取得了举世瞩目的成就，特别是改革开放以来，硕果累累，要认真总结中国的实践经验，并上升到理论上、体系上进行研究，这是创建新学科最重要的也是唯一的方法，任何其他照搬照抄的方法都是不可能成功的。

第四，总结财经院校的教学经验。财经院校培养的毕业生有可能在国家重要的经济部门工作，过去金融专业没有开设行为货币学这门课程，在课程设置上是一个缺陷，不过，当时还没有这样的教材。财经院校有关专业的毕业生大部分在工作中会和货币打交道，因此应该设置这门立德树人的课程，或者设置与各专业特点相结合的类似课程。

第五，物质财富是基础，精神财富显得越来越重要。世界是物质的，是在时间、空间中依其固有规律运动、变化和发展的物质世界。物质对精神具有独立性、根源性的作用，精神对物质具有依赖性、派生性，要正确认识和掌握物质的决定性和精神的能动性。在物质财富比较丰富的条件下，精神的作用和力量越来越大，特别是在中国特色社会主义制度下，走共同富裕的道路，全面建成小康社会，精神财富显得越来越重要。必须坚持用物质决定精神、精神转化为物质的唯物辩证法来研究和分析货币交换、货币心理和货币行为。

第六，坚持理论创新。要做到创新性、准确性、科学性，这门学科是新兴学科，因此，必须坚持课程内容和体系的创新性，这是本课程的生命线。没有创新就不存在这门新兴学科，在这门课程的内容中，现已有十一个货币创新理论：货币本质新论、等价交换论、互补互渗互促论、货币行为规律论、货币关系论、货币意识论、货币传情论、货币传递真情论、人驾驭货币论、铜臭论、研究活货币论。

第七，在学科的内容和体系中，有很多概念、范畴、规律、理论等都是前人没有提出过的，因此，要坚持提出的准确性，这是这些概念、范畴、规律、理论等站得住的根本。在学科内容、体系和理论阐述上坚持科学性。只有这些内容、体系、理论的论证是科学的、经得住理论和实践的检验，具有科学性，才能使这门新兴学科成立和发展。

第八，促进我国高等财经院校教学内容改革向纵深发展。本书既是一部专著，又是一本教材，这是因为行为货币学中的很多概念、范畴、理论等都是前人没有提出过的，所以，本书既是一部创新性的专著，又是一本教材，补充了货币银行学欠缺的、更重要的另一半。因此，在命名上不是行为货币论，而是行为货币学。本书不仅适合金融专业教学使用，也适合财经院校其他专业使用，因为财经院校各专业都是培养理财、管财、用财，天天和货币、资金打交道的人。因此能够促进我国高等财经院校教学内容改革向纵深、向更高层次、向更高境界发展。

本书的第一章、第四章、第五章由姜淇川博士后撰写，第九章、第十三章由戴晓兵博士撰写，其余各章由林继肯撰写。

第一篇
人类历史发展的客观必然性

货币银行学是研究货币、信贷、金融等及其运行规律的科学，只讲物，不讲人。行为货币学研究掌握和运用货币、信贷、金融等的人，是讲魂。这是人们通过长期的实践，不断总结经验，提高认识的结果，它的产生是人类历史发展的客观必然。

行为货币学这一概念由笔者首先提出并发表，这是对行为货币学的基本范畴、概念、规律等作出了长期研究，取得了阶段性成果（附论文，供参考），并亲身参加了中华人民共和国成立70多年以来金融学科长期实践取得的结果。人类历史上初次诞生的行为货币学肯定是不完善的，希望得到大家的指教和帮助，使它逐步发展和完善。

货币交换的根本原则是等价交换，这也是人的货币心理和货币行为应该遵守的根本原则，遵守这个原则，就是走阳光大道，任何人企图搞不等价交换的货币行为，就是歪门邪道，必然要受到惩罚，甚至家破人亡，这也是人类历史发展证明了的客观必然性。

第一章　行为货币学的产生

一、马克思、亚当·斯密有关人的心理和行为对经济作用的论述

过去，经济学界忽视了人与人之间相互吸引的同感共情，也忽视了那些激发人们行为的心理情感，看不到人们如何评判自己和彼此的行为，对人类的社会性和经济性缺乏整体分析框架。马克思和亚当·斯密同被称为历史上最伟大的经济学家，马克思的代表作为《资本论》，斯密的代表作为《国民财富的性质和原因的研究》（又称《国富论》）、《道德情操论》，其中对有关人对经济的作用有了深刻的认识，这对经济学的发展路途产生了深远影响。

从马克思的理论来看，虽然《资本论》的首要任务是研究资本主义生产方式的本质，揭露资本的运行规律，但是物质的生产和社会生产关系的演变不能不和人的作用（人的心理、人的行为）产生千丝万缕的关系。马克思认为，经济发展中的物的因素和人的因素是辩证统一的。人的因素是经济发展的主要因素，经济发展的物的因素又制约和规定着人的因素，人的因素是物的因素赖以发挥作用的前提，同时物的因素又是经济发展中人的因素即人的活动赖以进行的必要的物质条件。从亚当·斯密的理论来看，人的心理具有两个层面。第一个层面是商业心。首先，人们本身具有一种改善自我现状的本性。我们从出生到死亡，从没一刻会放弃这种想法，对于自我现状，几乎没有一个人会觉得完全满意、不求改善。但是如何改善呢？一般人都觉得，增加资产才是最适当的方法。其次，亚当·斯密认为劳动分工是国富民裕、经济增长的重要源泉。劳动分工可以刺激资本积累并通过共同作用提高劳动生产率，从而会增加整个国家的产出并进一步推动劳动分工和资本积累，工资便会上升，收入的提高会进一步刺激劳动生产率的提升，国家产出的提高会增加消费品，而这些消费品便构成了国民财富。因此，在亚当·斯密看来，商业心就是渴望效用或收益不断

增长的欲望需求，在商业心的驱动下，世界被构建成一个广阔无边的市场，其中充满了实现实用价值的潜能。第二个层面是同情心。从亚当·斯密的《道德情操论》中可以看出，他是以同情心来构造其道德体系的。首先，亚当·斯密认为同情是人的一种道德本性，人的这种本性使他关心别人的命运，即便除了看到别人幸福而感到高兴以外，一无所得，他仍然会把别人的幸福看作自己的事情来对待，这种本性就是同情或怜悯。其次，亚当·斯密又把同情视为设身处地进行想象的心理能力或情感能力，并看作是动态的心理过程或情感过程。通过想象自身处在当事人的情景中，这种感同身受的心理指的是人与人之间情绪和情感的相互感应，即情感共鸣。同情心可以说是亚当·斯密道德情操或行为的心理基础。在同情心的关照下，世间充满了宽容和人情味。

可见，马克思和亚当·斯密的价值思想与人格理论的构建使我们对经济学的研究变得更加人性化，通过建立的一整套以情感共鸣为特征的道德情感理论体系，开创性地构建了市场经济条件下的经济运行伦理准则，对经济学学科的发展起到了不可忽视的作用。

二、行为经济学和传统经济学的关系

（一）传统经济学的局限性

首先，传统经济学中经济人的有关假设过于理想化。传统经济学在假设人是绝对理性、自利的同时，还假设了一系列其他相关的社会情况，如市场信息、历史环境等；同时还不同程度地假设了市场信息绝对对称、资源供给不受限、市场机制模式有效等情况。然而，在我们的现实社会中，这样的情况是不可能存在的。

其次，不同经济人会存在不同程度上的理性差异。任何一种假设都是依据其研究目的而设定的，是为了解决和研究分析某一种问题而设定的一个大概假设，这种假设会忽略一些因素从而导致假设的不全面性。不同问题的重点一定都会存在差异性，导致差异发生在条件假设之中。

最后，在人类经济社会发展的不同阶段，人们的追求层次会发生变化。比如，在经济发展初期，即市场化条件差、工业水平低的时代，市场出现严重的供不应求，人们的收入普遍低下，市场主体受价格约束很大，生产者和消费者都很被动，选择也十分有限，这时，有关经济人的假设还具有一定的适用性；然而，相较于当今，经济发展迅速，市场环境良好，人们知识水平高，在基本解决温饱问题的情况下，人们开始追求更上层的感情和精神层面的东西，此时，经济人假设便不再适用于人们的经济活动了。

（二）行为经济学的发展与意义

行为经济学是一门实用的经济学，它通过把经济学理论的知识和其他学科的知识进行结合，将行为分析理论与经济运行规律、心理学与经济学有机结合起来，以改进、完善现今传统经济学理论中存在的问题，进而修正主流经济学关于人的理性、自利、完全信息、效用最大化及偏好一致等基本假设的不足，突破了传统经济学的一些限制，解释了传统经济学所不能解释的一些经济现象。

行为经济学将行为经济理论与现实情况紧密结合，通过大量的实验对人们从事各种经济活动时的行为方式及其背后的内外部因素进行了深入研究，无论是对日常生活中的人们，还是对生产经营的企业家都具有很大的参考价值和指导意义。但行为经济学并不是要颠覆传统的经济学原理，更应看作对传统经济学的补充和扩展。它更结合实际，其中引进的很多行为经济学的元素可以给我们带来一个全新的视角，去理解金融市场中发生的事情或者我们生活中发生的事情，具体主要体现在以下几点。

第一，行为经济学注重的是人的心理和行为因素。与传统经济学相比，行为经济学中许多决策结果是可以预测的。因为这些决策与人们的动机有关，但更进一步是受到心理和行为因素的影响。比如，当投资者面对股市暴跌时，受到侥幸、逃避等心理的影响，可能会导致人们不会作出正确的止损行为。

第二，行为经济学假设突破了传统经济学假设的局限性。行为经济学将心理学、行为学等多种因素带入经济学中，可以有效地扩展传统的经济决策模型，这使经济学得以进一步分析生产者或消费者的心理因素，并最终形成其行为决策。行为经济学考察了个体的行为决策发生的变化，会作出一些从传统经济学角度来看不是十分合理的决策。因此，加入这些因素后的假设分析会使整个经济学变得更加合理和人性化。

第三，行为经济学与人们生活紧密相关。与行为经济学相关的例子存在于生活大大小小的事物中。比如，在超市或商场中经常会出现一种现象，一旦出现低价大甩卖或者出现排长队时，人们会不知不觉地也进入这个人流中排队购买，其实商家很好地利用了行为经济学中的"羊群效应"①。这种消费者的行为也正是行为经济学研究的重点。

综上所述，相较于原有的传统经济学，行为经济学更像是一门生动有趣的学科，它将心理学、行为学、社会学等学科与经济学完美地融合在一起，把经济学带回现实生活中。了解和掌握行为经济学中的若干理论和研究成果，能使生活在现代经济环境中的人们更明白自己的需求，也更明白市场的运作方式。

三、互补互渗互促论

货币银行学是从宏观角度研究货币运行和金融体系运行的一般规律，以及两者与经济发展之间关系的理论与实践相结合的一门学科。它是以注重介绍金融基本知识和金融基础理论为主线，以货币资金运动、信用活动、金融机构和金融市场为载体，以货币政策和金融调控为主要手段，以深化金融改革、防范金融风险、维护金融安全为出发点和归宿的一门学科。而作为一门新兴的学科，行为货币学是一门研究人的货币行为基础规律的学科，通过学习、掌握人的货币心理、货币行为规律，可以了解、预测和改变人的货币行为。行为货币学是一门将心理学、决策学、社会学、行为学与货币银行学等理论结合在一起的综合性学科。

（一）行为货币学和货币银行学间的互补

行为货币学是在货币银行学的研究方法与理论框架的基础上诞生的一门新学科，它在很多方面都尝试将自身表述为货币银行学的拓展形式而非替代形式。两门学科之间存在着一种互补的关系，主要体现在以下几个方面。

第一，行为货币学和货币银行学在研究对象上存在互补关系。货币银行学长期孤立地只重点研究货币的运行规律以及货币在经济中的客观作用，而忽略了人的因素。然而，在现实中，货币对人的体验和行为有着很大影响，人们拥有货币的多少会对其选择习惯、生活方式以及受教育的机会等多方面产生巨大的影响。可见，货币不仅具有经济功能，还具有象征性价值，可以影响社会关系以及人们的自我概念、经验、认知和社会行

---

① 羊群效应描述的是经济个体的从众跟风心理。因为羊群是一种很散乱的组织，平时在一起也是盲目地左冲右撞，但在羊群中，要是有一只头羊动起来，其他的羊也会不假思索地一哄而上，全然不顾前面可能有狼或者不远处有更好的草。

为。因此，研究对象既要研究货币对经济、人的作用，又要研究人对货币的作用。新兴的行为货币学考虑人的因素，以人作为主要的研究对象，如人的货币心理、人的货币行为、货币对人产生的"五力"等。马克思是十分重视货币对人的作用的，他在《资本论》中不仅详尽地分析了货币对市场经济的作用，也深刻地分析了货币对人的作用，他提出的货币拜物教不仅揭示了资本主义生产关系的实质，也分析了市场经济中货币对人的作用，这为我们分析货币对人的作用树立了典范。反过来，货币行为在很大程度上会受人的因素影响。市场的变化与波动瞬息万变，往往会使决策产生很大的不确定性，在某些情况下，来不及让行为决策者进行详细的调查，只能依靠自身经验和判断作出决策。可见，在决策过程中人的货币意识是重要的影响因素，而在货币行为决策过程中，人们受到不同因素的影响，会出现心理或者生理上的波动，这些都会影响市场主体的行为决策。每个人的意识形态是不一样的，人们的货币思想（货币观）、货币心理、货币情绪、货币动机等因素都是完全不一致的，而亚当·斯密在《道德情操论》中构建的伦理道德理论体系为行为货币学的发展提供了支撑。虽然在《国富论》中亚当·斯密论述了利己主义的利益观，认为人们在经济活动中追求的是个人效益最大化，利己心是人类一切经济行为的推动力，但是《道德情操论》却站在利他的角度，从同情的基本原理出发，讨论了正义、仁慈、克己、责任等道德范畴产生的根源，说明道德评价的性质、原则以及各种美德的特征，揭示了人类社会赖以维系、和谐发展的基础，以及人的行为应遵循的一般道德准则，通过伦理道德这只"看不见的手"来调节人们社会道德的形成。因此，人是货币银行学中经济人和行为货币学中道德人的统一体，行为货币学主要针对人的货币意识形态进行研究，这与货币银行学研究货币的运行规律之间形成了很好的互补，二者在研究对象上的互补能够让我们对货币的运行规律有更全新、更深刻的理解。

第二，行为货币学和货币银行学在研究基础上存在互补关系。自从货币产生以后，货币对各种社会制度下的经济都能发生重要作用。传统货币银行学以经济学为研究基础，从货币、信用和银行角度研究货币及货币创造机制，研究货币供求与社会总供求之间关系的作用、机制及原理问题，研究经济发展问题中的核心问题——货币金融问题。新兴的行为货币学是包括心理学、决策学、社会学、行为学等学科的一门综合性很强的学科，它的研究理论基础是以人为中心。将心理学应用到其中可以研究人类心理现象及其影响下的精神功能和行为活动，尝试用大脑运作来解释个体基本的行为与心理机能，同时，也从心理学的角度尝试解释个体心理机能在货币行为中的角色。与决策学的结合则可以了解个体在决策过程中的行为规律，通过研究决策原理、决策程序和决策方法，有助于个人判别决策的正误并探索如何作出正确决策的规律。而社会学的加入使这门学科更为系统地研究社会行为与人类群体间的关系。行为货币学可以说是现实社会实践的总结，将行为学融入其中最主要的作用就是从微观个体行为以及产生这种行为的更深层次的心理、社会等动因来解释、研究和预测货币或货币运行的现象和问题。可见，行为货币学研究的是人的货币行为，货币银行学的发展离不开行为货币学的补充；货币银行学中的货币与货币的应用性规律是行为货币学研究的理论支撑，因此，行为货币学的发展也离不开传统货币银行学的支持，二者相互补充，共同发展。

可见，传统货币银行学和新兴的行为货币学之间虽然在研究对象和研究基础上存在着很多差异，但两者的联系却是十分紧密、相互补充、缺一不可的。

（二）行为货币学和货币银行学间的互渗

随着行为货币学的发展，我们不应忽视其与货币银行学之间更深层次的联系，即二者间存在着互渗关系，主要体现在以下几个方面。

第一，从本质上看，行为货币学与货币银行学间存在互渗关系。二者的本质关系是主体和载体的关系，主体是指人的货币行为，人的因素是很复杂的，每个人的思想状况、心理状况都是不一样的；载体是指货币与货币的应用性规律。对主体和载体的了解和认识，我们可以从马克思的《〈政治经济学批判〉导言》中得到启发，马克思指出人类掌握世界有四种方式，其中一种是理论（也可称为科学）的方式，还有一种是实践—精神的方式。理论的方式是指人类把客观世界当成思维的整体，进行理论思考。实践—精神的方式则是指人类通过社会实践证明自身思维的真理性，即自身思维的现实性力量。人类既需要理论的方式，也离不开实践—精神的方式。因此，对外界事物客观规律的探究，需要基于对主体——人的研究，两门学科之间事实上存在着一种相互渗透的辩证关系。

第二，从人的属性上看，行为货币学与货币银行学间存在互渗关系。两门学科虽然分析的侧重点和角度都不同，但同样都注意到人的两面性，即人的利己和同情心作为一个相互对立的统一体存在于人的本性之中。具体来说，货币银行学思想中的经济人仅仅是关于市场上行为人的理论抽象，并未概括出人性的全部规定，它抽去了人的政治、道德、文化教育等各种属性，只分析人作为经济活动主体的本质特性，在这个意义上可以说经济人不需要进行道德评价，也不涉及价值判断，只需抽象出经济活动中人的本质特征。因此，我们不能把这种本质特征普遍化为人的一切行为特征，也不能把人的一切行为动机都归结为谋利。行为货币学中的道德人也是一种理论抽象，人在社会经济生活中可以扮演各种角色诸如经济人、政治人、道德人等，但这些都是一种理论模式，因为实际生活中任何人都有多重身份，并不存在某一种纯粹的单面人，人的任何行为都要受到道德的制约，经济人同样也会受到道德的支配。因此，经济人和道德人都是人的某一特性的抽象，如果把货币银行学和行为货币学对立起来，也就意味着把这些特性对立起来，这就不符合两门学科相互渗透的发展规律了。

（三）行为货币学和货币银行学间的互促

随着行为货币学的不断发展，两门课程间的相互促进、相互影响的关系也逐渐进入人们的视野，其主要体现在以下几个方面。

第一，在学科建设发展上，行为货币学和货币银行学间存在互促关系。货币银行学课程只注重学科知识的学习，不注重发挥教育的社会职能与人的发展职能，学科知识与人的发展二者之间容易相互脱离，使能力和正确货币观的培养成为货币银行学课程领域以外的事情，正是这些弊端促进了行为货币学的发展。虽然行为货币学和货币银行学两门课程各自有明确的研究对象、研究内容等，但应着重强调两门学科间的联系性和一致性，避免过于强调学科之间的区别和界限，从而防止各领域之间彼此孤立、相互重复或相互脱节的隔离状态，既要重视科学的基础知识，又不能忽略人的发展。行为货币学的发展使货币银行学告别了其自身独立于实际的一些东西，使两门学科间产生了互促的联系，在强调学习基础知识的同时，也要注重培养具有高素质、拥有正确货币观的杰出金融工作者。因此，我们在学习专业知识的同时，也不要忘记将立德树人作为教育的根本。

第二，在研究理论方法上，行为货币学和货币银行学间存在互促关系。货币银行学的研究重点是货币的运行规律以及货币的经济范畴，重点关注的是物的作用。因此，在解释货币运行规律问题时，传统货币银行学往往会将市场条件看作一种理想化的条件，在此基础上利用各种数学公式对货币需求、流通等问题进行解释，但市场是变幻莫测的，理想的市场条件往往与实际不符。而行为货币学的研究重点是更为关注人的货币行为，试图以人为中心，行为货币学中不同经济个体对市场或经济状况的相同或者迥异的认知，通过个体行为以及群体之间的交互作用，最终又会反馈到市场和经济中去，从而产生了与传统货币理论不同的复杂关系的研究方法。例如，行为货币学主张在对个体的行为建模中，引入认知心理学变量予以处理，如直觉推断法、差决策参照系和判断偏等内容，来对基于计量检验方法的经验证据与有效市场假说的差异进行解释。正因为两门学科研究的侧重点不同，对人的假设理解不同，二者在理论方法的研究思路上也有所不同。但我们在研究实证方法时不要纠缠于理性行为模型是否正确，只需将其视为个体行为的某种规范性模型或一种理想行为规则即可，研究者的任务不是调和观测到的系统性偏差与理性行为模型的关系，而是针对这些行为偏差构建一个更为拟实的描述性模型。换言之，行为货币学并不像人们主观认为的那样，明确拒绝传统货币银行学的理性行为模型，但也不接受该模型是对个体行为的真实描述，而是将其视为一种理想情形，可作为一种参照理论或零假设来进行研究。因此，行为货币学与传统货币学的关系更应该是相辅相成、相互促进发展的关系，而非"非你即我"的关系，二者在研究理论方法上的互相促进使有关货币学的研究更加逼近现实世界。

第三，在解决实际问题中，两门学科间同样存在着共促发展的关系。我们知道，货币银行学的发展在研究货币经济范畴和货币运行规律的过程中可以解决很多问题，如果没有货币银行学相关理论的发展作为研究根基，那么我们很难解决现实中的诸多问题。然而，现实中也存在着一些无法用传统货币理论解释的异常现象和行为。例如，当经济低迷时，政府通过货币增发等方式希望民众增加消费，继而刺激经济反弹，有时奏效，但有时却收效甚微，这可能主要是消费者的不安情绪起了作用，产生了保守的思维方式，传统的货币银行学理论无法进行准确的判断。因此，货币运行中的诸多异象问题也给了行为货币学生存发展的空间，两门学科的共促发展解决了很多现实问题，促进了两门学科间的相互发展、相互融合。

综上所述，在货币学的森林里，行为货币学就如一株小树苗，正在慢慢地生根发芽，而货币银行学虽然枝繁叶茂，但不可能永远一树独大，它们之间的发展是互补、互渗、互促的关系。货币的经济范畴和货币的运行规律都必须建立在符合人性的基础上。一方面，要对人们追求自身物质利益的正当权利和要求提供保证，只有当越来越多的社会成员都拥有追求属于自己利益的积极性时，社会才会得到快速发展。另一方面，市场经济必须建立在道德的基础之上，真正健全合理的市场经济是有道德的经济。可以说，个人利益与社会利益是有机统一的，这一思想对于我们建设社会主义市场经济具有重要的现实意义。因此，我们必须把对物质财富的追求过程转变为对幸福的追求过程，个人的最大化应是幸福的最大化，而不是财富的最大化。财富之所以重要在于它是幸福的物质基础，不能把财富作为唯一目标，因为财富并不等于幸福。从社会经济发展的角度来看，经济的发展不应当像无头苍蝇那样没有目的性。与经济发展相伴的应当是人类道德的发展。如果我们一味地追求经济增长，片面坚持以经济建设为中心而忽视社会道德建设，就可能会出现这样一种社会财富与道德基础不相匹配的现象：一方面社会财富在不断增加，另一方面社会矛盾、贫富分化在日益加剧。因此，行为货币学产生，并与传统货币银行学形成一种互补、互渗、互促的关系，正是这种内在联系的作用促进行为货币学不断发展与演进。

复习思考题

1. 行为经济学和传统经济学存在什么样的关系？
2. 行为货币学的研究对象是什么？
3. 行为货币学的产生以哪些学科为研究基础？
4. 行为货币学和货币银行学间存在哪几种关系？请分点详细说明。
5. 请举例说明生活或工作中与行为货币学有关的现象。

第二章 货币交换的
根本原则是等价交换

凡是企图追求更多货币的行为，一切人为捞取货币的行为，最根本的谬误是违背了货币交换的根本原则——等价交换。因此，一定要把货币交换的根本原则是等价交换搞清楚、弄明白，等价交换也是货币行为的根本原则。

一、货币交换的基础和核心

研究货币交换必须要先从研究商品交换开始，商品内在矛盾及其发展产生了货币交换，也只有从商品内在矛盾的发展中才能研究清楚货币交换，才能得出研究货币交换的重要结论。商品有两个因素：使用价值和价值。形成商品价值的是相同的人类抽象劳动，抽象劳动的量是由社会必要劳动量决定的。交换价值是价值的表现形式，交换价值是一种使用价值和另一种使用价值交换的量的关系和比例。使用价值和交换价值的对立统一，是商品的内在矛盾，商品的内在矛盾是商品运动和变化的动力。

商品的内在矛盾根源于劳动的矛盾，体现了劳动的二重性，即具体劳动和抽象劳动。不同的使用价值是由不同的具体劳动创造的。另外，它们又体现了人类抽象劳动，因而才能按照一定的比例进行交换，具体劳动和抽象劳动的对立统一，就是劳动的二重性，也是商品内在矛盾的根源。在以私有制为基础的商品生产条件下，生产使用价值的具体劳动表现为私人劳动，作为创造价值的抽象劳动又意味着相互联系的社会劳动。这就是商品生产的基本矛盾。

从商品的使用价值转化为交换价值，具体劳动转化为抽象劳动，私人劳动转化为社会劳动，从而商品交换转化为货币交换，这一切实际上都是劳动的交换，因此，劳动是货币交换的基础，这是从商品的内在矛盾到商品生产的基本矛盾分析中得出来的货币交换的重要结论之一，劳动是货币交换的基础。

价值形式的发展反映了商品经济的发展，简单的、个别的或偶然的价值形式是价值形式发展的历史起点。马克思指出："指明这种货币形式的起源，就是说，探讨商品价值关系中包含的价值表现，怎样从最简单的最不显眼的样子一直发展到炫目的货币形式。这样，货币的谜就会随之消失。"① 商品的内在矛盾表现为使用价值和交换价值、具体劳动和抽象劳动、私人劳动和社会劳动之间的矛盾，表现为外在两个商品之间的对立，一个商品处于相对价值形式，另一个商品处于等价形式。等价形式具有三个特点：第一，使用价值成为它的对立面即价值的表现形式；第二，具体劳动成为它的对立面即抽象劳动的表现形式；第三，私人劳动成为它的对立面即社会劳动的表现形式。处于等价形式的商品，它的自然形态就成为了价值形式，它是当作物的一定量，当作一定分量起等价作用，处在相对价值形式的商品价值，在等价形式的自然形态上，变得能够看得见、摸得着，围绕着是否等价，从等价形式三个特点上对两个商品的价值进行比较，这里等价是核心。

商品货币交换是以交换的双方处在平等地位为前提，双方都有随意支配自己商品的权利，都要求这种商品交换是相互需要的、等价的，否则商品货币交换就很难成交。在前两个价值形式，即简单的、个别的或偶然的价值形式和扩大的价值形式中，商品交换是物物的直接交换，交换双方关心两个问题：商品是否相互需要？是否等价？在后两个形式中，即一般价值形式和货币价值形式中，商品交换双方对商品的相互需要已经不存在，等价交换就是商品所有者最关心的问题，也是根本利益所在，等价交换就变成了货币交换的核心。

在现代社会，货币价值形式已经不是当初的金银，也不是铸币，而是货币值符号，主要是纸币，这是因为货币发挥流通手段职能的特点是转瞬即逝的。马克思说："只要金仅仅作为铸币发生作用或经常处在流通中，金实际上只是商品形态变化的连结，是商品的仅仅瞬息间的货币存在。""商品的交换价值在这个过程中所得到的和金在它的流通中所表现的现实性，仅仅是闪电一样的现实性。金虽然是实在的金，但只执行虚幻的金的职能，因而在这个职能上可以由自己的符号来代替"② 。货币价值符号是用它所代表的人类社会劳动来衡量一切商品的价值，一般等价物是价值符

---

① 马克思. 资本论：第 1 卷 [M]. 北京：人民出版社，1975：61.

② 马克思，恩格斯. 马克思恩格斯全集：第 13 卷 [M]. 北京：人民出版社，1962：105.

号的外壳，代表人类社会劳动是价值符号的内核。价值符号的外壳和内核是货币的两个侧面，外壳是价值符号存在和表现的形式，内核是价值符号存在的基础，二者是统一的。在价值符号的外壳和内核中，内核是起决定性作用的，是比较活跃的。当价值符号的内核代表人类社会劳动发生变化，价值符号的外壳就会反映这种变化，货币和商品交换的价格就会发生变化。因此，价值符号的内核决定价值符号的外壳。货币和商品交换，实际上就是价值符号所代表的人类社会劳动和商品所凝结的人类社会劳动相交换，两者必须是对等的，这里等价仍然是核心。

纸币如果发行过多，纸币就会贬值，每个单位纸币所代表的价值就会减少，这是由纸币流通的特殊规律所决定的。马克思说："没有价值的记号，只有在它们流通过程中代表金的限度内，才能成为价值符号，它们又只有在金本身原来就会作为铸币进入流通过程的限度内，才代表金，这个量，在商品交换价值和商品形态变化速度既定的时候，是由金本身的价值决定的。"[1] 马克思又说："国家固然可以把印有任意的铸币名称的任意数量的纸票投入流通，可是它的控制同这个机械动作一起结束。价值符号或纸币一经为流通所掌握，就受流通的内在规律的支配。"[2] 由此可见，纸币发行的数量是由纸币流通的客观规律决定的，如果国家连续发行纸币超过客观的限度，就会发生通货膨胀，国家就要花大力气来制止通货膨胀。因此，在纸币流通条件下，必须要保证货币的等价交换能够正常进行。

以上从等价形式的三个特点，从商品所有者的根本利益，从纸币流通的特有规律，从历史和现实的结合上，都充分说明了一切货币交换都围绕着等价交换这个根本问题来进行，因此，等价交换是货币交换的核心。这是从上述商品内在矛盾到商品生产基本矛盾的分析中得出来的货币交换的重要结论之二。

商品生产和交换是货币交换的前提，商品内在矛盾的斗争是通过外部商品和货币交换来解决的。因此，商品生产和交换决定货币交换，货币交换反作用于商品生产和交换。货币交换对发展商品生产、扩大商品交换、形成市场经济发挥着重要作用。金融是现代市场经济的中心，经济决定金融，金融反作用于经济，但作用和反作用不是绝对的。在一定条件下，金

---

① 马克思，恩格斯. 马克思恩格斯全集：第 13 卷［M］. 北京：人民出版社，1962：108.

② 马克思，恩格斯. 马克思恩格斯全集：第 13 卷［M］. 北京：人民出版社，1962：109 - 110.

融也可以起决定性作用，这是在实际的经济和金融工作中，研究经济和金融关系的基本观点。因此，经济决定金融，金融反作用于经济，这是从上述商品内在矛盾到商品生产基本矛盾的分析中得出来的货币交换的重要结论之三。

从以上研究商品内在矛盾到商品生产基本矛盾的分析中得出关于货币交换的三个重要结论，这是研究货币交换的根本方法，也是唯物辩证法在分析货币交换中的具体运用。

从以上分析可知，商品生产和交换是货币交换的前提，劳动是货币交换的基础，商品货币交换说到底就是人类社会劳动的交换，人类社会劳动的交换必须是对等的，因而货币交换的核心是等价交换，这是保证交换双方的根本利益不能受到任何一方的侵害。所以，在存在商品生产和交换的社会中，商品货币交换都必须遵循等价交换这个根本原则。在中国社会主义市场经济条件下，每个人的日常生活、社会的经济与运行，都离不开货币交换，遵循货币的等价交换原则，对于建设中国特色社会主义是十分重要的。

遵循货币的等价交换原则，是使市场在资源配置中起决定性作用和更好发挥政府作用的客观要求。社会再生产中的生产、分配、流通、消费是有机的统一体，是密不可分的，这种连接只能是通过货币交换来实现，货币交换是连接社会再生产的纽带，如果货币的等价交换原则遭到破坏，货币交换的这个纽带就变成了纸带，直接影响市场在资源配置中的决定性作用。

货币等价交换是市场经济正常运行的根本原则。只有保持货币的等价交换，才能保证交易双方的经济利益不受损害，市场经济才能有序地健康运行，促进经济高质量发展；否则，市场经济就会处处受阻，甚至很难进行，直接影响正常的经济秩序，必然会给社会主义市场经济带来严重损失。

货币的等价交换是促进社会公平合理的物质基础。只有劳动者多劳动、多贡献、多所得，有更多的获得感，经济利益得到保护，不受任何侵害，才能保持社会公平合理；否则，每个劳动者付出得不到应有的回报，劳动成果受到侵害，也就谈不上社会的公平合理了。

货币的等价交换是促进社会安定团结的前提。劳动者的经济利益受到保护，劳动者和劳动者之间，劳动者和企业、单位之间没有经济利益冲突，才能化解社会矛盾，促进社会安定团结，建设和谐社会。

以上分析表明，一切违反等价交换是货币交换根本原则的货币心理和货币行为，都会损害社会主义市场经济的根本利益，都会触犯中国特色社会主义建设的底线、警戒线，都要受到应有的惩罚。因此，违反货币交换的等价交换原则也是一切拜金主义者的起点，必须引起我们足够的警惕。我们必须把等价交换是货币交换的根本原则搞清楚，不能做伸手派，树立牢固的劳动观点，一切货币交换都是要用辛勤的劳动换来的。

二、货币交换存在着表面上等价、实际上不等价的可能性

在各种货币银行学的教科书中，在论述价值形式发展时，都是这样表述的：随着商品生产和交换的发展，从简单的、个别的或偶然的价值形式存在着缺点，发展到扩大的价值形式；扩大的价值形式存在着缺点，发展到一般的价值形式；一般的价值形式存在着缺点，发展到货币价值形式，到此为止，人们产生一种错觉，以为货币价值形式就不存在着缺点，事实上不是这样的。其实，自从商品交换一般等价物出现，商品的直接交换过渡到间接交换形式，这是价值形式发展质的变化，质的变化是根本的变化，这里商品交易已经不是双方，而是存在着三方，存在着第三者"插足"，使商品交易的等价变得看不见、摸不着、不明显，具有隐蔽性，这里存在着迷藏，存在着人为的因素，存在着人的货币心理和货币行为，因而可能产生货币交换的欺骗性。研究货币价值形式的这个缺点，比研究以往任何价值形式的缺点离我们的年代更近、离我们的现代生活更近，甚至是天天发生的，这是更重要的。货币价值形式是价值形式发展最后的、最方便的、唯一的价值形式，但也要看到货币价值形式的缺点，这个缺点就是存在着表面上等价、实际上不等价的可能性，我们必须要从理论上和实践上搞清楚这个缺点。在货币银行学的教科书中应该补充上。

货币交换存在着等价交换的，就存在着不等价交换，这是一个事物的两个方面，货币交换的不等价交换不可能是赤裸裸的、看得见、摸得着，如果是这样，不等价交换就很难存在了。那么，不等价货币交换究竟采取什么样隐蔽的形式呢？在这里这是需要深入研究的问题。马克思著名的剩余价值学说就是通过货币交换的现象，揭露不等价货币交换本质的典范。现象是由事物的本质决定的，但现象是变化的，本质是事物内部深藏的。现象完全歪曲它的本质，这是资本主义制度最主要的特点。马克思研究资本主义社会的利润，从 G（货币）—W（商品）—G（货币）开始，为了追踪利润所掩盖的剩余价值，最后追溯产生剩余价值的发源地，全部秘密

就在于新价值的生产过程中，延长的劳动时间超过了劳动力价值再生产所需要的时间，这个过程分为劳动力的再生产和剩余价值的生产，而剩余价值的源泉是劳动力的消耗和延长超过了劳动力再生产所需要的时间。马克思说："如果我们现在把价值形成过程和价值增值过程比较一下，就会知道，价值增值过程不外是超过一定点而延长了的价值形成过程。"① 这就揭露了利润是所掩盖的剩余劳动，剩余劳动是利润的源泉。在商品市场上，劳动力所有者和资本家在市场上相遇，彼此以平等的所有者发生关系，在法律上是平等的人，实际上，一个是被剥削者，另一个是剥削者、掠夺者，表面上是平等的，实际上是不平等的，是很不平等的。资本家和工人根据双方签订的劳动合同，资本家按时间向工人支付工资，从表面上看是等价的、实际上是不等价的。货币交换就是反映这种表面上等价、实际上不等价的商品产生关系。因此，货币交换表面上等价、实际上不等价，这是货币交换不等价的典型表现形式。

研究货币交换表面上等价、实际上不等价的重大现实性和理论性就在于：研究资本主义社会货币交换表面上等价、实际上不等价，进一步揭露了资本主义生产方式的剥削本质和掠夺性；研究中国特色社会主义制度下，存在着货币交换表面上等价、实际上不等价的货币心理和货币行为，直接损害了人民的根本利益，损害了社会主义经济建设的利益，特别是这种不等价货币交换，采取了表面上等价、实际上不等价的隐蔽方式，一时很难发现，损害的时间越长，对人民利益的损害就越大，直接损害我们建设公平、正义、和谐的社会主义社会。因此，必须要逐步减少和清除这种不等价货币交换，更好地建设中国特色社会主义，使人民生活更美好。

货币交换表面上等价、实际上不等价是货币交换中不等价的表现形式，必须要严格区别于商品供求关系的变动导致商品价格有时高于或低于价值，这是价值规律的调节作用。在市场上，由于存在商品供求关系，商品价值自发地变为商品价格，两者不可能完全一致，商品价格和价值向一个方向的任何背离，都会由相反的背离来修正和补充，围绕着商品价格和商品价值的背离，价格机制调节生产、调节需求的作用得以发挥。因此，这种商品价格背离商品价值仍然属于货币等价交换的范围，是价值规律作用的表现形式，与不等价货币交换即表面上等价、实际上不等价，在表现形式上是不同的，在性质上是根本不同的，两者不能混淆。

---

① 马克思. 资本论：第 1 卷［M］. 北京：人民出版社，1975：271.

研究货币交换中表面上等价、实际上不等价，还要搞清楚以下三个关系：可能性和必然性的关系、可能性和现实性的关系、可能性和偶然性的关系。货币交换中的等价交换是市场经济中的必然性，是市场经济运行中合乎规律的、确定不移的趋势，是市场经济条件下的不可避免性和确定性。因此，货币交换中的等价交换是市场运行中的根本原则，也是市场经济运行的客观要求。

货币交换的等价交换是货币交换的主流，在货币交换中占支配地位，货币交换中表面上等价、实际上不等价是一种可能性，在市场经济运行中当客观条件存在时，有可能出现；当客观条件不存在时，就不可能出现。不可能性是指在市场经济运行中，如果不具备这些条件，它是永远不可能出现的。

可能性包含在现实性中，但又不等于现实性，现实性是实现了的可能性。因此，货币交换表面上等价、实际上不等价的可能性和现实性是紧密联系的。可能性转化为现实性，需要具备客观条件和主观条件，客观条件是社会制度，主观条件是人的货币观。在资本主义制度下，资本家占有生产资料，无产阶级一无所有，只有向资本家出卖自己的劳动力，资本家通过货币交换购买工人的劳动力，从表面上看是等价的，实际上是不等价的。西方经济学否定货币交换反映的这种不等价关系、剥削关系，吹嘘资本主义社会是平等的、自由的，掩盖了表面上平等，实际上不平等的真相，把资本主义的社会生产关系看作永恒的，像自然现象一样，认为是永存的。西方社会罢工游行原因是多方面的、复杂的，但有很多是因为工资待遇、福利不公平、不合理引起的，这是货币交换中表面上等价、实际上不等价造成的。为了抗议货币交换这种表面上等价、实际上不等价，罢工浪潮此起彼伏，美国甚至屡屡发生枪击事件，其中有的就是因为仇视某个资本家的压迫和凌辱，仇视这种社会制度带来的表面上平等、实际上不平等，长期给人带来精神上的压抑和折磨。

从以上分析可知，在资本主义社会货币交换中表面上等价、实际上不等价的这种可能性转化为现实性是必然的，是屡见不鲜的。

在中国特色社会主义制度下，人民当家作主的主人翁地位，全心全意为人民服务的宗旨，使货币交换表面上等价、实际上不等价的可能性转化为现实性的主客观条件发生了根本性变化，这种转化表现为暂时性、偶然性、个别性。偶然性是市场经济偶尔出现的摇摆、失衡、不协调，使货币交换表面上等价、实际上不等价，可以偶尔这样出现或那样出现，带有偶

行为货币学

然性，是暂时的。例如，分配制度有待于进一步调整和完善，流通渠道有待于进一步疏通和规范，消费市场有待于进一步整顿和治理，民营企业劳资关系有待于进一步协调等。在主观条件方面，还存在极少数拜金主义者搞各种非法活动。

从以上分析可知，我国社会主义制度下出现的不等价交换和资本主义制度下出现的不等价交换在主客观条件上是根本不同的，在性质上也是不同的，必须区别开来。

三、减少和消除不等价的货币交换是一个长期、艰巨和细致的任务

在中国特色社会主义制度下产生不等价的货币交换，虽然具有暂时性、偶然性、个别性，是支流，但它的危害性却很大，和中国进入新时代、中国特色社会主义制度是格格不入的，直接危害广大人民的利益，直接危害经济的正常运行，直接危害全体人民走共同富裕的道路，直接危害促进社会公平、正义。因此，千万不能掉以轻心，必须深入细致地分析其产生的原因、性质和对策，这样才能使它逐步减少和不再发生。

货币交换存在表面上等价、实际上不等价的支流，反映出中国现阶段处于并将长期处于社会主义初级阶段的国情没有变，社会主义初级阶段还存在着旧社会的斑痕，以及旧的经济体制的束缚和影响，消除旧社会的斑痕、旧的经济体制束缚的影响是一个长期、艰巨的任务。

在商品货币存在的条件下，生产商品的社会必要劳动量不可能直接用劳动时间来计算，只能通过货币来测量，商品价值的货币表现形成商品价格，这个价格是历史上无数次商品货币交换形成的。因此，商品交换的不等价有的表现明显，比较容易解决；有的表现不明显，只能通过无数次商品货币交换的实践才能逐步被认识，因而减少和消除表面上等价、实际上不等价的货币交换是一个十分细致的任务。

减少和消除表面上等价、实际上不等价的货币交换，要从客观条件即不断发展和完善中国特色社会主义制度，以及主观条件即人的条件这两个方面进行。在中国社会主义市场经济中，任何经济活动都是通过货币交换来实现的，因而减少和消除不等价的货币交换，牵涉经济的各个领域，主要有以下几个方面。

我国已全面建成小康社会，脱贫攻坚已经取得决定性成就，正在向第二个百年奋斗目标进军，这为减少和消除表面上等价、实际上不等价的货

币交换奠定了牢固的经济基础，充分调动了亿万人民群众的积极性和创造性，充分发挥中国特色社会主义制度的优越性，为减少和消除货币交换表面上等价、实际上不等价的可能性增加了强大的力量。

全面深化改革，在更高起点上推进改革开放。深入贯彻以人民为中心的发展思想，让改革发展成果更多、更公平惠及全体人民，促进社会更公平、更正义，更合理，这就会从根本上减少和消除表面上等价、实际上不等价的货币交换的发生，因为货币交换中表面上等价、实际上不等价正是经济运行中不公平、不正义、不合理的货币表现，把表面上等价、实际上不等价的货币交换去掉一件，我们的公平、正义、合理就增添一份。因此，减少和清除表面上等价、实际上不等价的货币交换，要一件事接着一件事去做，一年接着一年去干。

不断提高人民收入水平，逐步实现人民共同富裕。新时代我国社会主要矛盾是人民日益增长的美好生活需要和不平衡不充分的发展之间的矛盾，提高人民收入水平，逐步实现全体人民共同富裕是实现新时代目标的重要内容。坚持经济由高速度增长转向高质量发展的经济发展方式，必然会带来人民收入更多更快的增长，人民生活更高质量的发展。坚持在经济增长的同时实现人民收入同步增长。在提高劳动生产率的同时，实现劳动报酬同步增长，扩大中等收入群体，使中等收入群体比例明显提高，增加低收入群体的收入，调节过高收入，缩小城乡和区域发展差距和人民生活水平差距。上述这一切，从收入分配上减少和消除表面上等价、实际上不等价的货币交换。

坚定不移地贯彻创新、协调、绿色、开放、共享的新发展理念。把经济发展的着力点放在实体经济上，要依靠科技创新和科技进步，吸收世界科技发展的新成就、新经验，提升经济发展的质量和效益，有效化解过剩产能，促进产业优化重组，支持传统产业优化升级。建设现代化经济体系，要充分发挥金融对实体经济的支撑作用，金融是实体经济的血脉，为实体经济服务是金融的宗旨，要把更多的金融资源配置到经济发展的重点领域和薄弱环节，提高直接融资的比重，促进多层次资本市场健康发展。但金融对实体经济的支撑不能只满足在贷款的数量增加上，银行信贷同样要从数量型向质量型转变，要看贷款的经济效益，不能见物不见人，金融工作要看到人的货币行为作用，对实体经济，尤其是对小微企业的贷款，有一部分货币被人为"截留"，转向虚拟经济，甚至转向债券、股票市场，或中途进行拆借，获取高利息，存在着脱实向虚的现象，虚拟经济源源不断地从实体经济中夺取资金，是产生不等价货币交换的十分重要的渠道，必须引起足够的重视。

完善社会主义市场经济体制。要使市场在资源配置中起决定性作用，这是通过市场机制实现的。市场机制就是价格机制，即在公平竞争中产生价格，它反映资源的稀缺程度，指引资源的合理流向，实现各项资源最有效的配置，实现竞争公平有序、优胜劣汰，防止市场垄断，更好地发挥政府作用，完善宏观调控，发挥国家发展规划的战略导向作用，从而最大程度地提高经济效益。市场垄断、公平竞争削弱、供求失衡是产生表面上等价、实际上不等价货币交换的重要原因。因此，必须充分发挥市场在资源配置中的决定性作用和更好发挥政府作用，逐步减少和消除表面上等价、实际上不等价的货币交换。

充分发挥财政税收的调节作用，深化财政税收体制改革。财政政策和税收政策是宏观经济政策的重要组成部分，财政政策和税收政策要促进供给侧结构性改革，激发经济活力，提升经济增长的质量和效益，化解过剩产能。财政预算既要保证国家战略重点的资金需要，又要满足公共产品服务的资金需要，更多地提供教育、医疗和社会保障等公共服务，要管控好政府债券规模，防止出现债务风险。要改善初次分配和再分配结构，通过财政第三次分配，增加低收入群体的收入，调节过高收入，通过财政税收调节作用，逐步消除和减少表面上等价、实际上不等价货币交换的发生。

保持通货基本稳定。通货稳定促进经济稳定、健康发展，促进社会安全团结。要使人民收入的增长超过物价上涨；否则，人民的实际生活水平会下降，这就会导致发生表面上等价、实际上不等价的货币交换。银行存款利率不能太低，否则，在物价上涨的情况下，银行存款就会出现负利率，人民的存款就会越存越少，名义上货币的数额没有变，但货币的购买力却在下降，这就导致发生表面上等价、实际上不等价的货币交换。因此，在通货膨胀的情况下，表面上等价、实际上不等价的货币交换就会明显发生。

防范和化解金融风险，特别是系统性金融风险，这是金融工作永恒的主题，直接关系国家的安全、人民的利益，要加强金融监管，杜绝金融风险导致发生不等价的货币交换。

四、等价交换也是货币行为的根本原则

人的货币行为产生的原因，有内在原因和外部原因两个方面。内在原

因首先是生理上的原因，是衣、食、住、行的生活需要，其次是社会原因，人生活在社会中，不能脱离社会的需要，因此产生人们之间货币行为的需要。外部原因主要是外来的刺激，外部刺激引起人的货币行为，货币行为的内在原因和外在原因是密切联系的。货币行为的产生是人们生存、生活的基本需要，这种需要是持久的，人的货币行为是因人的欲望而产生，因欲望得到满足而终止的过程。

人们往往希望自己和家庭生活过得好些、更好些，这就产生了对物质利益的需要，追求物质利益的欲望导致产生了追求物质利益的动机。人的货币行为与人们的生存和发展直接相联系，因此，物质利益对人的货币行为的支配作用十分明显，这种物质利益是人们通过自己的劳动，从事生产或工作得到的收入，满足自己和家庭的生存、享受和发展的各种物质需要。货币行为就是人们在经济生活中满足物质需要的各种行为，因此，也是人们最基本的、最重要的行为。

人的生存和发展不仅是物质利益的满足，还有非物质利益的需要，如兴趣、爱好、学习、成就、交往等需要，这对人们的生存和发展也是必不可少的。除了物质利益和非物质利益的需要以外，人们还有度假、休息、闲暇等需要。非物质利益和度假、休息、闲暇等需要也是以物质利益为基础的。在社会主义市场经济中，要正视、承认、尊重、正确引导人们对物质利益和非物质利益的追求，逐步实现人的全面需要和发展，享受更美好的生活。

综上所述，人们要生存和发展，必须要有衣、食、住、行等维持生存和发展的物质资料，物质资料的生产是人们生存和发展的基础。物质资料的生产是劳动者按照预期的目的，运用劳动手段，通过辛勤的劳动，加工于劳动对象，使它适合于人们生存和发展的需要。人们的生产活动首先是一个劳动过程，劳动就是具有一定生产经验和劳动技能的劳动者，使用劳动工具进行的有目的的生产劳动。生产资料是劳动资料和劳动对象，这是进行物质资料生产的客观条件，人的劳动是进行物质资料生产的主观条件。

人们在生产出产品以后，按照一定的分配原则，各分得一部分产品，在存在社会分工的条件下，人们自己所生产的产品往往不是自己所需要的产品，这时人们必须要用自己生产的产品和别人进行交换，交换是通过货币进行的，交换双方必须遵循等价交换的原则才能进行，否则，不等价会伤害一方的利益，交换就不可能实现，所以，等价交换是货币交换的根本原则。因此，要获取货币，唯一的途径是辛勤劳动，这是获取货币的前提。人们的生产、分配、交换和消费关系，即社会生产关系的总和构成了社会的经济基础。政治、法律、宗教、文学、艺术、教育、社会意识等社会上层建筑是在一定的经济基础上建立起来的。人们在上层建筑各部门工作，同样要付出辛勤的劳动，要根据等价交换原则获取货币。因此，获取货币最根本的途径就是辛勤劳动和工作。劳动是货币交换的基础，等价是货币交换的根本原则，有效地多劳动，创造更多的社会财富，获得更多的工作业绩，就可以多获得货币。

在资本主义制度下，资产阶级一贯鼓吹自由、平等，说什么资本主义社会是最自由、最平等的社会，实际上是表面上的平等、自由，本质上是不平等、不自由。无产阶级只有集会、游行、喊口号、受剥削、受奴役的自由、平等，实际上是不平等、不自由的。因此，货币交换中的表面上等价、实际上不等价，就是资本主义制度在政治上表面上平等、自由，实际上不平等、不自由在货币交换中的反映。

在中国特色社会主义制度下，人民当家作主，一切以人民为中心，劳动人民是国家的主人，全体人民走共同富裕的道路，无论职务的高低，企业的领导人和工人都是普通的劳动者，在人格上一律是平等的、自由的，在人格上都要受到尊重，这样才能调动广大劳动者劳动的积极性和创造性，为国家、集体多创造财富、多做贡献。因此，在我国社会主义初级阶段，减少和消除表面上等价、实际上不等价的货币交换，从客观条件上讲，就是要不断发展和完善中国特色社会主义制度。从主观条件上讲，就是要充分调动广大劳动者劳动和工作的积极性、创造性，因为辛勤的劳动和工作才是获取货币唯一的途径。

在社会主义制度下，一切违反等价交换这一货币交换的根本原则，或者不等价交换想多获取货币都是不允许的，是要受到谴责的，甚至是违法的。不是通过辛勤劳动和工作得到的货币，千万不能伸手，伸手了第一次，就会有第二次甚至更多次，货币交换就会把自己带到毁灭一生的邪路上。因此，只有辛勤的劳动和工作才是获取货币唯一正确的根本途径。

从以上分析可知，人的货币行为必须通过货币交换才能实现，货币交换的基础是劳动，货币交换的根本原则是等价交换，这就决定了人的货币行为的根本原则也必须是等价交换。违反了这个原则，人的货币行为就无法实现，甚至要受到违反等价交换这个根本原则的惩罚。

五、等价交换论

货币交换是商品生产条件下社会分工的结果，是指人们之间的劳动产品根据等价的原则进行交换，货币交换是货币运行规律的表现形式，因此，货币交换具有客观性。

货币行为的产生是由于人的货币心理，它是人的货币心理活动的结果，是人的货币心理表现为货币行为，因此，货币行为具有主观性。

人的货币行为和货币交换有着密切的联系，主要表现在：一是人的货币行为是通过货币交换实现的；二是等价交换是货币交换的根本原则，也是货币行为的根本原则；三是货币交换的货币不是自己进入交换领域的，而是人的货币行为投入的。

货币交换的客观性与货币行为的主观性又是根本不同的，主要表现在以下方面。第一，等价交换是货币交换固有的、内在的根本原则，等价交换也是货币行为的根本原则，但这不是货币行为本身固有的，不是人人都遵守这个根本原则的，不同的人有不同的打算和想法，可能遵守也可能违反这个根本原则。

第二，一旦货币交换违反了等价交换的根本原则，就会损害货币交换一方或多方的根本利益，货币交换就不能成立，此次货币交换就会结束。但是，如果货币行为违反了等价交换的根本原则，就要追究责任，追究当事人的过错。

第三，货币交换存在着名义上等价、实际上不等价的可能性，这种可能性是通过人的货币行为实现的，是货币行为把这种可能性转化为现实性。极少数人货币心理上存在谬误，往往企图通过货币交换名义上等价、实际上不等价的货币行为来捞取货币。

第四，减少和消除不等价的货币交换是一个长期、艰巨、细致的任务，货币行为违反了等价交换的根本原则就会立刻受到法律的严惩。严重的甚至落得家破人亡的结局。

以上货币行为与货币交换的不同，实际上是货币是载体、人是主体的不同，货币是不能自己进入流通的，是通过人把它投入流通的，货币有它的运行规律，但受人的指挥和调控，因此，人对货币在经济、社会中发挥的作用有很大的影响。

等价交换也是货币行为的根本原则，根据这个原则的要求，人的一生就应做到辛勤劳动、无私奉献、快乐幸福、一生平安；违反等价交换是货币行为的根本原则的结果是轻视劳动、捞取货币、违法乱纪、自食恶果。

复习思考题

1. 货币交换的基础是什么？为什么？

2. 货币交换的核心是什么？为什么？

3. 从商品的内在矛盾到商品生产的矛盾，怎样得出关于货币交换的三个重要结论？

4. 为什么说等价交换是货币交换的根本原则？

5. 货币价值形式为什么是价值形式发展质的变化？

6. 货币交换表面上等价、实际上不等价的三个关系是什么？

7. 减少和消除表面上等价、实际上不等价的客观条件是什么？

8. 减少和消除表面上等价、实际上不等价的主观条件是什么？

9. 为什么说辛勤劳动和工作是获取货币的根本途径？

10. 你对等价交换论有什么看法？

第二篇
货币对人的作用

在市场经济中，人们往往认为货币对经济的作用是最重要的，殊不知货币对人的作用更重要。人类社会几千年来受商品拜物教、货币拜物教的影响，导致商品统治人，货币统治人，商品、货币都是物，是死的，导致研究的是死货币。研究货币对人的作用，要认识到人是活的，只有研究货币对人的心理、货币行为的作用，才能走出过去研究死货币的死胡同，走上研究活货币的新路，才能更好地发挥货币对经济、社会的作用，做好经济、金融的实际工作。

第三章　货币五力论

既要研究货币对经济的作用，又要研究货币对人的作用，货币对经济的作用，即是货币具有的五个职能；货币对人的作用，即是货币对人产生的五种力——货币的吸引力、和谐力、扭曲力、诱惑力、国际力，因此可以概括为货币五力论，这五种力对不同的人产生了不同的货币心理、货币行为，这样就把货币研究活了。

一、货币对人产生作用的客观必然性

货币对经济产生作用，促进社会生产力发展，其必然对社会生产力中占主导地位的、最活跃的组成要素之一的人发生作用，根据有以下四个。

第一，人的因素在社会生产力中占有特殊重要的地位。在社会生产力中，劳动者是生产过程的主体，是首要的生产力，是生产力诸要素中起主导作用的因素。劳动者是生产工具的创造者和使用者，物质要素只有被人掌握、与劳动者结合起来，才能成为现实的生产力。在物质资料的生产以及相应的分配、交换和消费中，人的因素都起着决定性的作用。所以说，货币在对经济发生作用的同时，必然对人也发生作用。

不仅如此，劳动对象和人共同构成社会生产力，但人的因素和物的因素是根本不同的，物的因素是死的，人的因素是活的，人是有心理活动、有思维、有意识的。人的思维、动机决定人的行为，物的因素是由人来掌握和使用的、由人来创造的。因此，货币对物的作用和对人的作用是根本不同的，这就要求我们必须根据社会生产力中人的特殊地位和人的因素性质进行独立的、系统的研究。不同的人的货币心理、意识、货币行为不同，对经济发展产生的作用也有很大的不同。

第二，货币是一种特殊商品。从货币产生的历史来看，货币是从商品世界中分离出来的、占有特殊地位的商品，即货币是商品世界中的一般等价物。对任何一种普通商品来说，各个人对它的需要有很大的差别性和局限性，但对货币来说却不一样，人人都需要它。因为人人都需要货币，所以需要把自己生产和掌握的商品转化为货币，再拿货币换取自己日常生活所需要的商品，没有这种转化，人的日常生活就会发生困难，这也是社会分工所必需的。货币对人的日常生活产生很大的影响，因此，必须要研究货币对人的作用。

第三，人有相对独立的经济生活。货币对人的作用不局限在货币对经济作用的过程中，人在经济过程以外还有个人独立的生活。人们一般将更多的时间和精力用在个人生活上，从这个层面上来说，货币对人的作用更加明显。因此，货币不仅在经济过程中对社会生产力中人的因素发生作用，而且在经济过程以外，对个人独立的经济生活产生更直接、更强劲的作用。

第四，货币对人的作用是最直接的。很多人感觉不到、不懂得、不关注货币对经济的作用，但没有一个人感觉不到、不懂得、不关注货币对日常经济生活的作用，这是因为人感觉货币对经济的作用往往是间接的，很多人感觉不到，也不太关注；相反，没有一个人不在日常生活中感觉到、懂得和关注货币对自己的作用，这种作用是很直接、很具体、很敏感的，影响是很大的。

以上分析表明，必须对货币对人的作用进行独立的、系统的研究，不仅如此，货币对人的作用，尤其不同于对社会生产力中其他因素的特点，主要表现在以下几个方面。

第一，人的目的性。人总是有追求的，包括物质、精神、理想、抱负、成就等各方面，人在生存和发展中产生物质和精神的需要，是推动社会经济发展最直接、最根本的原因。所以，发展生产是为了创造更多的社会财富，满足人的需要，为了使人更好、更快乐地生存和发展。

第二，人的主观能动性。人在获得知识和应用知识的过程中，利用感觉、知觉、记忆、思维和语言等获取信息，并将这些信息经过神经系统的加工处理，形成内在的心理活动，进而支配人的行为，这是人的认知过程。人的认知和行为是在动机的支配下进行的，动机的基础是人的多种需要，包括物质和精神各方面的需要，动机是行为的动力，它具有激活、推向、维持和调整行为的功能。情绪是在认知的基础上产生的，又对认知产生了很大的影响，成为调节和控制认知活动的一种内在因素。在人的动机和情绪的支配下，人不仅能认识世界，而且能在自己的活动中有目的、有计划地改造世界，这就是人的主观能动作用。

第三，人的个体心理特性。人在获得和应用知识的过程中，或者在信息的加工过程中，会形成各种各样的心理特性，显示出人与人之间的心理差异，人的心理特性有些是暂时的，有些是稳固的、经常出现的。心理特性包括能力和人格，能力是顺利实现某种活动的心理条件，能力的高低会影响人们从事活动的效率；人格是构成一个人的思想、情感及行为的独特模式，人格包括人的气质、性格和自我调控，表现了区别于他人的心理品质。

第四，人的独立性。人的文化、知识、修养、思想、道德、人品等都是不同的，因此，货币对人的作用在反作用于经济时，也是不同的，甚至有很大的不同。因为有的人能正确对待、认识和掌控货币，有的人不能，所以，不同的人掌控的货币对经济的反作用也是不同的。正因为货币对人的作用不同，人的货币心理、货币行为也不同，所以人对经济的作用也是不同的。

鉴于以上货币对人产生作用的客观必然性和特点，必须对货币对人产生的作用进行全面、深入的研究，这样才能正确、深入地把握人对货币运行和发展经济的作用。

二、货币的吸引力

货币吸引力是指货币把人的注意力集中或转移到货币上来。货币的吸引力是伴随着货币的产生而产生的，也就是说，自从货币产生以后，就产生了货币的吸引力，货币对人就具有这种力量。这是因为货币是一般等价物，有了货币就可以购买任何商品，供人们消费；反之，没有货币，日常生活就难以维持。

人类生存的第一个前提，是必须能够生存，而想要生存，则必须有生活资料。人们关心和重视自己的生活水平能否得到不断改善，关心自己的经济利益，这是正当的，也是必然的。货币是一般等价物、财富的代表，这是货币具有吸引力的客观基础。

经济利益在人类经济生活中可以作为经济范畴出现，而在道德活动中，经济利益是任何道德范畴的基石，因此，经济利益是两个不同范畴的中介和连接点，它既是经济关系的表现，是人们在经济活动中追求的目标，又是道德所要调节的目标。这就决定了货币吸引力是这样一种力量，它既来自作为一般等价物、财富代表的货币这个客观经济范畴，又来自既是客观经济范畴，又是思想、道德范畴的经济利益。货币的吸引力既通过客观存在的货币这个经济范畴和客观存在的利益产生，又通过货币作用于人的人生观和货币观而产生，是通过经济因素和非经济因素的共同作用，通过人的思想、心理、大脑产生的。因此，货币的吸引力既具有客观性，又具有主观性。货币吸引力的大小不像货币购买力的大小那样，可以直接从货币本身计算出来。货币吸引力是随着商品经济的发展而不断增加的。在货币产生伊始，人们之间的商品交换较少，货币吸引力也较小。随着商品经济的发展，货币作为一般等价物日益普遍，作用日益明显，吸引力就日益增加。商品市场的出现增加了货币的吸引力，商品经济的发展和社会分工的发展，必然促进作为媒介的商业的发展，在历史上，商业资本的形成先于资本主义生产方式的形成，并且在逻辑上也是形成资本主义生产方式的必要条件。商品流通是资本的起点，商品生产和发达的商品流通即贸易，是资本产生的历史前提，这种商品资本的存在，只需以简单商品和货币流通为条件，只要是存在这种条件的地方，就有商品资本的存在和发展，而这种商业利润的获得是不等价交换的结果，正是因为通过商品和货币的贱买和贵卖可以赚到更多的货币，吸引了人从事商业活动。所以，商业和市场的出现进一步增强了货币的吸引力。

在历史上，高利贷活动是促进货币吸引力增加的一个重要因素，高利贷资本在资本主义生产方式出现以前就已经产生，因为通过发放高利贷可以生息、能够赚钱，所以增加了货币的吸引力。高利贷资本作为生息资本是同小生产、自耕农和小手工业占优势的情况相适应的，小生产是最不稳固的，极轻微的震荡就会使小生产者破产，于是小生产者便求助于高利贷者，而一旦他们陷入高利贷者的魔掌，高利息就会侵吞了他们的全部剩余产品，使他们破产。

资本主义的生产是剩余价值的生产，资本主义生产不仅是商品生产，它实质上是剩余价值的生产，资本家占有工人的绝对剩余价值和相对剩余价值，并且通过延长劳动日、加强劳动强度、减少流通费用、加速商品周转等方法赚到了很多钱，货币增强了对资本家的吸引力，特别是剩余价值的资本化，扩大了资本规模，扩大了生产能力，使资本家赚到更多的钱，所以，货币吸引力得到了极大的增强。

金融资本家出现后，既不从事生产，也不从事商品经营，而是从事银行业的资本运作和股票、期货、外汇等的买卖，却往往赚到很多钱，甚至比其他资本家赚到的钱更多，但风险也更大。金融资本和产业资本相结合，形成金融寡头，他们操纵和垄断经济，追求更多的货币，货币对他们的吸引力也极大。

概括以上分析可以得出以下三个结论：

第一，货币的吸引力经过了一个历史的发展过程，从小到大。人们逐步认识到货币作为一般等价物、财富代表的作用，认识到有了货币还能赚钱，货币的吸引力也就逐步增加。

第二，货币在人们手中，只是被用于日常消费，一般来说，货币的吸引力比较稳定，但这也不是绝对的，因为每个人的经济、思想、心理、货币意识是不同的，货币的吸引力也是不同的。

第三，在不同的社会、不同的阶层，货币的吸引力是不同的。在我国社会主义市场经济条件下，货币吸引力要通过不同人的不同人生观、货币观反映出来，货币吸引力可能是很不相同的。对有些人来说，货币的吸引力很小；对有些人来说，货币的吸引力就很大。对多数人来说，货币吸引力处于正常范围和稳定状态，这是我国社会主义市场经济条件下货币吸引力的特点。

对于具有不同人生观、货币观的人而言，货币的吸引力可以用以下直观方式表示，其总体情况是：货币→人生观、货币观→货币吸引力。

货币对不同人生观、货币观的人发生作用，产生了货币吸引力。货币对不同人生观、货币观产生的吸引力，有以下三种情况：

1. 货币→正确的人生观、货币观→货币吸引力→在正常范围内

我国人民生活总体上已经达到了小康水平，城乡居民的货币收入稳定增长，人民的物质化生活水平不断改善和提高，全民族的思想道德素质和科学文化素质不断提高，因此，绝大多数人已经树立起正确的人生观、货币观，能够正确对待货币，通过自己辛勤的劳动和工作，为发展社会主义经济做贡献，货币对他们的吸引力稳定地处在正常范围内。所以，货币的吸引力能够推动人们从事正常的体力和脑力劳动，创造更美好的生活。

2. 货币→思想先进人们的人生观、货币观→货币吸引力→货币吸引力很小

一批思想先进的人，他们胸怀广阔，具有高尚情操和崇高的道德品质，货币对他们的吸引力很小，他们经常拿出自己腰包中的货币扶贫帮困、助学救急、为社会献爱心。

3. 货币→不正确的人生观、货币观→货币吸引力→货币吸引力过大

在日常生活中，有这样一些人，他们通过自己的劳动和工作得到货币收入，但这些人经常计较货币的多少和工资待遇的高低，为了金钱经常和亲人、朋友发生争吵，货币对他们的吸引力过大，结果给自己和别人都带

来苦恼。

从以上分析可知，货币的吸引力是普遍存在的，只要有商品生产和货币交换，只要人们有生存、发展和享受的愿望，只要人们的劳动仍以货币付酬，货币对人们的吸引力就是普遍存在的，货币的吸引力产生人的货币行为，促进经济发展，为社会创造更多的财富。

三、货币的和谐力

货币的和谐力最初产生于人们有了剩余货币之后。有些善良的人出于同情心，用货币扶贫帮困，货币因而产生和谐力。货币自产生那天开始，从来都是私有的，为个人所用，人们对货币的私有观念很牢固。如果有人乐于帮助他人，把自己口袋中的钱拿出来给别人用，必须要在思想上有一个飞跃，突破私有制观念。因此，货币的和谐力是指通过货币给别人以资助，带去爱心，传递人间真情，送去温暖，减轻或者解决别人的经济困难，使别人从痛苦中解放出来，将痛苦转化为欢乐和感激，使人与人之间的关系更加和谐，货币发挥了和谐力。

在家庭中，利用货币尽孝心，供养老人，帮助困难的亲戚，货币在家庭中就产生了和谐力。朋友中如果有谁发生临时经济困难，或者是急需用钱，其他人就能在货币上给予支持和帮助，货币在朋友中就产生了和谐力。

资助个人是货币发挥和谐力的最初、最普通的一种形式，后来，随着经济和社会的发展，人们为了资助更多的人，帮助更多需要帮助的人，筹集更多的资金，更好地发挥资金的作用，逐步成立了各种组织或团体，例如，基金会、慈善团体等，各种慈善基金会、教育基金会、少年儿童基金会、残疾人基金会等，以及许多以个人名字命名的基金会，这是货币发挥和谐力的另一种形式。

2008年5月12日，四川汶川发生特大地震，灾难无情人有情，全国上下众志成城，捐款捐物，支援灾区群众，爱心涌现在全国大地。老人捐款，儿童捐款，企业家捐款，艺术家、军人等各行各业的广大人民群众捐款，华人华侨、国际友人捐款……涌现出许多可歌可泣的动人故事，国家意志在此体现，民族精神在此提升，以爱心战胜死神，充分体现了货币的和谐力，表现了全国人民是一个大家庭，人间有爱，捐赠无论多少，播种的都是爱心，全国人民的爱心是借助于货币表达的，货币表现出极大的和谐力。

在抗击新冠肺炎疫情的过程中，全国人民捐款捐物，帮助湖北人民战胜疫情，夺取武汉、湖北疫情阻击战的伟大胜利，医务工作者逆向而行，他们是人民英雄，可敬可佩！他们挽救了患者生命，温暖了中国人民的心，货币的和谐力传递了人间珍贵真情。

综上所述，货币的和谐力对人产生了巨大的作用，传递了人间真情，对构建和谐社会发生了巨大力量，主要表现在以下四个方面。

第一，产生了很大积极的力量。使得到资助的人减轻或解决了经济困难，中国有句谚语："一分钱难倒英雄汉"，经济困难往往是拦路虎，使人很难越过，通过别人的资助，经济困难减轻或解决了，人就可以从痛苦和忧愁中解脱出来，重新振作精神，愉快地劳动和工作，继续前进！

第二，传递了人间真情。得到了别人无私的资助，使很多人激动，终生难忘，也许就是这次资助，对他们的一生产生了很重要的影响，使他们得到了新的机遇。无私资助给他们送去了温暖，送去了爱心，使人与人之间更亲近、更和谐。

第三，增强了人间信心。使许多人增强了信心，增加了力量，个人遭受经济困难的时候，甚至想走绝路，但通过别人的资助，困难化解了，他们也恢复了信心。又如，被资助人的愿望得到了实现，他们用优异的成绩回报资助人、回报社会，发挥聪明才智，为社会做贡献。

第四，发挥了每个单位货币的最大作用。货币有剩余的人，以货币的形式帮助没有货币的贫困人，每个单位的货币发挥了最大的作用，例如，同样的 100 元钱，对富裕的人来说是无足轻重的，但对贫困的人来说则是十分顶用的。

一个社会的货币和谐力是否普遍以及资助货币数量的大小，是一个国家的社会制度、经济发展水平和社会风气的反映。

第一，反映社会制度的好坏。在社会制度比较好的国家，人们之间的根本利益一致，互帮互助，患难见真情，货币和谐力的发挥比较普遍；反之，在社会制度不好的国家，人们之间的关系比较淡漠，货币和谐力就发挥不好。

第二，反映经济发展的情况。只有一个国家的发展水平较高，人们生活水平普遍较高，有了较多的货币，才能为货币发挥和谐力创造前提条件；反之，在经济条件不好的情况下，货币也可发挥和谐力，但不太普遍。

第三，反映社会风气和人的素质。社会风气好，人的素质高，人们和谐相处，注重提高道德品质和思想修养，货币和谐力的发挥就较为普遍。

决定货币和谐力的因素主要包括以下三个：

第一，人的主观愿望是决定因素。个人突破了货币私有的观念，把自己腰包中的钱拿出来，用在别人身上，这是一种思想上的飞跃，需要有较高的思想境界，特别是在拿出较多的货币时，思想境界上是要做自我超越的。

第二，有剩余货币是相对因素。人们要想用货币帮助别人，自己必须有钱，这是货币发挥和谐力的前提。没有剩余货币，爱莫能助，有了剩余货币，资助多少、使出多少力量，则是一个相对的因素。

第三，社会风气是促进因素。社会风气好，人们助人为乐，更多人愿意帮助别人，彼此相互帮助，社会就会有更多的货币发挥和谐力；反之，社会风气不好，各人自扫门前雪，人与人之间关系淡漠，人们的货币私有制观念重，发挥和谐力的货币就少。

总之，货币和谐力的特点体现在人们突破了货币私有制的观念，用自己的钱扶贫帮困，帮助别人解决经济困难，这种高尚的货币行为使人与人之间的关系更加和谐，促进社会和谐发展，形成良好的社会风气。

四、货币的扭曲力

人们为了获得货币或者获得更多的货币，致使事物发生了扭曲，货币的这种能使人间事物发生扭曲的力量，就是货币的扭曲力。货币的扭曲力产生得很早，当人们完全认识到货币是一般等价物、财富的代表后，由于自私心理产生了不正当的货币行为，使事物本来的面目或性质发生了扭曲，这时就产生了货币的扭曲力。谚语说："卖瓜的都说自己瓜甜"，卖瓜的这种吆喝如果只是为了招揽生意，那么是无可非议的；但如果明知道自己的瓜不是甜的，那么，这种吆喝就为了把自己的瓜卖出去，或许是为了赚到更多的货币，这种赚钱的货币行为扭曲了事物的本来面目，就是货币的扭曲力。中国还有一句谚语说："挂羊头卖狗肉"，可以用来比喻货币行为表里不一，但这句谚语也说明了在商品交换中的确存在这样的事。货币作用于人，于是产生了货币的扭曲力。卖肉的人挂的是羊头，卖的却是狗肉，扭曲了事物本来的面目。随着商品经济的发展，有些不法商人出售假冒伪劣产品，这种现象时有发生，货币的扭曲力也时有发生。

纵观人类历史，货币产生扭曲力，扭曲了客观事物的本来面目和性质，主要表现在以下三个方面。

第一，人身关系的扭曲。人身关系是一种血缘关系，也是一种自然关系。由于商品经济发展和货币的出现，在阶级产生后，这种自然的血缘关系往往不能维持而遭受破坏。以封建社会为例，土地逐渐集中在地主手中，农民被剥夺了土地，没有土地的农民很难生活，遇到灾荒年，卖儿卖女的现象是经常发生的，父母含泪把自己的亲生女儿卖给富人做童养媳、丫鬟，货币在此发生了扭曲力，为了得到一点卖儿卖女的钱，就扭曲了最亲的血缘关系，这种扭曲的货币行为造成了人世间多少悲剧！

在现实生活中，由于货币对人具有扭曲力，如果人们重货币、轻真情，一味追求更多的货币，往往就使人与人之间的关系发生扭曲，使真情变味。在货币与真情的关系上，表现为货币是硬的，真情是软的，真情一碰到货币就发生扭曲，就变味了，父子或母子关系本来是一种血缘关系，母子爱、父子情是世界上最伟大的真情，人世间都赞美伟大的母爱、父爱。从子女出生开始，父母不考虑任何困难，全心全意地抚养子女，真情淋漓。孩子长大后组建自己的小家庭，有极少数重货币、轻真情的子女，往往考虑货币多，忘记了母爱、父爱，把老人当包袱、累赘，这种货币行为使真情变味，即货币产生了扭曲力。兄弟姐妹从小生长在一个家庭，朝夕相处，但各自结婚以后，有极少数人重货币、轻真情，使兄弟姐妹关系疏远陌生，有的为了分得遗产变成了仇人，这种货币行为使真情变味，即货币产生了扭曲力。

夫妻是患难与共的终身伴侣，但有极少数重货币、轻真情的人，使夫妻情变味，为了金钱，经常吵架，有的青年女子就是要找有钱人做对象，甚至想要嫁豪门，结果上当受骗，这种货币行为给人世间造成了不少悲剧，这就是货币扭曲力。这种货币行为使真情变味，使人际关系扭曲，污染了社会货币氛围。

第二，经济关系的扭曲。在各种不同的社会形态中，无论是物质资料的生产，还是相应的交换、分配和消费，一切经济活动都是按照客观经济规律运行的，货币的扭曲力往往是通过人的货币行为，使经济过程发生扭曲。在阶级社会中，人剥削人的货币行为使经济过程发生扭曲。在我国社会主义市场经济中，由于管理制度不健全、执行不得力，极少数人的货币行为使经济活动发生扭曲。

在生产领域中，经济承包制本来是调动人们生产积极性的一种方式，但有的人出于获得超额奖励的错误货币心理，伙同上级把定额压得很低，使正常的生产过程发生扭曲，这种货币行为使国家和企业遭受很大的经济损失，即货币扭曲力使经济关系扭曲。例如，企业偷工减料、产品质量达不到规定标准等，这种错误的动机和货币行为使经济关系扭曲。

在流通领域中，用货币购买商品是正常的流通过程，但由于经办人想拿好处等心理，结果商品发生倒流，采购原材料舍近求远，以及出售假冒伪劣产品等，货币的扭曲力造成了商品流通中的扭曲现象。

在消费领域中，公款吃喝、公款旅游等，甚至个人消费拿到单位报销，这种扭曲现象也是货币扭曲力的结果，造成消费领域的虚假繁荣，使单位、国家增加了开支，这种货币行为是化公为私，侵吞了国家、单位的劳动成果。

第三，人际关系的扭曲。在中国特色社会主义制度下，人与人之间应该是互助合作的关系，但少数人重货币、轻真情，人与人之间的关系就发生了扭曲，朋友情是生活中快乐的享受，《论语》有云："有朋自远方来，不亦乐乎！"由于后来朋友中有贫富差别，有少数重货币、轻真情的人，把昨日最亲的朋友看作陌生人；又如尊师爱生是中华民族的优良传统，但这种优良的师生关系也在少数人中发生了扭曲；再如救死扶伤是中华民族的优良传统，但由于想获取更多的货币，医患关系发生扭曲。

综上所述，货币的扭曲力如图3-1所示。

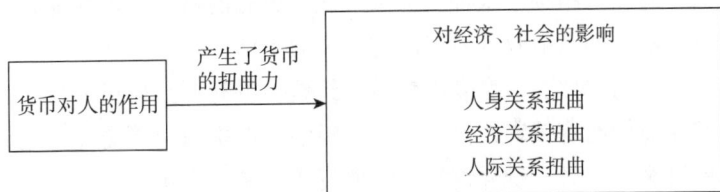

图3-1　货币的扭曲力

货币的扭曲力对能够正确对待货币、树立正确货币观的人，不发生作用或者作用很小，只有对那些思想不健康的人，重货币、轻真情的人才发生作用，而且这种作用不能低估，它扰乱了人们的思想，败坏了社会风气，给社会主义制度抹黑，这种货币行为必须引起我们足够的重视。

过去只研究货币对经济、社会的作用，不研究货币对人的作用，这种研究方法是片面的、脱离实际的，根据图3-1和上文的分析可知，由于货币对人的作用使货币对经济、对社会的作用也发生了变化。

五、货币的诱惑力

货币的诱惑力是指货币作为一般等价物，在质上是无限的，可以购买任何商品，在量上是有限的，每个人拥有的货币总是有一定的数量，因而对思想不健康的人产生了一种诱惑力。在货币产生以后，当人们已经完全了解货币可以交换任何商品时，货币的诱惑力就形成了。最初，个别人由于货币的诱惑力进行了偷窃，后来发展到抢劫等各种犯罪活动，随着商品经济的发展，货币诱惑力使经济犯罪不断增加。资本主义社会提倡自由平等、个性解放，但实际上，资本主义社会是一个很放纵的社会，到处充满了货币诱惑力。

在市场经济条件下，货币对思想不健康的人会产生诱惑力，具体表现在以下三个方面。

第一，物质诱惑。市场上商品琳琅满目，到处是商品广告，使人们眼花缭乱，富人喜欢住别墅，追求各式各样的豪华别墅，出入喜欢坐小轿车，追求各种款式的豪华小轿车，有的还拥有私人飞机、游艇；而普通人住的是一般公共建筑房。生活水平相差越大，越存在物质上的诱惑。

第二，精神诱惑。有钱人很体面，面子上很好看，亲戚朋友对有钱人特别热情，有钱人精神上很神气、很爽快。还有的富人享乐至上，灯红酒绿，大吃大喝，而一般收入者只能过着普通生活。

第三，色情诱惑。谈恋爱需要活动经费，没有钱显得很掉价，有的漂亮的姑娘愿意嫁给有钱人，没有钱则干瞪眼。谈婚论嫁更需要大笔钱。道德败坏的拜金主义者，玩弄情妇更需要货币，是一个无底洞。

上述物质诱惑、精神诱惑、色情诱惑，归根结底都是货币诱惑，没有货币，上面的一切享受都无法获得，货币诱惑力有一个逐步形成和增减变化的过程，随着客观条件和主观思想意识的变化，有时变化快些，有时减弱，有时增大，大致包括如图 3-2 所示的四个阶段。

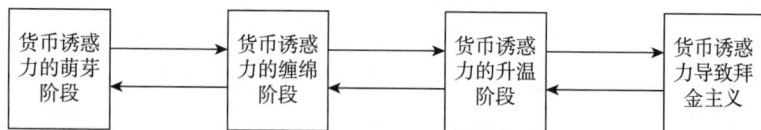

图 3-2 货币诱惑力变化的四个阶段

货币诱惑力的萌芽阶段。一部分思想不健康的人，在日常生活中受到外界事物的干扰，偶尔受到货币诱惑力的影响，但偶发性事情过去以后，这些人的思想、心理、情绪又恢复到正常状态，或者是受到了外界的教育和帮助，或者是自我的反省和努力，这些人的脑子恢复到了正常状态。但却有极少数人产生了彷徨和消极情绪，影响了日常正常的生活、正常的心理和行为。

货币诱惑力的缠绵阶段。一部分思想不健康的人，多次受到了货币诱惑力的袭击，不能觉悟，货币诱惑力经常在他们的脑子中出现，在他们的眼前晃悠，使他们处在不能自拔的状态。这时他们出现了消极的情绪，心里不能安宁，东张西望，心里堵得慌。

货币诱惑力的升温阶段。一部分思想不健康的人对货币产生了贪婪心理，对货币追求的热度增加，信奉"爹亲娘亲不如钱亲"，认为"小贪别人看不见，不容易被发现""不捞白不捞""过了这个村没有这个店"等，在自我欺骗的状态下，货币诱惑力不知不觉地逐步升温。

货币诱惑力导致拜金主义。一部分思想不健康的人对货币的贪婪心理日益严重，做着各式各样的黄金梦，甚至认为暴富才是人生最大的快乐，在思想上已经完全变成拜金主义者，但行为上离拜金主义还差一步。

根据以上分析，货币诱惑力的特点有以下三个：

第一，货币诱惑力不是对所有人都起作用，只是对那些思想不健康的人才产生作用。对思想不健康的人来说，在他们的脑子中发生作用；而对思想健康的人来说，货币诱惑力或许只是在眼前晃了一下，但他们很快就用正确的思想战胜了它。

第二，货币诱惑力对思想不健康的人是逐步渗透的。货币诱惑力对思想不健康的人来说，在他们脑子中是不知不觉起作用的，是逐步渗透的，是日积月累的，在这个过程中，也存在两种可能性：一种是这些人在客观条件的影响下，在主观的努力下，最后用正确的思想战胜了它，这是极大多数；另一种人则越陷越深，这是极少数。

第三，货币诱惑力占领了拜金主义者的灵魂。这极少数人最后发展到货币诱惑力全部占有了他们的思想，渗透其灵魂，他们麻木不仁，是行尸走肉，这些人在思想上已经沦落为拜金主义者。

动机是人们由于目标或对象引导、激发和维持人活动的内在心理过程或内部动力，是人类行为的基础，货币诱惑力发展到最后阶段，导致拜金主义者产生贪污的动机，这时拜金主义者的思想、情绪、动机三者相结合，显然，还没有形成贪污的货币行为，但是离贪污的货币行为只差一步。

行贿是现实的、行为上的货币诱惑力。行贿有内部行贿，如下级对上级官员行贿，但绝大多数是外部行贿，即不法商人对主管部门的官员行贿，他们仍然是使用货币诱惑力。但是，这时使用的货币诱惑力和前面讲的货币诱惑力比较，是现实的、行为上的货币诱惑力，其具有以下特点：

第一，通过人际关系。关系是人与人之间的相互联系。寻找关系就是拉近人心理上的距离，行贿者利用中国人重视关系，四处寻找关系，细心地拉近关系，培养和贴近关系，精心地经营关系，把和官员的关系搞成哥们儿关系，在这种心态下，官员们失去了防线、失去了警惕性，他们就可以采取各种阴险手段"围猎"，对官员事前布置好诱饵、陷阱，伺机合围而猎。官员"上钩"之后，被行贿者牵着鼻子走。

第二，了解官员的性格和爱好。有句顺口溜："不怕领导讲原则，就怕领导没爱好。"行贿者从官员爱好中找突破口，喜欢喝酒的，就举办品酒会，请官员参加，往官员家中送各种名酒；喜欢茶的，用"雅好"的名义，举办茶友会，请官员参加，往官员家中送各种名茶；喜欢养生的，就请中医为官员会诊，赠送各种滋补品，官员的父母患病，则为他们联系大医院、名医生；喜欢打高尔夫球的，就陪同到处打高尔夫球。通过以上这些手段，寻找对官员行贿的突破口。

第三，外诱内应。行贿者向官员行贿，是货币诱惑力再次出现在那些思想不健康人的面前，在前面讲的货币诱惑力发展的四个阶段中，他们的中毒已经很深，甚至发展到最后阶段，思想上已经变成了拜金主义者，所以，很容易产生共鸣。外诱内应，被货币诱惑力牵着鼻子走。

第四，现实的货币诱惑力。这些不法商人往往是没有被揭发的老牌的拜金主义者，他们的歪道很多，坏经验很丰富，他们手中使用的货币诱惑力已经不是前面提及的货币诱惑力，只是在思想上、脑子中晃动，而是他们开始向官员送礼品，待时机成熟后，就直接向官员送送现金、银行卡、金条等，变成了现实的货币诱惑力，货币诱惑力变成活生生的，货币的魅力更大。

第五，行为上的货币诱惑力。行贿者的行贿企图得逞后，就已经不是前面讲的思想上的货币诱惑力，而是行为上的货币诱惑力，贪污的行为就走到了最后一步，掉进了犯罪的深渊。

根据以上分析，行贿的货币诱惑力具有以下特点：

第一，力度更大。这是因为前面讲的是思想上的货币诱惑力，是思的迅速发展，区域各国间的经济联系和相互依存关系日益增强，逐步形成有组织的，可协调的、能有效运转的国际经济体系，使区域经济成为一个有机整体，形成区域经济集团化，使货币的国际力大大增强。

第三，国际贸易高速度发展。随着国际贸易商品结构逐渐高级化，国际贸易方式多样化，国际贸易地理结构呈现多极化，国际贸易已成为世界经济发展的重要推动力。信息技术产品贸易充当世界贸易发展的引擎，服务贸易得到迅速发展，区域贸易的自由化与跨区域的贸易联合不断加强，世界贸易组织的建立和中国加入世界贸易组织，都促进了货币的国际力增强。

第四，金融全球化和国际资本流动。金融全球化是资本流动全球化的反映。金融证券市场的全球化、融资的国际化、金融机构的跨国化、金融信息的全球化以及国际货币体系的发展，这一切都促进了货币的国际力增强。

第五，跨国公司的发展。由于资本要追求更多利润，投资逐步从国内走向国际。国际投资从间接投资，如国际信贷、证券投资等逐步发展成为国际直接投资。国际直接投资的主体就是跨国公司，跨国公司既是经济全球化的产物，又是经济全球化得以扩大和发展的推动力。为了追求更多的货币，发达国家的大企业利用世界各国不同的资源和市场优势，在世界范围内选择产品或者是产品部件的生产场所，从事直接投资，促进了跨国公司的迅速发展。它们在贸易、金融、技术和文化全球化，以及军事技术的扩散中发挥了重要作用，促进了国际贸易的发展、国际资本的流动，加快了生产国际化的进程，促使生产力发展和产业结构升级，促进了技术开发、扩散与合作，推动了经济全球化的发展，从而促进了货币的国际力增强。

第六，服务业走向国际化。服务业逐步成为世界经济的主要产业。金融服务业是服务业的核心，信息服务业是现代服务业的重要组成部分，旅游业发展日益重要，中介服务对促进经济国际化也发挥重要作用，这一切都促进了货币的国际力增强。

各国人民同心协力，构建人类命运共同体，同舟共济，促进贸易和投资自由化、便利化，推动全球经济朝着更加开放、包容、普惠、平等、共赢的方向发展。中国坚持对外开放的基本国策，坚持打开国门搞建设，积极促进"一带一路"国际合作，努力实现政策沟通，设施联通，贸易畅通，资金融通，民心相通，打造国际合作新平台，增添共同发展新动力。

加大对发展中国家特别是最不发达国家的援助力度，促进缩小南北发展差距。中国支持多边贸易体制，促进自由贸易区建设，推动建设开放型世界经济，这一切都将促进货币的国际力增强。

综上所述，随着经济全球化的发展，国家之间的经济联系日益密切，构建人类命运共同体，促使人们迈向国际市场进行贸易、投资、运输，提供劳务服务，输出劳动力，购买债券、股票、外汇等，争取更多的盈利，赚到更多的货币，货币的国际力大大增强。

货币的国际力是货币的吸引力、和谐力、扭曲力、诱惑力在国际市场上的延伸，正如货币职能中的世界货币职能是其他四个职能在国际上的延伸一样，货币的五个力是密切联系的，如同货币的五个职能也是相互联系的。在货币这"五力"中，最基本的是货币的吸引力，这是因为货币是一般等价物、财富的代表，对个人来说是私有的，所以，货币的吸引力对人们是普遍发生作用的。人们突破了私有制的观念，扶贫帮困，货币产生了和谐力。货币的吸引力和货币的诱惑力是根本不同的，这种不同表现在：

第一，力量产生的基础不同。货币吸引力源于货币是一般等价物、财富的代表，来自于物，是有客观物质基础的。只要有市场经济存在，有货币存在，货币对人的吸引力就是客观存在的。货币的诱惑力来自人们的主观意识，是主观意识的产物，因此，这两种力的性质不同，区分的标准是劳动，通过自己的辛勤劳动获得货币，这是货币吸引力起作用；想不劳而获，这是货币的诱惑力起作用。

第二，作用的范围不同，货币的吸引力来自货币本身，所以，对一切使用货币的人都发生作用。货币的诱惑力只对一部分思想不健康人、想不劳而获的人才产生作用，对绝大多数人生观、货币观正确的人来说是不存在的。

第三，力的作用不同。货币吸引力对人起正面作用，能够调动人们劳动和工作的积极性；而货币的诱惑力则起反面作用，引诱人们走邪路，影响人们的正常生活和工作。

货币的吸引力和货币的诱惑力虽然是不同的，但是，如果人的思想发生了不健康的变化，货币吸引力就会转化为货币的诱惑力，也可以转化为货币的扭曲力。货币吸引力变化不是来自货币本身，而仍然来自人的主观思想发生的不健康的变化；反之也是这样，当人的思想向健康方向迈进，货币的扭曲力、诱惑力必会减弱或向健康方向发展。

把可能性变为现实性还取决于后天的教育环境、主观能动性和实践活动。遗传无法完全决定一个人的智或愚，人的成长通常离不开环境的影响，这个人能够朝着什么样的方向发展，还取决于教育环境的影响。受教育时期是个人能力发展的关键时期，后天的努力不能忽略，良好的教育环境可以让人的能力得到充分的发展和提高。当然，能力的发展和提高也离不开人的主观能动性，如果一个人刻苦努力、积极向上，具有广泛的兴趣和强烈的求知欲，那么他的能力就可能得到充分的发展。相反，一个人饱食终日，无所用心，工作上不求上进，对周围一切事物态度冷淡、没兴趣，那么他的能力就不可能有较好的发展。前面提到的遗传因素、教育环境与主观能动性是个人能力形成的重要因素，但这些因素只有在实践活动中才能影响能力的形成与发展，因此，实践活动是能力形成与发展的必要条件。可见，人的能力是在先天遗传素质的基础上，通过后天的教育与主观努力，在学习与实践活动中逐渐形成与发展的。

人格是人的另一种心理特性，是人们在心理系统中的动力组织，它决定人对环境适应的独特性。一个人的人格是在遗传、环境和教育等先天与后天因素的交互作用下形成的。有的人舍己为人，有的人贪图小利。人格是千差万别、千姿百态的，人与人之间没有完全一样的人格。人格在一定程度上会影响一个人的行为决策，甚至会决定某些人的命运。如果一个人损人利己，没有公德心，只在意自己当前的蝇头小利，那么这个人的人格就是不健康的。如果一个人极端偏离其社会文化所要求的人格特质，不能融入社会文化环境中，就可能被视为行为存在误差。当然这并不意味着人的一生中人格是一成不变的，随着生理的成熟和环境的改变，人格也可能产生或多或少的变化。具有良好人格的人会不断完善自己，将自我价值扩展到社会中去，并在对社会的贡献中体现自己的价值，把实现自我的个人价值变革为实现自我的社会价值。

（二）货币心理调控系统

动机是个体心理和行为调节系统的一个组成部分，它是人们为满足某种需要而产生并维持行动，以达到目的的心理倾向和内部驱动力。动机的产生主要受内外两种因素的共同影响。一是人的内在需求，这是动机产生的根本原因和直接推动力，需求一旦产生，就形成某种刺激，人的行为动机就是在这种刺激下产生的。二是外在环境，环境刺激是动机产生的诱因。即使人们没有特别强烈的内在需求，外在环境诱因也可能成为动机产生的一个条件。动机中，需求与环境诱因紧密相连。需求比较内在、隐蔽，是支配人们行动的内部原因，它推动人们去产生行为，并使行为朝向外界的诱因；诱因是与需求相联系的外界刺激物，它吸引人们的朝向性活动，并使需求有可能得到满足。而当人们的需求得到满足后，诱因吸引力降低，动机的强度随之减弱或消失。由于动机是推动人的行为活动的内部心理过程，因此，任何外界的要求、力量都必须转化为人的内在需求，这样才能成为行为活动的推动力量。此外，同一种行为可能有不同的动机。例如，人们努力工作挣钱的动机可能是各种各样的，有的人赚钱动机是希望家人过上更好的生活；有的人赚钱动机是希望自己以后可以帮助到更多需要帮助的人；有的人赚钱动机仅仅是为了混日子能吃饱饭。

情绪是心理和行为调节系统的另一个组成部分，它是一系列主观体验的统称，是多种复杂的感觉、思维和行为表现综合产生的心理状态。我们在生活中会遇到各种各样的事情，情绪的波动是难免的。情绪的好坏会影响到人们的货币行为，人们心情比较好的时候，行为往往比较激进，而悲伤时候的行为则较为谨慎。因此，情绪的调控功能非常重要。为了能作出合理、准确的货币行为决策，人们需要通过一定的策略和机制来对情绪进行调节和控制。例如，当人们愤怒时需要尽量保持克制；悲伤时需要调节情绪，转换情境去多想一些开心的事情等。当情绪调控使情绪、认知和行为达到协调时，这种调节叫良好调控。相反，当调控使人们失去对情绪的主动控制，使心理功能受到损害，阻碍认知活动，并导致作业成绩下降时，这种调控就是不良的调控。

（三）货币心理加工系统

人们在不确定性条件下进行行为决策时，主要依靠人的心理加工系统，这取决于人的认知本能。而认知本能中的一个基本特征是人类信息加工能力的有限性。具体来说，在真实环境中进行决策的人们往往不能达到理性经济人的要求。一方面是因为人们获取的信息往往不够全面有效，在绝大多数情况下，决策者仅仅获得了部分与决策相关的信息，而且这些信息的真实有效性仍然无法绝对保证。另一方面是因为即使人们获得了足够信息但并不能提供最优方案的参数和变量，还需要决策者对已有信息进行推断、估计和提炼，而信息的接收、加工和处理是一项需要消耗大量认知资源的活动。可见，在大部分情况下，人会处于一种有限理性的状态。那么，人们面对不确定状况时是如何进行决策的呢？

人们在认知过程中会尽力寻找捷径，并通过认知捷径来完成对不确定性事物的判断与决策。"认知吝啬鬼"① 最早是由诺贝尔获得者、社会心理学家丹尼尔·卡尼曼在 20 世纪 70 年代首次提出的。人们总是表现出认知吝啬鬼的特点，即总是在竭力节省认知能量，并试图采用把复杂问题简化的认知策略。人是一个认知的吝啬者，在认知他物时，并不去刻意记下所有信息，反而常常试图去掉琐碎的信息以节省精力。人们经常依赖简单有效的策略评估信息并作出决策。产生这种认知吝啬的原因并非人的惰性，而是出于必要性和简单的有效性。人的头脑中原有的信息存量和知识结构等，只需要从记忆当中提取出来就可对新的信息进行评估，而不需要耗费过多的认知能量，这是一种人类的认知本能。可以说，它不是正确地、客观地评估新的信息，而是非常简单地对新信息进行评估。

人们认知决策的心理加工系统中存在着两大系统，分别是"经验系统"和"理性系统"。经验系统主要依赖人的直觉经验思维，它能够帮助人们对诸多不确定性事件进行快速的判断与决策，不需要或者仅需要占用较少的心理资源，从而节约人们的认知资源，使信息加工的速度更快。经验系统的运行可以说是无意识且快速的，不耗费认知资源，完全处于自主控制状态。当大脑启动时，人们将主要依靠情感、直觉和经验对问题作出迅速的判断。而理性系统则更多地依赖理性思维，它需要占用较多的心理资源，加工速度相对较慢。与经验系统相反，理性系统在决策时则将注意力转移到需要消耗认知资源的大脑活动上来。因此，当大脑启动理性系统后，人们往往需要依赖更为严谨、缜密、细致的思维方式来准确地获得所需问题的答案。

当两个系统同时对人们的行为决策起到作用，即两个系统存在竞争关系时，占据优势的系统将控制人们的行为结果。事实的结果是，虽然理性系统承担着监督与正确决策的责任，但它不能取代经验系统。原因如下：首先，不能肯定所有的问题都有解决方案。其次，一些问题虽然有解决办法，但应用经验系统可以更迅速地解决问题。最后，许多问题的决策思考过程过于复杂，耗费认知资源和时间过多，实际上无法加以应用。因此，人们在解决问题，特别是解决复杂的但不需要特别精确结果的问题时，通常会启动经验系统。在多数情况下，理性系统会让位于经验系统，使经验系统占据优势地位，指导人们进行决策。虽然经验系统能够应付生活中的

---

① 丹尼尔·卡尼曼. 思考，快与慢 [M]. 胡晓姣，李爱民，何梦莹，译. 北京：中信出版社，2012.

很多行为决策场景，但在面临复杂问题时也可能出现认知错误从而造成决策错误。特别是当人们在匆忙进行决策时忽略掉重要信息的情况下，占据优势的经验系统很可能导致人们推理与决策中的错误行为。理解这一点能使我们更清楚地认识到自己是如何犯系统性错误的，以及这些错误对外在市场环境可能产生的影响。因此，接下来将介绍在经验系统指导下影响人们货币行为决策的两类认知错误，并详细阐述其产生的作用机理及其导致的行为表现。

1. 直觉式错误

直觉式错误是指智力正常、接受良好教育的人在行为决策中主要依赖直觉经验而不是客观、理性的思考来对事物进行错误的判断和决策的一种现象。这种凭借经验和直觉解决问题的方法，所需的认知资源和时间消耗较少，是一种思考上的捷径，是解决问题的简单方法，通常也是笼统的规律或策略。虽然在某些情况下凭借直觉经验采取的策略可能是有效的，因为这样可以很好地利用有限的资源来加工几乎无穷尽的信息，然而，这些策略在某些情况下可能会产生各种错误。人们会通过过度使用某些信息来强化自己的主观想法，还会忽略一部分信息以减少认知上的负担，来避免寻找更多的哪怕是有用的信息，甚至还会接受一个不尽完美的选择，在主观上欺骗自己，认为自己的选择足够正确，在节约认知资源的基础上对事物作出判断。

当人们意识到在决策过程中可能会产生这种直觉式错误时，为什么还会继续运用经验系统呢？主要原因有以下四种：第一，当我们没有足够的时间认真思考某个问题时；第二，当我们负载的信息过多，以至于无法充分对其进行加工时；第三，当手中的问题并不重要，以至于我们不必耗费太多精力时；第四，当我们缺乏作出决策所需的可靠知识或信息时。经验系统在以上情况下占据了优势，因此在结果上就有可能出现直觉式错误。

2. 思维定式错误

思维定式错误是指人们运用已获得的知识经验，按照已有的方案或程序，用惯常的、固定的思维方式来对事物进行错误的判断和决策的一种现象。思维是一种复杂的心理现象，是人类大脑经过思考形成的一种能力。从心理学上解释，思维定式是思维的惯性或思维的惰性，在人的思维能力上是一种重要的表现，是人通过不断的学习和实践累积下来的经验和形成自己独有的对世界、对客观认识、认知的规律、途径。思维定式的作用是根据面临的问题联想起已经解决的类似的问题，将新问题的特征与旧问题的特征进行比较，抓住新旧问题的共同特征，将已有的知识和经验与当前问题情境建立联系，利用处理过类似的旧问题的知识和经验处理新问题，或把新问题转化成一个已解决的熟悉的问题，从而为新问题的解决做好积极的心理准备。通俗来讲，思维定式表现为这次这样解决了一个问题，下次再遇到类似的问题时，不由自主地还是沿着上次思考的方向或次序去解决。可以说，思维定式与一个人受教育的程度没有关系，而是依赖过去的知识和经验，在头脑中形成固定的思维模式来认知新的事物，表现为在解决问题的过程中做特定方式的加工准备。

思维定式是一种常见的处理问题的思维方式。正确的思维定式具有积极的作用，有利于培养思维的准确性与敏捷性，能够帮助人们实现知识和能力的正确迁移，最终形成正确的行为决策。它可以使我们在认知、解决同一类新的决策时，省去许多摸索、试探的步骤，缩短思考时间，提高效率。思维定式虽然可以帮人们快速地解决问题，但有利也有弊。思维定式的弊端是人们会局限于既有信息或认知，它会束缚人的思维，让思维按照固有的路径展开，这阻碍了思维开放性和灵活性，造成了思维的僵化和呆板。思维定式所强调的是事物间的相似性和不变性。在问题解决时，它是一种以不变应万变的思维策略。但不同的事物之间既有相似性，又有差异性。所以，当新问题相对于旧问题是其相似性起主导作用时，由旧问题的求解所形成的思维定式往往有助于新问题的解决。而当新问题相对于旧问题是其差异性起主导作用时，由旧问题的求解所形成的思维定式则往往有碍于新问题的解决。所以，当一个问题的条件发生质的变化时，思维定式使决策者墨守成规，难以涌出新的思维，无法作出新的决策，从而造成知识和经验的负迁移。如果总是用"老眼光"看问题，凭"想当然"办事情，有时就会出错，会出现我们前面说的思维定式错误的现象，甚至严重影响货币行为决策的正确性。

三、货币心理表现

本节我们从心理学的角度学习人们的货币心理的各种表现。人们在不确定环境下进行风险选择时产生的心理预期与认知误差对个人行为决策具有重要的影响，能够很好地理解和掌握这些心理表现，有助于我们今后更为客观地进行行为决策。

（一）区别对待的货币心理

传统的经济理论假设资金是可替代的，也就是说，所有的资金都是等价的。那么，1万元工资收入和1万元额外收入的资金是等价的。换句话说，我们对待从工资收入和额外收入中获得的资金的态度不会有实质性的差别。然而在现实中，人们常常错误地将一些资金的价值估计得比另一些低。如额外收入、意想不到的遗产、所得税的返还等，这些都可能被估计得比常规收入的价值低。人们会根据资金的来源、位置、用途等多种因素对资金进行独立划分，这种表现被称为区别对待的货币心理。它是人们在经济生活中普遍存在的心理特征，对人们的决策行为起着十分重要的作用。

区别对待的货币心理认为人在金钱面前是主观的。就像上面提到的例子，同样是1万元，工资挣来的和意外得到的，虽然是等价的，但对消费者的感受来说事实并非如此。在人们心里，资金的来源不一样，支出的意愿便会不一样。通常会把辛苦赚来的钱和意外获得的钱区别对待，比如将辛苦赚来的报酬进行严谨的储蓄和消费，却对意外之钱持相对宽松的态度。所以，一个人名下的资产，会通过区别对待的货币心理来依据资产的来源产生性质上的区别对待。个人在进行决策时，通常并不权衡全局进行考虑，而是在心里无意识地把一个决策分成几个独立的部分，对于每个部分人们会有采用不同的决策策略。

区别对待的货币心理不仅对个人的货币行为决策产生重要的影响，而且对国家的政策实施起着突出的作用。在储蓄率过高而消费不足的国家，刺激消费以获得经济的高速增长成为这些国家的重要经济政策，而政策制定者可以用区别对待的货币心理鼓励消费。例如，美国在2008年国际金融危机后推出财政救助计划，把额外发给民众的钱描述成奖金而不是救助金，这样刺激民众消费的作用明显增加。因为"奖金"一词会普遍被民众理解为是一种意外的收入，而"救助金"一词则更会被民众理解为是一种对满足基本生活的必需品的补充。

（二）过度自信的货币心理

人们往往过于相信自己的判断能力，高估自己成功的概率，把成功归功于自己的能力，而低谷则归因于坏运气、没有机遇和其他外部力量在其中所起的作用，这种心理表现被称为过度自信。心理学家认为过度自信会导致人们高估自己的知识水平，低估风险并夸大自己掌控事件的能力。

过度自信的货币心理会对人们处理信息和进行决策时产生直接或间接两种影响：直接影响是人们更依赖自己收集到的信息而轻视客观存在的信息；间接影响是人们在过滤各种信息时，会更注重那些能够增强个人信心的信息，而忽视那些会损害个人信心的信息，即使在决策前就发现自己的行为决策可能并不正确。此外，人们一般会认为自己执行的策略比自己没有执行的要好。因为一旦承认自己的决策失误，那么就会伤害到自己的自信心，这是每一个行为决策者所不愿意面对的心理。

过度自信是普遍存在的一种货币心理表现，会导致人们对信息准确性的认知产生误解。例如，对于大概率发生的事人们往往认为肯定会发生，而小概率发生的事则被认为不可能发生。过度自信还会导致高估自身分析信息的能力，在人们觉得自己掌控了局面的时候往往会表现出高估自己学识和能力的心理，哪怕实际情况完全不是那么回事。这种自我归因的心理误差会让人们错误地将好的结果归结于其自身能力超群，而将失败归咎于外部环境的影响，如运气不佳等。尤其在人们刚经历过成功之后，常会发生这种情况。这种错误的自我归因助长了人们的过度自信而不是将注意力集中在准确的自我评价上，过度自信可能会因为不切实际的预期而导致行为的失败。

"事后诸葛亮"就是典型的由过度自信造成的，即把已经发生的事情视为相对必然和明显的，而没有意识到对结果的回顾会影响人们的判断，使人们认为事件是很容易预测的。这是一种思维惯性，人们会更加容易忘记自身失误的部分，只会清楚地记得自己曾经准确预测的结果。产生这种"事后聪明"错误认知的主要原因有以下三个。第一，选择性记忆。当决策结果出来时，人们会加深自己对这一结果预测相一致方面的印象，而自动忽略掉之前其他的预测观点。第二，认知重构。当结果出来后，人们会修改已有的记忆，认为自己之前作出了与实际结果一致的预测。这种记忆并不是人们过去的经历存进记忆库中的拷贝，而是人们在提取它的时候才建立起来的。第三，锚定效应①。结果发生后人们才有了目前的观点，人们会根据实际结果来调整自身的预测结果，认为自己最开始的预测就是这样的。这种"事后聪明"产生的弊端会使人们高估自己的智慧能力，不重视对自身行为的反省，忽视了对行为决策形势的预测，增加了货币行为的不确定性，有时甚至会造成较大的损失。所以，我们应专注于当下的感受和行为，通过不断学习提高自我素养来改善自我归因倾向，进而消除这种过度自信的货币心理现象。

---

① 心理学名词，指的是人们在对某人某事作出判断时，易受第一印象或第一信息支配，就像沉入海底的锚一样把人们的思想固定在某处。

（三）正面求证的货币心理

上文提到的过度自信，使人们倾向于注意那些可以增强人们信心的信息，如果这种信息本身并非正确的，那么求证这种信息的心理倾向可能会进一步导致行为决策的错误性。正面求证是指人们一旦确立了一个意志较强的信念时，在收集和分析信息的过程中，人们倾向于寻找接受支持原有信念的信息，而不再关注那些否定这个信念的信息，甚至还会花费更多的时间和认知资源贬低与他们看法相左的观点。换句话说，信念坚持是正面求证的心理基础，即人们会坚持相信他们的假设，即使了解到的新信息与这个假设相矛盾，仍会有一种寻找支持原有信念证据的倾向，这是一种证实而不是证伪的心理表现。正面求证的心理在经济生活中普遍存在，对人们的行为决策产生重要影响，会导致错误的判断与决策，甚至会影响市场的有效性。企业对于那些很想实施但论证又不可行的项目，往往倾向于寻求正面信息而不肯放弃项目的实施，从而导致决策错误，甚至一错再错。例如，生产部门在面对一个应当放弃（收益可能性很小）但曾经投入过大量资金的项目时，即使决策者清楚项目收益的可能性，但在正面求证的心理作用下仍然可能会选择恶意增资。

正面求证具有一种先入为主的心理作用，这种心理作用使人们在判断决策时对新信息没有足够的重视。例如，如果人们相信有效市场假说，那么即使出现显著的反面证据，人们依然会继续选择相信它、求证它、解释它。此外，锚定效应也是导致正面求证心理的因素之一，心理学研究表明，人们倾向于接受支持初始假设的附加证据，它可能导致人们忽视其他证据。人们在回忆中有将肯定的证据视为相关、可靠证据，而将否定证据视为不相关、不可信证据的倾向。因此，人们在价值判断中容易接受肯定的证据，而对否定的证据吹毛求疵。肯定的证据减少了信息复杂度，使得人们选择性地记住支持性的印象；而对于否定的证据，人们倾向于只关注那些不至于破坏选择性解释的信息。正面求证是一种先入为主的心理现象，是不可避免的，唯有认识到自身的不足，刻意去改变坏的习惯，才可以在一段时间内战胜正面求证的心理，我们需要时刻保持谨慎、警惕。

（四）快乐后悔的货币心理

快乐后悔的心理是指人的本性中会去寻求可能会让自己感到快乐心理的行为，避免那些事后可能会产生后悔心理的行为。快乐是一种愉悦的心理状态，来自认识到自己之前所做的决定是正确的；而后悔是一种痛苦的情绪体验，产生于认识到自己之前所做的决定是糟糕的。

获得收益的愉悦和遭受损失的痛苦是人类行为的强大推动力。区别对待的心理中每个部分独立形态的存在，会使得人们在面对正确行为决策的心理部分时产生快乐的情绪，而面对错误行为决策的心理部分时产生后悔的情绪。后悔的心理会带来以下两点影响：第一，后悔规避。人们作出错误的决策时，会对自己的行为感到痛苦，从而人们在做决策时会选择令其可能产生后悔情绪最小的决策。第二，不作为惯性。人们在产生后悔情绪后会避免重复行动，以后对类似机会不再有所为。值得一提的是，后悔情绪有一个有趣的特征，如果行为决策结果与人们自身决策选择失误有关时，那么他们就会感受到强烈的后悔情绪。然而，如果人们将错误的行为决策归因于一些他们无法控制的因素时，那么后悔情绪就会轻一些。

四、良好的货币心理

（一）劳动致富

在经历几代人的长期努力摸索后，我国终于走上了中国特色社会主义市场经济的发展道路。中国特色社会主义进入了新时代，中华民族迎来了从站起来、富起来到强起来的伟大飞跃，这些成绩离不开广大人民群众的踏实劳动和辛勤汗水。伴随着中国经济社会的快速发展，我国广大人民群众依靠诚实劳动获得的收入不断增长，人民群众的物质文化需要得到了较好的满足。

国家要强盛，人民要富裕，就离不开劳动致富。财富是每个人都追求的目标，但是需要掌握正确的获取方法。春种秋收，天道酬勤，"一分耕耘一分收获"等俗语都是古人给我们留下的勤劳致富的经验。自中国共产党成立以来，勤劳朴实的中国人民紧紧跟随党的脚步，艰苦奋斗，克勤克俭，英勇顽强，浴血拼搏，推翻了"三座大山"，攻克了一个个艰难险阻，取得了一个个重大胜利。我国是一个拥有 14 亿多人口的发展中大国，劳动力数量超过 8 亿人，让劳动者通过辛勤劳动过上比较富裕的生活是我们党的奋斗目标，也是广大人民群众的殷切期盼，更是满足人民美好生活需要的关键途径，要让劳动成为大多数人走向富裕的路径。劳动是财富和幸福的源泉，要让人民对劳动致富充满期待，只有这样我们的社会才更有活力。在人生之中，首先要让自己勤奋起来，只有不断地辛勤劳动才会收获丰硕的果实，这样财富才会离我们越来越近。

（二）取财有道

金钱是我们在社会上生存最不可缺少的东西，每个人都需要获取金钱，拥有财富。然而，金钱曾被赋予过多的道德因素，让人又爱又恨。它像一把"双刃剑"，既可以帮助人们解决生活中的很多烦恼，也会由于过分膜拜金钱而出现害己害人的行为，如果你把金钱当成上帝，它便会像魔鬼一样折磨你。在这个物欲横流的时代，人们很容易因为金钱而跑偏，误入歧途，最终沦落为金钱的奴隶。如果没有一个良好的货币心理，那么再也没有其他东西会比金钱存在更多的卑鄙和欺骗了。

君子爱财，体现出人类的天性，现在人们不再羞答答地谈论金钱，而是光明正大地谈论金钱，理直气壮地挣钱。例如，深圳市曾亮出"时间就是金钱，效率就是生命"的口号，金钱不再被妖魔化，不再被泛道德化，而是回归其正常的本质。金钱是每个人需要的东西，金钱越多，往往也能给我们带来更高的生活质量。虽然钱很重要，但原则和底线更加重要。有些人因为贪婪总喜欢走歪门邪道，不择手段地获取金钱，贪婪沉迷于金钱之中，虽然能很轻易地获得钱，但这些钱一定不能花得心安理得，甚至还会惹祸上身。例如，某些黑心企业为了牟取暴利，生产劣质商品，这只会损害消费者的利益，最终下场只能是被法办严惩，没收财产。人生在世，不应眼中仅仅只有钱，还应有道德、有良心。万恶皆起于贪婪，当一个人心中起了贪念，没能抵挡住诱惑，不能做到问心无愧，而让自己走上一条不归路，那么他的人生注定是不光彩的，即便将来后悔都没机会了。也许违法违纪的确能轻易给人带来很多钱财，但这些都是违心之财。尽管自己可以获得丰厚的利益，但这却触犯了公众的利益，这是必须杜绝的，要避而远之。何必为了一时的冲动，而毁了自己一生?！违法乱纪，不仅祸及自己，而且还可能会影响身边的亲朋好友。俗话说："不义之财不可取，无情之人不可交"，但凡是通过不正当途径得来的钱财，都不能贪，否则必遭灾祸。我们经常看到有新闻报道某某县长、市长甚至是省长因贪污受贿或挪用公款等罪行被抓，受到党纪国法的严惩，为此付出沉重的代价。因一时贪念，不仅毁掉自己美好前程，毁掉自己的一生，还给自己的家庭造成难以抚平的伤害，其危害是不可估量的，其教训也是非常深刻的。对于那些不义之财，我们应该守住本心，保持清醒头脑。而对于那些给你带来不义之财的损友，更应该"敬"而远之。任何所谓的"捷径"可能都是一条不归路，凡事偷懒，凡事贪心，凡事抱有侥幸心理的人，最终都会自食其果。人生来就有底线，有些底线这辈子都不能去触碰，否则必受其乱。

君子爱财，取之有道，才是良好的货币心理。做人应该坦坦荡荡，即便喜欢钱，那也要用正当方式去努力获取，这样赚来的钱，才能心安理得。

（三）用财有度

与赚钱相比，花钱同样重要。有了财富之后，有的人吝啬成性，有的人挥金如土，这两种方法都不可取。用财要有计划，理性支出，切莫浪费，花钱要花在刀刃上，该花的钱一分都不要省，不该花的钱一分都不要浪费。例如，随着国民购物能力的提升，市场上出现了越来越多的促销方式。商家通过促销活动提升销售额，顾客也能在购物的同时获得优惠。但是，部分消费者借着促销优惠，冲动购买自身并没有太大需求的产品，导致个人经济压力剧增，反而得不偿失。

此外，现在存在一种新的消费模式——超前消费，它是指在超过暂时的收入能力的情况下将今后的收入提前到现在支出。超前消费是一把"双刃剑"，通过适当的超前消费可以带动新的消费热点，扩大市场需求，使消费结构更加合理，反过来又会促进生产的增长，使生产与消费保持良性的循环。然而，过度的超前消费并不可取，一方面会对借贷方的财产构成侵害，产生社会信用危机；另一方面也会影响负债人的信誉，造成他们在经济和精神上的压力，更会产生经济纠纷。不仅如此，还会给消费贷款人带来超过心理承受能力的压力，随之而来的还贷压力必然加大经济压力，从而造成心理上的压力，生活质量、自身心态也会受到影响。现在许多年轻人在主观上追求物质与外在，存在着攀比心理，超前消费成为部分年轻人的主流消费模式。他们觉得花呗、京东白条等这些小额贷没有利息或手续费低，额度也不高，于是放心大胆地使用，可每当快到还款日的时候，他们中的很大一部分人却要为了还清账单而绞尽脑汁。这种盲目跟风的消费趋势导致消费水平远远超过他们自身的经济能力，严重影响日常生活。

因此，我们在追求高品质生活的同时，切莫冲动消费，一定要做好预算，将资金使用效益最大化，正所谓君子爱财，取之以道，用之有度。

（四）和气生财

生活中往往有这种情况，顾客本来不一定想买某件东西，但在营业员殷勤接待、不厌其烦地介绍递拿商品之后，顾客似乎有不买则对不住营业员一番好意的心理，于是欣然解囊购买。顾客这种因营业员的服务态度之好而产生的购买愿望，在消费心理学中称为"惠顾动机"。顾客是人，人非草木，人皆有七情六欲。当顾客接受到营业员的优良服务和热情接待后，欣喜愉悦之情油然而生。虽然营业员推荐的某种商品不一定是顾客十分中意的，但在营业员的盛情美意之下，顾客岂能无动于衷、拂袖而去。俗话说和气生财，在同质同价商品的条件下，有些商家待客和气，光顾者便络绎不绝，生意十分兴隆；而有些商家因待客态度冷淡，结果门前冷清，顾客稀少，生意甚为萧条。有些顾客宁可舍近求远到服务态度好的商家去买东西，而不愿就近到服务态度不好的商家去买东西，可见待客的态度对商家的发展至关重要。营业员的良好服务态度激发了顾客的好感，欲罢不"忍"，于是产生惠顾动机，即使营业员在服务过程中有不慎失误，顾客也能予以谅解，这样商店的生意也就自然兴隆。

中国的文化传统主张以和为贵，宽容大度。在生意场上，和气生财就是合作、沟通、交流。得理让三分，宽容些，吃些亏，换来的就是好名声和好财运。清末著名商人胡雪岩①主张和气生财，他的生意经就是坚持得饶人处且饶人，不伤和气，十分注意维护别人的面子，生财之道在于"和气"两字，把人与人的关系处理好，搞好人际关系，在人际关系中找钱匣子，成为事业成功和发财致富的一种技巧。"和"的文化理念教导中国人，对于自我修养，要养性和情；对于同道中人，要和睦相处；对于存异之人，要和而不同；对于家庭成员，要家和万事兴；对于社会秩序，要礼乐和谐；对于国家治理，要和合偕习；对于国际相处，要万邦同乐。总之，我们要养成和气生财、以和为贵的良好货币心理。

（五）富贵不淫

金钱我们需要追求，高尚的道德情操我们更需要追求，艰苦的年代如此，发展市场经济的今天同样如此。随着生活水平的提高，大家兜里的钱也多了，这自然是好事，但钱多怎么花可是大学问。做人要有自己的立场和原则，别人有财富我坚守仁德，别人有爵禄我坚守正义，一个有守有为的人绝对不会被高官厚禄所收买。不为金钱和权势所迷惑，人穷志不能穷，不为五斗米折腰，这些都是中国人自古以来推崇的骨气。

"富贵不能淫"②一直是我们国家的优良传统，依然是我们以经济建设为中心的中国特色社会主义最动听的旋律。富贵不淫，涉及道德、社会、经济和环境等多方面。对于个人和家庭而言，富贵不淫是一种生活态

---

① 胡雪岩（1823—1885），19 世纪下半叶中国商界的风云人物。

② 出自《孟子·滕文公下》："富贵不能淫；贫贱不能移；威武不能屈；此之谓大丈夫。"

度和美德，任何物质财富的创造都凝结着劳动者的辛劳，选择节俭、有节制的生活方式，体现出对自身劳动和他人劳动的尊重。对于社会而言，富贵不淫与公德紧密相连，节俭一旦蔚然成风，便可大大减少社会资源浪费、减轻环境承载压力，成为改变社会风貌的强大力量。对于各级党委和政府而言，带头过"紧日子"，各项支出精打细算，把其他领域压减的资金投入民生领域，努力办好群众关切的事情，体现全心全意为人民服务的根本宗旨，有利于不断夯实党执政的根基。

一个家庭的富裕，离不开开源节流、勤俭持家；一个国家的强大，需要全民养成节约习惯、形成勤俭之风。万恶淫为首，世间的万恶都是从做事没有节制开始的。人，有财富了也不能奢侈，只有当财富为人的幸福服务时，它才算作财富。只有全社会警醒起来，进一步加强宣传教育，切实培养节约习惯，在全社会营造浪费可耻、节约为荣的氛围，坚决抵制铺张浪费的不良风气，才能培育积极健康的节俭风尚。这不仅关系每个人、每个家庭的切身利益，更关系国家的长远发展。

（六）拾金不昧

捡到物不昧下，这是一种高尚的道德之举，是我们每个人都应该具备的良好品德。诚信，是一杆无形的秤，丈量着人的道德底线与道德价值取向，诚实守信更是全社会应大力提倡的一种崇高美德。

在现实生活中，一些人对拾金不昧的美德存在一些认识上的误区，认为捡到别人的财物，没有主动归还的必要。更多的是从个人利益出发，存在不劳而获的心理，认为拾金不昧除了受到表彰，得不到什么好处。可是，他们是否想过如果将这些钱装进自己的腰包会是什么样的结果?! 也许这些钱是他人救命的急用钱；也许这些钱是工人、农民挣得的汗水钱。金钱再吸引人，也只能通过合法合理的渠道来获得，不能为了赚取收益而丧失做人的底线和良知。

做人贵自重，心灵当洁净。心灵是人品的底片，人品是心灵的折射。我们要时常擦拭心灵，树立良好的货币心理，这是一个需要不断自我净化、自我塑造的过程。让小善带动大爱，让大爱感染社会。不只是要塑造个人典范，更重要的是要让国家的每一人都成为拾金不昧的人。人生一世，可以没有显赫的名位，可以没有万贯家财，但无论如何心灵不可污，人格操守不可丢。拾金不昧表现出一个人的高尚人格品质和良好社会公德。唯其如此，方可傲立天地间，堂堂正正，无愧为人。

（七）博施济众

国家和个人的关系是相互依存、相辅相成的，国家成就个人，个人影响国家。人们固然应该独善其身，但更应该兼济天下。正是在这种责任意识的孕育下，我国逐渐形成了"先天下之忧而忧，后天下之乐而乐"的价值传统，即博施济众的家国情怀。博施济众的传统美德在中华民族的精神长河中源远流长，在多方面思想资源的滋养下，博施济众逐步深入中华民族精神的骨髓里，成为中华民族的信仰。我们要关注家事国事天下事，关爱家人国人天下人，扶人于危难，济人于贫困。培养人们"苟利国家生死以，岂因祸福避趋之"的爱国精神；培养人们慈善怜悯、乐善好施的仁爱精神。

金钱确实可以换取很多物质，使家庭生活富裕，过上舒适的生活。但拥有充足的物质并不能满足一切，因为幸福生活除了物质享受之外，精神上的满足也必不可少，甚至更为重要。我国许多为国家科学技术研究而日夜奋斗的科学家，放弃国外的高薪待遇，在国内过着简单质朴的生活，却依然收获幸福感和事业成就感。在国家利益和金钱物质的抉择面前，科学家选择了前者，而放弃了金钱。

此外，随着我国经济社会的发展，社会财富的增加，人民收入水平逐渐提高，有能力、有意愿参加扶贫济困的民营企业、社会组织和公民个人越来越多。一方有难八方支援，人在生活中难免会碰到各种各样的困难，其中有些困难单靠个人的努力无法克服，这就需要得到其他人的帮助。在面对困难的时刻，他人伸出援助之手，哪怕只是一点一滴，往往能起到事半功倍的效果。因此，善良的人们对处于困难的他人总是给予特别的关怀，这些人或者是在社会中有困难的群体，诸如鳏寡孤独，或者是一时遭受天灾或疾病，生活面对严重困难的人。积极帮助他们摆脱困境，勿以善小而不为，体现出一个人的高尚情操和美好人格。

中华优秀传统文化有着丰富的内涵，从个人修为到人与社会的和谐互动，再到胸怀天下、心系苍生的家国情怀，都散发着智慧的光芒。树立良好的货币心理为个人成长、社会进步、国家强大提供了思想浸润和动力支持，更为社会制度、国家政策提供了思想源泉和方向指引。

复习思考题

1. 货币心理的一般概念是什么？
2. 人们在决策过程中存在几套信息加工系统，分别是如何运转"工作"的？各个系统的优缺点是什么？

3. 在哪些情况下人们更可能会产生直觉式错误？

4. 请举例说明什么是思维定式错误，它的弊端是什么？

5. 人们在行为决策中为什么容易产生过度自信的心理？产生的原因是什么？过度自信可能带来什么样的结果？

6. 简述什么是正面求证的心理，并举例说明。

7. 懊悔的心理可能会对行为决策产生哪些影响？

第五章　货币行为

在上一章有关货币心理研究的基础上，本章进一步系统阐述人的货币行为表现以及偏离货币运行规律过程中所产生的人的货币行为异象。掌握正确的货币行为规范，可以深入、准确地了解货币行为规律。

一、货币行为概述

（一）货币行为的一般概念

货币行为是指人借助于货币心理活动，来实现对于环境刺激所产生的有规律的行为。货币行为的基本构成要素是环境刺激、人的内部货币心理过程和行为反应。欢笑和哭泣都是人在生活中的行为表现，但一个人产生的任何行为都有原因，而不是偶然发生的，既没有毫无征兆的欢笑，也没有无缘无故的哭泣。只有身处当时的环境气氛之中，也就是当人的心理受到当时环境状态的影响时，笑声和泪水才会产生。而一般我们所说的环境是客观的地理或物理环境，是一成不变的。但在行为货币学中提到的环境指的是行为环境，它是可以根据人的主观经验改变的。相同的客观环境对于不同的个人而言，可能会是不同的行为环境，从而产生不同的个体行为。在多数场合中，由于每个人的经历不同，人们的认知就会有所差异，对于个人而言的货币行为环境就会不同。环境刺激对于每个人并不都是相同的，人们会根据自己的某种标准对感觉输入的信息进行评价。人的货币行为总是发生在某一特定的货币行为环境之中，正是针对某一特定的环境刺激，人的货币行为反应才最终得以发生。在这里，必须要知道的是，人并不是"刺激—反应"的机器，人比机器人复杂得多。人，决不能与动物相混同，货币行为不是仅做机械生理因素分析，仅用刺激与反应的字眼就能够客观地加以描述的简单行为。

（二）货币行为的研究内涵

货币行为不同于货币心理，但又和货币心理有着密切的联系。可以说，货币心理决定货币行为，货币行为是货币心理的体现。货币行为总是在一定的环境刺激下产生的，而且引起行为的环境刺激常常通过中介——货币心理而起作用。具体来说，人们所有的货币行为都是由环境刺激引起的，这种环境刺激就是人们行为反应的最初原因，行为反应是在环境刺激下最后引起的结果。在环境刺激和行为反应之间，存在着一系列连续而又复杂的中间过程，即是最终决定人的特定货币行为的内部心理过程。人的内部心理过程起着支配、调节、控制人们货币行为的作用。所以，人的内部心理过程最终决定人的行为。在整个货币行为反应过程中，人的内部心理过程始终处于中心地位，它总是激发人们进行适当的货币行为，以顺应环境并与环境发生相互作用。此外，货币心理影响下产生的个体货币行为反应，在个体间并不会相互抵消。个人的货币行为在信息不完全、制度缺陷和文化诱因的驱动下，通过个体与个体之间的互动影响，会演化成系统性的货币行为决策反应，最终可能导致市场反应产生异常表现。

可见，人的货币心理会影响人的货币行为，继而对整个市场的反应产生影响，从而形成某种货币行为的规律性。因此，要想全面地认识人的货币行为，就必须抓住人类所独有的那些东西，重视对人的内部心理过程的研究。

二、货币行为表现

人的行为是有目的的，人总是根据自己的目的而行动。心理决定行为，要想分析人的行为，就要先研究人的内部心理过程。人的个体心理现象主要包括能力和人格、情绪与动机、认知三个重要方面。能力和人格研究的是人的心理差异性，情绪与动机、认知研究的是人的心理共性。下面我们将从利己利他、情绪驱动和自我欺骗等多个方面学习货币行为及其规范。

（一）利己利他的货币行为

每个人都有自己独特的人格。人格是指个体在对人、对事等方面的社会适应中行为上的内部倾向性和心理特征，表现为能力、气质、性格、需要、动机、兴趣、理想、价值观和体质等方面的整合。人格是个体特有的特质模式及行为倾向的统一体，是个体在社会化过程中形成的独特的心身组织。

利益，可以分为利己和利他。给个人自身带来某种需要的满足是利己；给他人（包括社会、集体）带来某种需要的满足即是利他。因此，从利益的人性角度，可分为利己性和利他性。利己性，是人们为谋取自身利益的一种行为动机和本能意识，它是人们生存和发展的基本条件，是人类群体发展进步的重要前提。"人类奋斗所争取的一切，都与他们的利益有关。"① 由此可见，利己性是人们与生俱来的本性，它归根结底源自生存发展的需要。人们的一切社会活动都是源于自利心的驱使，去追求自身的利益，从人的本性中产生出的利己追求，也是符合当今社会发展规律的行为。但需要清楚的是，自利并不等同道德意义上的自私，求利本性应该排斥道德意义上的自私，自利而不自私的求利本性才符合人类社会发展的要求。此外，人就是一个矛盾的统一体，与利己性相对应的是利他性。利他性是指人们为他人和人类群体谋取利益的一种行为动机和本能，是人类社会得以共同进步的另一重要前提。人的利己性和利他性作为对立统一的关系共同存在于人的本性中，两者相辅相成。

人，作为一种高级动物，除了具有自然属性外，更重要的是其社会属性和精神属性，这是人的行为区别于其他物种的主要原因。人的货币行为是有境界和等级之分的，主要可以分为以下五个等级。第一级，损人不利己。这种行为既破坏了他人的利益，又对自身没有任何好处，这是做人行为准则的最低级。第二级，损人利己。损害他人的利益来为自己谋取利益的行为是我们所唾弃、为人不齿的，在当今社会被认为是卑鄙、无耻、下流的行为。第三级，不损人而利己。"厚者不毁人以自益也，仁者不危人以要名"②，核心意思是有道德的人不损人而利己，不害人而求名。这是现实生活中一种常见的状态，也是做人最基本的行为道德底线。第四级，利人利己。我们的行为对自身和他人都有益处，实现双赢或多赢。这是大家所喜欢和愿意做的，是生活中最常见的一个行为准则，也是为大家所能接受的一种人格境界。第五级也是最高级，先利人后利己。为了他人的利益而放弃自己的物质、精神的利益，这是大家广为推崇的一种高尚的行为，是人格的最高境界。从历史的长河来看，具有这种高尚行为品质的人往往被称为君子和英雄，他们舍弃的往往是自己的小利，追求的是国家、民族的大利。以上这五种行为准则大相径庭，先利人后利己是人与社会最根本关系中的最高行为准则。真正高尚的行为道德从来是在利他中实现精神的利己，在立人中完成真正的自立，真正的道德是利己与利他的和谐统一。如果我们能对他人的困境设身处地、将心比心，那么我们的利他行为

---

① 马克思，恩格斯. 马克思恩格斯全集：第1卷［M］. 北京：人民出版社，1956：82.

② 刘向：《战国策·燕三·燕王喜使栗腹以百金为赵孝成王寿》。

就会变得格外自然；如果我们能对他人转祸为福、绝处逢生、衣食无忧……有着切身的感同身受，那么他们的幸福又会带给我们更多的幸福。我们选择了利他，其实却又是在利己。

（二）情绪驱动的货币行为

从根本上说，人的一切活动都是由环境刺激引起的，对环境刺激引起的身心变化的知觉，就是情绪。情绪，是一种身心状态的感知，是人的一种本能反应。人的情绪包括快乐、骄傲、幸福、愤怒、消极、悲伤、惊恐、嫉妒、恐惧和遗憾等正性情绪和负性情绪，不同的情绪会对人的货币行为产生不同的影响。人的行为可以简单归纳为刺激与反应的过程，作为最高等生物的人类，具有最复杂的刺激与反应系统。

情绪具有动机性，不同的情绪具有不同的行为倾向，就像愤怒会产生攻击性，而恐惧则会产生逃跑倾向。当我们面对某一情景时，情绪会自然产生相应的经过实践检验的应对方式，从而有效节省认知过程。适度的情绪波动可以促使我们进行有意义的行动，比如适度的愤怒会给予个体应对不公的动机，而预想的后悔则会使个体避免过度冒险。过度的情绪因素会把我们注意力过度转移到某些因素上，可能会促使人们的行为违背长期利己的需求，作出非理性的选择，从而产生行为误差。比如，地震发生后的恐惧会使购买地震保险的人明显增多，但实际上发生地震的客观概率微乎其微。这种不可避免的情感起伏对决策行为来说具有许多潜在的意义。当情感因素的强度增加时，人们容易受整体情绪的影响作出短视决策，而对未来结果毫不关心。个体会把注意力集中于眼前利益而宁可在未来付出代价，于是导致个体的理性思维出现瓦解作出损己的选择。很多时候我们自以为在做理智的决定，然而其实都是通过情绪在做选择。无论是如喜、怒、哀、惧这种单一情绪抑或是惊喜、哭笑不得这种复合情绪，无论是正性情绪抑或是负性情绪，都会对人产生积极或消极的作用。

情绪，是人们生活中大多数有意义决策的主要驱动力，情绪会影响人的认知，甚至会影响人的货币行为决策。比如，心情不好的人可能会通过疯狂购物的行为来舒缓自己的心情，来感受占有的满足与快感，即使购买的东西很多都用不到。这种极度的悲伤会使人们作出冲动而有害的行为，虽然疯狂购物的初衷是想通过这种方式来缓解和平衡自己的悲伤情绪，但短暂的愉悦之后他们就会产生新的情绪为自己的行为感到后悔不已。情绪会引导人们作出各种决策以避免诱发负性情绪（如悲伤、懊悔和愧疚）或提升正性情绪（如快乐、自豪和幸福），决策是人们改变负性情绪或正性情绪的渠道。不管行为决策是否具有适应性，一旦决策产生影响，人们就会体验到新的情绪。简言之，情绪和行为决策并肩而行、相互影响。如果一个人为做某件事而进行风险选择的可能后果感到恐慌、焦虑，那么在低风险低收益和高风险高收益之间，他更可能会选择前者；如果一个人对别人的滴水之恩心怀感激，那么他可能会以涌泉相报来感谢对方。这些整体情绪在有意识和无意识下都有可能起到作用。情绪是人们现实行为决策的主要驱动力，当整体情绪与当前认知信息相矛盾时，整体情绪仍然会对个体行为产生巨大影响。情绪会影响个人认知判断，甚至能够促使个人推翻理性行为方案，一旦整体情绪和决策目标联系在一起，它们就很难分开。此外，情绪不仅可能会使人们忽略原有的认知信息，而且会使人们形成不同的认知维度。如同样面对物价上涨，愤怒个体更多地把物价上涨看成是可预测、可控制、由人为造成的；而恐惧的个体则更多地把事件看成是不可预测的。愤怒个体感知到的风险较低，而恐惧个体感知到的风险水平较高，继而会对之后的行为决策产生影响。

　　情绪既是一种心理现象也是人的本能表现，不同的情绪会对人的行为产生不同的影响，情绪的影响不可能完全避免。我们学习、了解和掌握人的货币情绪及其行为规律，就是希望可以通过采用有效的策略来降低情绪对货币行为决策的影响。这些策略从广义上可以分为两种形式：第一，减小情绪反应的强度。具体有两种方法：一是推迟决定。理论上，推迟决定是减缓情绪反应最简单、有效的策略。情绪全面爆发后的持续时间很短暂，而生理反应也会很快消退。心理学的研究表明，随着时间的推移，我们的情绪终会恢复到基线水平。如果我们推迟决定，则我们的货币行为决策受情绪的影响就会大幅降低。二是调节。情绪是需要调节的，调节情绪有很多具体的方法，如注意转移法、理智控制法、合理发泄法等，尝试规避情绪体验能够降低个体的行为表达。第二，把情绪和判断、决策过程隔绝开，具体方法同样有两个：一是排除情绪。给行为决策者灌输相关领域的认知事实，如果人们对物价上涨的前因后果有足够的了解，那么人们在物价上涨后的情绪表现就不会完全影响到他们对风险的整体感知。二是避免错误归因。所谓归因，指的是对于事件原因的判断。受到认知局限、混淆和趋利避害的人类本能的影响，为了避免身心的痛苦，人们会进行一些不良的解释和归因，并且进行灾难化、非理性的推理和设想，而认知处理的过程往往是自动化和无意识的，主要受到人们的经验、知识和观念的影响，并且还会形成特定的思维习惯，从而引发情绪困扰和身心症状。有的人一辈子都生活在不良的观念和思维模式里而不自知，又因为不良的推理和设想，后续的行为做法也是无效甚至适得其反。错误的归因不仅不能解决问题，还会加重情绪和心理问题。所以，为了降低情绪对行为决策的影响，我们要学会察觉自己的思维、观念和行为模式，在认知上更加关注自己的决策过程，从而避免错误归因。

虽然上面这些方法可以降低情绪对货币行为决策的影响，但同样都存在一定的弊端，因为这些方法都是需要依靠人的意志来实现的。比如，推迟决定策略与很多情绪状态促使当下行为反应的功能是完全对立的，尤其是面对如愤怒、悲伤等过度的负性情绪时，人们是很难推迟行为决策的。因而只有加强对个人人格的不断培养，以上这些方法才可能被繁忙的决策者广泛使用。

（三）自我欺骗的货币行为

人们在生活中接触到各种各样的事物，获得了许多经验和知识。这些熟悉的事物、经验和知识在人的大脑里会形成一定的定式，也就是形成了习惯性思维。当熟悉的事物、经验和知识突然以一种反常的方式出现时，业已形成的定式就会被破坏，便会出现自我欺骗的行为。自我欺骗是人们在信息处理过程中，使自己相信了与自己已知事实相违背的一种行为误差。进化心理学认为自我欺骗是人类自然适应过程的产物；社会心理学把自我欺骗看作人满足某些基本需要的调节机制；创伤心理学认为自我欺骗是一种暂时逃避痛苦而不去面对的心理防御机制。

人为什么要自我欺骗呢？当我们的大脑接收到一些并非我们原本期望的信息时，我们的本能意识就会经常对其进行扭曲和欺骗。为了避免这种心理痛苦，人们会通过改变原有想法的自我欺骗行为使其相互协调。我们压抑痛苦的记忆，编造出截然不同的情境，甚至粉饰那些不道德的行为，不断强化自我观念，从而形成一套自我欺骗的防御机制。可以看出，自我欺骗是人类心理的一种行为保护机制，它使用的是一种带有偏见的认知处理机制。在认知处理中，带有偏见的信息处理使人们转而认为反面信念是正确的。认知处理的具体过程如下：首先，人们存在希望反面信念是正确的愿望；其次，人们在处理与这个反面信念相关的信息时带会有偏见，这些偏见的信息支持反面信念是正确的；最后，人们会更支持"反面信念正确"的信念。现实中的自我欺骗行为往往发生在社会交互情景或需要进行决策的情况下，在自我欺骗产生的过程中，主要涉及生理机制与心理认知机制，它们相互联系、相互依赖，促成最后的自我欺骗行为。

人们会经常改变自己的信念，以试图让这些信念与他过去的行为相协调。我们的大脑会自动处理外部世界的图像，习惯性地扭曲或无视关键信息，甚至对其进行颠覆、丑化。我们可以从《伊索寓言》狐狸与葡萄的故事中看出这一点。狐狸想吃葡萄，可当它发现很难吃到这些葡萄时，它就想象这些葡萄大概是酸的，于是它就调整了自己最初的意愿，并相信它其实从一开始就不想吃这些葡萄。人们在面对相反情况时，自我欺骗的防御机制使得大脑产生一种仍会坚持自我的积极信念。为了达到某个期待的特质或动机，人们的意识信念和实际行为反应产生分离，在主观反应中表现出对实际行为反应的否认。心理学上认为，人天生具有自我助益喜好，即人们倾向于把他们的成功归因于自身的能力和技巧，而把他们的失败归因于坏运气。具体来说，人们总是对自己所做的决策过分自信，往往会选择性地忽视那些自己做过的错误决策，并且固执地认为自己已经做过的决策都是正确的。这主要是由于在信息搜索或感知自我的过程中，当人们接触到的信息与自己的目标、想法不相符时，会避免再进行进一步的信息搜索甚至会自动质疑这些信息的有效性和真实性。人们更加倾向知觉、提取积极信息，而选择性忽视、抑制消极消息。

　　自我欺骗行为在很多时候，是我们在社会活动中所形成的一种惯性的应对策略，它虽然可能在短时间内暂缓我们的焦虑、失望和抑郁，但对于社会中的生产、消费等行为的长期发展却是一种阻碍。我们应善于反思，善于反思是一种健康的心理能力，不时去审视自己的内心，去掉为自我编制谎言的滤镜，减少自我欺骗带来的负面影响。

　　（四）从众的货币行为

　　从众的货币行为是指人们改变或调整自己原有的行为认知，采用同样的思维方式，形成与群体观念相一致的一种货币行为。一个人的行为决策可能会受到身边环境的影响。第一，从社会环境来说，物以类聚、人以群分，同类人聚集的群体往往具有相似的特点，在群体中个人的理念、习惯会发展成为群体性的社交规范，货币理念也是其中一部分。因此，社会环境会影响一个人的货币行为决策结果。第二，从社交环境来说，人们通过互动交流来学习，我们的邻居、朋友和同事的想法建议往往会影响我们的货币行为决策。虽然他们的想法建议会节省我们很多的精力，但有时并不一定是一个正确的决策结果。第三，从媒体环境来说，人们会轻易相信新闻媒体中的内容，从而过快作出反应。这种行为通过媒体的影响会在群体中扩散，从而形成群体性的货币行为结果。

人们倾向于认可大多数人的想法是正确的，通常会认为那些小部分想法不一致的人是错的，然而事实并不一定如此。人们在进行货币行为决策时，往往没有意识到自己的认知误差，在群体作用的影响下，会形成一个群体性的认知共识误差。人们这种受环境影响的从众心理会放大心理误差，它会使人在群体感觉的基础上直接作出货币行为决策而没有进行正式、理性、深入的分析。从众的货币行为可能产生羊群效应，即在信息不确定的情况下，人们会受其他影响，效仿他人决策，或者过多依赖舆论，而不考虑私人信息。人们在心理上依赖和大多数人一样的思考、感觉、行动，进行相似的货币行为，从而形成羊群效应。造成这种行为主要有以下四点原因：第一，人们获得的信息不对称、不完全，通过模仿他人的行为以节约自己搜寻信息的成本。人们越是缺少信息，越是容易听从他人的意见。第二，推卸责任。懊悔的货币心理会使决策者为了避免个人行为错误可能带来的痛苦情绪，而听从他人的建议，选择与其相似的策略。这样，即使决策错误，人们也能从心理上把责任推卸给别人而减轻自身的痛苦。第三，减少恐惧。人类属于群体动物，偏离群体会使人产生孤单和恐惧感。第四，缺乏知识经验。知识水平、智力水平、接受信息的能力、思维的灵活性、自信心等都是产生从众行为的影响因素。

　　很多人会对自己不理性的从众行为感到后悔难过，为了防止自己随波逐流，我们可以通过以下几个方面来减少、避免盲目的从众心理。首先，要认清自己。清楚你自己是出于压力所迫还是经过深思熟虑来追随他人想法的。其次，不必懊悔，减轻情绪压力。人们在进行决策时，即使经过深思熟虑，也不可能保证所有的决策都是正确的。因此，事后意识到决策的错误，也不必过度后悔难过。人类这个群体不能摆脱从众行为，每个人都一样，如果你期望自己完全独立于群体，你必然会失败，而这种失败又会给你带来消极情绪，造成不应该有的压力。再次，关注点应当是事而不是人。为了防止自己盲目跟风，我们应当在做决定的时候多考虑决策本身是否正确，而不是过分在意别人是怎么想的，要有自己的主观判断。最后，要培养批判性思维。就是能够检验思维过程本身的思维，培养批判性思维就是要把关注点放在整个推理过程，从观点、证据、结论等多个方面全方位检验是否存在错误披露之处。当一个人的正确货币行为决策与大多数人的错误决策发生悖逆的时候，这个人是否能够继续坚持自己的想法其实是面临很大的心理考验的。对我们每一个人来说，要学会理性判断，避免出现盲目的从众心理是我们每一个人获得成功的必要前提。

（五）典型的货币行为案例

个人的心理误差是诱发市场异象的微观基础，个体的系统性误差可能演变成为系统性的群体误差，继而导致严重的价格和市场目标政策偏离，引发市场行为异象。所以，系统性的群体行为误差是市场异象持续放大和膨胀的关键因素，研究群体行为误差对于了解货币行为及其规律极为重要。

表 5-1　货币行为异象案例

案例名称	产生背景及市场环境	掌握内情者的反应	民众的反应	结果
案例1：1997年亚洲金融危机	我国通货紧缩	中央银行采取扩张性货币政策，M2增长率一度达到30%多，利率也降到最低水平	人们悲观预期产生持币待购的心理	经济并没有出现明显的回升
案例2：2009—2011年全国房价急速上涨	中国房地产价格泡沫化严重，价格快速上涨	国家、地方政府出台了一系列法律法规稳定房价	民众炒房积极性丝毫不减	全国整体房价不降反升
案例3：2020年全国经济下滑	新冠肺炎疫情暴发，第二产业和第三产业受到的影响较大	政府通过货币增发等一系列政策希望通过消费刺激经济反弹	消费者的不安情绪产生了保守的思维方式，继而仍倾向于储蓄而非消费	政府期望通过消费刺激经济反弹的目的发生误差，政策刺激效果不明显

案例1：1997年7月由泰铢大幅贬值引起的亚洲金融危机对亚洲乃至整个世界都产生了很大影响。我国不可避免受其波及，国内通货紧缩。我国在保持人民币汇率基本稳定的基础上，通过扩大国内需求、刺激消费来促进经济增长，然而短时间内我国经济并没有出现明显的回升，直到2003年我国经济才出现好转。其原因在于，增加贷款和货币投放虽然能够提高人们的购买力，但是当人们对未来的投资收益和收入增长预期仍旧悲观时，投资和消费都不会明显增加，此时的扩张性货币政策并不能有效地促进经济回升。有时，一再放松的货币政策反而给经济主体提供了经济依然没有好转的信号，强化了人们的悲观预期和持币待购心理，从而使扩张性货币政策效果难以显现。

案例2：2009—2011年中国经历了全面的房地产价格的快速上涨和泡

沫化，人们更多地关注于房价的涨跌，无形中形成了一种靠炒房暴富的意识。这刺激了供应过度增长，并随后导致库存大量积累，而房地产泡沫产生的深层次原因正是货币幻觉导致了错误的逻辑。这与1995—2003年美国房地产价格快速上涨和房地产需求旺盛的主要原因类似，都是心理或行为因素影响了人们的购房倾向与售房倾向。人们都只记得十几年前房子的价格，却常常忽略了其他商品的价格变化，错误地认为房价比其他商品的涨幅更大，从而夸大了房地产的投资潜力。

房地产市场上人们并非是理性的，他们存在着各种心理和行为误差，个人的心理和行为因素在房地产市场上确扮演着十分重要的角色。消费者由于信息处理和短期记忆力的限制以及认知系统中的认知吝啬鬼策略的作用，他们常常出现影响其选择行为的系统性认知误差，从而表现出过度自信，货币幻觉①（或通胀错误）、自我欺骗以及从众行为等特征。因此，对房地产价格波动原因的解释仅从经济基本面和结构因素如税收和法规等方面分析是不够的，不能完全解释房地产市场的繁荣与萧条。必须将消费者和金融机构的行为考虑进去，考虑房地产市场交易主体的心理、情绪等内在因素。当房价处于上涨阶段或预期房价要上涨的时候，购房者更可能会去交易。同样，当房价处于下跌阶段或预期房价要下跌的时候，购房者往往不会去交易。此外，在房地产市场萧条时，购房者会更容易产生非理性行为。

在房地产市场价格具有不确定性特征的情况下，购房者在作出购买决策时只能依据有限的信息进行判断，其预期、情感、意志等各种心理因素既是对市场作出的反应，同时也构建着市场的情绪基础，继而会对房地产价格波动产生影响。但是，房地产市场上的购房者在购房时倾注的情感依附，以及在作购买决策时往往会受个人情绪和其他人观点的影响等典型事实常常容易被忽视。

案例3：新冠肺炎疫情初期对我国经济造成了巨大负面冲击，其间国人的收入也随之下降。政府部门想通过刺激消费的方式来拉动经济增长，但人们对经济下滑产生的恐慌情绪使之思维方式变得更为保守，民众选择继续存款，而不是选择报复性消费，继而政府期望通过消费刺激经济反弹

① "货币幻觉"一词是由美国经济学家欧文·费雪（Irving Fisher）于1928年提出，是货币政策的通货膨胀效应。它是指人们只是对货币的名义价值作出反应，而忽视其实际购买力变化的一种心理错觉。

的目的便会发生误差。具体的逻辑是：居民部门不花钱（储蓄）→企业部门没收入→开不出工资→居民部门也没收入→更不爱花钱（继续储蓄）。因此，人的货币心理（消费者情绪）会影响人的货币行为，继而对预期的货币政策传导效应产生影响。理论上货币政策对宏观经济的影响是建立在人完全理性的前提之下，然而现实中人并非完全理性，也就是说人的货币行为可能会对货币政策传导效应的预期影响产生误差。对于政府部门而言，研究这一问题有利于准确判断货币政策的实施效果，控制实施货币政策的时间；对于消费者而言，可以根据政策信号来预测宏观经济走势，从而作出自己的行为决策。

三、货币行为规范

人们对自身行为的普遍性认知构成了市场文化，而市场运行规律是市场文化的具体体现形式。货币市场在运行中出现的种种异象与人的行为误差、喜好有着直接的关系，即使最聪明的人也难免产生不理性的行为错误。因此，对金融工作者来说能够正确认识、了解并掌握货币的行为规范是一件非常重要的事情。

（一）远离法律红线

防微杜渐，敲响红线之"钟"。法律红线就是禁止性规定，是我们每个人不能突破、不能超越的"雷区"和"禁区"。在现实中，有些金融从业者法律意识淡薄，特别是刚迈出校门到工作岗位工作的年轻人，社会阅历和工作经验存在明显欠缺。在日常的工作生活中，不清楚自身职业的严肃性，不知道哪些行为合法、哪些行为不合法，也不懂得如何妥善地保护自己，这就容易走歪路、走错路。

每一个金融从业人员都要依法办事，不要行使依法不该由自己行使的权力，更不能以言代法、以权压法、徇私枉法。每一个金融从业人员都要遵纪守法，遵守职业纪律是基本义务，遵守国家法律是基本要求。在历史的长河中，贪污受贿、滥用职权、玩忽职守使国家和人民利益遭受重大损失的案例比比皆是。法律的红线坚决不可逾越，谁都不能拿来当儿戏。一旦超越了"雷区"和"禁区"，就是犯了大忌，触碰了红线，就要严肃追责，就会受到法律的严惩，必将会为此付出沉重的代价。

（二）坚守道德底线

恪尽职守，把稳底线之"舵"。道德底线是为人处世的基本原则，是衡量是非善恶的标准，清楚什么事该做、什么事不该做，每个人心里都应有自己的底线。社会主体的底线就是立足本职，坚守良知。

对于每一个人而言，必须要具有"不义而富且贵，于我如浮云"的金钱观。要立足本职，踏踏实实做事，干干净净做人。要有所为，敢于担当；更要有所不为，不畏浮云遮望眼，划出底线，厘清边界，以高标准、严要求来规范自我。要有良知，勿以善小而不为，勿以恶小而为之，坚决守住道德的底线。不可徇私舞弊，无论在任何场合都要清楚对就是对、错就是错的原则，要心存敬畏、手握戒尺，不放纵、不越轨。现实中，有些人在金钱等各种诱惑面前失去了职业操守，丧失了道德良知。商业上，不少商家唯利是图，使用各种不正当的手段蒙骗消费者，消费者的权益无法得到保障。"三鹿假奶粉"事件就是生产商社会良知丢失的典型案例。

社会主义法治国家必须建立在良知的基础之上，法治呼唤着良知。任何时候，都必须坚守我们的良知，必须对得住自己，必须问心无愧，我们的内心才会纯洁，我们的心灵才会透明，我们的心怀才会坦荡！

（三）筑牢心理防线

谨言慎行，牢固防线之"堤"。心理防线是社会主体趋利避害的保护层，使其不易受到外界的干扰，这不是去逃避，而是一种有效的选择。害人之心不能有，防人之心不可无，任何人做任何事，都要有心理防线，防坏人、防小人、防居心叵测的人。心理防线一刻都不可松懈，否则就是"千里之堤，毁于蚁穴"。

一个人出现问题往往是从心理出现问题开始的，从控制不住自己的欲望开始的。在物欲横流的当今社会，有些人面对五光十色的诱惑开始慢慢放松了心理防线，忘记了自己从事这一行业的初心。心理防线的失守是最大的失守，也是最危险的失守。面对各种各样的诱惑，有些人会为了谋取利益而做假账，有些人会为了享受生活而挪用公款。权、钱、色等都可能突破一个人的心理防线而让你犯下不可弥补的错误。虽然可能会享受一时，但如果陷入了诱惑的旋涡，终究会纸包不住火，世界上就没有密不透风的墙。

在人生的道路上，一定要牢固心理的防线，勿忘初心，砥砺前行，摈弃侥幸、自我麻痹、自欺欺人的心理，保持高度的自觉性和敏感性，做到心不动于微利之诱、目不眩于五色之惑。

（四）提升素养高线

淬炼自我，树立高线之"顶"。素养高线是情绪管理能力、认知能力和职业能力的综合体现。一个人只有善于管理自己的情绪、敢于纠正自己的认知误差和不断提高自己的眼界学识才能站得高、看得远，站在山脚、半山腰和山顶的人看到的风景注定不同。

首先，一定要学会管理情绪，我们需要通过良好的情绪管理来显著增强个人的情绪智力水平，提升金融从业者的综合素质能力。情绪是人的一种本能表现，不同的情绪会对人产生不同的影响。如果一个人的情绪极易受到影响，那么他就可能会陷入冲动消费、负债焦虑等一系列恶性循环中。要想成为一个好的金融工作者，要想不被市场情绪影响个人的判断，就必须通过一定的方式来控制自我的情绪变化。货币情绪产生的主要原因是个体心理调节机制不成熟，缺乏对心理活动调节支配的意志和能力。可以通过采用本章第二部分提到的两种有效的策略来降低情绪对货币行为决策的影响，以提高货币行为管理的有效性。对于不可控的情绪变化可以尝试通过一些外在行为的训练，如自我催眠、静心沉思等处理方式来提高个人对情绪的自我认识，从而抑制个人对情绪的影响。逐渐建立起控制感，进而抑制过度兴奋、焦虑不安和自我怀疑等，形成情绪保护的"防火墙"。

其次，我们要敢于纠正自己的认知误差，只有不断提升心理健康素养和专业素养，才会改善不合理的认知误差，培养有益的健康货币行为。个人由于经验积累和知识水平的限制，会通过认知误差产生某些不好的货币行为。我们要充分利用好媒介，它能够很好地获得知识完善自己，知识获得后，智慧就会得到提高，理解力就会有相应的提高，这样才不至于在接收信息时产生不必要的行为误差，从而有助于自我从认知角度纠正个人对金融素养的认知误差，在面对复杂的舆论环境时才能够从容应对。

最后，一定要不断提升自身的专业能力，如沟通、协调、决策能力等。提升专业能力的有效途径就是学习，最重要的一点是理论与实践相结合，用理论去指导实践，用实践去验证理论。要持之以恒、与时俱进，掌握所从事领域的前沿动态。

总之，真正的货币行为规范不应仅限于国家法律、个人道德的约束，而是对货币市场运行规律的正确把握，是由人的普遍性认知而形成的市场文化自觉。所谓文化自觉，就是人们对事物的共同认知，并上升为科学知识或普罗大众的约定俗成。此外，我们要深刻意识到：法律的红线不可触碰，道德的底线不可践踏，心里的防线不可松懈，素质的高线不可忽视。

四、货币行为规律论

人的行为表现随着历史条件和社会环境的变化而变化。在市场经济条件下，共同富裕和社会公平是中国特色社会主义市场经济准则之一。虽然利己主义是资本主义意识形态的核心，但完全利己肯定是不行的，一部分人存在完全以私利为导向的病态心理，这在很大程度上诱发了人的利己主义、贪婪主义、拜金主义。所有价值都用金钱来衡量，人格被用来进行利益交换。经常可以在新闻中看到现在有的医生违背医德私下收红包后才给病人好好看病，有的中小学老师违背师德以给学生补课的名义来收取钱财，有的律师违背职业道德而只看钱财来接案子，这些人已经背叛了他们的人格和职业道德。人格商品化、功利化，造成人与人之间的淡漠、不信任。诱导出了人性阴暗的一面，这样的人生观、价值观不值得提倡。在人的货币行为中，虽然每个人都有利己心，但又都受到一只看不见的手的指导，去达到一个并非人们本意所要达到的目的，这个目的就是指通过对个人利益的追求最终促进了社会经济的发展。在中国特色社会主义制度下，自利不能采用违背社会道德的卑鄙手段来实现，个人遵循市场规则追求各自的利益，能够保证社会利益的实现，可以用我国古代俗语"君子爱财，取之有道"来概括。反之，以道德、责任、荣誉、使命、国家利益、人民利益、社会利益为导向的这些行为，才容易产生利他主义行为，从而激发出人性的正能量。

要想树立正确的货币观就要理解利己与利他的辩证统一。个人不仅要明确自己的求利倾向，而且要承认他人自利心的合理性，并利用他人的自利倾向来实现自己的目的。利己不等于自私，不能只用属于主观因素的利己心来概括一个人的本质，而忽视了具有客观属性的利他行为。如果片面地把它们画上等号，就会给普通民众以强烈的负面心理暗示：认为在市场运行中尽可能地把利益捞到自己手里是合理的、必然的，甚至还会出现损人利己的行为。人们创造具体财富的目的不是自己享用，而是由其他社会成员享用，在主观为自己、客观利他人的过程中，价格只是以货币为媒介完成利他行为并获得利己手段的结果。农民生产粮食运到市场销售是利他行为，卖出后获得的收益是利他行为得到社会承认并进行利己的手段，拿着获得的收益去消费则达到了利己的目的。当然，为搞市场经济追求个人利益最大化、唯利是图的行为固不可取，但一味地要求所有人都有大公无私的思想则会矫枉过正。

货币行为规律就是利他与利己的互惠共赢，所谓利他就是生产，为他人提供产品或服务；所谓利己就是消费，通过市场取得他人提供的产品或服务。正确的货币行为的准则应该是先利他后利己，个人要获得自我消费的权利，必须先履行为他人消费进行生产活动的责任。如果一个人既给他人带来利益又实现了自身利益，那么这个人一定会受到爱戴和称赞。人们奉行先人后己的货币行为准则，并不是道德约束而是遵循市场运行规律的结果，会在无形中约束个人自动地遵循先人后己的行为准则，这与社会主义核心价值体系并行不悖。追求自己利益极大化的个人或许得逞于一时，却必然会失去长久的合作伙伴，也就不可能获得更多的利益，质次价高的商家少有回头客就是典型的例子。因此，我们应清楚地认识到，利他是利己的最高境界。对个人来说，只有设身处地为他人着想，对他人的痛苦与不幸感同身受，才会懂得同情和怜悯他人，才会伸出援助之手，哪怕损失自身的利益也希望自己的善行可以改善他人的处境，人们会为此感到开心、快乐和满足。对于社会来说，当今市场竞争日趋激烈，企业唯有改变观念、注重消费者利益，方可弯道超车，以新思路赢得市场。仅仅一味索取显然不符合市场的发展规律，只有更好地为群众着想，兼顾公司与群众的利益，方能利他利己，获得成功。对国家来说，面对日趋复杂的国际金融形势，我国不仅要扩大对外开放领域，更要注重利他与利己的辩证统一，这样方可立于不败之地。我国"一带一路"倡议强调国与国之间有福同享有难同当；金砖论坛寻求国际间的互利共赢、共同强大。这些举措不但加深了国际各大经济体的合作，而且提升了我国的国际影响力，证明了利他与利己的辩证统一在我国全球经济布局中的重要作用。

国家强则民族强，国家富则民族富，这就是真正的利他利己行为。社会主义和谐社会提倡以人为本，我们应该协调好当代利益与后代利益、个人利益与社会利益的关系，实现人类社会的可持续发展，这才是人的求利本性中最根本、最长远的利益要求与目标取向。在中国特色社会主义制度下，我们一定要把个人的利益追求融入国家、集体的利益之中，融通在第二个百年奋斗目标之中，融合到国家民族的伟大复兴之中，这就是中国特色社会主义制度下的货币行为规律。

复习思考题

1. 货币行为的概念是什么？
2. 人为什么会具有情绪？情绪波动会对人的行为决策产生哪些影响？
3. 简要阐明人的货币行为形成的过程。
4. 什么是利己性？什么是利他性？
5. 请具体阐述一下人的行为分为哪些等级？我们应该推崇什么样的

人格？

 6. 自我欺骗行为的本质是什么？为什么会产生这种行为？

 7. 造成从众行为的原因有哪些？

 8. 要想成为一个优秀的金融工作者，应该了解、掌握哪些货币行为规范？

第三篇
净化货币心理、
货币行为和货币氛围

在市场经济条件下，货币交换存在于社会各个领域，社会风气正不正、清不清，都从社会货币氛围中反映出来，货币运行既有它的客观规律，又是通过人来掌握和参与的，净化货币氛围，就是要使掌握和参与货币运行的人，具有风清气正的货币心理、货币行为，在掌握和参与货币运行中不谋私利，使客观经济规律充分发挥作用，更好地发挥货币对经济、社会的作用。

净化货币氛围，就是要逐步净化历史上几千年阶级社会遗留下来的铜臭；净化西方传播进来的"一切为了金钱，金钱就是一切"的错误货币氛围。每个人拥有的货币是不等的，也是不可能相等的，但是，在政治上是平等的，在人格上应该彼此尊重，大家都是通过辛勤劳动获得货币报酬的，不能有贵贱之分，主次之分，上下之分，营造一个平等、公平、公正、风清气正的社会环境，使人民不仅具有富裕的物质生活，也具有美好的精神生活。净化货币氛围要从反对拜金主义、市场是净化货币氛围的集散地、坚持社会公平和风清气正几个主要方面进行。

风清气正、社会公平的货币氛围，是建设高度精神文明社会的表现，是全体人民政治思想觉悟极大提高的表现，从这里看见了共产主义社会的曙光，因为共产主义社会的实现要具备两个主要条件：一是物质生活极大丰富，二是政治思想觉悟极大提高。马克思、恩格斯预见的要把社会从对货币过分的依赖和束缚中解放出来的货币消亡，在这里最终要逐步实现。

第六章　反对拜金主义

在我国社会主义市场经济中，存在极少数的拜金主义者，他们的人数虽然极少，但是，对社会的危害却极大，必须要在思想上、理论上清除他们的流毒，反腐防腐、廉洁自律，永远在路上。

一、马克思货币拜物教学说的深刻分析、精髓以及对现实的重要指导意义

马克思货币拜物教学说揭露了资本主义社会人与人之间的社会关系，它表现为物与物的关系，把一切人的关系当作物的关系来反映，把人与物的关系颠倒了过来，物统治人，人与人表现为冷酷无情的金钱关系，对于我们今天反对拜金主义、人要驾驭货币、不能再被货币所驾驭，仍然具有深远的指导意义。

马克思解剖资本主义生产方式，是从解剖资本主义生产方式的"细胞"商品开始的，解剖拜金主义也是从商品开始的，马克思货币拜物教学说是对资本主义生产方式的"细胞"——商品的最后总结。商品具有两个因素：使用价值和价值，物的有用性使商品具有使用价值，使用价值在人们使用或消费商品中得到实现，不论财富的社会形式如何，使用价值总是构成财富的物质内容。商品的各种属性满足了人们各种不同的需要，所以，商品的使用价值是看得很清楚的，没有什么神秘的地方。

再从商品的另一个因素，价值决定的内容来分析。第一，决定价值的是人类社会劳动的结晶，尽管有各种各样的商品，生产商品的内容和形式也不同，但是，都是人类劳动力耗费的结晶，都积累了人类劳动，构成了商品的价值，这是一个生理学上的真理，是无可争辩的。第二，决定商品量多少的基础，就是耗费的人类劳动量，是用劳动持续的时间来计算的，即社会必要劳动时间，而社会必要劳动量决定商品的价值，这也是十分清楚的。第三，人们不是为自己劳动，而是彼此为别人劳动，他们的劳动就是社会劳动的一部分，取得了社会劳动的形式，这是商品生产者彼此存在

和发展的必要条件，也是社会分工的必然结果。所以，从以上三点分析，从价值决定的内容来看，也没有什么神秘的地方。

货币的神秘性，既然不是来自商品的使用价值，也不是来自商品价值内容的决定性，剩下的只能再从价值形式来分析，一个商品的价值表现在另一个商品上，即是劳动产品表现为商品形式，也就是说，劳动产品采取了商品的形式，这种神秘性正是来自商品的这种形式，即价值形式的本身，这是因为：第一，人类劳动的等同性，取得了劳动产品的等同价值，这种物的表现形式，即一个商品的价值表现在另一个商品上，取得了商品的价值形式；第二，用劳动时间来计量产品中人类劳动力的耗费，取得了劳动产品的价值量形式；第三，生产者之间的社会关系，也就是他们劳动的社会性质，取得了劳动产品社会关系物的表现形式。

从以上三点分析，劳动产品转化为商品形式，商品生产者之间的关系，不是表现为人与人之间的直接的、明明白白的社会关系，而是表现为人们之间物的关系和物之间的社会关系，人们之间的社会关系是被物的关系掩盖着，这种物掩盖着人们之间的社会关系，正是这种商品形式，即价值形式产生了神秘性。商品形式的发展和价值形式的发展是一致的，因为价值形式的发展相应地表现了商品经济的发展，这种发展和变化，反映了人与人之间非物化关系的过渡，正是由于这种价值形式，一个商品的价值表现在另一个商品上，人们的关系直接被商品偶像化了，这种偶像化的虚幻形式，在宗教上找了一个比喻，叫作拜物教，这就是商品拜物教的由来。

商品拜物教发展到货币拜物教。货币拜物教通俗地可称为拜金主义，拜金主义是商品拜物教发展的顶峰，这是因为：

第一，货币价值形式是价值形式发展的最后阶段，人们的物化关系在货币价值形式中得到了最集中、突出的表现，无论是简单的个别的价值形式，还是扩大的价值形式，商品的价值都表现在许多商品上，但在货币价值形式中，却集中突出表现在货币上，使人与人之间的社会关系偶像化，在货币上达到了顶峰，拜金主义者就集中拜倒在货币面前。

第二，商品的直接交换变成间接交换，使货币变得更神秘。在货币价值形式以前，商品之间是直接交换，商品之间的等价交换原则，在这里容易直接地、具体地看出来，但是到了货币价值形式，每个商品所有者的商品，都是先要与货币交换，然后再拿货币购买他所需要的商品，商品所有者卖出和买进的商品是否等价交换，在这里就显得模糊起来，商品所有者都是盼望商品交换能够等价、公平，但是，结果可能是货币变得更多，或者是更少，存在着"猫腻"，所以，货币就变得很神秘。

第三，商品的价值用货币来衡量，产生了商品的价格。商品的价格环绕着商品价值，根据商品供求关系上下波动，由此产生了价值规律调节商品市场。价值规律是商品经济的调节者，高于商品价值的商品价格，刺激扩大生产，低于价值的商品价格，引起生产的缩减，价值规律是商品经济的调节者。因此，货币价值形式出现后，人不是统治商品，而是市场指挥人，人与人之间的社会关系，以物的关系统治着人，货币统治和指挥人，所以货币显得更神秘，拜金主义盛行。

第四，货币充当了新角色。大货币产生了小货币，货币变成了资本，货币是在新的社会生产关系中变为资本的，这种新的社会生产关系，产生了新的货币形式。在简单商品流通中，货币充当媒介，是两个不同使用价值的交换，而资本的流通却不同，资本流通的目的是增值，大货币产生了小货币，商品市场上出现了劳动力，劳动力变成了商品。在劳动力市场上，一个是出卖劳动力这种商品的卖者，另一个是雇佣劳动力的买者，劳动者通过劳动创造的价值，远远超过了资本家支付给劳动者的货币工资，劳动的过程也是价值增值的过程，劳动者创造了剩余价值，这就是资本家的利润来源，揭开了剩余价值是利润来源之谜，即货币作为资本，大货币产生小货币之谜，使拜金主义更加盛行。

第五，一切都是金钱关系。拜金主义就是金钱对人的统治，在资本主义生产方式下，一切人的关系都表现为物的关系，都表现为金钱买卖关系，在这里除了赤裸裸的利害关系和冷酷无情的现金交易之外，再也找不出别的关系了，甚至包括家庭关系在内，"资产阶级撕破了笼罩在家庭关系上面温情脉脉的纱幕，把这种关系变成了单纯的金钱关系。"① 甚至不是商品的东西，例如，人的名誉、良心、权力、姿色等都可以当作商品来买卖。所以，拜金主义是商品拜物教发展的顶峰。

综合以上分析，人与人之间的社会关系表现为人们之间物的关系，商品支配人，而不是人支配商品，商品统治人，而不是人统治商品，人与物的关系颠倒了过来。商品拜物教发展到货币拜物教，不是人统治货币，而是货币统治人，不是人指挥货币，而是货币指挥人，人与货币的关系颠倒了过来。马克思举例说"用木头做桌子，木头的形状改变了。可是桌子还

---

① 马克思，恩格斯. 马克思恩格斯全集：第4卷［M］. 北京：人民出版社，1958：469.

是木头，还是一个普通的可以感觉的物，但是桌子一旦作为商品出现，就变成了一个可感觉而又超感觉的物了。它不仅用它的脚站在地上，而且在对其他一切商品的关系上用头倒立着，从它的木脑袋里生出比它自动跳舞还奇怪得多的狂想。"① 用头倒立着，它的木脑袋里生出比它自动跳舞还奇怪得多的狂想，这就是马克思货币拜物教学说的精髓。因为在这里揭露了拜金主义的要害，把商品与人，货币与人的关系颠倒了过来，而人的经济、社会生活一刻也离不开货币、商品，从而拜金主义者对社会上的一切问题都倒着看，做各式各样的黄金梦，对于我们今天分析现实生活中的拜金主义仍然具有重要的指导意义。事实上，在现实的生活中，拜金主义者对一切问题都是头倒立着，倒着看问题。

货币是一般等价物。可以购买任何商品，但是，购买者需要先付出辛勤的劳动，劳动转化为货币，然后才能购买自己所需要的商品。拜金主义者却倒立看，劳动换货币，只看见后面两个字"货币"，看不见前面"劳动"两个字，市场上商品种类很多，还有高级名牌商品，他们不想多付出劳动，只想空手捞货币，白日做黄金梦。

货币是财富的代表。拜金主义对"劳动致富"四个字倒着看，只看见后面两个字"致富"，看不见前面两个字"劳动"，所以，他们不肯付出辛勤劳动，整天琢磨致富，妄想各种歪道，想不付出劳动就能致富，甚至还提出只有暴富，才能使人真正快乐。

付出与索取。任何人对社会、对集体，必须先要有付出，要付出自己辛勤的劳动，然后才能索取，并且付出应该大于索取，这样才能给社会或集体留下剩余，作为社会或集体的后备，用于各种公共支出，但是，拜金主义者却倒着看，只看见后面两个字"索取"，看不见前面两个字"付出"，总想索取多一点，付出少一点，索取再索取，多捞点货币。

不同所有。十万元、百万元、千万元、亿元……这为不同所有者所有，国家或集体的资金是国家或集体所有，任何人都不能侵犯，同样地，个人所有的资金归个人所有，受国家法律的保护，但是，拜金主义者却倒着看，只看见后面"资金"两个字，看不见前面"国家""集体"，一心想化公为私，侵吞国家、集体资金，做各式各样的黄金梦，使他们走上了邪路。

不搞特权。国家领导干部不能搞特权，不能用权谋私，要把权力关进

---

① 马克思. 资本论：第一卷［M］. 北京：人民出版社，1975：87 – 88.

制度的笼子里，让人民监督权力，让权力在阳光下运行，但是，拜金主义者都倒着看，只看见后面两个字"特权"，看不见前面两个字"不搞"。所以，不能正确对待自己手中的权力，这个权力是人民赋予的，只能用在为人民谋福利上，但是，他们却倒着看，结果伙同自己的子女、家属经商，捞取资本，捞取货币。

总之，拜金主义者对一切问题都头倒立着，倒着看问题，做各式各样的黄金梦，使他们走上了不归之路。我们党以零容忍态度惩治腐败，坚决遏制腐败现象蔓延势头，"老虎""苍蝇"一起打，拜金主义者把人与物、人与货币的关系颠倒了过来，倒着看一切问题，做各式各样的黄金梦，这就是为什么他们的态度如此顽固，掉进了自己脑中形成的货币迷魂的陷阱中，走上了邪路的根本原因。

我们不能停留在过去的认识水平上，只认识到马克思对资本主义生产方式的分析是从商品这个细胞开始的，这是第一。但只认识到这一点是远远不够的，还有第二，马克思分析货币拜物教的产生也是从商品开始的，他对商品价值形式的发展做了详尽的分析，从简单的个别的价值形式一直分析到货币价值形式，并指出一切的神秘性就是来自价值形式，所以，对价值形式的分析也就是对货币拜物教产生的分析。第三，马克思货币拜物教学说是对商品这个细胞的分析，做了一个整体的、高度的概括的。这是最后分析的总结。只有认识和理解这三个相互联系的、完整的要点，才能进一步认识到马克思对商品、货币拜物教学说的深刻分析和精髓以及对现实的指导意义。只要有商品、货币的存在，就存在产生拜金主义的可能性，人数虽然极少，危害却极大，这是我国社会主义市场经济条件下的主要危险。

二、货币本质新论

在市场经济条件下，货币对经济、社会、人的重要性进一步增强，这是由于货币的本质有了新的变化，商品经济经历了简单商品经济和发达商品经济两个阶段。从货币产生的历史来看，货币是商品经济中分离出来的，占有特殊地位的商品，即货币是商品经济中的一般等价物，货币的本质是一般等价物，这是古今中外的共识。但是，这是简单商品经济中货币已经具有的属性。随着社会生产力的发展，社会生产关系的改变，货币的这个属性不可能是一成不变的，在市场经济中，货币的本质发生了新的变化，这种新变化应该从质、量、变三个方面来研究。

质是货币的属性，量是货币的数量，变是货币属性的变化，这三者是密切联系、相互依存的。质是事物的内在规定性，随着事物的发展，事物的质往往表现为多样的属性或特性，货币的质也是这样，货币不只是具有单一的属性，这是客观的，不以人们的意志为转移的，在发达的商品经济初期，货币开始具有二质，即两个属性。第一，货币是一般等价物，这个属性是最基本的，没有改变，这是一质；第二，货币是财富的代表，进了市场经济以后，这个属性更明显，这是二质。为什么货币增添了一质呢？这是因为在市场经济中，货币已经不仅仅是商品交换的媒介，与简单商品经济相比较货币属性是不同的。

第一，社会财富明显增加。商品生产和流通规模有更大的发展，生产企业增加，商业扩大，服务业兴旺，交通运输发达，出现了金融业、借贷资本、国际贸易等，科学技术革命对社会生产力发展有巨大的推动作用，创造了更多的社会财富。这些社会财富都是通过货币来表现，因此，货币变成了财富的代表。拥有货币，就是拥有财富，拥有较多的货币，就变成了富人甚至富豪。货币具有了财富代表的属性，这一属性更明显、更突出。在简单的商品经济条件下，不存在这么多行业，不存在这么多社会财富。

第二，在资本主义制度下，拥有财富极不平衡。通过资本的积累和集中，财富越来越集中到少数资本家手中，社会上少数人集中了绝对多数的财富，产业后备军日益扩大，无产阶级贫困的状况愈加严重，出现了相对贫困化。根据资本主义积累的一般规律，必然会产生两个对立面，财富在资产阶级一方积累，贫困在无产阶级一方积累，形成了严重的贫富两极分化，因此，货币作为财富代表是唯一的重要标志。这反映了资本主义社会阶级矛盾的进一步激化，这是引起抢劫、刑事犯罪等不断发生的一个重要原因，罢工浪潮也此起彼伏。

第三，在我国社会主义制度下，走共同富裕的道路。我国脱贫攻坚取得全面的胜利，5575万农村贫困人口实现脱贫。决胜全面建成小康社会取得决定性成就。持续增进民生福祉，扎实推动共同富裕。[①] 改善收入和

---

① 李克强在第十三届全国人民代表大会第四次会议上所作的政府工作报告，《人民日报》，2021年3月13日。

财富分配格局，完善个人收入和财富信息系统。① 货币作为财富代表的属性更重要、更深刻。

从以上分析可知，在市场经济条件下，货币的性质是一般等价物，这仍然是货币最基本的属性，但是，已经不能概括货币属性的全部，货币增添了另一个属性，即货币是财富的代表，前者已经不能概括后者，因为货币作为一般等价物和财富的代表，已经是两个事物，在性质上是不同的。第一，货币作为一般等价物是价值的代表，货币作为财富的代表，是富裕程度的代表，两者的性质是不同的。第二，货币作为一般等价物，是商品交换的中介，是转瞬即逝的，所以，流通中的货币是纸币，它本身是没有价值的。财富是拥有的财产，拥有的金钱、物资、房屋、土地、有价证券等，都是高价值的商品。第三，财富是积累的劳动，是多年来辛勤劳动的成果，货币只占其中的一部分。第四，货币是财富的代表，富裕是和贫困相对的，富裕差距就是占有财产的差距，要了解共同富裕的情况，就要同时了解货币收入和财富的情况，两者是缺一不可的。第五，货币作为一般等价物和财富的代表，这两者也是能全面衡量小康社会的主要标准之一。20 世纪五六十年代财产的代表是手表、电视机、缝纫机、自行车四大件，在我国当前生活中，在农村有土地、房屋、生产工具；有的更富裕，在城市有房产、有汽车，有的在逐步实现有房、有车的目标，这已经很普遍；有的还拥有其他财富。货币作为财富的代表在各个时期是不同的。所以，货币作为财富的代表已经比货币作为交换的媒介更重要、更明显、更现实。

量是货币的核心。市场经济中的一切经济活动，货币数量都是核心。量和质一样，也是事物固有的一种规定性，量的规定性也是客观的。区分事物的质和认识事物的量，两者是辩证的统一，质是认识事物的开始，是考察量的前提，量是认识事物的继续，是对事物认识的深化。市场经济中的一切经济活动，量都是核心。比起简单商品流通条件卜，量的核心显得更为重要，这与简单商品条件下相比也是不同的。

第一，在市场经济中，商品转化为货币，人们最关心的是货币的量。对商品出售者来说，是商品能转化为多少货币；对商品购买者来说，是需要支付多少货币，货币量是核心。在简单商品经济条件下，商品生产者更

① 《中华人民共和国国民经济和社会发展第十四个五年规划和二〇三五年远景目标纲要》，《人民日报》，2021 年 3 月 13 日。

关心的是商品能否转化为货币，再拿这些货币去购买自己所需要的商品。

第二，在资本主义制度下，相对剩余价值生产和绝对剩余价值生产，大货币产生小货币，货币数量是核心；贫富两极分化，货币数量是核心；国家产生的经济矛盾和摩擦，货币数量是核心；经济危机造成经济下滑，货币数量是核心，总之，资本主义社会人与人的关系都是金钱关系，货币数量是核心。

第三，在我国社会主义制度下，过去五年我国国民生产总值从不足 70 万亿元增加到超过 100 万亿元。[①] 这个数量是国民经济发展的核心。这说明我国经济发展取得了新的历史性成就，经济运行总体平稳，经济结构持续优化，创新型国家建设成果丰硕，农村现代化稳步推进，粮食生产连年丰收，生态环境明显改善，人民生活水平显著提高，深化改革取得重大突破，对外开放持续扩大等。

2020 年全国一般公共预算收入 182894.92 亿元，全国一般公共预算支出 244588.03 亿元，赤字 37600 亿元，[②] 这说明在这一年国家预算在全力支持抗击新冠肺炎疫情，实施规模性纾困政策，推动三大攻坚战，大力支持科技创新，着力支持实体经济转型升级，持续保障和改善民生等各方面发挥了关键作用，有力维护了经济发展和社会稳定大局。

2020 年末广义货币供应量（M_2）余额 218.7 万亿元，比上年末增长 10.1%，狭义货币供应量（M_1）余额 62.6 万亿元，比上年末增长 8.6%，流通中货币（M_0）余额 8.4 万亿元，比上年末增长 9.2%，促进了经济的发展和正常运行，以及币值的稳定。[③]

全年全国居民人均可支配收入 32189 元，比上年增长 4.7%，扣除价格因素，实际增长 2.1%，农村居民人均可支配收入 17131 元，比上年增长 6.9%，扣除价格因素，实际增长 3.8%。[④] 在 2020 年新冠肺炎疫情下，我国人民的生活水平又有进一步提高和改善，真是来之不易。

从以上分析可知，货币数量是市场经济活动的核心，是货币运行的核心，是人们关注的核心。在市场经济中，矛盾有许多，这些矛盾都集中表

---

① 李克强在第十三届全国人民代表大会第四次会议上所作的政府工作报告，《人民日报》，2021 年 3 月 13 日。

② 《关于 2020 年中央和地方预算执行情况与 2021 年中央和地方预算草案的报告》，《人民日报》，2021 年 3 月 14 日。

③ 《中华人民共和国 2020 年国民经济和社会发展统计分析》，《人民日报》，2021 年 3 月 1 日。

④ 《中华人民共和国 2020 年国民经济和社会发展统计分析》，《人民日报》，2021 年 3 月 1 日。

现为货币数量的矛盾，这也往往是家庭、亲戚、朋友关系和交往的核心。所以，从微观经济到宏观经济，从货币的量变到质变，从物质到意识，货币数量都是货币运行的核心。

变是货币数量的变化。事物运动、变化和发展，它的这种能动的活力，是通过它固有的量和质这两种规定性的变化，即通过量变和质变表现出来的。当货币数量增加到一定程度时，货币就增添了另一个质，即货币是财富的代表；另一变是货币数量增加到一定界限时，货币转化为资本，这是货币的质变，资本是一个独立的经济范畴，不属于货币这个经济范畴，但是，资本是从货币转化来的。在我国社会主义初级阶段，资本创造了更多的社会财富，大货币产生小货币，是由公有制经济和非公有制经济共享。资本能够创造出更多的社会财富，更让人刮目相看。在简单商品经济条件下，不存在资本，货币也就不可能增值。

在市场经济条件下，货币本质出现新变化，货币质、量、变三者的相互关系，如图6－1所示。

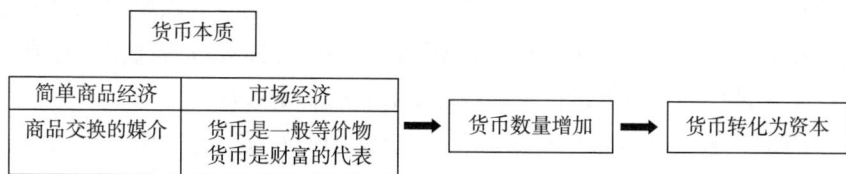

图6－1　货币本质的新变化

从以上分析可知，货币只是一般等价物，这是停留在简单商品经济阶段货币的属性，理论远远落后于实际。习近平总书记代表党和人民庄严宣告："经过全国各族人民持续奋斗，我们实现了第一个百年奋斗目标，在中华大地上全面建成了小康社会，历史性地解决了绝对贫困问题，正在意气风发向着全面建成社会主义现代化强国的第二个百年奋斗目标迈进。"①坚持共同富裕要先富带后富，发展共享，分配公平，民生福祉要提高到新水平，全体人民共同富裕要迈出坚实步伐。共同富裕是中国特色社会主义制度的本质要求，所以，提出货币作为财富代表的属性关系到社会主义制度下共同富裕这个根本性问题，具有重要的现实意义。市场经济通过竞争机制，优胜劣汰，促进社会生产力的高质量发展，创造更多的社会财富，

① 习近平总书记在庆祝中国共产党成立100周年大会上的讲话，《人民日报》，2021年7月2日。

调节社会资源合理有效的配置。但是，市场经济也会引发社会分配不公、社会两极分化等市场失灵，所以，必须进一步通过货币是财富的代表这一属性，了解各个时期走共同富裕之路的情况和问题，财富在城乡、地区、社会各阶层的分布情况，个人拥有财富发生变化的情况，怎样才能更好地实现共同富裕，以此作为党和国家在政治上、经济上采取各项政策措施的参考。政府对市场失灵进行宏观调控，更好地实现共同富裕，实现人民对美好生活的向往。

对货币质、量、变的研究，是从货币的量变、质变，以及新的量变、质量互变来研究三者的关系，是研究货币本质新论的根本方法。货币是一般等价物，当货币数量增加到一定程度时，货币作为一般等价物的质就产生货币是财富代表的新质，财富是人们长期劳动积累的，积累越多的货币，拥有财富就越多，财富越多，生活越富裕。研究货币质、量、变三者关系变化的实践意义，在于正确处理坚持按劳分配为主体，各种分配方式并存，提高劳动报酬在初次分配中的比例，完善按生产要素分配的政策制度，扩大中等收入群体，完善再分配机制，改善收入和财富分配的格局，更好地实现共同富裕。

货币的质和量这两种规定性是不可分割的，货币具有质和量两个方面，是质和量的统一体，货币处在经济活动的运行、变化和发展中，是通过量变和质变表现出来的，量变是质变的准备阶段，质变是量变的必然结果，这就表现为当货币数量达到一定程度，货币作为一般等价物，就产生货币是财富代表的新质；货币数量达到一定规模时，投入生产和经营，货币就增值，大货币产生小货币，货币就转化为资本，这是货币的量变到质变；货币又在新的质的基础上，产生量变，财富越多，生活越富裕；资本越多，创造的社会财富就越多，这就是货币质和量互变的客观规律。货币质和量互变的特殊性，在于货币数量是核心。

一切事物都不是孤立存在的，都同周围的事物相互联系，货币也是这样的。货币的质、量、变三者是密切联系、相互依存的，是相互发生重要作用的，这三者不是非本质的联系，而是本质的联系。所以，只有从这三者的整体上研究货币本质的新变化才能更好地掌握货币本质新论的理论与现实意义，把握市场经济条件下货币本质的新变化，更好地发挥货币在市场经济中的作用。

在市场经济条件下，货币本质的新变化，使货币对经济、社会、人这三个方面都发挥更大的作用，使人们更加重视货币，更加关心货币，更加惦记货币，对思想健康的人，促使人们更愿意通过自己的辛勤劳动换来更多的货币，创造更多的社会财富，为国家、集体做更多的贡献，使自己和家人过上更美好的生活。

对拜金主义者来说，货币本质的新变化对他们产生更大的诱惑力，这是产生拜金主义者和产生货币之谜的一个客观原因，但更主要的是拜金主义者的主观原因起作用，他们倒着看，白日做各式各样的黄金梦。

三、我国社会主义制度下拜金主义存在的原因

在我国社会主义市场经济条件下，为什么只要有商品、货币的存在，就可能产生拜金主义？其产生的原因有以下四个：货币是一般等价物、财富的代表，劳动力具有商品的形式，货币转化为资本，国际上资本主义制度广泛存在。

（一）货币是一般等价物、财富的代表

货币具有二质，特别是货币是财富的代表，对具有拜金主义思想的人更具有魅力，这是产生拜金主义主要的客观原因。

（二）劳动力具有商品的形式

我国由计划经济体制转向社会主义市场经济体制的过程中，劳动力市场逐步形成，作为社会主义市场的有机组成部分，劳动力市场是客观存在的，它打破了过去劳动力的部门所有制和地区所有制，实行劳动力流动及劳动力个人所有。

我国实行公有制为主体，多种所有制共同发展的基本经济制度。唯一能够被各种所有制接受的经济形式，仍然是商品生产和商品流通，因此，在我国社会主义发展的初级阶段，生产方式的基本特征之一，仍然是商品生产和商品流通，而且要实行社会主义市场经济，建立社会主义市场经济体制，这是我国经济体制改革的目标。无论生产的社会形式如何，劳动者都要和生产资料结合起来才能进行生产，在我国社会主义市场经济中，这种结合是许多个人劳动与各种所有制之间的多元、多层次的结合，决定了这种结合的双方，即劳动力与生产资料都具有商品的属性，这就决定了劳动力必须具有商品的形式，这是从总体上来说的。劳动力具有商品形式的原因，可以进一步从以下三个方面进行具体分析。

第一，劳动力要通过市场进行流动和配置，决定了劳动力具有商品的形式。在劳动力市场上，劳动力的所有者和需求者进行双向选择，对劳动力所有者来说，要选择生产企业或工作岗位；对劳动力需求者来说，要选

择适合进行生产、经营或者工作的劳动力。劳动力市场是客观存在的，是社会主义市场的重要组成部分，它的主要功能包括：

首先，促进劳动力市场化配置，使劳动力能够流动。对劳动力所有者来说，能够按照自己的意愿选择最能发挥自己的作用、自己最有兴趣、劳动报酬较多的企业、部门和地区，从而能够充分发挥自己的特长和作用，充分发挥自己的聪明才智；对劳动力需求者来说，能够选择最适合本单位的劳动力。这样，通过劳动力的流动，劳动力资源配置不断优化。

其次，竞争性的劳动力市场所决定的劳动力商品价格，指导劳动者调整其劳动力再生产的方向。劳动力市场上供求的变动影响着劳动力商品价格的变动，价格的变动促进劳动者考察自身选择的行业、工种、岗位的性质、部门、种类等，考察自身的投入，从而促使劳动者努力学习技术，培养自己的工作能力，使社会和个人都能获得最大的效益。

最后，能够使劳动力所有者和劳动力需求者不断提高自身的素质，提高企业和单位的形象。在竞争的劳动力市场上，素质较差的劳动力往往容易失业，即使已经就业，也可能因为技术水平差或工作能力差而被辞退。这样劳动力市场的竞争机制能够促使劳动者努力提高自己的素质，努力提高技术水平和工作能力，讲究职业道德，尽力尽职。同时，在双向选择中，企业或单位也要不断提高自己的形象，提高生产和工作的条件，提供较优厚的工资福利待遇，改善生产和工作的环境和条件，这样才能吸引劳动者。

第二，劳动力的价值要通过货币来表现，决定了劳动力具有商品的形式。社会主义劳动仍然是有偿劳动，这种劳动报酬构成了劳动者的物质利益。劳动质量和数量不同，决定了劳动报酬的差别，一切劳动者支出的体力和脑力劳动，都要用货币来衡量，都要和货币相交换，货币成为支付劳动报酬的唯一形式，所以，劳动力也必须具有商品的形式。

第三，劳动力实行个人所有制。劳动力个人所有制使劳动者具有劳动力的所有权、使用权、流动权和收益权。

首先，劳动者的劳动力是劳动者个人借以谋生和发展的唯一手段。劳动者只有拥有劳动力的所有权，才能与劳动力的需求者处于平等的地位，才会通过谈判，实现劳动力资源的最佳配置和利用。

其次，劳动者必须有劳动力的使用权。劳动者个人应当有权决定自己劳动的使用方向，自己适合于干什么工作，专业是什么，兴趣是什么，劳动者自己最清楚。为了使劳动者的劳动能力得以充分发挥，劳动力的使用应当由劳动者个人决定。

再次，劳动者必须有劳动力的流动权。要使劳动力得到最有效的利用，就必须赋予劳动所有者自由支配权，允许自由转让，使劳动者向更能发挥自己作用的岗位、地区、部门流动，促进劳动者的生产、工作条件及福利待遇得到改善。

最后，劳动者必须有劳动力的收益权。劳动者根据自己劳动的质量和数量，得到应有的货币报酬。只有劳动力的供需双方都有讨价还价的权利，才能使价格机制发挥作用，才能使劳动者有丰富多样的消费，以实现自身劳动力的再生产。

以上分析表明，劳动力通过劳动力市场进行流动，与货币相交换，劳动力实行个人所有制，因此，劳动力具有商品形式。人类社会的商品生产和流通从来都是不能离开周围的经济条件而孤立存在的，是受不同的生产方式制约的。在社会主义市场经济中，劳动者是国家的主人，劳动力又具有商品形式，这正是我国社会主义生产关系的体现。社会主义社会是劳动者当家作主的社会，劳动者、企业领导人和企业主在政治上是平等的，享有公民的一切权利。劳动者的所有权、使用权、流动权和收益权得到充分的保障，劳动所得不可侵犯，是社会主义社会对劳动者的根本保障，体现了劳动的目的和社会主义的本质，实现了劳动和劳动成果的统一，劳动权、劳动所得权及所得的支配权是劳动者最基本的权利。

劳动者只有在政治上取得平等权，才能通过劳动满足自身的需要和实现自身的发展。企业包括部分私营企业和外资企业设立了各级党的组织和工会，这能够保证劳动者作为国家主人的地位，保证劳动者的各项权利，保证劳动者的生产条件、工资和福利等随着生产发展得到不断的提高和改善。党和政府十分关心劳动者的生产和生活条件，保证其主人翁地位。因此，劳动者是国家的主人和劳动力具有商品形式，这两个方面不是矛盾的，而是统一的，这正是我国社会主义初级阶段社会主义生产关系特征的体现。所以，劳动力具有商品形式是产生拜金主义原因之二。

（三）货币转化为资本

马克思在分析资本主义经济时所使用的一些经济范畴反映的是商品货币的一般关系，在社会主义市场经济条件下同样可以使用，也必然是客观存在的，只不过它们所反映的已经不是资本主义的生产关系，而是社会主义社会的生产关系，资本也是这样。资本是能够增值的价值或能够带来收益的价值，这是资本最一般、最本质的特征，也就是说，资本是商品经济共有的经济范畴，具有普遍的意义，在我国社会主义市场经济中，普遍存在着能够增值的价值，也就必然存在着资本。资本在社会主义市场经济中也发挥着重要的作用，具体表现在：

第一，促进社会主义生产力的发展。随着社会主义增值价值的不断资本化，社会主义资本会不断积累和集中，从而有力地促进生产力的发展。

第二，优化资产结构，提高资产的运作效率。社会主义资本积累达到一定规模后，在市场经济的竞争和优胜劣汰的作用下，通过资本的集中，逐步产生实力雄厚的大型企业集团，它们将走向世界市场，从而增强我国国力和在世界市场上的竞争力。

第三，促进市场体系的形成。资本市场是社会主义市场的重要组成部分，资本市场能够引导社会投资的合理配置及其在各地区、各产业之间的合理流动，提高资本的利用效率，加速中国生产要素市场的发展和成长，从而促进形成统一开放、竞争有序的市场体系。

第四，推动现代企业制度的建立。公有资本的确立和运行，必然要求企业从生产经营转变为资本经营，从而要求对企业的管理制度、经营方式和经营战略等进行一系列变更和创新。要明确产权关系，促进产权清晰、权责明确、政企分开、管理科学的现代企业制度的建立和发展。

第五，推动和扩大开放。培养和发展资本市场，推动中国资本市场与国际资本市场接轨，不仅有利于中国资本市场的扩展，而且有利于推动中国经济的对外开放进程。

从以上分析可知，在社会主义市场经济中，资本的存在和发展是市场经济发展的必然结果，资本的存在和发展反过来又推动社会主义市场经济的发展，推动社会主义经济建设高质量发展。

货币转化为资本，资本只有在运动中才能增值。货币作为产业资本能够带来更多的货币，也就是说，大货币能够产生小货币，在社会主义制度下，反映的是社会主义的生产关系，搞社会主义，也必须不断追求剩余劳动和剩余产品，这是人类社会发展和进步的基础。劳动者也创造剩余产品，为了区别于资本主义制度下的剩余价值，可以将它称为净增价值，在剩余产品的分配上也是不同的，劳动者在剩余产品中所得的比重大大增加，除了劳动者应得的工资外，企业利润中还有用于职工福利、保险、公积金、公益金的部分。另外，企业通过税收上交给国家的净增价值，最终还是用在实现全体人民的利益上。

在社会主义初级阶段，在私人经济和外资经济中，仍然存在着雇佣劳动和无偿占有的现象，也仍然存在着剩余价值，这一现象是不可避免的，是会长期存在的，但是，这种剩余价值和资本主义制度下的剩余价值是有差别的，它是要受到社会主义社会的法律制约和调节的，劳动所得是受到各级政府保护的，非法克扣劳动者所得是违法的。

货币作为商业资本可以带来更多的货币。商业资本的存在与发展，是社会主义商业资本形成的历史前提。商业资本是在流通领域发挥资本的作用，商业资本对于社会主义市场经济的发展起着重要作用。首先，商业资本的运动可以加速社会的整个再生产过程，是联结生产和消费、工业和农业、城市和乡村的纽带和桥梁，它对沟通城乡物资交流，活跃市场，发展生产，改善人民物质文化生活起着重要作用。其次，商业资本的运动组成社会主义统一市场，社会主义国家通过商业资本的投资，能够促进国民经济协调发展，加强宏观调控，商业资本是社会主义统一市场的骨干力量。最后，商业资本的运动可以节约流通时间和流通费用。商业资本家熟悉购销情况，熟悉市场，可以为许多生产企业推销产品，从而加速商品周转，加速整个社会再生产过程，节约社会劳动。

在我国社会主义市场经济中，已经逐步形成了完善的金融市场，即货币市场、资本市场、外汇市场和黄金市场。在这里，货币也转化为资本，也存在大货币产生小货币的可能性。在货币市场上运行的是借贷资本，借贷资本具有一般的商品形式，但它又是一种特殊商品，具体表现在借贷资本是所有权资本，借贷资本是贷放出去而不是卖出去的。所有权仍然没有改变，借贷资本的所有权和使用权相分离，借贷资本有特殊的运动形式，是以到期偿还为条件的，利息是使用借贷资本所付的报酬。短期借贷、同业拆借、回购以及商业票据、银行承兑汇票、大额可转让定期存单、短期政府债券和货币市场共同基金等的买卖，都属于借贷资本的运转。

虚拟资本不是真实资本，但它可以为持有者带来收益。虚拟资本体现商品经济社会中的信用关系，它以有价证券的形式存在，并能给持有者带来一定的收入，如股票、债券等，虚拟资本不是现实的财富，但它有利于资金的积累和集中；有利于加速资金周转；有利于把储蓄转化为投资，把消费资金转化为建设资金，有利于调整经济结构，促进各行业、各部门的利润平均化。虚拟资本也存在着消极作用，虚拟资本的不断膨胀容易导致股息、利息和债券本金偿还上的困难和危机。

投资者还可以选择外汇市场、黄金市场、期货市场等，投资的收益和风险都是同时并存的。保险市场不仅能为被保险人或受益人提供保障，而且能为投资者储存财富，有助于实现保值和增值，有防范风险和储蓄、投资的功能，因此，逐步为人们所关注。

综上所述，在我国社会主义市场经济中，资本和资本市场在采用新工艺和新产品，提高劳动生产率，调整生产结构，改善经营管理，开拓市场和拓宽融资渠道等方面都发挥了重要作用。

但是，货币转化为资本，大货币能够产生小货币，对极少数思想不健康的人来说，使货币更因此增加了诱惑力，这主要表现在以下几个方面：

第一，在更大范围内追求货币。由于货币可以转化为资本，所以，资本所有者可以通过各个领域、多种渠道、各种方法追求更多的货币，大货币产生小货币的范围和领域大大扩大。

第二，在更高数量水平上追求货币。货币转化为资本，大货币产生的小货币数量大大增加。由于资本运作能够带来利润，利润又可以转化为货币，所以，资本所有者往往追求扩大资本的数量，而资本要达到的数量是无止境的，因此，资本所有者是在更高数量水平上追求更多的货币。

第三，资本越多能量越大。在市场经济中，由于货币是一般等价物、财富的代表，经济和社会活动都离不开货币，所以，人们掌握的货币数量也往往影响他们的社会地位，货币数量越多，资本越大，能量越大，资本的多少和能量的大小往往成正比。

第四，备受青睐。资本所有者赚取了更多的利润，获得了更多的小货币，就可以享受更高的生活水平，因而一部分人用羡慕的眼光看待他们，他们也很得意，扬眉吐气，神气十足。年轻女子甚至也向往能够嫁一个大款，年龄大一点也没关系。

从以上分析可知，货币转化为资本，对少数思想不健康的人来说，也是产生拜金主义的重要原因之一。

（四）国际上资本主义制度的广泛存在

资本主义制度在世界范围内广泛地存在着，在那里拜金主义达到了登峰造极的地步，人和人之间的关系可以归结为赤裸裸的金钱关系。我国和资本主义国家有着密切的联系，存在着日益增多的经济、政治、社会和文化交流，资本主义的伦理标准、思想意识和生活方式随时随地渗透和影响着我们，这也是我国产生拜金主义的原因之一。

资本的本质就是不断增值，就是赚钱。当货币被用于购买劳动力这一特殊商品时，货币就转化为资本，所以，资本家最关心的就是如何能够榨取更多的剩余价值，赚到更多的钱，而且竞争的规律使得资本必须不断增值，不能增值就不能成为资本，赚钱就是资本的必然本性，因此，资本家有绝对的致富欲，完全受赚钱的绝对欲望所支配，为狂热地赚钱而工作，资本家的人格、意志、愿望和道德情操都服从于它。货币这种对人的作用，影响人的思想、情感、价值观和道德观，是不以人们的意志为转移的。

因此，资本主义制度下经济伦理的主流，必然是拜金主义。金钱不仅是评价一切经济活动的标准，而且成为评价一切社会道德的原则和标准，在经济和社会生活中，金钱使得黑白、美丑、善恶、贵贱、是非等一切价值判断都被颠倒了。一切不是商品的东西，或者是被传统视为尊贵和高尚的东西，也都可以用金钱收买。例如，人们的良心、名誉等也可以用金钱收买。社会道德败坏，人的羞耻心、良心都消失了。金钱把爱变成恨，把恨变成爱，把坚贞变成背叛，把德行变成恶行，把恶行变成德行。

资本必须不断增值的这一特性是拜金主义产生的经济基础。资本家为了获取利润，不惜用一切卑鄙无耻的手段，他们对工人提供的剩余价值就像狼一样贪婪。他们不择手段地追逐利润，什么卑鄙的事都能干，甚至不怕犯罪。例如，制造假冒伪劣产品，以次充好，卖假货，甚至不顾及顾客的生命安全，在食物中掺假，等等。追求利润是资本家的绝对本性，不然，它就丧失了存在的本性。资本家为了达到赚钱的目的，用尽一切卑鄙无耻的手段，极端的不道德都反而成为他们的道德，因为它能帮助达到赚钱的目的。

西方敌对势力通过意识形态对社会主义国家进行渗透，是他们企图瓦解社会主义国家的一个重要方式。他们宣扬赚钱就是一切，拜金主义就是他们手中的一张重要王牌。他们对社会主义国家进行资产阶级思想意识的渗透，其手段也是多种多样的，是多渠道的，无孔不入。

一是利用经济手段对社会主义国家诱压兼施，促使社会主义国家接受资产阶级的思想意识。他们与社会主义国家进行贸易，传播资产阶级的思想意识，鼓吹赚钱就是一切，一切就是为了赚钱。

二是通过传播资产阶级腐朽的生活方式，向社会主义国家渗透资产阶级的思想意识，毒害人们的灵魂。生活方式有巨大的潜移默化的力量，通过吃、穿、用、看、听、玩等多种形式，形成一种文化氛围，使人产生对资本主义的盲目向往和追求。

三是利用新闻媒体传播西方的思想意识，这是他们在意识形态领域向社会主义进攻的重要手段，西方设有许多电台和转播站等新闻媒介，天天通过新闻传播媒介向社会主义国家宣传资产阶级思想意识和生活方式，他们认为这是颠覆社会主义制度的重要手段。

从以上分析可知，国际上广泛存在着资本主义制度，也是使我国产生拜金主义的原因之一。以上拜金主义产生的四个原因是相互密切联系的，是交织在一起的。

四、我国社会主义市场经济中拜金主义行为的主要表现形式

少数人为了追逐货币，不顾党纪国法。在我国社会主义市场经济中，拜金主义行为的表现形式主要包括以下几种。

（一）权钱交易

权钱交易是我国社会主义市场经济中最典型、最危险和最突出的拜金主义行为，权钱交易具体表现为国家公务人员接受贿赂。国家公务人员本应坚持立党为公、执政为民，坚持全心全意为人民服务的宗旨，在任何时候都应该把人民群众的利益放在第一位，坚持权为民所用，情为民所系，利为民所谋，牢记权力是人民赋予的，绝不能用来谋取私利。可是，却有极少数国家公务人员成了拜金主义者，背叛了党，背叛了人民的利益，索贿受贿。他们拥有党和人民给予他们的领导权、指挥权或者是经营权、管理权，他们不是为民办事，不是为民谋利，而是出卖手中的权力，利用职务的便利，以许诺或实际为他人谋利作为交换条件，索取红包、接受干股、违规出让土地地段盖楼盘、审批项目、买官卖官等，涉及各行各业，形式多种多样。权钱交易造成国有资产的大量流失，给国家或集体带来严重的经济损失。权钱交易的不法行为，无论手段多么隐蔽，要什么花招，最终仍逃脱不了人民的法网。

（二）侵吞国家资财

极少数国家公务人员利用职务上的便利，以侵吞、盗窃等手段直接贪污国家资财，这是国家公务人员中拜金主义的另一种重要表现形式，直接侵吞国家资财的手段也是多种多样的，主要包括盗窃公共财物、骗取公共财物、应上交而隐瞒不上交、收款不入账、非法占为己有、私分公款公物等。总之，贪污是利用职务上的便利，以侵吞、盗窃、骗取或者其他手段非法占有自己主管、经手和管理的公共财物。

（三）假冒伪劣商品

极少数拜金主义者为了赚取更多货币，生产和销售假冒伪劣商品，成为我国经济生活和社会生活中的一大公害。假冒伪劣商品是多种多样的，

包括掺杂掺假、以假充真、以次充好的产品；不合格的产品、失效变质的产品；冒充优质商品或伪造许可证生产的产品；伪造检验数据或伪造检验结论的产品；无检验合格证或无有关部门允许销售证明的产品；未标明生产日期或保质期的商品；等等。

极少数拜金主义者出售假冒伪劣商品和搞价格欺诈，追逐货币，不仅骗取了广大消费者辛勤劳动挣来的钱，而且直接损害了消费者的利益，给他们带来了烦恼和痛苦，甚至危及他们的生命安全。

（四）黑心业主违法经营

极少数拜金主义者为了赚钱，追求更多的货币，置党纪国法于不顾，无视政府三令五申，违反了生产和经营的各种法规，进行小工厂、小作坊、小煤矿等生产和经营，为了追求货币，竟然不顾工人的生命安全、身体健康，他们提供的生产条件极差，提供的工资很低，甚至欺压工人，一切都是为了赚钱，这些人失去了良知，不惜铤而走险。

党中央和国务院对于煤矿安全生产高度重视，对全国非法小煤矿进行了取缔，对不具备安全生产条件的煤矿进行了多次整顿治理，煤矿安全生产工作取得了显著成绩，但是，极少数拜金主义者为了追求货币，置人民的生命于不顾，眼中只有钱，对于货币的追求已经达到了疯狂的地步，必须把这些拜金主义者押到人民的审判台，接受人民的审判。还有一些小作坊雇佣童工，给工人低廉的薪酬，工人的生活条件极差，我国法律禁止使用童工，这些拜金主义者为了追求货币，竟敢触犯法律，真是丧心病狂，在他们眼中只剩下金钱！他们必然会受到严惩。

（五）经济诈骗

拜金主义者利用经济诈骗，达到获得巨额或较多货币的目的，他们采用各种手段和途径，牵涉许多方面，这里仅举例如下。

诈骗贷款。拜金主义者首选的目标常常是银行，因为银行有钱，他们可以通过贷款诈取大量货币。贷款是要符合贷款条件的，所以，他们编造各种谎言，并提供假证据、假资料，说明自己已达到贷款条件，他们虚构盈利，注册空壳公司，伪造假报表、假合同、假账簿、假账号等进行诈骗。诈骗到的贷款一经到手，根本不用在生产和经营上，而是转为他用，甚至是挥霍浪费，根本没有归还银行贷款的意图，甚至连利息也无法支付，给银行和国家造成很大的经济损失。

诈骗投资。拜金主义者通过诈骗投资，获取大量货币。他们以集资为名进行诈骗活动，以兴办企业、投资公司、开发项目等欺骗群众，以大大超过国家标准的利率诱惑群众，印发各种图片、广告做虚假宣传。一旦事情败露，他们就把诈骗的钱转走，或者携款潜逃。

合同欺骗。经济合同是市场经济中连接供、产、销各个环节的重要纽带，在我国经济活动中被广泛运用。拜金主义者利用签订经济合同的办法，诈取数额较大的钱财，主要的诈骗方法包括：

签订虚假供销合同，骗取对方的预付款。拜金主义者谎称能供给紧俏商品、新产品或者进口商品等，被骗者信以为真，因为这些商品是他们急需的，预付款一到手中，诈骗人就翻脸赖账或者逃之夭夭。或者假借成立名目繁多的"公司""中心""销售部"等，签订假合同，买空卖空，骗取钱财。甚至有些企事业单位派出的采购员和供销员，涂改本单位的合同条款或空白合同书，假借单位的名义与他人签订合同，从中诈取货款。

诈取保险金。拜金主义者以隐瞒事实真相的方法向保险公司索取保险金，包括虚构保险事故、制造保险事故、涂改单据等，以达到追求货币的目的，如果他们的阴谋得逞，必然使国家、集体、个人的资金遭到很大损失。

（六）虚报注册资本、虚拟财务会计报表或股票债券发行说明书中有虚假信息

拜金主义者弄虚作假，采取各种造假的手段和方法获取非法的货币，其中比较突出的是虚报注册资金。注册资本是公司、企业和其他经济实体的自有资产或经营管理财产的货币表现，凡是取得市场主体资格的公司、企业和其他经济实体，必须有一定数额的资本来注册登记，经依法核实后，方能开始经营活动。注册资本具有真实性、足额性、稳定性、信用性和责任性。这是因为，首先，它是企业法人从事生产、经营活动的物质基础，是经营实力、活动能力和资金信用的标志。其次，它体现了公司、企业的履约能力和承担经济责任的能力，是企业法人独立承担民事责任的法律依据。最后，它是公司、企业核准登记企业法人经营范围和经营能力的依据，有利于现代企业制度的建立。

但是，拜金主义者却弄虚作假，虚报注册资本，以无报有，或以少报多，注册资本报告与实有资产状况不符，形成投资空缺；有的借船渡河，即借贷他人资金进行登记，在获得登记许可后，立即抽调和返还，致使注册资本徒有虚名，却无实力。有的采取欺骗或贿赂登记主管部门等各种非法手段，骗取公司注册登记。

虚报注册资本必然导致公司经营资金不足，周转不灵，防范风险的能

力减弱，信用下降，甚至倒闭，危害市场整体投资，损害国家、社会的整体利益，不仅如此，拜金主义者拿到虚假注册资本证明后，与别人签订经济合同，诈取钱财，或者进行抵押，申请银行贷款，或者进行其他各种非法经济活动。

虚拟财务会计报表。公司、企业向股东和社会公众提供虚假的或隐瞒重要事实的财务会计报表，严重损害了股东和他人的利益。财务会计报表反映一个公司、企业在一定时期内经营的全貌，是公司正常运转的基本要素。只有实事求是地制作财务报表，才能准确地记载和反映公司、企业的经营状况，维护公司、企业的正常经营，才能让股东了解自己出资或投资所产生的经营效果，从而调动股东和社会公众投资的积极性，也便于他们对公司的经营管理状况进行监督；反之，如果公司、企业的财务报表是虚假的，就不能起到反映公司、企业运行中存在的问题和不足，以便采取措施，改进管理，提高经济效益的作用，这是对股东和社会公众极端不负责任的欺骗行为。

提供虚假财务会计报表，影响公司、企业的正常运转，危害正常的经济秩序，危害社会稳定。有的企业甚至隐匿或故意销毁应当保存的会计凭证、会计账簿、财务会计报表等会计资料，制造查阅或审计其资产状况的困难，危害财务信息的安全性、真实性和完整性，侵犯债权人、其他人和国家的利益，搞乱资金市场秩序，破坏市场经济。

在股票、债券发行说明书中制造虚假信息。拜金主义者在股票、债券的发行说明书中或募集办法中，隐藏重要事实或者编造重大虚假内容。具体说，制造带有诈骗性的招股说明书、认股书、公司债券募集办法，有的甚至全部是虚构的，有的是对有关重要事项作虚假陈述或记载，有的是对重要事实进行歪曲或夸大，故意遗漏重要事项等。拜金主义者对投资者、社会公众以及国家有关主管部门进行欺骗或误导，使他们作出错误判断，骗取发行股票和公司债券的资格；有的甚至数额特别巨大，造成投资人或其他债权人的重大经济损失，严重影响投资人、债权人的生产经营活动，甚至使其破产，破坏投资人、债权人正常生活，引起社会的不稳定，影响金融秩序，造成了严重的后果。

（七）偷税、抗税、骗取出口退税

国家税收是国家财政的主要收入，用于支持国民经济的发展，保持市场的繁荣，改善人民的生活，保持社会的稳定。偷税、抗税等是侵吞国家财政收入的货币行为，危害国家资金积累，妨害社会生产力的发展，破坏国家税收制度，破坏经济建设。

偷税。拜金主义者采取偷税的方式，追求非法货币，主要有以下几种手段：

第一，采取伪造、变造、隐匿、擅自销毁账簿和记账凭证的手段，不缴或少缴应纳税款。首先，伪造账簿，拜金主义者平时没有按照税收法规设置账簿，为了应付税收检查而编造出假凭证、假账簿。其次，编造账簿和记账凭证，篡改、合并或删除已有的真实账簿和记账凭证，以此充彼，以少充多，或以多充少，或者账外设账，真假并存，从而使人对其经营数额和应缴税项目产生误解，以达到不缴或少缴税款的目的。再次，隐匿账簿和记账凭证，把真实账簿和记账凭证藏起来，不让税务人员发现，从而不缴或少缴税款。最后，擅自销毁账簿和记账凭证，使税务人员无法查清其应缴税款，从而不缴或少缴税款。

第二，在账簿上多列支出，或不列、少列收入。拜金主义者采取删除账簿，将产品直接作低价抵债后不记账，在多家银行开户，并同时使用这些账户进行欺骗。

第三，税务机关通知申报而拒不申报，或者作虚假的纳税申报。按照税务法规的规定，纳税人应在法定时间内，如实办理纳税申报，包括如实报送纳税申报表、财务会计报表以及税务机关要求的其他纳税资料，而拜金主义者却往往不做申报，或者对其生产规模、盈利情况和收入情况作虚假申报，从而达到不缴应纳税款的目的。个别的甚至采取抗税的手段，拒绝缴纳应纳税款，这是要受到法律制裁的。

骗取出口退税。世界各国为了促进本国经济的发展，鼓励对外贸易，采取多种措施提高外销产品在国际市场上的竞争能力，或由国家资助一些产品的外销，或减免出口原材料关税，或提供低息特种贷款等，而出口退税就是其中一种经济措施。厂商申请进口原材料时，可预缴或挂欠进口税，在产品加工出口后，退还或冲销欠款。应该说，出口退税政策促进了许多国家的经济和对外贸易的发展，是一项有效的经济政策。

我国实行出口退税制度，外贸出口企业将国内生产的产品或经营商品报关出口销售，并在财务上作出口销售财务处理。国家将已经向其征收的税款退还给企业，其目的是让我国的出口产品或经营商品，以不含税的价格打入国际市场，增加产品竞争力，为国家创造大量外汇，促进对外贸易和国内经济的发展。

拜金主义者以假报出口或其他欺骗手段，骗取国家出口退税款。假报出口是指本来没有出口商品，却假报自己的商品已出口，主要有两种情况：一种是假出口真退税，即勾结海关工作人员，搞虚假的货物验关出口签证，并伪造轮船公司的舱单，向海关申请假出口证，骗取出口退税款，然后将进口的原材料未加工便在国内销售；另一种是假进口真退税，即欺骗国家出口退税单位或个人，明知出口外销产品的原材料并非进口原料，也未缴纳进口税，却在出口时仍然谎称其使用的是进口原料，从而骗取出口退税。以上两种情况，都离不开伪造、涂改凭证，包括伪造、涂改报关单、购货发票、销售发票、完税凭证、结汇水单等。此外，他们还采取其他欺骗手段，如虚开或夸大出口产品数量，虚抬出口商品价格，从而骗取或增大退税数额；或者代开空头支票和假的纳税证明、出具假发票等。或者对一批货物重复申报，多次骗取退税款等。这种非法活动破坏了经济秩序，违反了国家税法，给国家造成了重大经济损失。

虚开增值税专用发票或其他骗税专用发票。拜金主义者虚开增值税专用发票或其他骗税专用发票，用于骗取出口退税或抵扣税款。拜金主义者违反国家税收管理法规及发票管理制度，虚开增值税专用发票或用于骗取出口退税和抵扣税款的其他发票等。上述这些违法行为直接影响到国家税收的累进、征管秩序和国民经济发展，也影响到企业正常经营，尤其是从事对外贸易的积极性，对国家和人民造成了严重的危害，必须要绳之以法，接受法律的严惩。

（八）走私

拜金主义者违反海关法规，逃避海关监管，非法运输、携带、邮寄国家禁止、限制进出口或依法缴纳关税的货物、物品进出国（边）境，或者未经海关许可并补缴关税、擅自出售特许进口的保税、减税或免税货物，或者直接向走私人非法收购走私进出口物品，或在内海、领海运、收购国家禁止、限制进出口的货物、物品等，他们具体的走私行为，大体上可以归纳为以下四种：

第一，绕关的走私行为。这种走私行为不经过国家海关或边境哨卡检查站，而且绕道越境，绕关的走私行为不仅破坏了对外贸易管制，而且由于偷越了国（边）境，所以，对社会的危害较大。

第二，通关的走私行为。走私分子通过海关进出境，但是采取了假报、伪报、藏匿等欺骗手段，瞒过海关的监管和检查，偷运、偷带或邮寄货物和物品。

第三，后续的走私行为。先是合法地进出口货物、物品，然后是违反

误导交易是指在期货交易市场上制造和散布虚假信息，误导客户下单，误导投资者作出投资决策，扰乱期货交易市场，非法追求货币。

对冲是指行为人在期货交易过程中，没有将他所接收的客户交易指令下达到交易所，而将其接收的两个客户买卖方向相反的指令，在私下直接撮合配对交易。

对敲是指交易所会员或客户，为了制造市场假象，企图或实际严重影响期货价格或市场持仓量，蓄意串通，按照事先约定的方式或价格进行交易或互为买卖的行为。

第二，进行期货内幕交易，泄露内幕信息。期货内幕交易是指在期货交易过程中利用内幕信息和消息买卖期货，或建议他人买卖期货，或向他人泄露内幕信息，促使他人买卖期货，扰乱期货市场，影响期货价格，非法追求货币。

第三，违反财产制度。拜金主义者挪用保证金，进行期货贪污。挪用保证金是指违反财产分离制原则，挪用客户保证金买卖期货，从中获取货币。

除了以上十种拜金主义的行为以外，还有其他种类，如地下钱庄、洗钱、贩毒等，在此不一一列举，这一章主要是揭露拜金主义者的丑恶嘴脸以及阴险的手段，给国家、集体、他人造成严重的经济危害和损失，要和拜金主义者作坚决的斗争，预防和反对拜金主义，同时，要从中吸取血的教训，防止自己落入拜金主义的陷阱。

五、我国社会主义制度下拜金主义的危害

在我国社会主义制度下，拜金主义者虽然是极少数，但是，却是更危险的拜金主义。为什么说是极少数，这是因为：

第一，社会制度不同。拜金主义是经济关系的反映，即把人与人之间的关系通过货币反映出来，不是人统治物，而是货币统治人，把人与人之间的关系物化，人们的社会关系表现为物的关系，不是人调节和统治着物，而是物调节和统治着人，这是由资本主义的生产方式决定的，最基本的两个经济范畴是资本和劳动，它们人格化就是资产阶级和无产阶级，拜金主义反映了这两个阶级之间的剥削与被剥削的关系，这是这种社会生产方式的必然结果，所以，人们对拜金主义者也就习以为常。只要不触犯法律，允许其存在，而且还很盛行。

在我国社会主义制度下则不同，我国实行的是以公有制为主体，多种

所有制共同发展的基本制度，我们毫不动摇地巩固和发展公有制经济，毫不动摇地鼓励、支持、引导非公有制经济发展；坚持和完善按劳分配为主体，多种分配方式并存的分配制度，鼓励一部分地区和一部分人先富起来，达到共同富裕；在生产发展和社会财富增长的基础上，不断满足人民日益增长的物质和文化需要，促进人的全面发展。社会主义就是要消灭剥削，防止贫富两极分化，达到共同富裕的目的，这与资本主义制度是根本不同的。虽然在我国社会主义市场经济中，存在着商品生产和商品价值的表现形式，因而具备了拜金主义产生的客观条件，但是，拜金主义是由社会生产方式决定的，生产方式变了，拜金主义所依附的社会制度变更了，虽然产生拜金主义的客观条件货币商品还存在，但是，产生拜金主义者的经济基础已经不存在了，所以，个别人由于其错误思想意识才成为拜金主义者，因而是极少数。

第二，生产的目的不同。在资本主义制度下，资本的本质是不断增值。尽可能多地剥削无产阶级的剩余价值，实现价值增值，追求更多的货币，这是资本主义生产的目的。

在我国社会主义制度下，人民当家作主，社会主义的根本任务是解放和发展生产力，使人民的生活水平日益提高，全体人民、各族人民过上更美好的生活，所以，在社会主义社会，人民的生活将日益富裕，拜金主义存在的空间越来越小，越来越只限于极少数人。

第三，伦理标准不同。在资本主义制度下，金钱成了社会和人们至高无上的追求目标，金钱不仅是评价经济活动的标准，也是评价社会道德和伦理的标准，是人们的精神支柱。

在我国，全心全意为人民服务是社会主义伦理的最高标准。政府把群众利益放在第一位，坚持权为民所用，情为民所系，利为民所谋，社会主义核心价值体系是社会主义意识形态的本质体现，用中国特色社会主义共同理想凝聚力量，用以爱国主义为核心的民族精神、以改革创新为核心的时代精神鼓舞斗志，以社会主义荣辱观引领风尚，巩固全党、全国各族人民团结奋斗的共同思想基础，因此，我国社会主义市场经济中的拜金主义，是广大人民群众所反对的，是被唾弃的。

以上分析表明，在我国社会主义市场经济中，已经不存在拜金主义的经济基础、社会制度、生产目的和伦理标准，这一切决定了我国社会主义市场经济中存在的拜金主义者是极少数。

在我国社会主义市场经济中的拜金主义者，虽然是极少数，但是，对社会主义社会来说，却是更危险的拜金主义，因为它是资本主义和一切剥削社会制度的产物，对社会主义具有更大的危险性，具体表现在以下八个方面。

第一，破坏社会主义的经济基础。我国现阶段坚持公有制为主体、多种所有制经济共同发展的基本制度。如果掌握和管理公有制经济的人员存在拜金主义，虽然他们人数极少，但由于他们是掌权人，所以危害很大，必然会把一个企业、部门甚至地区搞得乌烟瘴气，破坏社会主义的经济基础。

同样地，其他所有制经济的领导人和管理人员，如果也存在拜金主义思想，必然会不顾国家、地区和行业的整体利益，只顾本企业、本单位的盈利，甚至损害国家、集体利益，为本企业、本单位捞取利润，追求货币，"挖社会主义墙角"。

第二，影响国民经济高质量发展。如果拜金主义者深藏在各个经济领域，是经济发展和运行中的蛀虫，他们虽然在企业、经济各部门中是极少数，但是对国民经济高质量发展的影响却很大，这些蛀虫往往使国家、集体、单位的资金不能用于原定的用途，不能得到预期的效果，他们往往挪用或转移资金，为自己谋利。他们为了捞取货币，忽视产品质量，使假冒伪劣产品增加，有的忽视安全生产，致使小煤矿、小矿井的工人死亡；有的生产和销售假药及有毒食品，污染了自然环境，影响了消费者的生命安全和健康；他们偷税漏税，影响国家财政收入，使国家财产遭受重大损失，影响国民经济高质量发展。

第三，破坏社会主义市场秩序。社会主义市场秩序是指国家通过法律、法规和制度，对市场进行资源配置和对国民经济运行过程进行调节所形成的正常、协调和有序的状态，它保证社会主义市场经济的正常运行，保证市场机制充分发挥作用。但是，拜金主义者却严重干扰、破坏和阻碍社会主义市场经济的运行和发展，严重影响和干扰市场经济中公平、公开原则的贯彻、执行，严重影响了市场经济的正常、有序运行。

第四，非法谋取货币。拜金主义者非法追求货币有以下特点：首先，侵害国家、集体、他人的利益，损害社会的利益，达到个人追求货币的目的，他们追求货币的行为给国家、集体、他人的利益带来的损失往往是巨大的，是他们获取货币的许多倍。其次，不择手段。拜金主义者为了追求货币，不择手段，往往把自己的良心、人性、自尊心丢得一干二净，个别的甚至谋财害命。再次，对货币的追求往往无止境，他们往往在一次非法

行为货币学

追求货币得逞后，不是回头，而往往是自以为尝到了甜头，继续再干，他们对货币的追求是无止境的，越陷越深，以致达到不能自拔的地步。最后，违反国家法律，破坏财经纪律。他们为了追求货币，往往以身试法，置国家的法律、财经纪律于不顾，严重违反了国家的法律和财经纪律，必然遭到法律、财经纪律的严惩。

总之，拜金主义者的不法活动直接危害国家、集体、他人的利益，危害社会的利益，他们非法赚到的每一分钱，都是他人艰辛劳动的成果，他们非法谋取货币，鼓了自己的腰包，最终却身败名裂，造成个人和家庭的悲剧，现实生活中无数的例子教育着人们，那么，他们为什么要这样继续干呢？马克思分析指出："如果有 10% 的利润，它就保证到处被使用；有20% 的利润，它就活跃起来；有 50% 的利润，它就铤而走险；为了 100% 的利润，它就敢践踏一切人间法律；有 300% 的利润，它就敢犯任何罪行，甚至冒绞首的危险。"① 就是这个道理。

第五，腐蚀党和国家的肌体。拜金主义思想腐蚀人的灵魂，使少数意志薄弱的国家公务人员思想变质，不能树立正确的世界观、人生观和货币观，动摇了他们正确的奋斗目标，使他们做了金钱的俘虏，违反了党纪国法，成为国家肌体中的"脓包"，这是同我们党和国家的性质和宗旨水火不相容的，所以，能否坚决预防和反对拜金主义，是关系到党和国家前途与命运的根本性问题。

第六，污染社会货币氛围。拜金主义者人数虽然很少，但他们散发的和日常生活中表现出来的货币气息是一切为了金钱，金钱至上，好逸恶劳，贪图享受，追求奢侈糜烂的生活。这会腐蚀人的灵魂，其污染社会货币氛围的程度绝不可低估。社会货币氛围如果遭到污染，对中国特色社会主义经济建设、政治建设、文化建设和社会建设的影响是很大的。

第七，影响构建社会主义和谐社会。社会和谐是发展中国特色社会主义的基本要求，构建社会主义和谐社会是贯穿中国特色的社会主义事业全过程的长期历史任务，是在发展的基础上正确处理各种社会矛盾的历史过程和社会结果。但是，拜金主义是破坏和影响社会和谐的消极因素，拜金主义往往影响家庭、单位和社会的和睦。极少数拜金主义者铤而走险，贪污盗窃，欺诈行骗，触犯刑律，造成家庭悲剧，影响社会的安定和团结，是对构建社会主义和谐社会的严重危害。

---

① 马克思. 资本论：第 1 卷［M］. 北京：人民出版社，2004：第 871 页附注.

第八，拜金主义是使社会主义蜕化为资本主义的主要危险。如果拜金主义思想逐步蔓延和扩散，贪污腐化行为就不能制止，就会有更多的人追求货币。这是关系到人心向背、党与人民群众的血肉联系的重大政治问题。在社会主义制度下，拜金主义是使社会主义蜕化为资本主义的主要危险，所以说，它是更危险的拜金主义。

上文从八个方面分析了拜金主义的主要危害。消除拜金主义是关系国家前途命运的大事，关系到国家、集体的财产安全，关系到人民的幸福。所以，拜金主义是社会主义市场经济中的主要危险，我们必须有清醒的认识，绝不能掉以轻心，要坚决和拜金主义作斗争，预防和制止拜金主义，清除拜金主义的一切恶劣影响。

复习思考题

1. 马克思主义货币拜物教学说的精髓是什么？你怎么看？
2. 你对货币本质新论有什么看法？
3. 资本主义社会存在拜金主义对资本主义社会有什么影响？
4. 为什么我国社会主义市场经济中还存在拜金主义？
5. 拜金主义的主要表现是什么？
6. 如何预防和制止拜金主义？
7. 拜金主义是社会主义市场经济中的主要危险，你如何看？

行为货币学

第七章 市场是净化货币心理、货币行为和货币氛围的要地

市场是商品集中的场所，也是货币行为最多、最集中的场所，研究货币行为必须研究市场，市场吹来阵阵社会主义企业文明经营的清风，这是主流，但也能闻到唯利是图的铜臭。

一、市场

市场是商品经济发展的必然产物，商品生产必须有交换的场所，商品生产和社会分工必然产生市场，所以，社会分工和商品生产是市场的起源，社会生产力发展是市场形成和发展的动力，市场的发展促进了经济的繁荣，促进了社会分工和商品生产，创造更多的社会财富，社会分工和商品经济越发达，市场的规模和范围也就越大。

到了资本主义社会，随着社会分工和市场经济的高度发展，由地方市场形成了统一的国内市场，并且逐步形成了超越国界的世界市场。市场的商品数量、品种、范围与日俱增，不仅一切物质产品都纳入市场之中，而且科学、文教、艺术、体育活动等以商品形式进入市场，商品交换工具和交换机构，如商业、服务业、运输业、金融业等都纳入了市场。商品经济高度发展，促进了一切经济行为与活动都与市场发生联系，并且受市场经济规律的调节，逐步形成了市场经济。

市场经济最根本的作用，就是能够对资源实现有效配置与合理利用，市场对资源配置起决定性作用，主要是通过市场交换促进社会生产，通过市场激励先进，鞭策后进，优胜劣汰，通过市场价格自动调节供求，使资源实现合理有效配置。市场决定资源配置在本质上就是价值规律在整个社会经济领域起作用，是价值规律、竞争规律和供求规律等市场经济规律对资源配置起决定性作用，是市场经济规律的集中体现。

市场在资源配置中起决定性作用，并不是起全部作用，市场决定资源的配置，并不是完全取代政府的作用，市场经济的自发性和盲目性，以及

多种因素的影响，使"市场失灵"，这会影响资源合理有效配置。所以，必须要由政府干预经济生活，但是，政府的干预是有条件和限度的，该管的要管，不该管的不管，既不能缺位，也不能越位和错位。

以上分析表明，实现资源有效配置在市场，实现优胜劣汰在市场，调节商品供求，发挥市场机制作用在市场。所以，市场是整个商品流通领域中商品交换关系的总和，它是同商品、货币、价值、价格等密切联系的经济范畴，既和发展生产有着密切的联系，又和人们生活有着密切的联系，所以，人的货币行为最多、最集中也在市场，市场和人有着密切的联系，必须规范人的货币行为活动的程序、规则、法制、监管等，更好地发挥市场对资源配置的决定性作用。

二、市场是净化货币心理、货币行为和货币氛围要地的主要表现

我国社会主义市场是同社会主义制度相结合的一种新型的市场，所以，社会主义市场除了具有市场的一般功能以外，还必须体现社会主义制度的本质要求。第一，人民利益至上，顾客至上，最大限度地满足广大人民不断增长的物质和文化需要。第二，在所有制结构上，必须坚持以公有制为主体，多种经济成分共同发展的方针，在市场经营活动中，公有制经济起主体作用，各种所有制企业、各种类型的企业都要进入市场，通过平等竞争来发挥公有制经济的主导作用，从而有利于发挥市场的积极作用，限制它的消极作用。第三，在宏观调控上，社会主义国家能够把人民的当前利益与长远利益、局部利益与整体利益结合起来，建立以间接手段为主的完善的宏观调控体系，有利于保证市场的健康运行。第四，坚持质量第一，围绕消费者需求，优化供给，扩大需求，推动了经济高质量发展，为市场提供高质量的商品，立足创新，追求卓越，加强品牌建设，提升品牌影响力和竞争力。第五，扩大对外开放，积极参与国际公平竞争，努力提高产品和服务质量，使更多的中国品牌成为国外市场值得信赖的选择。第六，坚决打击一切违法经营、唯利是图的商业行为，打击拜金主义活动，净化市场货币氛围。

我国社会主义市场是人民的市场，是坚持产品质量第一、为顾客服务的市场，这是主流，但是，也存在信用缺失、唯利是图的支流，拜金主义者虽然是极少数，但是危害却很大，其有各种表现、各种活动，集中表现在以下两个问题上。

一是信用缺失。信用是市场正常运行的基础，在一切经济活动、市场交易中，购销双方都需要信用提供可靠的运行规则，信用建设是社会主义文明建设的本质要求，也是市场经济运行的内在规律性，可以最大限度地节约活动成本，降低市场活动风险，创造更多的社会财富，但是，在市场活动中有的企业、商人法律意识淡薄，责任意识缺失，不能保证产品质量、服务质量，提供全流程的优质服务，甚至偷工减料。失信行为损人利己，败坏社会风气，甚至有的人还产生守信者吃亏，失信者占便宜的错觉。所以，在市场上必须营造让"守信者获利，失信者出局"的局面，让失信者失去存在的土地。谁的信用越好，越受欢迎，谁的利润就越多，这样人们就越会自觉地养成守信的习惯，并将这种习惯转化为一种人的素质和文化、一种商业人的信仰、一种意识、一种社会责任，形成人人守信的良好氛围。

二是唯利是图。违法经营、唯利是图是极少数人的货币行为，但是其危害却极大，扰乱了市场经营的正常秩序，损害了消费者的利益，这种表现有很多，主要包括：

第一，生产和销售假冒伪劣产品。直接伤害广大消费者的切身利益，有的生产厂商为了追求金钱，用低价的原材料、不符合标准的原材料，甚至是有害健康的原材料等制造产品出售，这完全是拜金主义的活动，是违法的，必须坚决打击；有的以低价商品冒充高价商品，以次顶好，以劣代好，以假乱真，偷工减料，坑害消费者；有的更改保质期，出售过期商品，坑害消费者；有的厂商出售商品时承诺保质保修，出现问题时推诿搪塞。对于市场各种违法行为必须坚决打击，坚决取缔，保护消费者的合法权益。

第二，抬高商品价格。在市场经济条件下，商品的市场价格不能由政府制定，而是在价值规律的作用下由市场竞争形成，从而使得价格的形成以价值为基础，并反映商品供求关系的变化，有的商家利用市场经济滞后性的缺陷及商品价格信息的滞后，应该调低价格的商品，仍然按照过去价格出售，获取利润；有的二级品卖一级品的价格，次品卖优等品的价格，挣大钱；有的利用市场经济的盲目自发性，抬高短缺商品的价格；有的农民出售农副产品价格很低，获利很少，但经销商把农副产品运到城市就卖高价格，获取很大利润等，利用市场价格的盲目自发性，人为提高商品价格，同样的商品，却赚了更多的货币。

第三，利用市场虚假繁荣。盖房子不是满足社会的需求，而是用来炒作。一边是房子已经饱和，另一边开发商还到处申请盖房子的地皮，甚至侵占农田，破坏生态环境，炒作房子，挣大钱，不少富商都是靠盖房子发财致富的。盖房子地皮很重要，有些富商就靠拉关系走后门，甚至行贿等不法手段，申请到好地皮，只要交通发达，地段繁华，就能赚大钱。

第四，长途贩运。市场经济容易造成暂时性商品的短缺，商品经营者看哪个地方的商品容易进货，价格低，赚钱多，就不惜舍近走远，长途贩运，高价出售给消费者，这也是由于市场经济的盲目性、自发性，但造成社会的浪费现象。

第五，虚假广告。有些商人为了推销商品，不惜成本，到处登广告，利用报纸、电台等，夸大其词，不负责任地介绍商品的性能和质量，欺骗消费者，人为地提高商品档次，抬高商品价格，赚取更多货币。

第六，违反平等竞争规则。在市场经济条件下，存在着各个市场主体的激烈竞争，各个经济主体都是平等的竞争对手，他们之间的竞争是平等的，规范其经营活动的竞争规则是一样的。不允许哪个市场主体拥有特殊的地位、权利和条件，这样才能保证市场运行秩序的公正和公平。但是，有的不法商人通过各种办法和渠道，获取市场信息，买进价格较低的商品，出售价格较高的商品；有的争取市场竞争的有利条件，甚至买通主管部门获得特殊权利，先生产，先投产，先出产品，卖高价，捞取更多货币。

从以上分析可知，我国社会主义市场必须建设良好的信用，打击一切唯利是图、违法经营活动，让严重违法者付出巨大的代价，警示所有经营者不要违法经营、唯利是图，合法经营才是正路，这样才能充分发挥市场的活力，更好地为广大消费者服务，净化市场货币氛围。

三、诚信为重

诚信是社会最普通的也是最基本的伦理价值需要，诚信是市场经济发展的必然要求。在人类道德规范体系中，诚信的理念是最重要的基本理念之一。中国是一个有着悠久文化传统和伦理传统的国家，道德规范在人们的社会生活中始终起着十分重要的作用。信用经济是社会主义市场经济的一个基本特征，诚信是社会主义市场经济的重要道德支柱之一。诚信是基本商业道德规范，只有遵守这一商业道德规范，市场经济才能有效地运行，才能真正发挥作用。在社会主义市场经济条件下，企业领导人或企业所有者只有具备诚信的道德品质，才能使企业具备讲诚信的良好社会形象，才能为客户所信赖，才能适应现代社会竞争的要求，并实现企业的发展目标，获取合法的利润。企业必须在诚信这一道德原则和规范的指导下从事经济活动，企业的发展目标和规划、一切规章制度和经营管理都要按照诚信的原则制定和进行。诚信是确保行业之间、企业之间良性互动的道德原则，企业的从业人员在经营活动中必须遵守这一原则，并将其作为职业道德建设的重要规范，只有这样，企业才能有良好的信誉，企业才能发展。因此，诚信是企业塑造形象并赢得信誉的基石，是企业在竞争中获胜的重要法宝，是企业的生命线。

诚信是市场经济的灵魂，是调节社会关系的最基本、最普通的准则。信用伦理精神已成为市场经济健康发展的重要基础。诚信是市场经济的内在要求。各国的实践证明，市场经济越发达，就越要求诚信，就越要强化信用伦理，这是融入世界经济、参与国际竞争的先决条件，也是规范市场经济秩序的治本之策。企业诚信是社会信用制度的重点。信用、信任和信誉是现代经济活动的通行证，也是确保企业成功的动力源泉和优势成本。只有守信用的企业才能得到客户和社会的信任，才有从事商业活动的良好环境。企业要想生存和发展，要实现自己的利益和目标，首先要奉行诚信经营的原则。企业只有讲究诚信才能有较好的信誉，才能有比较好的经济效益。信誉是一个企业的精神财富和价值资源，诚信好的企业在市场上具有良好的形象，具有较高的知名度，这本身就是一笔巨大的无形资产。因此，市场是营造风清气正的商品交易的场所，为人们提供生活物资的重要场所，也是拜金主义蔓延和活动的场所，所以，市场是净化社会货币心理、货币行为、货币氛围的争夺区。要提倡诚信经营，依法经营，信息共享，公平竞争，建立一个完善、开放、守法、诚信、健康的市场体系，净化社会货币氛围。

企业和顾客是一种相互信任、相互依托的关系，诚是企业对客户内在的品行和道德，信是企业对顾客外在的责任和规范，是对顾客的一种神圣责任和使命，也是一种企业自身生存和发展、谋取合法利润的行为和方式，只有提倡诚信的企业文化，企业才能生存，才能兴旺发达，以客户为中心是经营企业的第一准则，谁赢得客户，谁就赢得市场，客户为企业创造利润；反之，极少数重货币、轻真情，一味追求货币的企业领导人，不讲诚信，最后必然败坏自己企业的信誉、企业的形象，自己搞垮自己的企业。所以，要大力提倡诚信的企业文化，在市场公平竞争中赢得更多的市场，释放诚信的良好货币气息，净化社会货币氛围。

四、完善和加强市场运行的法治

市场经济是法治经济，必须有一系列市场法规和市场制度来规范市场经济主体的经营活动和行为，这样市场才能健康有序运行。

第一，规范市场活动程序。确保市场平等和公平竞争，要通过订立合同，保证合同双方的法律地位平等，应遵循公平和诚信原则，依法享有自愿订立合同的权利，履行合同的义务，订立合同把市场活动程序及市场主体的行为规范化、契约化，使合同双方的权利和义务、行为、操作等具有法规的约束和规定，从而使市场活动程序建立在法治的基础之上，使市场经济活动和行为能够正常有序地进行。

第二，保护消费者合法权益。消费者对购买商品和享受劳务具有了解、熟悉使用商品和劳务真实情况的权利，自主选择商品或享受劳务的权利，在购买商品或享受劳务有获得质量保证、价格合理、计量正确、安全可靠的权利，有监督的权利。

经营者具有提供商品或劳务保证质量的义务，有提供真实信息、接受监督的义务，有出具购货凭证、服务单据的义务。商品或劳务质量不符合要求，有接受退货、更换、修理的义务等。

第三，保证产品质量。生产者和销售者承担产品质量的责任，禁止生产假冒伪劣产品，产品质量应当检验合格，生产者和销售者应当对生产和销售的产品负责，符合产品质量法规的要求和规定，不然，要依法受到严厉的惩处。

第四，维护市场运行规则。要保证市场健康、有序运行，必须维护市场运行的规则，维护公平竞争秩序，优胜劣汰，确保消费者利益和社会公共利益，预防和制止垄断行为，提高市场运行效率，任何人都不能滥用权力限制平等竞争，要使一切经营者都在公平、平等的地位开展经营活动。

五、加强市场监管

市场需要一系列市场法规和市场制度来规范市场经济主体的经营活动和行为。市场经济法规主要包括：市场准入法规，即规定具备什么条件的经济单位可以进入市场，违反哪些规定必须退出市场；市场行为法规，即规定市场主体在市场竞争中应当遵守的行为准则，如禁止不正当竞争法规、反垄断法规、反暴利法规等；市场行政管理法规，即规定市场主体在市场活动中应当接受哪些组织机构的管理，如何接受管理以及市场管理机构的要求和法规等。市场经济法规和制度越完善，市场经济的正常运行就越有保障。

完善市场监管体制，坚决打击少数非法经营、非法获取利润的丑恶行为，打击假冒伪劣商品，商品的产销差价不能太大，全面整顿市场秩序，全面依法执政，坚持法治建设，信息共享，公平竞争，建立一个完善、开放、守法、诚信、健康的市场体系，使拜金主义者没有生存的土壤，拜金主义的行为无活动的余地。

市场健康、有序运行不仅要依靠规则和法制，更重要的是执行规则和法制，这就要求加强对市场的监管，要遵循市场经济规律和依规依法进行监管，促进发挥市场配置资源的基础性作用，促进经济发展和社会稳定。因为市场运行牵涉到各个方面，牵涉到广大的消费者，牵涉到生产和经营者，因此，市场的监管也必然是多方面的、多层次的，各个部门相互配合。总的来说，主要包括以下两个方面的监管。

一方面是市场规则的监管，主要涵盖以下内容：

对市场经营主体的监管。市场经营主体是指经营各类商品和劳务的企业和公司，市场主体必须依据市场规则、法律从事经营，主要是对它们的交易活动、行为、秩序等进行监管，对经营信誉和服务承诺进行监管，对商品或服务的供求关系、流通渠道、物流配送进行监管，对市场环境、设备、设施、卫生、安全等进行监管。

行业主管部门的监管。主要是对所属企业、公司进入市场之前的申报进行审批，进入市场之后进行行业规范和政策指导，依据法律法规规范其经营活动，对所属企业的状况、经营效益和治理结构进行必要的监管和管理，对所属企业、公司违规违法进行查处等。

经济监管和检查部门的监管。相关部门主要指政府对市场规则运行的综合管理机构，包括税务、物价、质监、海关、工商、检验检疫等部门，依据国家有关法律、法规和经济政策对市场活动进行调控、指导，维护市场规则有序运作，确保市场规则及其制度标准的同一性、竞争性和公平性，并直接监督市场规则的运作，以调控多层次市场主体活动关系、行为和秩序，保证市场的健康、有序运行。

另一方面是市场法制监管。市场法制监管构成一个多层次的监管系统，是市场各个方面对遵守法律的监管，包括对公司法、消费者权益保护法、合同法、破产法、产品质量法、反垄断法、审计法、计量法等遵守和执法情况，市场法制监管要体现法律监管的合理性原则、程序原则、民主原则、效率原则和服务原则等，促进市场依法运行。

以公正监管促进公平竞争，公平竞争是市场经济的核心，公平监管是公平竞争的保证，要不断完善公平竞争和公正监管的制度、规则，制度、规则越简要透明，监管就越有力有效。对违法者要依法严惩，依法打击违法行为，对严重违法者要依法重罚，警惕所有经营者，不要犯法违规，只有合法经营才是正路。用公正监管，管出公平，管出效率，管出活力，这才是市场监管的目的，如此才能充分发挥市场的活力，更好地为广大消费者服务。

复习思考题

1. 简述市场在市场经济中的地位和作用。
2. 为什么说市场是净化货币心理、货币行为、货币氛围的争夺区？
3. 当前我国市场中存在的主要问题是什么？
4. 简述诚信对企业、社会的重要性。
5. 怎样加强市场规则监管？
6. 怎样加强市场法制监管？

第八章　坚持社会公平

社会公平是人类千百年来追求的价值理想，自古以来，有多少仁人志士向往和追求社会公平。在货币商品存在的社会，社会公平最集中反映在货币交换上，所以，必须从货币交换中研究社会公平。社会公平只有在社会主义制度下是追求的现实目标，才具有重大的、深远的实践意义。

一、货币交换体现了阶级社会的不公平

货币是原始社会末期，随着商品交换的发展而产生的，货币产生以后，由于生产关系一定要适合生产力发展规律的作用，人类社会经历了三个私有制的阶级社会，在货币商品存在的条件下，阶级社会中社会的不公平都集中反映在货币交换上，货币交换从开始就和阶级社会的不公平形成了错综复杂的关系，所以，必须从货币交换上研究社会的不公平。

在奴隶社会，奴隶制生产关系的基础是奴隶主占有生产资料，同时占有奴隶，这是一种最野蛮、最残酷的赤裸裸的剥削制度。奴隶主占有奴隶是通过货币交换实现的，有货币就可以买卖奴隶，买进的奴隶由奴隶主任意欺压和奴役，甚至可以任意屠杀，所以，社会不公平集中体现在货币交换上不公平。

在奴隶制的长期发展中，奴隶越来越不能忍受这种非人的待遇，越来越仇视这种货币交换体现买卖奴隶的不公平，体现奴隶主与奴隶之间货币关系的不公平，他们对劳动失去了任何兴趣，并以怠工、逃亡、破坏生产工具和暴动等手段反抗奴隶制。随着社会生产力的继续发展，奴隶社会不可避免地被封建制生产关系所代替。

封建制生产关系以封建主占有生产资料和不完全占有劳动者为基础。农奴对封建主有一定程度的人身依附关系，但比较奴隶制的奴隶已经有了某些人身自由，他们可以用自己的生产工具在地主的土地上进行劳动，但是大部分产品要以地租的形式交给地主，通过实物地租或货币地租交给地主，货币交换体现了地主对农民的剥削、压迫、奴役的不公平，体现了地

主和农民之间货币交换的不公平。

虽然农民还有很少的产品归自己所有，因而产生了一定的劳动积极性，刺激了生产的发展，但是，地主阶级利用人身依附关系，对农民进行了残酷的剥削，农民越来越贫困，甚至无力进行简单再生产，封建制生产关系逐步瓦解和资本主义生产关系代之而兴起。

生产资料的资本家占有制，是资本主义生产关系的基础。其特点是资本家占有一切生产资料，而工人则成为一无所有的无产者，无产者对资本家虽然没有人身依附关系，但又不得不把唯一属于自己所有的劳动力，当作商品出卖给资本家，工人创造的财富，绝大部分以剩余价值的形式被资本家榨取，所以，货币交换体现了资产阶级对无产阶级剥削、压迫、奴役的不公平，体现了资产阶级和无产阶级之间货币交换的不公平。

回顾人类几千年来阶级社会的发展史，货币交换体现了人剥削、压迫、奴役人的不公平史，体现了人与人之间的不公平的货币关系史，这是社会最大的不公平，所以，无数革命先烈、仁人志士，不惜牺牲个人生命，要推翻这种阶级社会，为的是获得社会真正的公平。只有社会主义社会才能坚持社会公平，实现社会公平。

二、货币交换体现了市场经济失灵的不公平

要彻底清除阶级社会货币交换的不公平，以及人与人之间货币关系的不公平的思想影响。有极少数人仍然利用货币交换的不公平，凭借手中掌握的生产资料和权力，图财谋私，必须坚决制止和严惩。

社会主义生产关系是新生事物，它既具有强大的生命力，又不可避免地会在自身发展过程中存在或出现一些不完善的方面，所以更要研究在社会主义市场经济条件下，产生市场失灵引起货币交换不公平的原因、性质、形式，以及应该采取的政策和措施。

市场经济作为社会资源配置方式，可以合理而有效地配置社会经济资源，可以促使社会总供给与总需求平衡；由于市场上商品供求与商品价格的内在联系，在其他条件一定的情况下，商品供不应求时，价格就会上涨，商品供过于求时，价格就会下降，商品生产者在价高利大的利益驱动下，将生产要素从供过于求的部门转移出来，投入供不应求的部门，正是生产要素这种由价格波动引起的流动，促进社会资源从商品供过于求的部门流到商品供不应求的部门，实现社会总供给与总需求的平衡。而市场竞争和价值规律的作用，又驱使商品生产者不断采用新技术，改善经营管

理，提高劳动生产率，以降低商品生产者的个别劳动时间，获取更多利润，从而使社会资源得到有效配置与合理利用。但是，市场经济对社会资源的配置，又具有市场失灵的缺陷，体现了市场经济带来的社会不公平，反映在货币交换上的不公平主要包括以下几个方面：

第一，自发性、盲目性、滞后性。首先，商品生产者和经营者对生产要素的投入和转移所依据的主要信号是商品市场价格的高低，以及其对投资于某种商品的预期收益，完全是一种利益驱动下自发的货币行为，但影响商品价格的不仅仅是商品供求关系，还有其他原因，所以，商品价格的变动引导资源配置可能出现盲目性，甚至出现误导，至于商品生产者和经营者对市场预期收益的主观判断，更是难免出现失误，从而导致投资的自发性和盲目性。其次，商品的市场价格变化是在商品已经生产出来并拿到市场上销售以后，通过市场供求关系的变化才反映出来的，生产者接到价格信号后，才开始扩大或缩小生产规模，这种调节方式必然具有滞后性，是商品已经生产出来并上市后的事后调节。最后，造成社会资源的浪费或商品短缺。一方面，在商品市场价格的引导下，某种商品价格上涨从而对生产者有利可图，大家都转向生产这种商品，但是，谁也不知道这种商品市场上究竟短缺多少，有多少人转产，转产量有多大，结果往往造成这种商品的过量生产，导致社会资源的浪费；另一方面，大家都从生产那些价格低、无利可图的商品转移到生产价格高、有利可图的商品，结果又导致这些价低利少的商品发生短缺。上述自发性、盲目性、滞后性和带来的社会浪费，必然带来货币交换的不公平。

第二，形成过度投机，不顾或排斥社会公共利益。如果任凭市场自由运作，盲目调节，就会出现市场过度投机，无序扩张，转嫁经营风险，投机者对市场的错误预测及判断，就是建立在市场失灵的基础上的，如果过度依赖市场自发调节，则会导致社会经济发展所必需的产业落后，无人过问，或设施开发滞后，形成单个经济效益与整体效益的尖锐对立，阻碍经济高质量、可持续发展。市场自由诱导、调节，可给投资者带来利益，而获利小，甚至不获利的产业部门，不论是企业或个人，都不愿意投资，这样，投资者争相投资获利多的产业部门，而形成一些产业部门投资过热，争相投入，而另一些产业部门，甚至是国民经济中的重要部门，投资过冷，无人问津，致使单个经济利益与整体社会效益尖锐对立，阻碍整个经济健康发展，必然产生货币交换的不公平。

第三，损害生态环境。市场的自发运作，个别企业在利益的驱动下，只顾追求利润，造成自然环境的严重破坏，影响经济绿色可持续发展。地方政府也可以受益，但生态环境遭到破坏后，整个社会经济发展都会受到影响，所以，过分依靠市场运作、调节，往往会破坏生态环境绿色可持续发展，这是影响到整个经济发展的根本问题，这种造成社会不公平的货币心理和货币行为，必然给货币交换带来不公平。

第四，引发分配不公和两极分化。竞争是市场化的重要内容与特征，也是市场经济条件下经济主体追求与实现经济利益的基本形式，竞争推动社会生产力的发展，竞争导致优胜劣汰，竞争推动企业改善和加强管理，不断进行技术革新和产品更新，开发新产品，努力提高劳动生产率，降低成本，节约开支，以最小的投资取得最大的产出。但是，市场经济的竞争也会拉大地区、城乡差距，造成贫富两极分化。由于地区城乡在生产力发展水平、政治、文化、环境、机会等方面条件不同，个人由于经历、学历、能力、家庭、经济等方面条件不同，产生贫富两极分化，这些都造成货币交换的不公平。

以上几个主要方面反映了市场经济失灵造成少数人扭曲的货币心理以及不公平的货币行为，给货币交换带来社会不公平。中国特色社会主义的根本目的在于消灭剥削、消除两极分化，最终达到共同富裕，这是社会主义制度与一切以往私有制为基础的社会制度的根本区别，因为社会主义社会是以生产资料公有制为基础的社会。以人民利益为中心，共同占有生产资料，进行共同劳动，创造物质财富归全体人民共同占有和分配，随着社会生产的发展和社会财富的不断增多，人民将实现共同富裕。社会主义不仅要消灭剥削，消除两极分化，最终实现共同富裕的目标，而且社会主义的根本任务是要解放和发展生产力，建立雄厚的物质基础，为实现共同富裕提供物质基础。因此，消除货币交换的不公平，是建设中国特色社会主义面临的长期而艰巨的任务。

市场失灵主要是依靠创造条件完善市场机制的功能来解决，主要包括：

第一，在市场经济条件下，社会资源的配置都是由市场或市场机制起决定性作用，而不能由市场以外的其他因素起决定性作用，一切经济关系及活动方式都通过市场调节实现，以市场为中心，以市场为导向，实行等价交换，完善市场机制。

第二，培育各类市场主体。在市场经济条件下，社会经济运行要依靠各个经济单位的经营活动来实现，各类市场主体必须产权明晰，权责明确，自主经营，自负盈亏。产权关系独立，具有独立利益和自主权，关心自身经济利益，一切经济活动都是为了实现自身利益的最大化，这样才能够通过市场价格的波动和经济竞争，使社会资源得到合理而有效的配置，这是市场机制能够充分发挥作用的内在基因和动源。

第三，市场竞争平等。在市场经济条件下存在各个市场经济主体的激烈竞争，各个经济主体都是平等的竞争对手，规范其竞争的规则是一样的，不允许哪一个市场经济主体有特殊的地位、权利和条件，这样才能保证市场运行的公正和公平。必须完善市场竞争环境，市场竞争环境越完善、充分，市场机制就越灵活、有效，建立和完善较充分的市场竞争环境是实现优胜劣汰的前提条件，可以实现稀缺资源的优化配置，推进市场机制运行的科学化、合理化。

第四，形成灵敏的市场信号。市场信号是一种多层次的竞争引导系统，具有内在的吸引力和刺激力，主要包括商品价格信号，商品的市场价格既不能由政府制定，也不能是垄断价格，而是在价值规律作用下由市场竞争形成的价格，从而使得商品的价格形成以价值为基础，并反映商品供求关系的变化。除了商品价格信号外，还有利率、汇率、工资、要素市场价格信号等。市场机制总是通过市场信号的上下波动来刺激和引导各类市场主体的活动和行为，调节各类消费品和资本品的供求变化，协调稀缺资源的优化配置。市场信号滞后，缺乏灵敏度，市场机制运行将严重受限，灵敏的市场信号是市场机制及其要素关系变化的指示器，成为市场机制有效运行的前提。

第五，市场行为的契约化要求。市场经济要求市场行为主体作为平等的法人实体和民事主体，在从事经济活动的过程中依法形成书面合同或口头承诺，以明确当事人之间的权利、责任和义务，并严格履约，使其活动契约化、法制化。契约化表明企业行为是合法的、平等的、自愿的，合约双方或多方必须履行合约规定的商品、劳务、价格、时间和结算方式等，保证商品质量或服务质量。市场行为的契约化要求企业或个人在追求盈利最大化的同时，主动承担相应的社会责任，要求处理好履行盈利契约和责任契约的相互关系，把最大化追求盈利与主动承担社会责任统一起来。

第六，完善市场体系。市场配置资源作用的发挥，要依托完善的市场体系，市场和市场机制发挥调节作用以及市场规律作用的发挥也要以市场为载体，完善的市场体系由生产资料市场、消费品市场、金融市场、劳动力市场、技术市场、房地产市场以及信息市场等组成，市场体系越完善，市场机制的作用就越充分，从而市场配置资源的作用就越能有效地实现。

三、坚持货币交换的社会公平

以上分析表明，市场经济存在不公平性，社会主义市场经济也必然存在不公平的可能性，在社会主义制度下，一切经济活动都要通过货币交换进行，社会生产、分配、流通、消费中的一切社会不公平，都会从货币交换中反映出来，不仅如此，甚至社会活动、政治活动中社会不公平只要和货币有关，引起货币交换，也会从货币交换中反映出来，所以，必须从货币交换中研究坚持社会公平，促进社会公平。社会不公平是污染社会货币氛围最大的来源，必须坚持社会公平，才能从根本上、源头上净化社会货币氛围。

在社会主义制度下，货币交换体现了阶级社会不公平带来的历史上的思想影响，货币交换体现了社会主义市场经济条件下，市场失灵带来的不公平，所以，坚持货币交换的社会公平，促进社会公平，是社会主义社会重要的、长期的、艰巨的任务，具体表现在：

第一，坚持货币交换的社会公平，促进社会公平，是社会文明和进步的重要标志。坚持社会公平是人类价值观念中古老的，但又具有永久魅力的概念。追求社会公平正义一直是社会主义的一个基本目标和核心价值，也是社会主义社会的魅力所在，更是建设社会主义文明社会必不可少的因素，只有在社会主义社会才能真正实现。

第二，坚持货币交换的社会公平，促进社会公平，是构建社会主义和谐社会的客观要求。社会公平是体现人们之间一种平等的社会关系，人际和睦、社会和谐是保持社会稳定的基础，能够激发广大劳动者和工作者劳动和工作的积极性和创造性，大大提高社会经济效率，增强经济活力，促进经济繁荣。

第三，坚持货币交换的社会公平，促进社会公平，才能正确处理人民内部矛盾。要使社会各方面的利益得到妥善的协调，其他社会矛盾得到正确的处理，努力建立各种利益协调机制，妥善协调各种具体利益关系和内部矛盾，正确处理个人利益与集体利益、局部利益与整体利益的关系。在改革开放以前，我国可以说是一个由单一利益群体组成的社会，在改革开放转型过程中，经济成分、组织形式、就业方式和分配方式日益多元化，社会利益结构也随之分化和重组。在这种多元群体格局下，坚持社会公平，正确处理和协调群体之间及各方面的利益关系，就显得特别重要。社会各阶层都要求和呼吁坚持社会公平。例如，基层干部很辛苦，他们同广大群众打交道，处在各种矛盾的焦点上，他们的货币心理关心的是付出与回报是否呈比例；对工人来说，他们的货币心理是关心付出劳动后有没有得到公平的货币报酬；对农民来说，他们的货币心理是自己一年的辛勤劳动所收获的农副产品能不能按公平的价格销售出去；对离退休职工来说，他们的货币心理关心的是离退休金，以及医疗、生活条件能否得到保障；社会中低收入人群的货币心理关心的是自己的收入和子女上学等生活问题能否得到保障。民营企业家的货币心理是自己的企业没有取得社会平等地位、公平的竞争、公平的收益，他们感到不公平；国有企业觉得遗留下来的包袱很重，其付出被历史包袱冲减，其货币心理是感到得到的货币回报不公平；国家公务人员的货币心理是感到责任大、担子重、工资少，他们也感到不公平。

因此，必须高度重视和坚持社会公平原则，要逐步减少和清除市场经济带来的货币交换的不公平，社会主义初级阶段带来的社会不公平，经济体制转型中带来的不公平等，如果社会各阶层对社会不公平的诉求得不到回应，他们就会产生仇富、厌世等消极思想，拜金主义思想就会乘虚而入，少数意志薄弱的人就会觉得拜金主义者宣扬的"这个年代只有钱好使"有道理；个别公务人员就会"一切向钱看"，想搞权钱交易；个别企业家就会走邪路，靠销售假冒伪劣产品赚钱；个别工人或农民就会用非法手段追逐货币；个别知识分子就会想靠歪道发财；等等。总之，不能坚持社会公平，正气不上升，正气不能压倒邪气，社会公平不能压倒拜金主义，拜金主义就会蔓延。在社会主义制度下，还存在货币商品的条件下，必须高度重视社会公平，实现和维护社会公平，这不仅仅涉及收入和财富分配等经济问题，也涉及社会地位和平等权利、公共服务等政治和社会问题。只有坚持社会公平，正气上升，经济发展才会有后劲，才能促进社会经济高质量发展，才能提高经济效率。否则，社会不公平，正气上不去，拜金主义蔓延，一个国家的经济迟早要落后于他国，社会也很难向前发展。

坚持社会公平，减少和消除货币交换中的不公平，要坚持以下四个方面公平。

第一，坚持权利公平。权利公平即权利的平等，它是社会公平的基础，是社会公平的内在要求。公平作为一种社会关系，体现的是社会对所有成员的平等。权利公平具体体现在政治权利平等、劳动权利平等和分配公平等方面。坚持以人为本，首先要尊重人的权利，公民的平等权利，是人民当家作主的具体表现形式和基本要求，权利平等是实现经济上平等的前提，是逐步减少和消除货币交换不公平的基础。

第二，坚持机会平等。机会公平即机会均等，这是社会公平的前提。机会公平是最大的公平，它要求社会提供的生存、发展、享受机会对每一个社会成员都始终是平等的。提供平等竞争的机会，使参与市场竞争的人都享有完全平等的权利，履行完全平等的义务，不能存在特权。实行机会平等可以调动全社会公民的积极性，激发整个社会的活力，最大限度地发挥每个人的才能，使每个人都有获得货币的机会，这样才会逐步减少和消除货币交换中的不公平。

第三，坚持规则公平。规则公平是实现社会公平的重要环节，是社会和谐的重要保证。规则公平要求社会主体在参与经济和社会发展的过程中面对的行为规范和行为准则，如法律法规、规章制度等，都必须正确地、真实地反映社会生活中的各种关系及其相互作用，反映经济和社会发展的趋势，体现人民群众的愿望和要求。规则平等使每个人受着同样的行为规范的约束，在同样的规则中开展竞争，体现着过程的公平，并为最终实现结果的公平提供了保障，这就保证获得货币的规则和过程是平等的，就会逐步减少和消除货币交换中的不公平。

第四，坚持分配公平。分配公平主要是指利益分配公正，这是社会公平的理想目标。分配公平使每个劳动者都有获得正当利益和社会保障的权利。分配公平是整个社会公平的核心内容，它体现着社会利益以及财富分配的合理性和平等性。坚持分配公平，并不是搞平均主义，而是要使社会利益处于一种相对平衡、相对平等的状态。利益分配的高低差别要控制在整个社会能够普遍接受的限度内，构建一种既有一定差别，又保持一定公平的相对均衡的利益分配结构。建立健全市场机制，并辅之以必要的行政手段，以效率为前提，确立按劳分配和按要素分配相结合的原则，实现分配公平，促进货币交换公平。

坚持社会公平，不仅要坚持权利公平、机会公平、规则公平和分配公平，而且要坚持社会平等。平等的概念是历史的范畴，在每一个历史时代占主导地位的平等观念，都是该时代经济和政治关系的产物。资本主义社会的平等是形式上平等而实际上的不平等，是极端的不平等。在社会主义制度下，要逐步消除资本主义平等观的影响，实现真正的、实际的平等。拜金主义生长的重要条件是社会不平等，拜金主义是一定社会生产关系的产物，预防和反对拜金主义，必须发展和巩固社会主义生产关系，只有使广大人民群众在现实生活中真正体会到自己是国家和社会的主人，处在社会平等的地位，受到了平等的待遇，才能逐步消除拜金主义的影响。具体应该做到以下几点：

第一，要真正确立人们在生产过程中的互助合作伙伴关系。无论是企业领导人、企业家还是工人，都是普通的劳动者，都为企业、为国家贡献了自己的力量，都是为社会主义而劳动。只要为社会主义诚实地劳动，贡献自己的一份力量，就要受到企业和社会的尊重，都要在政治上享受平等的待遇。要彻底消除资本主义社会生产过程中那种统治和被统治、奴役和被奴役关系的影响。国家要在立法上和制度上保证社会主义生产关系的建立和发展。在现实的经济生活中，只有不断地揭露这方面存在的问题和矛盾，才能在不断地解决矛盾的过程中，发展和巩固社会主义生产关系，实现社会主义的平等。

第二，再也不能用货币欺压人、奴役人。无论是公有企业还是其他所有制企业，都不能像资本主义社会那样，把货币作为欺压人和奴役人的手段。不能克扣农民工的工资，不能克扣乡村教师的工资，或者是通过各种方法和借口，降低或减少工人的工资，甚至打骂工人，这在法律上是不允许的，企业领导人不能欺负工人，更不能侵犯工人的人身权利。

第三，无论货币收入多少，公民在政治上都一律平等。每个人的能力有高低，职位有高低，货币收入有多有少，但在政治生活和社会活动中都是公民，都应该享受公民的权利，都要受到尊重，不能因为货币收入的多少而遭受不同的政治待遇，甚至受人歧视。

拜金主义在社会不公平、不平等的条件下，容易滋生和蔓延开来，容易找到市场，容易产生影响。我们只有坚持社会公平，坚持社会平等，才能有力地预防和反对拜金主义，坚持社会公平是拜金主义的消防器。

教育公平是实现社会公平的基础。教育是民族复兴的基础，保证全体人民享有接受良好的教育机会，是保证实现上述权利公平、机会公平、规则公平、分配公平的基础，只有大家都接受过良好的教育，才能使大家在青年时代就同在一个起跑线上，才能逐步享受各个方面的公平。不然，起跑线不同，大家不可能同样享受到各方面的公平，所以，教育是实现社会公平的基础。

促进社会公平，首先要依靠发展。发展是硬道理，是促进和实现社会公平的前提。要实现社会公平，最根本的还是要提高生产力水平，用发展为实现社会公平创造雄厚的物质基础。要进一步深化收入分配制度改革，因为合理的收入分配制度是社会公平的重要体现。要加快各项事业建设步伐，积极改善民生，进一步完善社会保障体系。只要我们不断发展中国特色社会主义，坚持不懈地促进社会公平，几千年来中国人民追求的社会公平，就一定能够在中国大地逐步实现。

四、法治是实现货币交换社会公平的保证

法治社会是构筑法治国家的基础，对于全面依法治国，建设社会主义法治国家具有重要意义。法治社会是国家治理体系和治理能力现代化的组成部分，建设信仰法治、公平正义、保障权利、守法诚信、充满活力、和谐有序的社会主义法治社会，是增强人民群众的获得感、幸福感、安全感的重要举措。要增强全社会法治观念，增强全社会履行法治的积极性和主动性，形成守法光荣、违法可耻，使全体人民都成为社会主义法治的忠实崇尚者、自觉遵守者、坚定捍卫者。全面依法治国是一个系统工程，要整体谋划，把公平正义贯穿在法治建设中，这样才能从法治上保证社会公平正义，才能逐步减少和消除货币交换的不公平。公平正义是人民的期盼，是法治的生命线，也是我们党长期追求的一个崇高的价值目标，要贯穿到法治建设的各个环节，切实保障社会公平正义和人民权利。

在法治社会，每个成员、每个人不论掌握货币多少、不论贫富差别，在权利上都是平等的，在人格上受到尊重。自由平等是表达人们内在需求最光辉、最神圣的字眼，要求自由平等是人类根深蒂固的一种欲望，人类自由、平等，在尊严、权利、发展条件和机会上应该是平等的。自由是做自己愿意和应该做的事，而不能有别人施加任何违背性的强迫行为，同时，又在法律的许可范围内才是自由的，并受到法律的保护，在法律规定各种自由范围内，提供个人选择的自由，而不能违反法律的规则，触犯法律是没有任何自由的。自由促使每个人实现自我价值，激励每个人创造社会财富和社会文明的积极性和创造性，为社会多做贡献，并丰富了自身内在的精神生活。

在充分竞争的市场经济条件下，所有人的权利都是平等的，所有的地位与职务向所有的人开放，只要人们能够和愿意去争取，他们都有平等的权利去争取。这样才能实现机会是平等的，才能实现唯才是举、前途平等、发展平等。在经济上是优胜劣汰，市场竞争是平等的，推动经济高质量发展，政府不能通过特权干涉市场经济，市场经济推动和促进权力制度

的平等化、公平化。实现经济法治的公平正义，主要包括以下四个方面：

第一，在市场主体的法律制度上贯彻公平正义。因为市场主体的根本特征表现为权利主体，市场主体的权利应该是平等的，在宪法和法律的范围内，平等地享有权利，承担义务，正当的权利都应当得到平等的保护，并平等地得到实现和保证。在市场经济条件下承认市场主体、个体的合法利益，并鼓励人们通过合法手段去追求，任何市场主体都可以根据自己的意愿，在市场体系内自由地进行交易活动，通过这种利益驱动方式，市场经济就会极大地激发市场主体、个体的积极性、主动性、创造性，促进人的才能得到全面发展和人的尊严得到全面实现。这也是经济领域中公平正义不断实现与拓展的过程，通过自由、平等，以及对个人意愿的充分尊重，激发市场主体的劳动积极性和创造性，发挥人的聪明才智，极大地推动社会生产发展，为社会主义的经济发展和繁荣奠定坚实的物质基础，也为个人增加货币收入创造前提。所以，公平正义在市场主体法律制度的贯穿和实现，极大地调动了市场主体的活力和热情，创造了更多的物质财富，从而也促进了市场主体法律制度的完善和发展，保证货币交换的社会公平。

第二，在市场秩序法律制度上贯彻公平正义。市场秩序是法律制度的核心，是保证在市场竞争中公平正义原则的体现，市场经济归根结底是竞争经济，竞争是市场经济内在要求的基本制度原则，市场秩序的法律制度实质上就是竞争法。保护的首要利益是自由平等的竞争秩序，竞争秩序促进市场经济参与者能够持续地追求合法利益。反对垄断，维护自由竞争的优越性，正确处理自由竞争和国家必要干预的限度，维护市场主体实现真正的自由平等，保证企业自由平等地进入市场的权利，加大对中小企业的经济和科技创新扶植的力度，并不断增强中小企业自由参与市场竞争的能力，保证货币交换的社会公平。

第三，在宏观调控法律制度上贯彻公平正义。宏观调控是国家从经济运行的全局出发，运用各种宏观经济手段，对国民经济总体的供求关系进行调节和调控，这是国家承担的重要经济职能之一。宏观调控法的核心职能是如何做好宏观调控，通过计划政策、产业政策、财政政策、税收政案、货币政策、价格政策及经济手段的运用，实现宏观调控的总目标，为此必须要对这些经济政策及经济手段加以法律化，并构成完整的宏观调控法律制度体系，宏观调控的法律制度体系固然能够规范政府宏观调控行为，防范滥用职权，但其本身却无法保证政府能够制定和执行良好的宏观调控政策。因此，宏观调控的法律制度体系必须贯彻公平正义，而且要通过法律制度来保证公平正义原则得到贯彻执行，在宏观调控法律制度的立法内容、形式和程序三个方面都要遵循社会生活的客观要求，满足社会公平正义的需求，保证货币交换的社会公平。

第四，在社会分配法律制度上贯彻公平正义。一个公平、正义的社会，必然是极大促进社会生产力发展、经济繁荣的社会。所以，公平、正义构成一个发达繁荣社会的基础性条件，在社会生产、分配、交换、消费四个阶段中，分配阶段对贯彻公平正义尤为重要。特别是我国仍处在社会主义初级阶段，贫富差距、城乡差别的矛盾明显，如何公平、合理、有效地配置社会资源至关重要。缩小贫富差距、城乡差距是正确处理社会矛盾的关键所在。在当前我国社会主义制度下，应当继续坚持和完善以按劳分配为主体，多种分配方式并存的社会分配制度，健全劳动、技术、资本、管理等按生产要素分配制度，正确处理公平与效率在初次分配和再分配中的关系，构建财政三次分配的制度安排。公平正义在社会分配制度中应该用法律制度把它固定下来，把公平正义贯彻到分配过程的始终，贯彻到分配各个环节和过程，全社会在分配上充分体现公平正义，就会极大地调动广大人民群众的劳动、工作的积极性和创造性，促进社会主义经济繁荣和发展，保证货币交换的社会公平。

五、货币关系论

以上分析表明，在阶级社会里，货币交换体现了阶级社会的不公平，表现在货币交换的双方或多方人与人之间关系的不公平，在货币商品存在的社会，这种不公平集中地反映在人与人之间的货币关系上。货币关系既是客观的，又是主观的，货币关系是客观的，这是因为在货币商品存在的社会，社会生产关系反映在货币关系上，货币关系是社会生产关系最集中、统一、具体的反映。社会生产关系的构成包括生产资料所有制关系、人们在生产中的地位和交换关系、产品分配关系以及由它决定的消费关系。上述三个方面的关系，主要的都反映在货币关系上。社会生产关系是一个多层次的复杂经济结构，是内部诸环节或诸方面相互联系、相互制约的有机的统一体，都直接或间接反映在货币关系上，而且只有货币关系才能把多层次的复杂经济结构统一体用货币统一反映出来，所以，有什么样的社会生产关系类型，就有什么样的货币关系，所以，货币关系是客观的。

货币关系又是主观的。因为货币关系反映人与人之间的关系，这种关系是人的货币心理和货币行为的反映，不同的人存在不同的货币心理和货币行为，对货币关系的认识、态度和处理也是不同的，所以，货币关系又是主观的。

在阶级社会里，谁占有生产资料，谁就居于统治和支配他人的地位，就有剥削和奴役他人的权利，货币关系就是反映这种剥削和被剥削、奴役和被奴役的关系，在货币商品存在的社会，最全面、最深入、最具体地反映阶级社会生产关系性质的就是货币关系，货币关系反映社会的不公平，反映人间的不公平。

在社会主义制度下，社会生产关系发生了根本的变化，铲除了人剥削人的制度，建立起人们之间平等、互助、合作的关系，货币关系反映了社会主义社会人与人之间这种平等、互助、合作的关系。这种平等、互助、合作的人与人之间的关系，是建设社会主义和谐、文明社会的根本保证。只有在这种同志式的人与人之间的关系基础上，才能实现社会公平、公正。社会公平体现了人们之间一种平等的社会关系，追求社会公平、公正是社会主义社会的基本目标和核心价值，也是社会主义社会的魅力所在。这就要求人们在认识和处理货币关系上要合情合理、公平、公正，每个人尽职尽责，获得应得利益，建立起共同富裕、互助合作、真情相待、和谐友好的货币关系，这样才能更好地发挥货币对经济、社会的作用，促进经济高质量发展。综上所述，可以得出以下认识。

货币关系的重要性。货币关系反映社会生产关系，反映生产关系是否适应生产力的发展，反映人与人之间的关系，社会上的不公平集中反映在货币关系上，因此，只有正确认识和处理货币关系，建立起人与人之间的平等关系，才能坚持社会公平。

货币关系的复杂性。货币关系反映经济运行中的各种矛盾，反映社会上的各种矛盾，反映人与人之间的各种矛盾，是各种矛盾的集中点。所以，正确认识和处理各种矛盾，既要有宏观上的决策和措施，又要有微观上的相互配合，还要充分调动人的积极性和主动性，这样才能坚持社会公平。

货币关系的日常性。在日常生活中，我们天天和货币打交道，要正确认识和处理每一笔货币收支引起的货币关系，使每一笔货币收支反映的人与人之间的货币关系，都有利于促进互助合作、和谐友好，为建设社会主义和谐社会、文明社会尽一份力量，促进社会公平，也使自己和家人更快乐幸福。

货币关系的特色性。共同富裕促进社会公平，共同富裕是全体人民通过辛勤劳动和相互帮助，最后达到丰衣足食的生活水平，是消除两极分化和贫穷的基础上的普遍富裕，是人民的物质生活和精神生活都富裕，共同富裕是社会主义的本质要求，是中国式现代化的重要特征。共同富裕奠定社会公平的物质基础，营造社会公平的环境，促进社会公平。同时，社会公平又促进共同富裕，人人得到公平的对待，享受公平的权利，激发全体人民持续创造财富的动力，人民群众是创造历史的动力，调动全体人民生产、劳动、工作的积极性、创造性，使全体人民朝着共同富裕目标迈进。因此，坚持社会公平和共同富裕是相互结合的、相互促进的，是中国社会主义社会货币关系的特色，是人类社会最完美的、新型的货币关系。

复习思考题

1. 为什么说在阶级社会货币交换是社会最大的不公平？

2. 市场失灵货币交换的不公平是怎样产生的，表现在哪些方面？

3. 如何解决市场失灵产生货币交换的不公平？

4. 怎样理解坚持社会公平是几千年来人们追求的最高理想？

5. 简述坚持社会公平的几个主要方面。为什么说分配是其中的主要环节？

6. 怎样从法治上保持社会公平？

7. 谈谈你对货币关系论的看法？

第九章　风清气正

习近平总书记在参加十二届全国人大五次会议辽宁代表团审议时的重要讲话中首次提出"风清气正",这不仅是对广大党员干部特别是领导干部提出的明确的政治要求和道德要求,也是我们每个人做人行事的操守准则和价值尺度。尤其在当今的市场经济中,货币行为与金融活动已渗透至社会生活的方方面面,这就更需要营造风清气正的货币氛围。风清气正的货币氛围在我国社会主义文明社会的建设中发挥着重要作用,但我们仍能看到金融领域中仍存在一些不风清气正的行为。金融工作者应如何做到风清气正,如何避免"铜臭"之风? 本章内容通过将风清气正的内涵延伸至货币氛围中,探讨金融领域中的风清气正对于维护每个人的利益、实体经济发展以及国家金融安全的重要性,结合不风清气正的表现及其对社会的危害,提出金融机构、金融工作者以及每一个社会成员都应该为营造风清气正的货币氛围作出贡献。

一、风清气正的重要意义

风有"风气、风俗"的意思,气则有"人的作风习气"之意[①]。风气既体现于个体,更作用于社会,并在社会层面形成一种普遍性品格和阶段性标记,最终为推动经济发展和社会进步发挥重要作用。正因为如此,古今中外,任何一个国家,任何一个民族,任何一个地区,任何一个进步的政党和团体,无一不重视风气建设,无一不狠抓良好风气的形成,无一不以"风清气正"作为从政的价值标准。

习近平总书记指出"一个地方要实现政通人和、安定有序,必须有良好政治生态。政治生态污浊,就会滋生权欲熏心、阳奉阴违、结党营私、团团伙伙、拉帮结派等一系列问题,侵蚀党的思想道德基础。要严肃党内

---

① 中国社会科学院语言研究所词典编辑室. 现代汉语词典 [M]. 北京:商务印书馆,2016:390.

政治生活，深入整治选人用人不正之风，坚持正确用人导向，真正把忠诚党和人民事业、做人堂堂正正、干事干干净净的干部选拔出来，形成风清气正的良好政治生态。"[1] "要大力整治选人用人上的不正之风，使用人风气更加清朗，坚决纠正'劣币驱逐良币'的逆淘汰现象，以用人环境的风清气正促进政治生态的山清水秀。"[2]

风清气正既是对广大党员干部特别是领导干部提出的明确的政治要求和道德要求，又是我们做人行事的操守准则和价值尺度，更是需要在全社会大力提倡、精心营造的整体氛围。它的意义不仅在于当前，更在于长远；不仅局限于政治生态，也体现在货币氛围中。

首先，风清气正的货币氛围有助于维护每个人的利益。由于货币并不能满足人们的直接需要，人们只是以货币作为媒介与其他商品或劳务相交换，因此货币的价值在于它的购买力，这是由货币的职能决定的。于是，财富和利润为人类行为提供了最为强大、最为持久的驱动力，我们看到千百年来，人们追逐财富的脚步从未停歇。但是，正所谓"货悖而入者，亦悖而出"[3]，"君子爱财，取之有道"，追逐财富与利润的行为和方式应受到文化，尤其是"风清气正"的金融文化的强有力约束。风清气正意味着讲道德，重操守，严纪律，不谋私，因此，风清气正的金融文化代表金融市场低道德风险、严政策纪律等特点，这样的金融文化将从源头上避免投资者出现不正当货币投机的动机，缓解过度投机导致违约风险扩大、风险集中等问题，从而对金融消费者的利益起到保护作用。

自比特币诞生以来，价格如"过山车"一般暴涨暴跌，在此期间，虚拟代币的挖掘、设计和交换活动日益升温。以"比特币"为关键词在中国裁判文书网检索案件受理情况，截至 2021 年 9 月 8 日，刑事案件有 1167起、民事案件有 1272 起、行政案件有 8 起，还有各类"空气币""传销币"案件，涉案金额均万元起。虚拟货币对实体经济的服务有限，反而助长了一些违法违规以及盲目跟风炒作的投机行为，因此，对虚拟货币投机进行风险提示，让公众充分认识比特币等虚拟货币的本质和风险，并与虚拟货币划清界限是十分必要的。自 2013 年底以来，我国相继出台相关文件肃清"币圈"的不正之风，切断法定货币与代币、虚拟货币之间的兑换

① 2017 年 3 月 7 日，习近平在参加十二届全国人大五次会议辽宁代表团审议时的重要讲话。
② 2016 年 10 月 27 日，习近平在党的十八届六中全会第二次全体会议上的重要讲话。
③ 曾子．礼记·大学。

业务。2021 年 9 月 3 日，中国人民银行在《中国金融稳定报告 2021》中提到，强化平台企业金融活动监管，打击比特币挖矿和交易行为，虚拟货币交易炒作的热度明显下降，保护了广大人民群众的利益。

其次，风清气正的货币氛围有助于实体经济发展。马克思将货币在生产中的根本性作用概括为"第一推动力"和"持续推动力"。[①] 在强调货币巨大作用的同时，马克思还指出，正是货币使得资本主义危机成为可能[②]。因此，唯有风清气正的货币氛围才能真正将资金"活水"引流到实体经济中去。改革开放以来，中国金融业的发展壮大支持了中国经济的飞速发展。随着我国经济发展进入新常态，发展方式转型升级逐渐成为发展核心，经济结构调整优化是我国走向高质量发展的必由之路。我国经济运行的主要矛盾仍然是供给侧结构性的，在金融行业则具体体现为金融资源分配的不平衡，相比于国有企业、大型企业，民营企业、小微企业、"三农"等经济薄弱环节获得的金融资源支持相对不足。因此，如何在把握好总量的同时，更好发挥货币政策的结构调整功能，从新常态的视角来调整、创新货币政策工具、力度和节奏，成为新形势下央行货币政策操作的主要着眼点。在此背景下，央行结构性货币政策工具应运而生，如定向降准、抵押补充贷款（PSL）、定向再贷款、再贴现以及新冠肺炎疫情暴发以来推出的直达实体经济货币政策工具等。结构性货币政策工具投放的资金具有严格的使用要求，央行对于资金的用途、投放流程等都进行了细致的约束性规定。对于不按规定使用各类再贷款资金的，人民银行可以采取回收资金、宏观审慎约束、提高市场准入门槛等方式加以处罚。严格的资金使用约束性要求保障了相关资金运用的透明度，有效预防寻租行为的发生，防范道德风险，避免由于"大水漫灌"引发的市场预期的剧烈变化给实体经济带来的负面影响。

此外，普惠金融也是解决小微企业融资难，助力小微企业成长，进而促进整个经济增长、保障就业、维护社会稳定的重要工具。2016 年 1 月，国务院在《推进普惠金融发展规划（2016—2020 年）》中首次从国家层面对普惠金融的概念进行了界定，而且小微企业就是普惠金融的重点服务对象。为了促进金融机构突出主业、下沉重心，增强服务实体经济能力，大中型商业银行纷纷设立普惠金融事业部，尤其是国有大型银行率先做到，

---

① 马克思. 资本论：第二卷 [M]. 北京：人民出版社，1975：393.

② 马克思. 政治经济学批判 [M] //马克思，恩格斯. 马克思恩格斯全集：第 13 卷. 北京：人民出版社，2002：87.

并且通过实行差别化考核评价办法和支持政策，有效缓解中小微企业融资难、融资贵问题。2020年，面对新冠肺炎疫情的冲击，人民银行、银保监会联合推动金融机构减费让利，降低资本流通成本，帮助企业提高竞争力和抵御风险的能力。为确保减费让利落到实处，银行业启动"减费让利严执行，清廉金融惠企业"活动，旨在打造风清气正的货币氛围，组织信贷人员参加廉洁教育学习、签订一份廉洁从业承诺书、开展内部自省活动、进行一次以廉洁为主题的宣传活动，通过思想教育、行为纠正等方式，加强对金融从业人员的规范教育，将"廉洁"落实到金融业务的方方面面。通过清廉金融文化培养人、引导人，夯实金融从业者的道德防线，让"不敢腐、不能腐、不想腐"的观念深入人心，从而确保减费让利、助力实体经济发展的目标得以实现。

再次，风清气正的货币氛围有助于维护国家安全。国家安全是国家的基本利益，是一个国家处于没有危险的客观状态，既涉及相对于外部主体的主权利益、保障国家领土不受侵犯、意识形态不被颠覆、经济发展不受制约、社会文化不受侵蚀，又关注内部最广大人民群众的根本利益，满足人民日益增长的物质文化与精神文化需要，协调人民内部矛盾，实现经济社会稳定、和谐、可持续发展。党的十八大以来，习近平总书记高度重视国家安全工作，提出贯彻落实总体国家安全观，构建集政治安全、国土安全、军事安全、经济安全、文化安全、社会安全、科技安全、信息安全、生态安全、资源安全、核安全等于一体的国家安全体系。

基于对经济和金融良性循环与健康发展，以及金融安全与经济安全之间关系的深刻认识和理解，习近平总书记指出："金融是国家重要的核心竞争力，金融安全是国家安全的重要组成部分，金融制度是经济社会发展中重要的基础性制度。"[1] 习近平总书记进一步强调："维护金融安全，是关系我国经济社会发展全局的一件带有战略性、根本性的大事。"[2] 习近平总书记把金融安全作为经济安全的关键要素，将金融安全纳入总体国家安全观与国家安全体系建设中，把金融安全上升到国家安全的战略高度，从国家发展的战略全局和整体利益出发，充分明确了防范化解金融风险、维护金融安全与稳定对于国家发展的重大战略意义。历次金融危机对于经济安全甚至国家安全的危害是巨大的，因此，防范和防止发生系统性金融风险是金融监管永恒的

---

① 习近平总书记在2017年全国金融工作会议上的重要讲话。
② 2017年4月25日，习近平在中央政治局第十四次集体学习时的重要讲话。

主题，而风清气正的货币氛围有助于维护公平的市场环境、完善的金融法治、反垄断以及防止资本无序扩张。同时，一个良好的货币氛围环境有助于促进金融市场的完善与发展，对于去杠杆化，防止金融危机，维护金融安全起到重要作用。自2015年以来，我国金融系统坚定不移地整治脱实向虚现象，坚决降低内部杠杆率，同业理财、同业投资、委托贷款和信托通道业务持续减少，高风险影子银行业务不断收缩。

金融是国家重要的核心竞争力，是实体经济的血脉，为实体经济服务是金融的天职，是金融的宗旨。金融业肩负着服务国家战略、支持实体经济的重任，也关系着广大金融消费者的切身利益，要坚持回归本源和市场导向，兼顾市场价值与社会价值、产品价值与道德价值的统一，形成依法合规、恪守信用、清正廉洁、公正透明、务实创新、稳健可持续发展的行业文化价值认同。

二、金融工作中不风清气正的表现

相较于其他领域来说，金融领域更容易发生与信任相关的不道德行为，这是因为金融领域的信息不对称程度更加严重，更容易引发道德风险和逆向选择行为。此外，金融领域的知识壁垒更高，如果金融机构从业人员缺乏职业道德与伦理素养，则极易引发欺诈等伦理问题。任何缺乏道德支撑的金融活动都将伤害金融自身的发展。

随着我国经济飞速发展，金融业快速崛起，与此同时，金融脱实向虚、高杠杆等金融乱象时有发生。更为严重的是，金融系统腐败大案要案频发，金融腐败和金融风险相互交织，很多重大风险事件背后都伴随着权力寻租、利益输送、利益交换等问题，有的还潜藏着监管失守问题。金融腐败案件往往涉案金额大，具有较强的破坏力和传染性，有的导致市场无法有效配置金融资源，为资本脱实向虚推波助澜，有的造成的损失产生杠杆效应，几百万元的利益输送导致数亿元国有资产流失，诱发的金融风险甚至会蔓延到实体经济。

（一）金融脱实向虚

金融脱实向虚是指金融未发挥其服务实体经济的职能，没有实现货币资金与实体投资的对接，导致部分资金滞留于金融层面大肆进行金融投机套利，使得货币资金在金融体系内空转、拉长资金进入实体经济的时间、导致资金在实体经济中严重错配，进而使得货币资金丧失使用价值而未实现增值，导致金融背离实体经济内在需求的一种现象。金融脱实向虚实际上就是"赚快钱"思想在金融行业的传播导致的金融短期化,由此带来金融业、房地产业的膨胀,而实体经济所必需的长期资本却变得严重稀缺。具体表现为金融业急剧膨胀、货币市场与资本市场规模结构失调、货币增速与实体经济增长背离、资产价格与一般商品价格背离、金融资产规模与投资效率背离。这些表现都是由于大量货币资金滞留于金融层面,投资和中间市场活跃,在宏观层面表现为 M2 迅猛增长,这对正处于经济结构转型、追求经济高质量发展的我国来说是极为不利的。

(二)超前消费

随着经济高速发展和移动互联网技术的日新月异,一大批新兴消费方式出现,人们的消费习惯也慢慢随之改变,加之部分媒体、广告等对消费主义的鼓吹,甚至怂恿人们通过借贷等渠道超前消费以满足欲望,广大消费者,特别是尚未实现财务自主的大学生群体、青年人群体出现模仿和攀比心理,使得其消费水平超出了当前的承受限度,通过分期付款、信用卡套现、校园贷等方式购买商品,逐渐养成超前消费的习惯。由于早期的互联网产业缺乏监管,处于野蛮生长状态,很多打法律"擦边球"甚至不合法的产业大行其道,校园贷就是其中危害较大的一种互联网灰色经济产业。校园贷极大地腐蚀了部分青年人的思想,大学生一旦陷入校园贷中便很难自拔,很多学生为了偿还高额贷款甚至作出违反道德和法律的事情。

(三)贷款挪作他用

小微企业对社会经济的贡献程度与其所能获得的信贷资金支持严重失衡,融资难、融资贵一直是制约小微企业发展壮大的难题。为此,央行也在加大货币政策支持力度,为民营和小微企业融资创造良好的货币信贷环境,但现实中还存在着贷款并未进入实体经济而被挪作他用的尴尬局面,例如,一些小微企业虽然能从银行获得贷款,但拿到资金后却很少投入企业生产中,而是在非法中介的推波助澜下违规投资到房地产等领域中,由此甚至滋生了制造、提供虚假资料骗取贷款的灰色产业链。

(四)放贷不合理加息或收费

放贷不合理加息或收费现象显然也是金融工作中不风清气正的表现之一。大部分银行会采取更"委婉"的方式加息以规避监管。在发放贷款的过程中,一些银行以收取财务顾问费等方式绕过监管,变相向企业"加息",这种行为无疑会提升企业的财务成本,如果企业正常经营利润无法覆盖财务成本,那可能就会促使企业将贷款资金挪用到"赚快钱"的领域,进一步导致金融脱实向虚。

上述种种都可以归类到金融腐败，鉴于现代金融的交易过程复杂，金融腐败很可能以貌似合法、合规的形式，通过复杂的资本运作来进行，且具有链条化特征。这使腐败分子愿意借助金融腐败的纽带，这不仅干扰金融领域正常秩序，甚至影响国家政治生活。

金融安全是党中央高度关注的重要问题，没有金融安全就难有经济安全和社会稳定，而肃清金融乱象、打造廉洁高效的金融体系正是关乎金融安全和经济健康发展的重中之重。金融是现代经济的核心，金融市场是市场经济体系的动脉。金融业渗透到经济社会的各个领域，与各领域联系盘根错节，因此监管很难顾及每一个角落，进而滋生各种腐败细菌。例如，金融腐败会拉低资本运用效率，阻碍储蓄投向实体经济，抑制产出增长，使得人民的生活难以保障。另外，金融贪腐者获得巨大非法收益后，其中很大一部分将被转移到国外逃避监管，通过向国外进行各种形式的所谓"投资"来洗钱，部分资金外逃对我国外汇市场也产生冲击。金融腐败引起的资金外逃不仅破坏我国金融秩序，国内资金减少使消费和投资缩减，投资不足将减弱我国实体经济发展的动力，这部分资金得不到监控也使得宏观经济统计数据失真，经济指标反映不出真实的情况，国家经济政策的实施效果将会大打折扣。

金融反腐是打造廉洁、高效金融管理体系的必备条件。只有肃清金融市场中的违法乱纪行为，建立风清气正的货币氛围，才能有效维护金融秩序，促进金融业安全运行，才能为国家安全和社会稳定奠定坚实的基础。采取维护金融安全的措施，必须牢记两个关键点。一方面，要把对金融安全的认识提高到政治层面。金融已经渗透到社会的各个领域，不仅仅局限于经济范畴，为了防止金融风险过多外溢到其他区域，进而威胁到政局的稳定和国家安全，就必须从政治层面提高对金融安全管理的认识。要在充分尊重市场运行规律和金融发展规律的基础上，加强党对金融工作的领导，坚持为保护人民的利益而奋斗，坚守道德底线，为金融业建起一条通往风清气正的道路。另一方面，要深化金融体制改革，加强金融监管。即使是金融史长达上百年的发达国家，其内部自律和外部监控往往也难以收到预期效果，仍然避免不了金融丑闻的发生。因此要强化内控机制，完善经济金融法律法规及制度建设，打造金融安全防火墙，以高新监管技术严防金融乱象，以体制创新遏制金融腐败，以完善的内部监管机制添补金融腐败漏洞，以较强的法治宣传和意识与腐败作坚决斗争。

三、金融工作者如何做到"风清气正"

中国金融需要坚定符合国家利益的价值取向，应立足于"总体国家安全观"来思考金融应发挥的作用。

一个国家的金融防线往往是从内部被攻破的，而"守住不发生系统性金融风险底线"的关键是要强化金融从业者的金融职业道德与金融伦理建设，防止歪风浊气的腐蚀，构建风清气正的货币氛围。

首先，营造风清气正的货币氛围需要金融从业者自觉践行职业道德。金融从业者作为金融行业的基本单元，既是金融职业道德的实践者，也是道德风险的制造者。因此金融从业者首先要做到诚信，诚信是中华民族的传统美德，是金融从业者基本的职业道德。金融从业者在自己的岗位上要做到一切以诚信为先，坚决杜绝虚假宣传、伪造票据、拖欠款项等失信行为。谨慎是金融从业者的优秀品质，谨慎的工作习惯可以营造一个风清气正的工作环境，有效杜绝金融风险的发生，金融从业者应将谨慎的工作态度贯彻到工作的方方面面、时时刻刻，落实防偷、放错、防诈骗等有力措施，避免因粗心大意导致的操作风险。廉洁是金融从业者职业道德的基本底线，金融工作天天与钱打交道，因此金融从业者要从小事做起，坚持底线思维，自觉抵制各种诱惑，一贯按原则办事。特别是在当前，金融创新层出不穷，互联网金融蓬勃发展，金融产品和金融服务呈现专业化、复杂化的趋势，越来越依赖金融从业者的专业技能管理财富。因此金融从业者更应该坚守自己的职业道德，规范自己的行为，为打造风清气正的货币氛围作出自己的一份贡献。

其次，营造风清气正的货币氛围不仅需要金融从业者的自律，也需要来自监管部门的他律。"不以规矩，不能成方圆"，营造清廉的金融文化，需要金融监管起到良好的规范引领作用，将成熟经验和有效做法转化为制度规定，推进清廉金融文化建设制度化、常态化。来自监管机构的他律也不应一味地靠约束、靠打击，更要对金融从业者起到教育、规范的作用，这样塑造的货币氛围更加具有生命力，更能经受住时间的考验。因此监管机构应该以制度为根基，制定有效的金融业规章制度，严厉打击破坏货币氛围的机构和从业者，用制度为风清气正的金融环境保驾护航；同时，监管部门应以规范教育为导向，通过对金融行业的监督指导，在全行业形成崇尚廉洁、摒弃腐败的价值理念，夯实广大金融从业者的思想基础。监管部门既要抓好制度约束，又要做好教育引导，为营造风清气正的金融环境提供制度上和思想上的双重保障。

最后，金融行业整体也应该致力于打造一个风清气正的货币氛围。金融从业者通过组织金融行业协会，共同制定行业规则，以此来约束自己的行为，实现金融行业内部的自我管理。金融行业协会介于金融机构与政府监管部门之间，它的监管没有政府组织的强制性，但发挥着调整金融业复杂关系的积极作用，是金融机构之间互相监督、调解纠纷的中介机构。金融行业协会一方面应通过对金融机构的监督，让整个金融行业内达成诚实守信、遵纪守法的共识，共同自觉践行金融业的职业道德，形成金融业内部风清气正的行业氛围；另一方面应作为政府机构与金融行业的沟通桥梁，协助国家规范金融行业的标准，保证宏观政策的落实，灵敏反馈市场信息，实现政府对金融机构的科学管理，构建金融机构之间的良性竞争格局。

健康的货币氛围必须以习近平新时代中国特色社会主义思想为指导，坚持党对金融工作的集中统一领导，坚持以人民为中心的发展思想，深入开展清廉金融文化建设，提高从业人员职业道德，涵养行业清风正气，健全具有高度适应性、竞争力、普惠性的现代金融体系，不断提升金融服务实体经济质效，有效防范化解金融风险。

四、人人都来参与净化社会货币氛围

每个人都与货币息息相关，在货币交换的过程中，虽然"风清气正"是主流，但也不乏一些"歪风浊气"，因此，只有人人都参与净化社会货币氛围，才能营造良好的社会风气，使货币充分发挥积极的作用。中国想要维护金融安全，以及形成良好的社会货币氛围，最根本的是要将行动落实到每个人的身上。只有人人都积极承担社会责任，为金融、货币安全发展贡献自己的一份力量，才能真正做到"风清气正"。

首先，每个人都是净化社会货币氛围的执行者、担当者。作为净化货币氛围的执行者，在货币使用的过程中，每个人都要树立正确的消费观，反对消费主义、享乐主义。其中首要的是调整好自己的消费心理，不能追求享乐、贪图安逸、挥霍浪费、攀比消费，从而造成无法承担的后果。与此同时，提高自己的辨别能力，树立正确的价值观、消费观，还要拒绝消费主义，进行有计划的消费。虽然我国政府提出了扩大内需、刺激消费的方针政策，但盲目的"超前消费"反而会造成个人、家庭甚至社会的负担。每个人都是净化货币氛围的担当者，净化社会货币氛围人人有责。人人都离不开货币，人人都在使用货币，由此产生的货币氛围也更应该由每个人来维护，因此，人人也都应该承担起自己的一份职责，每个人都应该积极参与净化社会货币氛围。艰苦奋斗、勤俭节约是中华民族的传统美德，是我们党的优良作风，每个人都应该践行这一点，为维护金融安全和经济社会稳定尽自己的绵薄之力。

其次，每个人都是净化社会货币氛围的营造者、维护者。作为净化货币氛围的营造者，我们首先必须营造一个和谐公平的社会环境，在人们追求物质生活极大丰富的过程中提供一个健康公平的精神家园。在这种条件下，每个人都心情愉悦、积极向上，没有通过投机取巧污染货币氛围的人，货币氛围自然而然得到净化。作为净化货币氛围的维护者，国家与政府为了打造良好的货币氛围，制定了许多相关政策及法律法规，我们作为社会公民，必须积极响应国家号召，自觉自愿地遵守并执行，使国家的政策措施真正落实到实处。每个人都要增强自己的法治意识，学习相关的金融知识与风险防范知识，切实保护自身合法权益。总之，每个人都应该尽自己所能充分维护货币安全，为营造风清气正的货币氛围创造良好的条件。

最后，每个人都是净化社会货币氛围的宣传者、劝说者。作为净化货币氛围的宣传者，我们要广泛宣传净化货币氛围的重要性，使"风清气正"深入人心。以家庭为单位，呼吁家人一起树立正确的货币观，拒绝散发"铜臭"的生活，这样无数个家庭代代相传，货币氛围将会逐渐得到净化。作为净化货币氛围的劝说者，我们要规劝那些作出错误货币行为的人，要求每个人都要坚决抵制违法乱纪行为，要与电信诈骗、"洗钱"等散发不良货币气息的犯罪行为作斗争。此外，我们还应充分调动全民的积极性，开展教育活动，提高每个人的责任意识，远离违法犯罪活动，保护自身合法权益，以达到净化金融环境、维护和谐稳定社会的目的。

每个人都应该有强烈的责任感和使命感，充分认识到"风清气正"在经济发展和社会生活中的重要地位和作用，用实际行动参与净化社会货币氛围。只要人人都参与进来，人人都能承担起自己的那份责任，社会货币氛围一定可以得到净化。

五、风清气正对于社会主义文明社会建设的作用

社会主义文明是人类发展史上迄今为止最进步的文明。它是在坚决摒

弃维护剥削和压迫的资本主义思想体系和社会制度，以及一切丑恶腐朽的东西的前提下，继承和吸取了人类社会创造的一切文明成果，特别是资本主义社会中积极的有价值的文明成果。社会主义文明包括社会主义的物质文明、精神文明和制度文明。风清气正的货币氛围既是物质文明的内在驱动，也是精神文明的有力彰显，由此，才能进一步提升社会主义的制度文明。因此，必须推动物质文明和精神文明协调发展，"两个文明"都要搞好。

（一）风清气正对社会主义物质文明建设的作用

进入新时代，我国社会主要矛盾已经转化为人民日益增长的美好生活需要和不平衡不充分的发展之间的矛盾。消除贫困、改善民生、实现共同富裕，是社会主义制度的本质要求，必须使发展成果更多更公平惠及全体人民，朝着共同富裕方向稳步前进。① 基于这一顶层设计与整体谋划，才能自上而下形成风清气正的金融文化，发挥好金融为实体经济保驾护航的作用，推动社会主义物质文明的建设。实体经济是一国经济的立身之本，是财富创造的根本源泉，是国家强盛的重要支柱②。而金融则是实体经济的血脉，为实体经济服务是金融的天职，是金融的宗旨，必须严防金融脱实向虚。金融对实体经济的有效支撑表现在两个方面：一是从直接融资和间接融资两个角度拓宽了实体经济融资的渠道，企业融资来源多样化；二是提高金融资源配置效率，防止资金流向产能过剩的夕阳产业，推动资金流向新兴科技企业，为发展潜力雄厚的企业研发和投资提供资金支持。

以习近平同志为核心的党中央继续牢牢扭住经济建设这个中心不放松，一心一意谋发展，聚精会神搞建设，大力提高人民的物质生活水平。党的十八届三中全会吹响了全面深化改革的号角，全会通过的《中共中央关于全面深化改革若干重大问题的决定》③ 明确指出，要坚持以经济建设为中心，发挥经济体制改革牵引作用。该决定将过去的使市场在资源配置中起"基础性作用"改为"决定性作用"，将市场这种物质性力量的作用放在了更加重要的地位，同时注重更好发挥政府的作用。习近平总书记深刻地指出："物质生产力是全部社会生活的物质前提，同生产

---

① 习近平 2014 年 10 月 17 日对扶贫开发工作作出的批示。

② 2018 年 1 月 30 日，习近平在中央政治局第三次集体学习时的重要讲话。

③ 2013 年 11 月 12 日中国共产党第十八届中央委员会第三次全体会议通过。

力发展一定阶段相适应的生产关系的总和构成社会经济基础。生产力是推动社会进步的最活跃、最革命的要素，生产力发展是衡量社会发展的带有根本性的标准。这为我们分析社会发展提供了可靠依据。"[1] 据此，我们党始终坚持以经济体制改革为主轴，以此牵引和带动其他领域改革。从"十三五"时期提出牢固树立和贯彻落实创新、协调、绿色、开放、共享的新发展理念、把握引领经济发展新常态、着力推进供给侧结构性改革，到"十四五"规划进一步明确了"准确把握新发展阶段，深入贯彻新发展理念，加快构建新发展格局"的战略要求，经济领域的改革大刀阔斧、政策环环相扣，社会主义市场经济建设不断推向深入。从实践成效来看，在百年不遇的严重疫情冲击下，2020 年我国成为世界主要经济体中第一个实现正增长的国家；与此同时，脱贫攻坚如期取得决定性胜利，为全面建成小康社会奠定了坚实的基础。

（二）风清气正对社会主义精神文明建设的作用

在对经验教训的深刻总结中，我们党清醒地认识到，缺乏坚实的物质基础，现代化会成为无源之水、无本之木；但在大力推进物质变革的同时，如果相对忽视整个社会精神和道德的提升，现代化则会成为片面的、蹩脚的现代化。

在推动物质文明高质量发展的同时，以习近平同志为核心的党中央全方位推进精神文明和思想文化建设，统筹推进"五位一体"总体布局，协调推进"四个全面"战略布局，为辩证地、全面地、平衡地处理物质文明和精神文明的关系提供了根本遵循。从目标设定来看，强调物质文明与精神文明缺一不可、统筹兼顾。习近平总书记强调："实现我们的发展目标，不仅要在物质上强大起来，而且要在精神上强大起来。"[2] "只有物质文明建设和精神文明建设都搞好，国家物质力量和精神力量都增强，全国各族人民物质生活和精神生活都改善，中国特色社会主义事业才能顺利向前推进。"[3] 站在新征程上，准确把握全面建设社会主义现代化国家的基本特征，将"物质文明和精神文明相协调"作为我们党领导中国式现代化建设的目标追求，将"物质文明和精神文明均衡发展、相互促进"作为实现中

---

① 习近平. 坚持历史唯物主义不断开辟当代中国马克思主义发展新境界［J］. 求是，2020（2）.

② 2013 年 4 月 28 日，习近平在同全国劳动模范代表座谈时的重要讲话。

③ 2013 年 8 月 19 日，习近平在全国宣传思想工作会议上的重要讲话。

华民族伟大复兴的重要支柱。从优势发挥来看，注重物质文明与精神文明各司其职、合理配合。习近平总书记曾深刻指出："物质力量和精神力量各有各的作用，在很大程度上是不可互相替代的，物质层面的问题要靠物质力量来解决，精神层面的问题要靠增强精神力量来解决。"① 既要用好经济发展这把钥匙，发挥好物质力量夯实发展根基的作用，又要用好思想教育这把钥匙，发挥好精神力量引领发展方向的作用。

在推进现代化的进程中，既要重视物质变革的基础性作用，也要重视精神变革的引领性作用；既要看到物质文明高度发展是精神文明发展的现实基础，能够为精神文明建设提供物质条件和实践经验，也要看到精神文明建设能为物质文明建设提供精神动力和思想指引，还要看到二者互为因果、相得益彰的辩证关系。习近平新时代中国特色社会主义思想是正确认识与妥善处理现代化建设中物质与精神相互关系的根本遵循，为全面建设物质文明与精神文明相协调的社会主义现代化国家提供了科学指南。

六、铜臭论

"铜臭"一词源于《后汉书·崔烈传》②，东汉末年，政治日趋腐败黑暗，到汉灵帝时更是到达极点。上至公、卿，下至郎、吏都明码标价。当时有个叫崔烈的人，走门子花五百万钱买到了司徒的官职，消息传开，崔烈的官誉名声也大受影响。有一天，他问他的儿子崔钧：我现在位居三公之首，社会上有什么看法？崔钧回答：父亲年轻时名声很好，况且您做过太守、九卿等要职，人们说你当上司徒很合理，而今您以买官的方式做了司徒，让天下人感到失望。崔烈赶忙问为什么。崔钧回答：大家都说您身上有股铜臭味，"铜臭"一词就此流传开来。"铜臭"指铜钱、铜圆的气味，用来讥讽过于看重钱的表现③。西晋的鲁褒《钱神论》以辛辣而又别致的手法对当时弥漫于全社会的金钱拜物主义思想作出了批判，"凡今之

---

① 2014 年 9 月 28 日，习近平在中央民族工作会议上的重要讲话。

② 《后汉书·崔烈传》原文：……帝顾谓亲幸者曰："悔不小靳，可至千万。"程夫人于傍应曰："崔公冀州名士，岂肯买官？赖我得是，反不知姝邪！"烈于是声誉衰减。久之不自安，从容问其子钧曰："吾居三公，于议者何如？"钧曰："大人少有英称，历位卿守，论者不谓不当为三公；而今登其位，天下失望。"烈曰："何为然也？"钧曰："论者嫌其铜臭。"

③ 中国社会科学院语言研究所词典编辑室. 现代汉语词典［M］. 北京：商务印书馆，2016.

人，惟钱而已。故曰：军无财，士不来；军无赏，士不往；仕无中人，不如归田；虽有中人而无家兄，不异无翼而欲飞，无足而欲行。"即便在当今风清气正的货币氛围中，亦存在铜臭的表现。

表现一，铜臭之风一旦兴起，人们就会过于看重钱的重要性，甚至认为"钱能通神"，因此，在社会中我们经常看到有些有钱人趾高气扬，自认为高人一等，这些人在对待劳动人民、工人、农民等这些所谓的"没钱者"时通常会采取不平等、不尊重的态度。这种不平等态度甚至随处可见：在地铁、公交车上看到农民工就会百般嫌弃，不愿让其坐到自己身边，甚至要求其下车；在大街上看到乞丐不会心生怜悯，而是感到厌烦；一些销售人员看到衣着普通的顾客以不礼貌的言语加以讥讽。

表现二，在人际关系交往过程中，人们也会变得不再纯粹，将贫富作为交友的唯一标准，只跟有钱人交往。盛唐时期有位诗人张谓曾写过《题长安主人壁》一诗，"世人结交须黄金，黄金不多交不深。纵令然诺暂相许，终是悠悠行路心。"这首诗很通俗浅白，揭露了盛唐时期也存在人际关系靠金钱来维系，交情的深浅与金钱的多少成正比。就算人们嘴上承诺了什么，内心也不会当真。实际上，这就是铜臭之风兴起带来的影响之一，现代人过于看重钱的重要性，以富有和贫穷作为交往标准，但这种浅层的交往关系既易因金钱而建立，亦会因金钱而断裂。

表现三，现如今铺张浪费、挥霍无度的奢靡之风愈演愈烈，以"独乐乐不如众乐乐"的炫耀方式通过网络渠道传播，使人们热衷于个人享受，穿戴讲究名牌，这对年轻一代的毒害非常大。很多青年人因为盲目相信一些所谓"网红"的致富之路，认为当网红就可以走向"人生巅峰"，开始坚信读书无用论，不愿上学，叛逆。满心以为只要当了网红就可以日进斗金，这样一种价值观的误导，使青少年丧失了对学习的兴趣，失去了对未来的美好憧憬，也失去了对他人、对社会的关怀。这种对有钱者的钦佩乃至崇拜，以及对贫穷者的藐视或者至少是忽视的倾向，是道德情感败坏的一个重大且极普遍的原因。正是一些人钦佩从而模仿有钱者，这些有钱者才能树立或领导所谓流行时尚。

在我国社会主义市场经济条件下，在全体人民都在为实现共同富裕的宏伟目标齐头并进之时，如果默许铜臭之风兴起，不加以制止和谴责，在经济层面就会加剧贫富两极分化，这与人们对美好生活向往的目标相悖；在精神层面上，相对贫困条件下的人会更容易产生心理失衡，在社会不公平、非正义现象大量存在的情况下就会引发社会不满情绪和社会信任危机。从人的发展和社会发展的角度来看，效率和公平是衡量社会发展和进步的两个重要价值尺度。我国在改革开放初期倡导"效率优先、兼顾公平"，而在经济实力和综合国力提高的今天则开始倡导"更加注重公平"。构建社会主义和谐社会，加强人与人之间的公平信任，必须保障社会的公平正义，彻底清除铜臭。

复习思考题

1. 风清气正的货币氛围有什么重要作用？

2. 现实中，不风清气正的表现还有哪些？

3. 降杠杆与风清气正货币氛围的形成有什么关系？

4. 在构建风清气正的货币氛围的过程中，政府、金融机构、个人都发挥什么作用？

5. 我国对于比特币等虚拟货币的监管政策从早期的"观察"过渡到如今的"取缔"，可谓全球最为严格，请解释其原因。

6. 现实生活中还有哪些"铜臭"现象？

第四篇
精神财富越来越重要

在市场经济中，人们往往认为有货币是最重要的，殊不知人能否驾驭货币更重要；人们往往认为手中有货币是最重要的，殊不知管好脑中的货币更重要；人们往往认为货币是最贵重的，殊不知人间的真情更珍贵。

社会生产力中生产资料是生产力构成中物的要素，是死的劳动，人是活的劳动，劳动资料、一切科学技术都是人创造的，所以劳动者是生产力诸要素中的主导因素，精神财富又是劳动者产生巨大作用的源泉。在我国历史性解决了绝对贫困，全面建成了小康社会，在向着全面建成社会主义现代化强国的第二个百年奋斗目标的新征程上，精神财富越来越重要，它能够调动人们生产、劳动、工作的主动性、积极性、创造性，对创造物质财富将会产生不可估量的巨大作用。

第十章 货币与人的关系

本章首先考察我国历史上货币与人的关系，并挖掘其思想根源及其对当今社会的影响，然后分析当今社会的现状，研究应该如何正确处理货币与人的关系。

一、货币与人在阶级社会是统治和被统治的关系

一部人类社会剥削史，就是一部劳动人民的苦难史，也是一部广大人民做货币的奴隶、少数剥削者做货币主人的历史。广大人民是货币的奴隶，受尽了货币的折磨，造成了人类历史上无数的悲剧，真是说也说不完，写也写不尽！广大人民做了货币的奴隶，甚至丢了生命，少数剥削者做了货币的主人，过着花天酒地、穷奢极侈的生活，真是"朱门酒肉臭，路有冻死骨"。

在奴隶社会，奴隶不过是奴隶主"会说话的工具"，被奴隶主用货币进行买卖。在我国商朝时期（公元前 1600—前 1046 年）已有大量的奴隶存在了。奴隶主不是把奴隶当人看待，奴隶可以像牲畜一样被随便买卖和屠杀，奴隶主杀死自己的奴隶，并不犯法。商代的主要生产部门是农业，而农业的基本劳动者是奴隶。商代的井田制就是商王及奴隶主用以榨取奴隶劳动成果的残酷手段。西周时期（公元前 1046—前 771 年）奴隶制继续发展。在西周奴隶社会中，奴隶买卖很普遍，奴隶的价格非常低廉，根据曶鼎铭文记载，用"匹马束丝"，即一匹马加一束丝，可以换五个奴隶，可见人的价格比马的价格要贱得多，奴隶既做了奴隶主的奴隶，也做了货币的奴隶。

公元前 403 年至公元前 221 年是我国封建社会的开端，战国时期封建土地所有制得到迅速的发展，地主阶级通过各种方式获得土地。当时的地主有三种类型：第一种是由原来占有大量土地的奴隶主贵族转化来的地主，因为当时封建剥削方式优越于奴隶剥削方式，能够提高劳动者的积极性，所以，许多奴隶主放弃奴隶制而采取了封建制，由此就从奴隶主转化

为封建主。第二种是军功官僚地主，即官吏与将士因军功得到土地而成为地主。第三种是一般地主，即从土地自由买卖中发展起来的地主。地主剥削农民的方法，主要是把土地出租给农民，收取实物地租。

西汉文帝、景帝年间出现了政治稳定，经济恢复和发展的局面，被视为封建社会的盛世，史称"文景之治"。在赋税方面，先是刘邦提出"十五税一"，即农民按收入的十五分之一交税，景帝又减赋税为"三十税一"。但是，汉朝还有人口税，人口税是更重要的税，分为口赋和算赋两种，口赋是未成年人的人口税，自7岁到14岁，不分男女，每人每年出20钱，算赋是成年人的人口税，自15岁开始，不分男女，每人每年出120钱，60岁免算赋。汉武帝期间，加强中央集权，统一货币。西汉初期，仍沿袭秦制，实行半两铜钱制，即钱面上铸有"半两"二字，一两为24铢，半两重12铢。但因半两钱体重难用，所以改用各种减重半两钱，即钱文重为"半两"，而实际重量低于半两，这就造成了铜钱的实际重量与钱文重量不一致的弊端。王莽接位以后，实行"王田"制度，就是宣布天下的土地均归朝廷所有，王田不得买卖，规定一夫受田百亩，如果一家男子不满8人，占田不得起过1井（900亩），无田的人即照章受田，这样做就是企图恢复《周礼》上所说的井田制度。西晋建立于公元265年，改行占田制。占田制的内容包含两部分，一部分是规定一般农民占田、课田及户调的数目；另一部分是规定各级官僚仍占有的土地和佃客的数量，以加强对农民的剥削。五代（907—960年）时赋税特别繁重，对人民的榨取更残酷。南宋时期（1127—1279年）每年的赋税收入大大超过北宋，明代（1368—1644年）赋税和地租日益加重，明初"永不起科"的田地，这时也全部征收赋税。从正统元年（1436年）开始，明朝把江南的赋税一概拆银征收，规定米麦1石拆银2钱5分，4石拆银1两，共400余万石拆成百余万两，称为"金花银"。

总之，在中国几千年封建社会中，封建国家的苛捐杂税很多，农民向地主交纳实物地租和货币地租，封建主对农民进行残酷剥削，广大人民在中国封建社会始终作为货币的奴隶。

在旧中国，国民党政府为了弥补财政赤字，实行通货膨胀政策。国民党政府在1935年11月4日宣布实行法币制度，规定四大家族的银行所发行的纸币是法币，而法币的发行，就是通货膨胀的开始。1938年以后，物价上涨速度大大超过法币的发行速度，从1937年到1945年，法币的发行量增加了近390多倍，同期上海物价上涨8万多倍。抗战胜利后，国民

行为货币学

党为了发动内战，更加疯狂地执行恶性通货膨胀政策，从 1945 年 8 月至 1948 年 8 月三年时间，法币发行增加 1000 多倍，法币几乎成为废纸。蒋介石为了进行最后的垂死挣扎，加紧掠夺财产，在 1948 年 8 月 20 日发行了金圆券，但也无法挽救其必然灭亡的命运。1949 年国民党政府逃到广州后，又发行了银圆券，但蒋介石政府很快就崩溃了。

国民党政府长期实行恶性通货膨胀政策，给国民经济和人民生活带来了严重的后果。从 1937 年 6 月至 1949 年 5 月的 12 年间，国民党统治区的通货增加了 1400 多亿倍，上海的物价上涨了 36.8 万亿倍，物价上涨幅度比通货增长幅度高 260 多倍。拿白粳米来说，每石价格 1937 年 6 月为 11 元 5 分，到了 1949 年 5 月 21 日涨到金圆券 4.4 亿元，也就是说相当于法币 1320 万亿元，比抗战前上涨了 114 万亿倍①，广大人民生活在水深火热之中，吃不饱，穿不暖，天天为柴米油盐发愁，腰包中无钱或缺钱，甚至卖儿卖女，做了货币的奴隶。

从以上分析可知，在一切剥削社会里，广大劳动人民是受剥削的，其劳动成果的绝大部分被剥削者无偿占有，他们手中没有或缺少货币，而剥削者掠夺了劳动人民大部分的劳动成果，手中掌握了大量的货币，剥削者是货币的主人，被剥削者是货币的奴隶，这就是在一切剥削社会中货币与人的关系，货币奴役人，货币驾驭人。

二、人民做了货币的主人，不再做货币的奴隶

新中国成立后，推翻了旧中国几千年的剥削制度，人民当家作主，改革开放后全国人民高举中国特色社会主义伟大旗帜，夺取了全面建成小康社会、脱贫攻坚的伟大胜利，正在执行第十四个五年计划，开始向第二个百年奋斗目标进军，绝对贫困现象基本消除，人民富裕程度普遍提高，生活质量明显改善，劳动人民不再为贫穷所困扰，不再做货币的奴隶，已经成为货币的主人。

人民当家作主，要当货币的家、做货币的主。要彻底摆脱贫困，贫困不是社会主义。建设社会主义就是要为人的生存、享受和发展创造更好的条件，促进经济繁荣和人民安居乐业，使人民的物质文化生活水平不断提高。经济工作必须以满足人民日益增长的物质文化需要为出发点，这也是经济、金融实际工作必须落实的重要原则。在经济发展的基础上，努力满

---

① 上海金融史话编写组. 上海金融史话 [M]. 上海：上海人民出版社，1978：176.

足人民群众日益增长的物质和文化需要，具体表现为人民的货币收入逐步增加，人民共同富裕，人民币更好地为人民服务。

人民要做货币的主人，在经济、金融工作中必须坚持以人为本，始终把广大人民的根本利益作为经济、金融工作的根本出发点和落脚点，在制定经济、金融工作各项方针政策时和具体工作中，都必须着眼于维护、实现和发展人民群众的根本利益，必须把能否维护好、实现好和发展好人民群众的根本利益作为衡量一切经济工作成败得失的标准。做好关系到人民群众利益的各项工作，努力做到权为民所用、情为民所系、利为民所谋，一切从绝大多数人民群众的根本利益出发，做好我国的金融、经济工作，最终要反映在人民真正做了货币的主人，人民币是为人民服务的，为不断提高和改善人民的物质文化生活水平服务，为人民走共同富裕的道路服务。

人民要做货币的主人，人民币要为人民服务，这是历史唯物主义必然得出来的结论，这是社会发展客观规律作用的必然结果。人民群众是历史的创造者，劳动创造了社会财富和人类文明，劳动创造了人类社会，劳动产品应该属于劳动者，归劳动人民所有，货币应该归劳动人民所有，人民应该是货币的主人。人民群众是社会主义国家的主人，要紧紧依靠人民群众，充分发挥人民群众的首创精神和创造才能，充分调动广大群众建设社会主义的积极性、主动性和创造性。挖掘广大人民群众的创新潜力，放手让一切劳动、知识、技术、管理和资本的活力竞相迸发，坚持尊重劳动，尊重知识，尊重人才，尊重创新，将一切创造社会财富的潜力充分调动起来，通过经济高质量发展，促进共同富裕，创造更多的社会财富，造福社会，使人民币更好地为人民服务，使人民成为货币的主人，货币不再驾驭人。

在我们这个伟大的新时代，人民享受着美好的生活，人民是货币的主人，人民是货币奴隶的社会、货币驾驭人从此一去不复返了，这是人类历史上货币与人关系上新的开始，这是人类历史发展的客观规律，这是实践证明了的历史唯物主义的货币与人关系的结论。

三、要把自己从做货币奴隶的精神枷锁中解放出来

只有在中国特色社会主义制度下，人民是货币的主人，不再做货币的奴隶，社会主义制度为人民做货币的主人提供了社会制度的保证，这是人民做货币主人最根本的保证。所以，在中国特色社会主义制度下，从社会

生产关系来看，人民已经不可能做货币的奴隶，已经不存在人民做货币奴隶的经济基础。但是，几千年来形成的广大劳动人民做货币奴隶的思想影响很深远，少部分人还没有彻底从这种思想的精神枷锁中解放出来，自觉和不自觉地还被货币驾驭着，精神上受到折磨，这种精神枷锁在日常生活中有几种主要表现，举例如下。

1. 人类灵魂工程师。教育要立德树人，培养学生德、智、体、美、劳全面发展，但是，有极少数仍被做货币奴隶的精神枷锁套住的中小学教师，在课堂上少讲课程内容，在课外补课收取学生的"讲课费"，在学生道德品质培养上，以及树立正确的货币观等方面带来了不良影响，扰乱了教学秩序，给学生家长带来很大的经济负担。向社会散发了很坏的货币气息，污染了社会的货币氛围。除了教育当局、学校应该花大力气纠正外，更主要的是这些教师要把自己从做货币奴隶的精神枷锁中彻底解放出来，不要玷污人类灵魂工程师的崇高称号。人类灵魂工程师不是一般的工程师，要在自己的灵魂上尽可能做到没有瑕疵、没有污点。收取"讲课费"的货币行为，使人做了货币的奴隶，货币收入虽然多了一些，但却听从了货币的驾驭，听从了货币的指挥，货币玷污了自己的声誉，这个伤害不是用货币能够治愈的；不收"讲课费"，货币虽然少了，但却做了货币的主人，挺起了腰杆，人驾驭了货币，人指挥了货币，不是货币统治人，而是人统治货币。学校是教育人的地方，是充满希望的土地，应该首先把这块土地变成社会精神文明的绿水青山，为国家培养更多的优秀人才。

2. 白衣天使。救死扶伤是医务工作者的天职和使命，白衣天使是人民给予医务工作者的崇高而神圣的称号，但是，有极少数仍被做货币奴隶的精神枷锁套住的医务工作者，在为患者治病时收取"红包"，这样货币扭曲了医患关系，使医患关系变味，污染了社会货币氛围，给患者带来经济上的额外负担。除了医疗机构要花大力气予以纠正外，广大医务工作者要觉醒过来，把自己从仍做货币奴隶的精神枷锁中解放出来，维护白衣天使的光辉形象。白衣天使的白衣千万不要沾染上污点，天使是真情的化身，白衣天使守卫着千家万户的生命安全和健康。收取"红包"，货币收入虽然多了些，但是听从了货币的驾驭，听从了货币的指挥，做了货币的奴隶，败坏了白衣天使的形象，心中应是愧疚的、郁闷的；不收"红包"，货币收入虽然少了些，但是，做了货币的主人，挺起了腰杆，心情是舒坦的。在这次新冠肺炎疫情中涌现出许多白衣天使的人民英雄，涌现出许多感人肺腑的事迹，白衣天使展示了中国精神，白衣天使的光辉形象将载入中国史册，要向白衣天使学习。医务工作者的医德尤为重要，医务工作者向社会传递更多的人间真情，那是广大患者及其家属日夜盼望的，那是雪中送炭，患者及其家属将终生难忘。医院是传递人间真情最主要、最重要的地方，医院是一块充满盼望的土地，在社会精神文明建设中应该领先变成绿水青山。

3. 孝老敬老。中华民族历来具有孝老敬老的美德。我国有句老话，"百善孝为先"，为什么如此强调孝的重要性？因为在中国的文化中，这是人之所以为人的一种天性，今天我们仍然要讲孝道，一个"孝"字写尽了天下儿女对父母的孝养、孝敬的真挚感情，写出了对社会上所有老人的关爱与帮助，一个"爱"字道出了千万父母对儿女的真挚感情，也道尽了千万儿女对父母养育之恩的真心回报。可是，社会上却有个别人流传着："爹亲娘亲不如钱亲！"甚至极少数的家长一心扑在孩子身上，把货币都花在孩子身上，对老人不愿意赡养，冷落老人，把老人当作额外的包袱，使老人感到很伤心。孩子天天看着自己的父母是这样对待长辈的，他们长大了也照搬照学，这些家长晚年自食其果，这些家长被做货币奴隶的精神枷锁牢牢套住，做了货币的奴隶，他们自己必须要从这个精神枷锁中解放出来，要把中华民族悠久的孝老爱亲、尊老敬老的传统美德一代一代传递下去，要做货币的主人，不能再做货币的奴隶，更不能在孩子的童年就留下做货币奴隶的阴影。

4. 对子女的家庭教育。家庭是人生的第一课堂，父母是孩子的第一任老师。有什么样的家庭教育，就会有什么样的儿女。所以，对父母来说，要把好的品德、习惯传递给孩子，给孩子以正确的引导，树立正确的世界观、人生观和价值观。父母应该成为孩子的榜样和楷模、表率，要言传身教，身体力行。但是，却有个别家长有意无意地在孩子面前在说话和行为上宣传挣大钱，孩子从小就产生将来要挣大钱的想法，没有树立正确的价值观，这是很危险的。这些家长不仅没有把自己从做货币奴隶的精神枷锁中解放出来，而且向自己的子女灌输做货币的奴隶的不良思想。

5. 恋爱婚姻。恋爱婚姻关系人一生的幸福，是关系前途命运的大事，应该慎重对待，从多方面考察和考虑。但是，个别女青年找对象时把选富人作为唯一标准，男青年把傍富婆作为唯一标准。这很可能会造成后来的婚姻悲剧，这是在恋爱婚姻这个大问题上没有从做货币奴隶的精神枷锁中解放出来，有的到最后还不明白是做了货币的奴隶造成的。

6. 夫妻。夫妻应该是相敬相爱的终身伴侣，彼此应坦诚相对，相互谦让，相敬如宾。但有个别夫妻为了金钱，相互猜忌，夫妇挣钱越多，家庭风波就越多，金钱不仅没有给家庭带来幸福，反而带来更多矛盾。这是没有从做货币奴隶的精神枷锁中解放出来，仍然做了货币的奴隶，结果是苦不堪言。

7. 兄弟姐妹。兄弟姐妹从小是在一个家庭长大起来的，朝夕相处，寸步不离，是骨肉同胞，理应亲如手足。但是，长大后各自成家，由于家庭贫富不一样，就开始疏远起来，有的为了分遗产，吵得不可开交，甚至将自己的亲人告上法庭。为了货币，被做货币奴隶的精神枷锁套住。

8. 朋友。人的一生有很多好朋友，从学校到工作单位，会结识不少朋友，朋友之间相互交往，相互帮助。但是，有的人把朋友区分为有钱人和没钱人，有的人怕穷朋友借钱，来占便宜，这些人就远离自己的穷朋友。这是没有从做货币奴隶的精神枷锁中解放出来，使昨日的好朋友变成今日的陌生人。

9. 合作伙伴。在市场经济中，人会有许多合作伙伴，相互帮助，相互支援，相互协作，同生存、共患难。但是，在遇到矛盾和利害冲突时，有的人就把钱看得很重，寸步不让。这是没有从做货币奴隶的精神枷锁中解放出来，使昨日协作的好伙伴，变成了今日的仇人。

10. 抠门。有的人在货币行为上不能正确认识和处理各方面的关系，深受几千年来做货币奴隶的思想影响，需要用钱时，怕自己吃亏，别人占自己的便宜，把钱看得死死的。事实上正好相反，抠门的人往往和别人交往很少，别人也不愿和他交往，结果把自己孤立了起来，失去了许多别人可能对他的帮助，失去了许多信息，失去了许多机会，失去了友谊，也失去了生活的快乐；相反，那些对别人很大方的人，好像在钱上吃了亏，其实，别人愿意对这些人提供帮助，给他们提供信息，给他们提供机会，给他们提供建议，为他们当好参谋，给他们带来了欢乐，这些人生活得更充实，更有发展的机会。

四、正确处理货币与人的关系

以上分析表明，中国特色社会主义制度保证了人们不可能再做货币的奴隶，人民已经做了货币的主人。但是，几千年来形成的人们做货币奴隶的思想影响很深远。必须正确处理好货币与人的关系，使人们在思想意识上从做货币奴隶、货币驾驭人的精神枷锁中彻底解放出来。使人与人之间形成平等、和谐、互助、新的社会关系。构建社会主义和谐社会，促进经济高质量发展，人民享受社会主义的美好生活，必须正确处理以下十个方面货币与人的关系。

第一，货币与平等的关系。在中国特色社会主义制度下，每个人拥有的货币数量不等，事实上，也不可能相等，但是，在政治上是一律平等的，在人格上都要受到尊重，人格是人的气质、性格、情感、自我调控等，不能有高低贵贱之分，人们不可能再受货币的欺压、奴役和掠夺，像过去人类历史上阶级社会那样。人民已经是货币的主人，不再是货币的奴隶，自己必须从做货币奴隶的精神枷锁中解放出来。这是政治上的平等。

第二，货币与等价的关系。在市场经济中，人与人之间的商品交换实行等价交换的原则，等价交换是货币交换的根本原则，劳动对等是等价交换的核心，只有遵循等价交换原则，人与人之间的关系在经济上才能是平等的，这是经济上的平等。

第三，货币与致富的关系。在中国特色社会主义制度下，人只有通过自己的辛勤劳动、工作，充分发挥聪明才智，发挥人的创造性和积极性，才能致富。劳动致富是唯一正确的道路，对企业、集体、单位的领导人来说，还要充分调动全体员工工作的积极性、创造性，走共同富裕的道路。社会主义的目的就是要使全国人民共同富裕，消除贫富两极分化，最终达到共同富裕。所以，只有通过辛勤的劳动和工作，才能赚到更多的货币，这是获得更多货币、致富的唯一正确道路。这是机会上的平等。

第四，货币与市场竞争的关系。市场经济存在着各经济主体在平等前提下的自由竞争，竞争是各经济主体为了生存和发展的利益，通过市场的优胜劣汰的较量体现的，这种竞争既包括生产经营者之间为追求利润最大化而展开的生产和销售的竞争，也包括消费者之间为获得物美价廉的商品而展开的购买之间的竞争，还包括生产经营者和消费者之间的竞争，市场促进生产力发展和调节社会资源合理有效配置的作用，也是通过竞争才能得到发挥，所以，竞争可以促进市场主体努力采用先进的技术设备，改善经营管理，提高劳动生产率，根据市场需求调整生产结构，促进社会资源在各经济部门之间合理流动，实现优胜劣汰，促进经济的发展。但是，竞争不只是为了赚钱，如果把赚钱作为唯一目标，采取不正当的手段进行竞争，那是把竞争引上了邪路。

第五，货币与理想的关系。实现社会主义现代化和中华民族伟大复兴，这是我们每个人为建设中国特色社会主义而奋斗的方向、目标，是我们共同的理想，每个人都要为实现这个理想而奋斗。所以，在社会主义市场经济条件下，我们的经济生活离不开货币，要劳动致富，要把通过劳动获得货币的愿望融入我们共同奋斗的理想中，为实现我们共同的理想、奋斗目标贡献自己的力量，作出更大的努力，千万不能脱离我们共同的理想、奋斗目标，而只想着挣钱，那是走上了邪路。

第六，货币与友谊的关系。在社会主义大家庭里，我们的劳动、工作、生活不是一个人单独进行的，不能离开别人的互助合作。互助合作求共赢，凝心聚力谋发展，同心协力，鼎力协作，齐心并力。一个人想在劳动和事业上作出业绩，固然要靠自己的努力，但是还需要彼此相互协作，共同努力，这样才能把事情做好。友谊地久天长，友谊之光共存，永不褪色，奋斗需要友谊，友谊使我们增加了劳动、工作的信心，增添了力量，所以，在社会主义市场经济条件下，我们劳动、工作、生活，离不开货币，帮助别人赚钱，才能自己赚钱，合伙做生意，有钱大家赚。离不开互助、友谊，一定要把互助、友谊看得很重要，甚至在一定条件下比货币更重要。

第七，货币与和谐的关系。构建社会主义和谐社会，是中国特色社会主义的本质属性，是国家富强、民族振兴、人民幸福的重要保证，反映了建设富强、民主、文明、和谐的社会主义现代化国家的内在要求，体现了全党、全国各族人民的共同愿望。所以，我们要正确处理货币与和谐的关系，一切货币行为都要有利于构建和谐社会，这也反映了我们自身思想道德素质的进一步提高，人际关系的进一步改善与和谐。也就是说，在社会主义市场经济中，货币本来就牵涉很多方面，所以，我们不能仅从经济上考虑问题，要从政治上，人际关系、家庭、社会的和谐等方面全面考虑问题。

第八，货币与家风的关系。国之本在家，有家才有国，有国才有家，小家连着大家，连着国家。家和万事兴，国家富强，民族复兴，最终要体现在千千万万家庭都幸福美满上，体现在亿万人民生活不断改善上，千家万户都好，国家才能好，民族才能好。青少年是家庭的未来，更是国家的未来和希望，家庭应该承担起教育后代的责任，要树立良好的家风，父母应该注重言传身教，身体力行，成为子女的表率，父母对子女从小就要进行正确对待货币的教导，树立正确的货币观，要从娃娃抓起，仍然要大力提倡"我在马路上捡到一分钱，把它交给警察叔叔手里边"，培养诚实、正直、善良、有道德的青少年，优良的家风为青少年正确对待货币奠定了思想意识、行为的基础。

第九，货币与勤俭节约的关系。勤俭节约是劳动人民的本色，劳动人民在劳动中深刻地体会到"粒粒皆辛苦"。勤俭节约是中华民族优秀的传统文化之一，节俭是天然的财富，奢侈是人为的贫困。所以，不论挣得货币有多少，都应该勤俭节约，不能铺张浪费，浪费是可耻的行为。勤俭节约，艰苦奋斗，是我党的优良传统，在革命老区，过去提倡节约每一个铜板，支援前线，抗日救国。现在越是富裕，越是有钱，越要注意勤俭节约过日子。

第十，货币与正道的关系。"君子爱财，取之有道。"有才德的人，君子喜欢正道得到的财物，不要不义之财，也就是说，君子可以挣货币，赚货币，但是，要从正当的途径挣取，不要不义之财，不要走歪门邪道得到的货币。正道得到的货币与走歪门邪道得到的货币，其间最根本的分界线是通过自己劳动得到的货币，是正道挣来的货币，不是通过自己劳动得来的货币是不义之财，也就是说，不劳而获得到的货币，不论是什么途径和方式，肯定是不义之财。千万不要相信钱都可以赚的谬论，不是自己劳动得来的钱，不是正道赚来的钱，千万不要拿，一定要分清楚是正道还是邪道，不是正道赚来的钱，有了第一次，就可能有第二次，逐步把自己引上邪路，到最后酿成悲剧，悔恨终生！

从以上分析可知，在社会主义市场经济中，人要做货币的主人，不要做货币的奴隶，人必须彻底从过去做货币奴隶的精神枷锁中解放出来，正确处理以上十个方面货币与人的关系，这样才能逐步进入人驾驭货币的新的思想境界。

五、人驾驭货币论

人驾驭货币论阐述了人驾驭货币的根本原因、条件、内容、背景。历史上货币驾驭人的社会一去不复返了，开始了人驾驭货币的新时代。

第一，人驾驭货币是历史发展的客观必然性。在阶级社会里货币始终驾驭人，只有在社会主义制度下，人民当家作主，人民是货币的主人，主人必然要驾驭货币，这是历史发展的客观规律，这是历史唯物论的科学总结。

第二，把人与货币的关系彻底理顺过来。自从货币产生以后，人与人之间的关系表现为物与物的关系，把一切人的关系当作物的关系来反映，把人与物的关系、人与货币的关系颠倒了，物统治人，货币统治人，货币奴役人。在社会主义制度下，社会生产关系发生了根本变化，所以要彻底把这种货币统治人、货币驾驭人的关系彻底理顺过来。

第三，逐步清除重货币、轻真情的观念。重货币、轻真情产生的根源是受货币驾驭人的思想控制，只有把人们的思想意识理顺过来，使其适应社会主义社会生产关系大变革的需要，人才能驾驭货币。

第四，我国社会主义社会具备了人驾驭货币的物质和精神条件。我国已经建成小康社会，脱贫攻坚取得了决定性胜利，人民生活显著改善，城乡居民收入有较大幅度增长，为人驾驭货币奠定了物质基础。人的思想觉悟大大提高，精神面貌发生了深刻变化，思想、道德、文明建设广泛开展，为人驾驭货币奠定了精神基础。

第五，人驾驭货币是在社会主义制度下人对货币作用的具体表现。人是社会生产力中最活跃、最积极的因素。人是活的，人发挥聪明才智，则将极大地提高劳动生产、工作的积极性、创造性，这样能使货币对经济、社会发挥更大的作用，而且这种作用是无法估量的。

以上分析表明，我国进入了人驾驭货币的新时代，但是，人的思想往往落后于客观实际，不是所有的人都能跟上时代前进的步伐，必须正确处理货币与人的关系，逐步清除过去货币驾驭人思想影响的束缚，这样才能逐步进入人驾驭货币的新时代。目前已经有许多思想解放的人进入了人驾驭货币的新时代，进入了人驾驭货币的新的思想意识境界，享受了社会主义的美好生活，先进要带后进，先进要帮后进，使更多的人早日进入人驾驭货币的新时代，享受美好的心情、快乐和幸福。

六、精神财富越来越重要

在生产力发展水平比较低的条件下，人的第一需要是生存，物质是满足人生存的生活资料，物质资料是生存的基础，物质财富显得十分重要。随着社会生产力的发展，人类生产的社会财富逐步增加，但是，社会财富集中在少数统治阶级手中，广大劳动者的社会财富仍然匮乏，物质财富仍然显得十分重要。

我国脱贫攻坚已经取得全面胜利，全面建成小康社会，全体人民正在逐步实现共同富裕。我国进入新发展阶段，发展基础更加坚实，发展条件深刻变化，全面深化改革取得重大突破，我国社会制度优势进一步彰显，进一步发展面临新的机遇和挑战。在这种新的形势下，需要贯彻新的发展理念、新的发展格局、新的发展思想，精神财富在其中显得越来越重要。

精神作用越来越重要。精神作用也就是人的意识作用，物质是第一性的，意识是第二性的，但意识对人具有能动作用，也就是人心理上意识的能动性，这种精神作用越来越重要，因为这种作用可以指挥人的一切行为。我国进入了新时代，进入了精神财富显得越来越重要的新时代。精神力量可以转化为物质力量，物质是第一性的，精神是第二性的，但是，精神力量在认识和改造客观世界的过程中能够转化为物质力量，这种转化为物质的力量是巨大的，而且所有的物质力量都是由人掌控的，没有人，物质力量很难发挥作用。

精神作用、精神力量是一种精神财富，物质是基础，但是，精神财富却显得越来越重要。物质能否给人带来享受和快乐？货币能否给人带来享受和快乐？快乐是人的心理作用，快乐与否不仅由物质决定，更重要的由人的心理决定，如果人没有精神财富，有货币也不一定快乐，有时还恰恰相反，货币越多，不快乐也越多，烦恼越多。货币是物，精神是魂，魂不快乐，货币再多也白搭。所以，货币与快乐的关系，是物与魂的关系，货币的来源越干净，精神也会越爽快。所以，在社会物质财富比较充裕的情况下，精神财富显得越来越重要，这是新时代物质财富与精神财富的新变化，也是货币与快乐关系的唯物辩证法。

复习思考题

1. 为什么货币能够统治人？

2. 对人类历史上货币统治人的回顾，你自己有什么体会？

3. 货币统治人的思想影响为什么这么深远？

4. 在日常工作和生活中还有哪些人被做货币奴隶的精神枷锁套住的表现形式？

5. 抠门和勤俭节约有什么区别？

6. 货币与人的关系，你还认为应该如何正确处理？

7. 在日常工作和生活中还有哪些货币与人的关系需要正确处理和值得我们重视？

8. 关于人驾驭货币论你有什么体会？

9. 为什么精神财富越来越重要？结合实际阐述货币与快乐的关系。

第十一章　货币与货币意识的关系

要想了解货币与货币意识的关系，必须先了解物质与意识的关系，承认世界的物质性，承认世界是在时间、空间中依其固有的规律运动、变化和发展着的物质世界，这是正确认识货币与货币意识关系的基础性问题。提高对货币意识的认识，增强四个货币意识，对每个人都是十分重要的。

一、货币

货币是物质的，物质和意识的关系是人类认识和实践中遇到的世界上最普遍、最基本的关系，最基本的矛盾。货币和货币意识的关系，也是人们日常生活中遇到的最普遍、最基本的关系，正确认识货币和货币意识各自的地位和作用，以及货币与货币意识的关系，要从以下三个要点去把握。

第一，物质是各种具体实物的共性。物质是从各种具体实物抽象概括出来的普遍的哲学概念，物质的这一共性寓于各种具体实物的个性之中，没有脱离各种具体实物而存在的物质。货币是物质，货币是一般等价物，是财富的代表，这就是货币的个性，包括手中的货币和市场上的货币，是看得见的货币。

货币是一般等价物，有货币就可以在市场上购买商品或享受劳务。货币是财富的代表，货币多就是有钱人，就是富人，甚至是富豪，不仅一个人的生活水平高低是由其手中的货币多少决定的，甚至个人的社会地位、声誉等也是由其手中货币的多少决定的。

手中的货币是人们经济生活的轴心。一切经济生活都离不开货币。一个人经济上宽不宽松、富不富裕，就是看其手中货币有多少。手中的现金、存款、债券、股票等，人们看得见，摸得着，所以，人们经常看、经常算、妥保管。我国古代有句谚语："一分钱难倒英雄汉"，说明手中货币有多么强的现实性。

手中的货币具有个人所有权。个人手中的货币只要是合法收入，都受到国家法律的保护，任何人不能侵犯。个人手中的货币，是个人劳动或经营的成果，完全可以由个人支配和使用，任何人无权干涉。

上述货币是物质这一最本质的规定，指出了货币对货币意识的独立性、根源性；意识对物质的信赖性、派生性，指出了货币是第一性的，货币意识是第二性的，指明了货币与货币意识的各自地位和作用。

第二，物质是通过人的感觉感知的。人的认识可以反映客观实在，对于货币也是这样，是通过人的感觉感知的。人类认识世界是从感觉开始的，人对货币的认识也是从感觉开始的。这种对客观世界的认识过程，开始往往是从认识事物的一些简单属性开始的，对货币的认识也是这样，小时候知道用货币可以买冰棍，人的头脑接受和加工了这些属性，进而认识了货币的这些属性，因此，感觉可以说是人脑对事物个别属性的认识。

感觉虽然简单，但能使人获得正常生活的必要信息，在人的生活和工作中有重要作用。首先，感觉提供了事物或环境的内外信息，例如，人能够认识到货币的颜色、图案、文字等，从而能够了解事物的各种属性。货币可以用来购买商品、享受劳务等，人就可以根据自己的需要来调节自己的货币行为。其次，感觉保证了人们的生活与外界平衡，人要正常生活，必须要和环境保持平衡，其中包括信息的平衡，人有多少货币，货币的购买力、市场情况等，了解这些信息，人们才能正常的生活。最后，感觉是一切高级、较复杂认识活动的基础，也是人的全部心理现象的基础。人的知觉、记忆、思维等复杂的认识活动，必须借助于感觉提供的原始资料，没有感觉，一切较复杂、较高级的心理现象就无法产生。

感觉是神经系统外界刺激的反映，它和一切心理现象一样，具有反射的作用。感觉包含人脑感受器和效应器的活动，感受器与效应器的活动是紧密联系的，感受器能接受体内外各种刺激，并将其转化为神经冲动，传达到中枢神经。效应器不仅执行神经中枢发出的指令，产生某种应答性活动，而且参与获得信息的过程，它加强信息的输入，使感觉过程更合理、更有效。

感觉是由体内外的刺激作用于我们的感觉器官产生的，这种刺激又可以分为近刺激和远刺激两种。货币对人发生作用，货币的"五力"即吸引力、和谐力、扭曲力、诱惑力和国际力发生作用，就是货币对人的刺激，近刺激就是手中的货币对人的作用，远刺激就是市场上的货币对人的刺激。

人们通过感官得到了外部世界的信息，这些信息经过头脑的加工、综合与分析，产生了对事物整体的认识，并了解它的意义，这就是知觉。知觉以感觉为基础，但它不是个别感觉信息的简单总和。知觉是按一定方式整合个别感觉的信息，形成一定的结构，并根据个人的经验解释由感觉提供的信息，它比个别感觉的简单相加要复杂得多。人的知觉使人对货币的认识从对货币的个别认识发展到货币是市场经济中一般等价物、财富代表的全面认识。

知觉作为一种活动、过程，包含相互联系的几种作用：觉察、分辨和确认。觉察是发现事物的存在；分辨是把一个事物的属性与另一个事物的属性区别开来；确认是利用已有的知识经验和当前获得的信息，确定知觉的对象是什么，称呼什么，并把它纳入一定的范畴，到这时人们才真正认识到货币是一般等价物、财富的代表。

第三，物质是离开人的意识而独立存在的，货币也是这样。手中的货币、市场上的货币是脑中货币，外部世界的客体。人们脑中为什么存在货币呢？这是由于手中的货币、市场上的货币在人们头脑中的反映，没有手中的货币，没有市场上的货币，没有货币能够在市场上购买商品，是财富的代表，没有手中货币对自己的这种重要性，也就没有脑中的货币，所以，货币是离开人的意识而独立存在的物质，这是看得见的货币。

二、货币意识

人脑是世界上最复杂的一种物质，是自然界长期进化过程的产物。人脑包括延脑、小脑、中脑和大脑等几个部分，人脑的神经系统由神经细胞，即神经元组成，是神经系统结构和功能的单位，它的基本作用是接收和传递信息，神经元是具有细长突起的细胞，它由脑体、树突和轴突三个部分组成，人脑神经元的数量在100亿个以上。神经元通过自己的树突和脑体接受冲动，并经过轴突传导这种冲动，这就是人的大脑结构。文化是人类的产物，也是人脑的产物，大脑在文化的影响下得到发展。在人脑的进化中，语言起了重要作用，脑与语言是交互进化的。

意识是一种觉知，即人们觉察到某些现象或事物。意识是一种高级的心理功能，意识对人的身心起统合、管理和调控的作用。意识意味着清醒、警觉、觉察、注意集中等，意识是一种与物质相对立的精神实体。

物质决定意识，意识是客观存在的反映。有货币的存在，就存在货币意识。这种货币意识可以通俗地、形象地、有充分事实根据地称为脑中的货币，理由有三：第一，人脑是货币意识产生和活动的物质基础，离开了人脑，就不存在货币意识。第二，货币意识是人脑的机能，现实的货币无数次刺激人的大脑，形成复杂神经活动的生理过程，产生了货币意识。第三，货币意识的存在，是现实货币在大脑中的反映，所以，这种货币意识可以成为脑中的货币，这是看不见的货币。

货币意识是现实的货币，即手中的货币和市场上的货币对人神经系统的刺激，世界上一切物质对人都具有反映这个特性，货币意识就是现实货币特性的反映，但是，货币意识不是现实货币的本身，货币意识具有精神现象的特征，是现实货币的主观反映，是人的主观世界所特有的，就其反映的形式而言，货币意识是主观的。就其反映的对象和内容来说，又是客观的，所以，货币意识体现了货币客观和主观的统一，表现在以下几个主要方面。

第一，从货币意识的主观形式和客观内容来分析。货币意识是由各种反映形式共同组成的完整体系，包括感觉、知觉、表象等感性认识和概念、判断、推理等理性认识，无论是感性形式还是理性形式，都是人的主观世界所特有的，但是，从感性认识和理性认识所反映的内容和对象来说，却是客观的。

第二，从货币意识的主观差别和客观根源来分析。货币意识反映的是现实生活中的货币和货币的运行过程，但是，不同的人却有不同的反映，这表现为货币意识的主观性。货币意识差别性很大，甚至有根本的差别，这正是体现了货币意识的主观性。

第三，从货币意识的主观特征和客观基础来分析。货币意识不仅表现为对现实货币的近似摹写，而且还可能表现为和现实货币毫不相干的虚幻的、荒诞的观念形态，有的人白天做黄金梦，做千奇百怪的黄金梦，但是，即便是扭曲的、颠倒的主观映像，也毕竟是对现实货币的主观反映。

货币对货币意识的决定作用和货币意识对货币能动的反作用，这两个方面是辩证的统一。货币意识对货币、经济的能动反作用，表现在以下几个方面。

第一，货币意识活动的目的性和计划性。货币意识对于手中货币的增减变化具有一定的动机和目的，具有预定的蓝图、目标、活动方式和步骤等，这种能动作用是手中的货币所没有的。不仅如此，货币意识还通过实践，把预定的蓝图、目标、活动方式和步骤等变为现实，通过实践把观念的东西变为现实。所以，脑中看不见的货币指挥着手中看得见的货币，决定手中看得见的货币的增减。

第二，货币意识活动的主动创造性。货币意识对货币的反映，是一个能动的创造性过程，货币意识不仅能够反映货币的外部现象，而且能够由感性认识能动地上升到理性认识，反映货币的本质和规律，从而正确地认识货币及其运行规律，以及如何正确获得货币，如何正确花费货币，发挥每一个单位货币的最大效用，达到自己最大的满意程度。

第三，货币意识活动对客观世界的改造作用。货币意识的能动性不仅在于人们从实践中形成正确的思想，更重要的表现在以这些正确的思想和理论为指导，通过实践把观念的东西变成现实，用正确的思想指导金融的实际工作，这对金融工作者来说更为重要。

人的货币意识是一种精神的力量，要使它得变为现实的物质力量，必须要通过实践，借助货币的力量才能达到。

第一，货币意识的能动作用是通过实践来实现的。货币意识能动作用的实现过程，也就是货币意识的物化过程，这个物化过程是双重的，把观念的东西转化为货币活动，通过实践，使主观的东西见之于客观，使客观世界发生合乎目的的改变，货币意识通过实践能动地认识世界，又通过实践而能动地改造世界。实践是发挥货币意识的能动作用、实现主观反作用于客观的基本途径。

第二，货币意识的能动作用能否得到正确的发挥，是以能否遵从货币运行的客观规律为前提的。上面说的，这些预定的蓝图、目标、活动方式和步骤等，如果有正确的思想作指导，反映事物的本质和规律，脑中的货币就会通过人的实践活动，把脑中的这些蓝图、目标、步骤和方法逐步实现。脑中看不见的货币就会逐步变成手中看得见的货币，把人们引向健康的、美好的、富裕生活；如果不是这样，用错误的思想作指导，违背货币的运行规律，在实践中就会到处碰壁，把人们引向邪路，甚至带来灾难。

第三，货币意识能动作用的发挥，还依赖一定的物质条件和物质手段。认识世界是这样，改造世界更是这样，也就是说，货币意识能动作用的发挥，还要依靠现实的货币，手中有货币，货币意识的能动作用才能发挥。

人们往往重视手中看得见的货币，因为这是现实的货币，不重视看不见的脑中的货币，不重视自己的货币意识，不重视货币的意识形态。其实，如果手中的货币发生了差错，最多也就是造成了经济上的损失，当然，这要尽量避免。如果不重视自己的货币意识，不注重脑中看不见的货币，一旦发生了错误，就可能走上了邪路，甚至带来灾难，改变整个人生！贪污行为就是不重视脑中看不见的货币、不重视自己货币意识的结果！

三、管好脑中看不见的货币

看不见的货币指挥着看得见的货币。人的一切行为都是由人的大脑指挥的，大脑是人的一切行为的指挥部，货币行为也是如此，也是由人的大脑指挥的，正如前面所指出的，人的大脑看不见的货币指挥着人的货币行为，把大脑中看不见货币的蓝图、目标、步骤和方法通过人的货币行为逐步实现，变成手中看得见的货币，货币行为的司令部决定人的货币行为，看不见的货币指挥看得见的货币。所以，人们必须牢牢记住脑中有个决定货币行为的司令部。

看不见的货币决定看得见的货币。看不见的货币是人们看不见的，因此，人们往往会忽略；看得见的货币是看得见的，因此，人们往往会重视。在日常生活中，人们往往容易产生错觉，一提起货币，就只知道、只关心手中看得见的货币，而忽略了脑中看不见的货币。其实，脑中的货币看不见但不是不存在的，而是脑中看不见的货币是因，手中看得见的货币是果。两者是因果关系，因是看不见的，果是看得见的。只有脑中看不见货币的谋划、思考、付诸行动，才有手中看得见货币这个果。所以，人们必须牢牢记住这两者是因果关系。

看不见的货币有更大的看不见的重要性。在日常生活中，人们对手中看得见的货币的重要性的认识是很深刻的，是不会忘记的，手中看得见的货币，这个月进账多少？支出多少？结余又是多少？银行存款增加或减少多少？算得一清二楚，唯恐算错了，搞丢了，这是生活中的头等大事，想了又想，算了又算。可是，对于脑中看不见的货币，因为是看不见的，所以很少过问。殊不知手中看得见的货币出现差错，是经济损失；脑中看不见的货币如果出了差错，才是思想上的大错，甚至会搞得家破人亡！所以，人们必须牢牢记住脑中看不见的货币有更大的看不见的重要性。

看得见的货币和看不见的货币是物和魂的关系。手中看得见的货币是现实的货币，包括各种图案、数码、颜色的现金以及银行的储蓄存单等，它们都是物，是统一的，人们看到它似乎是活蹦乱跳的，其实货币的物是死的。脑中看不见的货币是人的魂，是活的。每个人脑中的货币是不一样的，甚至千差万别。所以，一定要管好脑中看不见的货币，管好这个魂，不能出任何差错，出了差错，就是大错，就是人丢了魂，人如果丢掉了魂，什么大错都可能会犯。所以，人们必须牢牢记住一定要管好脑中看不见的货币。

管好脑中看不见的货币需要长期的思想修养和锤炼。手中看得见的货币是活蹦乱跳的，反而容易管好，管好的效果很容易显现。但是，脑中看不见的货币要管好，效果不显著，这是一个长期艰巨的任务，是一个长期思想意识提高和锻炼的过程，人们要经常检查自己的思想，清理自己的思想，"一日三省吾身"，而且要长期努力，不断提高自己的思想觉悟，越是看不见，越是要管紧、管牢、管好。提高意识和观念修养、思想修养、文化修养、道德修养、人品修养是一个千锤百炼的过程，要树立正确的货币观、人生观、世界观。让管好脑中货币的效果在实践中看得见。所以，人们一定要牢牢记住管好脑中看不见的货币。

四、增强货币意识

怎样管好脑中的货币呢？在社会主义市场经济条件下，人们要不断增强货币意识。意识形态是一种观念的集合，是观念、观点、概念、思想等要素的总和。社会意识是社会存在的反映，是人们对于物质生活、人与人的关系及其过程在观念中的反映，社会意识包括社会上人的一切意识要素和观念形态，它是全部社会精神生活及其过程的总概括。个人意识是个人独特的社会经历与社会地位的反映，是个人在社会中与他人交往关系的反映。个人意识和社会意识存在密切的联系，不可分割，相互作用。要增强个人货币意识，为实现我国经济高质量发展，促进共同富裕，建设和谐社会服务，确保个人和家庭一生的幸福和快乐。

要增强四个货币意识：劳动的货币意识、等价的货币意识、清白的货币意识、主人的货币意识。

劳动的货币意识。货币是一般等价物，只有通过劳动才能获得货币；货币是财富的代表，是多年劳动的积累，只有劳动才能致富。劳动是硬道理，不通过劳动想获得货币都是歪道，这是两条根本不同的道路，增强劳动的货币意识，就能为我国全面建成社会主义现代化强国的第二个百年奋斗目标做贡献，就能确保个人和家庭享受货币的幸福和快乐。不想劳动又想获得货币，这条歪道违背了国家和集体的利益，甚至会走向犯罪。

等价的货币意识。等价交换是货币交换的根本原则，货币交换必须坚持等价，在平等互惠的基础上进行交换，这是硬道理。妄想通过不等价交换获取更多的货币，这是歪道理，通过不等价交换获得货币将损害他人、集体或国家的利益，最后弄巧成拙，不能给自己带来快乐，只能带来恐慌和烦恼。

清白的货币意识。在市场经济中，每个人天天和货币打交道，货币的收支一定要清清楚楚，特别是工作中经手的公共货币收支，一定要清清白白，不能相差分毫，这是硬道理。任何想在集体、国家货币收支中找空隙、捞好处都是歪道，伸了一次手，就可能伸第二次、第三次……结果是整天提心吊胆，最后把自己引上了犯罪的道路。

主人的货币意识。在社会主义制度下，人民是主人，人民是货币的主人，必须增强主人的货币意识，人要驾驭货币。但是，人们的意识往往受历史上意识形态的影响，几千年来货币驾驭人的历史影响是深远的，必须彻底清除，只有彻底清除了历史上各种货币驾驭人的思想影响，人才能从过去货币驾驭人的枷锁中解放出来，人成为货币的主人，人驾驭货币，享受货币带来的快乐和幸福。

中国特色社会主义制度的建立，是中国社会意识形态发展史上空前未有的一次伟大飞跃，社会意识形态的进步，促进了社会精神文明极大提高、实现社会主义现代化的宏伟蓝图，就是要促进经济高质量发展，建设高度的物质文明和高度的精神文明。增加上述四个货币意识，才能提高货币的获得感、快乐感、幸福感、安全感，使货币给人们带来快乐和幸福。

五、货币意识和社会意识形态的关系

前面分析了个人货币意识的产生、形式、作用、调控等，这是最根本的、最重要的、最核心的。但是，个人不是独立生活的、孤立存在的，而是生活在社会里，是和社会密切联系的，个人离不开社会，因此要正确认识和处理以下三个方面的关系。

第一，个人货币意识和社会货币意识的关系。个人的货币意识和社会的货币意识有着密切的联系，社会意识是社会存在的反映，是人们对社会物质生活、人与人的关系及其过程在观念中的反映。在货币、商品存在的条件下，社会货币意识是社会意识集中、具体的表现，各种社会意识都反映在货币意识中，在社会货币意识中可以透视社会意识。

个人货币意识是对货币意识的微观考察。它是个人独特的社会经历与社会地位的反映，个人货币意识是社会中实践的产物。由于社会生活和社会关系错综复杂，世界上没有两个社会经历完全相同的个人，因而也就没有完全相同的个人货币意识。每个人的家庭出身、生存条件、亲身经历、学历、工作经历等不同，形成了不同的货币意识，货币意识这个独立的特点，使人们在对待生活、货币时采取不同的态度、不同的追求，由此选择不同的人生道路。

社会货币意识是对货币意识的宏观考察。它是个人货币意识复合的产物，是一个社会、一个阶级的货币意识，是在一定程度上综合反映社会经济生活的基础上形成的货币关系在观念上的体系，个人货币意识和社会货币意识有着明显的差别，但它们又是密切联系的，不可分割、相互作用、相互贯通的。任何个人离不开社会，任何个人的货币意识也离不开社会的货币意识，意识在本质上就是社会的。

个人货币意识和社会货币意识不仅相互依赖，而且相互作用，一方面，社会货币意识影响和作用于个人货币意识，每个人在自己的实践中，总会受到周围人货币意识的影响，并且受到整个社会货币意识及其历史传统的影响；另一方面，个人货币意识又影响和作用于社会货币意识，向社会散发不同的货币氛围。

社会货币意识随着社会存在的发展而发展，社会是不断发展的，社会货币意识也是不断发展的，社会存在是不断发展进步的，社会意识也是不断发展进步的。所以，作为社会意识的重要组成部分，社会货币意识也是不断发展进步的。纵观人类历史，人们的生活、智慧、经验、知识、教育和修养等，不断为社会货币意识提供新的营养，使它的发展和提高持续不断，而劳动人民的实践则是一切营养的最终来源，人类的社会货币意识是在漫长的历史过程中不断改造、不断增添新内容的，劳动人民的社会货币意识是人类历史上灿烂成果的继承和发展，劳动人民的社会货币意识主要包括：辛勤劳动、劳动致富，等价交换、勤俭节约，创造财富、多劳多得，报效祖国、振兴中华。所以，我们要吸取有益的社会货币意识，抵制不良的社会货币意识。

第二，个人货币意识和社会货币心理的关系。在社会意识这个多层次复杂的结构中，按照从低级到高级的层次，又可以分为有明显差别的两个基本层次，社会心理和社会意识形态。社会心理和个人心理也是对立的统一，社会心理是一种低水平的社会意识，它直接与日常生活相联系，是不系统的、不定型的、自发形成的，社会心理表现为感情、风俗、习惯、成见、自发的倾向和信念等，它交织着感性因素和理性因素，以感性因素为主，不具备自觉的理性因素。所以，作为社会心理中重要的组成部分，货币社会心理表现为人们普遍的生活情绪、态度、言论和习惯，一段时期内货币社会心理影响着整个社会，影响着整个社会货币心理状态、社会的货币情绪基调、共识和价值取向等。

社会货币心理是一种复杂的精神现象，它不可能是单一的、清一色的。在阶级社会里，社会货币心理在不同阶段呈现不同的特点，基于每个阶段特殊的经济地位和生活方式，形成了各个独特的货币心理，形成一定的阶级感情、思想和作风等，一定的阶级的货币心理反映这一阶级的精神面貌，反映它的历史特点和发展前途。所以，社会货币心理必然影响个人的货币心理，影响个人的货币意识，要以劳动人民先进的货币心理，促进个人货币意识的提高，并指导和影响整个社会提高社会货币心理、货币意识水平。

第三，个人货币意识和社会意识形态的关系。社会意识形态是一种高水平的社会意识，是一种系统的、自觉的、理性化、定型的社会意识，决定和影响个人货币意识。在中国特色社会主义制度下，马克思主义是我国占统治地位的社会意识形态，是中华民族占统治地位的社会意识形态，必须持续推进马克思主义中国化，坚持把马克思主义基本原理同中国具体实际相结合，同中华优秀传统文化相结合。百年来，同中国具体实际和中华优秀传统文化相结合的马克思主义与时俱进，我们常用马克思主义立场、观点和方法解决中国的实际问题，重振实现中华民族伟大复兴的信心，不断推进马克思主义中国化，时时刻刻影响着每个人的货币意识。

在一定的社会形态里，往往有三种不同的社会意识形态，首先是反映这个社会占统治地位的经济制度和政治制度，并为其服务的社会意识形态；其次是旧社会的意识形态，它反映已经被消灭和正在被消灭的旧经济制度和政治制度，为复辟旧社会制度造舆论；最后是反映现存社会里孕育并成长着新的社会诸因素的新的社会意识形态，它为新社会的诞生呼唤，为建立新的经济制度和政治制度鸣锣开道。这三个对立的社会意识形态不可避免地展开斗争，最终反映和维护现有的社会意识形态占统治地位。正因为如此，只有这种社会意识形态才成为该社会的精神支柱和标志。代表人类未来的共产主义意识形态将逐步形成，并日益繁荣昌盛，它必然成为全世界、全人类统一的社会意识形态。所以，个人的货币意识必须朝着马克思主义中国化是我国当前占统治地位的社会意识形态学习，向人类未来共产主义社会意识形态学习、再学习。

六、货币意识论

以上对货币意识各方面的分析，可以上升为货币意识论，要点如下：

第一，意识是心理学研究的中心问题之一。从人的心理状态来说，货币意识意味着对货币的注意、观察、警觉、清醒；从心理内容来说，包括对货币的体验、经验、回忆等，例如，货币带来的快乐、幸福、痛苦、懊恼等；从货币行为来说，货币意识支配货币行为活动。货币意识对物质来说，是一种与货币相对立的精神实体，由思想、幻想、观念等构成。

第二，货币意识的作用。货币意识是一种高级的心理功能，对个人的身心起着统合、管理和调控的作用，也就是说，货币意识不只是对货币信息的被动觉察和感知，它还有能动性和调节作用。

第三，手中的货币是看得见的货币，脑中的货币是看不见的货币。这是在货币理论历史上首次形象地提出货币意识的重要性和能动作用，并从理论和实践上加以论证。人的货币行为由货币行为司令部——看不见的脑中货币决定。

第四，人们往往注意手中看得见的货币，忽视脑中看不见的货币。这是市场经济中每个人都要重视的主要危险，在社会主义市场经济中，人生的道路存在着两个坑：一是拜金主义这个坑；二是不能管好自己脑中货币这个坑。警示后来人要管好脑中的货币，不要走邪路，掉进这两个大坑，要走阳光大道，为祖国、中华民族多做贡献。

第五，增强四个货币意识：劳动的货币意识、等价的货币意识、清白的货币意识、主人的货币意识。

第六，个人和社会货币意识进步的成果构造社会主义精神文明，精神文明对于巩固和发展物质文明有巨大的促进作用，没有一定的精神文明，物质文明的发展就要遭受破坏和窒息，我国人民对祖国的前进和命运充满信心，团结互助、尊老扶幼、遵守社会公德的风尚正在不断形成和发展。中国特色社会主义现代化的宏伟蓝图，要求在迅速发展社会生产力和建设高度物质文明的同时，建设高度的精神文明，中国将以全新的精神文明屹立于世界。

复习思考题

1. 手中的货币有什么特点？
2. 你认为有脑中的货币吗？理由是什么？

3. 什么是货币行为？货币行为是怎样产生的？
4. 货币行为与经济行为的关系？
5. 试论述看得见的货币与看不见的货币的关系。
6. 简述管好脑中货币的重要性。
7. 怎样理解增强四个货币意识？
8. 简述货币意识论的重要意义。

第十二章 货币与真情的关系

人世间最引人注目的，一是货币，二是真情，货币是人们物质生活最需要的，真情是人们精神生活最需要的。

一、货币传情论

感情是外界对人比较强烈刺激的心理反映，行为的流露，也表示人对人或对事物的关切。感情包括喜爱或厌恶的感情、爱慕的感情、友谊的感情、快乐的感情等，感情还有真感情和假感情的区分。情感能建立良好的人际关系，能在人们之间传递友好的情谊，这是人与人之间默默的付出，不能计较对方付出多少。

货币传情是由货币本质决定的。货币是物，世界上的其他物都不能传情，只有货币能够传情，这是因为货币不是普通的商品，是商品世界中的特殊商品，货币是一般等价物，是财富的代表，人人都能够接受，人人都喜爱，人人都有用。货币是一般等价物，财富的代表体现了社会的生产关系。在阶级社会里，从社会生产关系来说，货币传情传的是人们在生产中的地位以及他们之间的相互关系，货币传的是剥削者蔑视、鄙视、轻视被剥削者之情，被剥削者对剥削者愤怒、仇视、反抗之情。这两张对立的面孔，表现显然是不同的，货币传递的是敌对之情，有时是假惺惺之情，这里没有半点人间的真情。所以，在货币体现社会生产关系中，只有增加了货币传情这个重要内容，才能全面、深刻理解货币体现社会生产关系的内涵。剥削者向被剥削者传递货币之情，狰狞的面孔、冷酷的眼神，是对被剥削者精神上的虐待、思想上的折磨，精神上的虐待带来的痛苦，有时超过物质上的贫困。所以，货币体现社会生产关系，不应该只停留在过去仅是物质上的剥削和被剥削的关系，应该增添新的内容，即在精神上的折磨和虐待的关系，这才是全面阐述了货币体现的社会生产关系，这是货币体现社会生产关系上，在货币理论的历史上首次提出要增添这个新内容的新观点。

货币传情是货币对人的作用产生的，是货币对人作用的心理和行为上的反映，这种货币心理和行为是反映人是对人的关切、人对人的感情。在阶级社会里，也有少数有识之士，突破了货币私有制的观念，突破了社会生产关系的束缚，慷慨解囊，帮困助学，治病救人，捐助慈善事业等，自古以来，流传许多人间货币传真情的可歌可泣的传说和故事，中国有句老话："困难见真情"，说明真情多么珍贵！"一分钱难倒英雄汉"，说明货币传递真情有多么重要！

在中国特色社会主义制度下，货币传递真情更是普遍，这对建设社会主义和谐社会来说十分重要，不仅人与人之间要传递真情，而且更要传递热爱祖国、热爱人民、热爱社会主义事业的真情，这不仅仅是真情，而且是大情。

货币传情说明了人对货币的作用，货币虽然是物，但注入了人的货币心理和货币行为，注入了人的货币动机和货币意志，注入了人的生命活力，使货币有了感情，货币活起来了，蹦起来了，传递了人间激情，不再像过去是研究死货币，现在是研究活货币，使货币在经济、社会中发挥更大的作用。所以，在货币反映社会生产关系中，增加货币传情这个新观点、新内容，使货币体现社会生产关系更全面、更逼真、更深入，这是十分重要的，这在过去的货币理论上没有出现过，应该增添这个新内容，这也是货币理论上的一个创新。

二、重新认识和处理货币与真情的关系

人的一生任何时候都不能没有货币与真情，货币能够购买商品，人没有货币就没有物质生活；真情是发自内心的真实感情，没有了真情，就没有了精神生活。因此，货币与真情，两者缺一不可。

物质生活是基础，没有物质生活，也就没有精神生活，精神生活以物质生活为基础；没有了精神生活，人就失去了生活的目标、动力、互助、共享。精神生活是适应人们改造客观世界的需要而产生和发展的，对物质生活具有能动性，具有反作用，具体表现在：真情能形成合力，真情在物质生产中能够增加生产者之间的相互了解，相互合作，形成合力；真情能够促进生产者之间振奋精神，能使生产者之间取长补短，团结互助，挖掘潜力；真情能增添生产者的青春活力，使生产者生活得更阳光、更舒坦，充分发挥生产者的积极性，创造更多的物质财富，精神变物质，这就是物质变精神、精神变物质的唯物辩证法。

自从货币产生以来，货币与真情这对矛盾天天摆在人们面前，人们往往容易选择重货币、轻真情，因为物质生活是人的第一需要，是由当时生产力发展水平、社会制度决定的。在中国特色社会主义制度下，重新认识和处理货币与真情的关系，是由以下客观要求决定的。

第一，这是中国经济发展、人民收入增加的客观要求。中国特色社会主义进入了新时代，中华民族迎来了从站起来、富起来到强起来的伟大飞跃，是已经取得了全面建成小康社会，进而全面建设社会主义现代化强国，逐步实现全体人民共同富裕的新时代，中国经济发展已经位于世界各国的前列，富起来就拥有更多的物质和资源。农村脱贫攻坚取得了全面的胜利，谱写了人类反贫困史上的辉煌篇章。相对来说，必然会增加重真情、轻货币的程度，要求人们重新认识和处理货币与真情的关系，向真情倾斜。

第二，这是新时代建设中国特色社会主义和谐社会的客观要求。真情是真心交真心，是患难与共、无私奉献、肝胆相照、情深义重，是人类感情中的真善美。社会上人与人之间许多误会、矛盾和纠纷，在真情的交流中都会融化，人与人之间只有真情相行、真情交流、真诚联系，才能增加团结，为建设和谐社会注入活力，提倡向真情倾斜，多一点真情，真情是构建中国特色社会主义和谐社会的精神支柱。

第三，这是新时代公民道德建设的客观要求。在社会主义市场经济中，人们日常生活一刻也离不开货币，人们能否正确对待货币，正确认识和处理货币与真情的关系，这与公民道德建设有密切关系。道德是由社会生产关系决定的，依靠人们的信念来维系、以评价善恶的原则规范，是心理意识和行为活动的总和，道德是一种思想意识，是建立在一定的社会经济基础上的意识形态。集体主义是社会主义道德的基本原则，是社会主义道德体系的灵魂，它贯穿于社会主义一切规范和范畴之中，是衡量个人行为和品质的最高道德标准。集体主义要求正确处理个人利益、集体利益与国家利益的关系，在国家利益与个人利益、集体利益与个人利益发生矛盾时，集体利益优先于个人利益，国家利益又高于集体利益，个人要以集体利益和国家利益为重，而且在必要的情况下，个人利益要服从国家利益、集体利益，更不允许损伤国家利益和集体利益，损公利己是公民道德建设的大敌；同时，集体主义原则又要求集体和国家必须尽力保障个人的正当利益，促进个人自由全面发展和人生价值的实现，这样才能成为充满活力、具有创造力、富有蓬勃朝气的集体和国家。爱祖国、爱人民、爱劳动、爱科学、爱社会主义是新时代公民道德建设的基本要求，要推动全民道德素质达到一个新高度，追求更高的人生境界，最终促进社会全面进步，实现人的自由全面发展。因此，必须建设促进中国社会进步的社会主义道德体系，提升公民的道德素养，传递人间真情是全民道德建设的重要内容。

第四，这是新时代建设中国特色社会主义文明社会的客观要求。建设美丽中国，必须建设绿水青山的生态文明，必须建设风清气正的社会文明，生态文明和社会文明这两个文明建设是缺一不可的，这是关系着中华民族复兴、永续发展的根本大计。人们能够正确认识和处理货币与真情的关系，是人们具有较高的思想觉悟、修养、风尚、道德品质、心理素质的表现，是新时代建设中国特色社会主义文明社会的重要元素。迈向美好未来，既要有经济技术力量，也要有文化文明力量，未来中国，必然会以更有活力的文明成就贡献世界。因此，要重新认识和处理货币与真情的关系，向真情多倾斜，多一点真情，这是建设社会主义文明社会所必需的。

货币对人的吸引力、和谐力，对人产生正面作用，货币能使人间真情更浓；货币的扭曲力、诱惑力，对人产生负面作用，货币也能使人间真情变味。

三、货币使真情更浓

货币的吸引力推动人们积极从事劳动、生产和工作，创造更多的物质财富，获取更多的货币，也使物质生活更充裕，从而带来更多的享受和欢乐，加强了人与人之间的感情、联系和交流，为传递更多的真情奠定了物质基础，使真情更浓。在农村秋收季节，农民一年的辛勤劳动、流出的汗水带来了丰收，创造了劳动成果，换来更多的货币；工人创造优质的产品，创造更多的物质财富，获得更多的奖金；工作人员创造优良的工作业绩，家人欢喜，伙伴同庆，单位肯定，从而传递了更多的人间真情，货币使真情更浓。

浓浓的真情，更加促进了劳动者劳动、生产、工作的积极性、主动性和创造性，促使其发挥聪明才智，进一步提高劳动生产率，生产出高质量的产品，生产、劳动、工作创新，为集体、单位、国家创造了更多财富，赚得了更多的利润，为自己也增加了货币收入。物质变精神，精神变物质；货币使真情更浓，更浓的真情又促进提高劳动生产率，创造更多的社会财富，换来了更多的货币。

在人类历史上，货币和谐力传递了人间珍贵的真情，产生了许许多多可歌可泣的动人故事。有人饥寒交迫时，得到了别人的救济；有人没钱治病时，得到了别人的资助；有的青年人非常盼望上学，却交不起学费，这时得到了别人的资助；等等。货币传递了人间真情，使真情浓浓，这种浓浓的真情是一种巨大的力量，困难见真情，使人兴奋、让人有信心，令人受到鼓励，真情是一种巨大的力量，这时货币不仅是物质的，而且变成了精神的力量，使真情具有了物质基础，真情更浓；物质传递了真情，使物质享受更尽情、更欢乐，这里又展示了物质变精神、精神变物质的唯物辩证法。

四、货币也能使真情变味

货币能够传递真情，使真情浓浓；但是，货币也能使真情变味，货币的扭曲力，使人身关系扭曲，经济关系扭曲，人际关系扭曲，这主要是决定于人，决定于掌握货币的人。如果人不能正确认识货币与真情的关系，一味追求更多的货币，重货币、轻真情，在货币与真情的关系上，表现为货币是硬的，真情是软的，硬货币、软真情，向货币倾斜，把真情抛掉，牺牲真情，服从货币，这时货币就产生了扭曲力，使真情一碰到货币就被扭曲，真情就变味，真情就变成了假情，真情就消失了。人与人之间关系就被货币的扭曲力扭曲，真情就变味。

货币对极少数思想不健康的人，对重货币、轻真情的人，还产生了诱惑力。货币诱惑力使真情变味，也使人变味。这些重货币、轻真情的人，多次受到货币诱惑力的袭击，货币经常在他们的脑子中出现，使他们处在不能自拔的状态。在货币诱惑力的升温阶段，极少数思想不健康的人，重货币、轻真情，对货币产生了眷恋，念念不忘，货币的诱惑力是产生拜金主义者的内在动力。这时，思想不健康的人只对货币感兴趣，逐步远离真情，使人世间的一切真情，包括家庭、朋友、伙伴等的感情发生变化，使真情变味。最后发展为货币诱惑力全部占有了这些人的思想，渗透其灵魂，使其沦落为拜金主义者，甚至走上犯罪道路，货币与真情都化为乌有。

综上所述，货币能促进人间真情更浓，也能使人间真情变味，这主要决定于人，人如果能够正确认识和处理货币与真情的关系，就能使人世间真情浓浓，促进人自由地全面发展，促进社会和谐，提高道德素质，建设文明社会。如果一味追求货币，重货币、轻真情，就使人与人之间的关系变味，首先是自己变味，变成一身铜臭味，变成拜金主义者，最后甚至走上犯罪道路，货币与真情都在自身上消失。

在市场经济条件下，人不可能孤立存在，每天人与人之间都发生密切的联系和交往，每天也离不开货币，所以，必须正确认识和处理货币与真情的关系，使真情越来越浓，逐步减少和消除真情变味，使真情充满人世间，使中国特色社会主义这边风景独好，体现出中国特色社会主义社会的和谐、道德、文明建设的新境界。

五、真情使货币给人带来更多的快乐、幸福

货币能够转化为商品，有更多的货币就可以购买更多的商品，供人们消费享受，使人感到快乐。货币是财富的代表，有更多的财富，使人感到快乐。但是，人不可能是孤家寡人，成家以前，有父母、兄弟、姐妹，成家之后，有夫妻、儿女，还有亲戚朋友，所以，货币带来的物质享受和快乐，往往是多人共享的，人与人之间的真情就成为货币带来更多快乐和幸福的基础。

第一，真情使货币带来的快乐是尽情。夫妻之间、家庭之间只有有了真情，真情浓浓，货币带来的物质享受和快乐才能存在，才能尽情，人们才能享受货币带来的快乐幸福；如果夫妻之间、家庭之间不存在真情，相互不和睦，货币就很难带来快乐，甚至夫妻在外面挣钱越多，回家为了货币争吵越多，中国民间有句谚语："清官难断家务事。"最不容易判断的家务事就是缺乏真情引起的，所以，没有真情，货币不仅不能带来快乐、幸福，反而带来了苦恼、郁闷。

第二，真情使货币带来的快乐是共享。货币带来的物质享受和快乐，不能孤芳自赏，必须与亲人共享，这样才能真正享受货币带来的快乐。人世间最大的快乐是天伦之乐，货币带来的快乐由夫妻子女共享、老人共享，充满了真情，真情浓浓，则是最大的享受和快乐、幸福。不仅如此，老同学、老朋友相聚，充满了真情，货币给大家相聚带来了快乐，这都是以真情为基础的。古语有云："有朋自远方来，不亦乐乎。"否则，货币带来的是孤独、是苦味。

第三，真情使货币带来的快乐是信心。每个人、每个家庭的货币越多，其生活越能改善、提高，变得越富裕。有了真情，这个家庭充满了信心，无论是对生产者、劳动者、工作者都是很大的鼓舞，信心比黄金更重要，这将使人们对个人的前途、对家庭的发展充满信心，这是货币带来的

真正的快乐、幸福。如果货币使真情变味，使人们失去了信心，货币根本就带不来真正的快乐，带来的是扭曲、诱惑，所以，人与人之间必须是真情浓浓，这样才能快乐多多、信心足足。

第四，真情使货币带来的快乐是团结。一个家庭充满了真情，则货币带来的快乐是互助、合作、团结。每个人每天都和货币打交道，一个家庭是社会的一个小单位，每天有货币的收入、支出、节余，天天都发生，天天要处理，家庭成员之间有了真情，共同对货币进行细算和谋划，则会增强一个家庭的互助、合作和团结，这才是货币带来的真正快乐，不然的话，没有真情，夫妻之间争财权，藏私房钱，花钱不商量，自作主张，货币就不可能带来欢乐，而是分裂，甚至是分离。所以，只有真情浓浓，货币带来的是团结，才是真正的快乐，快乐、幸福才能日益巩固。

第五，真情使货币带来的快乐是希望。年轻人大学毕业后不久就成家立业，衣、食、住、行各方面的开支较大，他们工资不高，或者处在创业阶段，刚起步，困难较多，挣钱不多，这是人生必须经过的阶段。在这个阶段，年轻夫妻真情浓浓，则充满了希望。虽然挣钱不多，但是真情浓浓，人生充满希望，希望鼓舞着年轻人努力奋斗，所以，货币带来的快乐是希望。希望是最有生命力的，人们往往怀念和回忆充满真情、充满快乐和希望的宝贵岁月，这是难忘的岁月。

第六，真情使货币带来的快乐是理解。家庭成员共同挣钱，共同过日子，夫妻之间共同生活，共同奋斗。但是，也可能两人的处境略有不同，一方有老人，每月需要寄钱赡养老人，另一方没有负担；或者是一方临时有特殊的用途，需要用钱，或者是工作中出了临时情况。真情浓浓，相互理解，相互支持，货币带来的快乐是理解。如果不是这样，相互不支持，一方给老人每月寄钱，另一方就是不同意，或者是寄钱的数字协商不好，货币带来的就是猜忌。所以，充满真情，货币带来的快乐就会是相互理解，心中踏实，货币才能真正带来快乐和幸福。

从以上分析可知，人与人之间的关系，只有真情浓浓，货币才能带来快乐多多，真情是尽情、共享、信心、团结、希望、理解，这六点都是以真情为基础的，不然的话，货币则不能给人带来快乐，带来的是苦恼、苦味、泄气、分裂、失望、猜忌。所以，在现实生活中，并不是有钱人就快乐，有钱人就一定比收入一般的人更快乐，不是钱越多越快乐；有时恰恰相反，有钱人不快乐，苦恼更多，还不如当初艰苦奋斗时快乐。这就要看人与人之间有没有真情，真情是货币给人带来快乐、幸福的基础。

六、真情比货币更珍贵

货币具有购买力，可以购买任何商品，是人们生存的物质基础，货币是财富的代表。真情是精神上的，人的精神往往比物质更珍贵，真情比货币更珍贵，这是因为：

第一，真情是人类情感上的真善美。人与人之间的关系中最宝贵的是人的感情，一段珍贵的感情往往使人终生难忘，真情使人增加信心、动力、希望、感动，往往无法用语言来形容和表达。货币花光了，没有了，还可以通过劳动再挣回来，真情需要多年的培养和滋润才能建立，失去了真情，就很难再找回来，无法弥补，破镜难圆。

第二，真情比黄金更珍贵。中国民间还有句俗语："有钱难买个'愿'字。"这是很多人的亲身体会，如果心甘情愿，付出多大的代价，流多少汗水也是愿意的。这是用货币很难买回来的，人与人之间的真情是很难得的，是十分珍贵的，这句俗语是很多人多年积累起来的深刻体会。

第三，真情使人拥有好心情。人的心情时好时坏，不断发生变化。拥有好心情，能使人经常处在充实、快乐、豁达、自信的情境中，越活越轻松，越活越有劲，越活越愉快。生活丰富多彩，更有充沛的精力从事劳动、生产和工作，好心情是人生中最大的精神财富。

第四，患难见真情。人们在困难的岁月、困难的时刻得到别人的帮助，是最使人感动的，真情浓浓。例如，夫妻在过去艰苦的年代，克服各种困难，共同度过，最难使人忘怀，回想起来，往往比富裕的日子更让人留恋，这说明其中起很大作用的，首先是真情浓浓，其次才是货币，真情比货币更珍贵。

第五，真情有凝聚力。真情能够使人心交流、心换心，凝聚在一起，产生巨大的力量，"众人拾柴火焰高""众志成城"。真情凝聚起巨大的力量，产生出无限的威力，是精神原子弹，能够战胜人间一切困难，取得惊人的业绩。

第六，真情能够化解矛盾、误会、旧怨。人与人之间的矛盾、误会、旧怨在真情的交流中被融化了、消失了，多年的感情、真情恢复了，焕发出无限的力量，友谊、真情比过去增加了，变得更深化、更牢固，快乐多多，心情好。好的心态，将产生无限的力量。

综上所述，人世间真情是最珍贵的。随着我国经济的高质量发展，人民的生活不断改善，货币收入日益增加，真情浓浓，心情好，人们在劳动、生产、工作中会创造出更大的业绩来；反之，如果失去了真情，货币收入增加再多，也可能带来更多的苦恼、扭曲、诱惑，甚至造成悲剧。

七、货币传递真情论

人世间最吸引人注目的是货币与真情，在阶级社会里货币传递真情是个别的，只是极少数有识之士的货币行为，货币和真情是分离的，只有在中国特色社会主义制度下，才有可能把两者结合起来，货币传递真情，这是人类社会历史上货币与真情、物质与精神关系上的飞跃，可以概括为：货币传递真情论，它的主要内容如下。

第一，货币传递真情是社会主义制度的客观必然。只有在社会主义社会，人与人之间是同志式的互助合作的新型关系，人民币是为人民服务的，社会生产关系的本质和货币的本质都发生了根本的变化。把货币与真情两者结合起来，货币才能传递真情，货币才有传递真情的经济基础。人们能够享受美好的社会主义物质生活和精神生活，货币传递真情，快乐多多，幸福多多。

第二，货币传递真情是人对货币作用的具体表现。只有在社会主义制度下，人的精神面貌发生了根本的变化，货币作为一般等价物带去了人的精神，人在增强货币意识的基础上，自觉传递人间真情，这是物质变精神、精神变物质的唯物辩证法，使货币大大地发挥对经济、社会的作用，是货币与真情结合的作用，这是货币作用在质上发生的新变化，这种增加的作用是无法估量的。

第三，货币传递真情使人的货币心理、货币行为达到新境界。个人、家庭、人们之间货币传递真情，充满了尽情、共享、信心、团结、希望、理解，使人的货币心理和货币行为达到了新的境界。在中国特色社会主义制度下，经济高质量发展，人民共同富裕，货币增多，真情浓浓，欢乐无限，人们享受货币与真情两者结合带来的社会主义美好生活。

第四，货币传递真情是自古以来货币商品关系的新变化。在阶级社会里，货币交换体现了交换双方所有者之间人与人的关系，这种关系是对立的，或者是剥削与被剥削的关系，或者是损人利己的关系，或者是相互猜忌的关系。只有在社会主义制度下，货币传递真情，才逐步驱散了人类历史上货币的扭曲、诱惑等关系。在社会主义制度下，商品销售和经营者对顾客传递真情的表现是诚信；生产企业对消费者传递真情的表现是生产优质产品、价廉物美的产品；服务行业对顾客传递真情的表现是周到、满意、微笑的服务。这一切体现了人类社会货币商品关系在社会主义制度下发生了新的变化，不只是商品销售，货币交换，还传递了人间最珍贵的真情。

货币传递真情论论证了人类社会货币商品关系发生了飞跃的变化，人的真情促使货币的作用大大增强，但是，人们的思想往往落后于客观实际，不是所有人都能够认识到、体会到、享受到。所以，要大力宣传货币传递真情论，使人们的货币意识也能极大提高，促进货币在社会主义制度下发挥更大的作用，使人们更好地享受货币与真情相结合的快乐，幸福生活。

在社会主义市场经济条件下，在仍然存在商品货币的社会，货币注入了人间真情，真情无限，真情浓浓。这说明人类社会最后要走向天下为公、共同富裕。构建人类命运共同体，这是不以人们意志为转移的客观必然。

复习思考题

1. 简述货币传情论的主要内容、意义。你对此有什么看法？
2. 为什么要重新认识和处理货币与真情的关系？
3. 货币怎样使真情更浓？
4. 货币怎样使真情变味？
5. 为什么说真情是货币给人带来快乐的基础？
6. 你是否觉得真情比货币更珍贵？
7. 传统的货币金融理论是如何认定货币与真情的关系的，产生了什么影响？
8. 你对货币传递真情论有什么看法？

第五篇
伦理、道德、法律、理论、货币观的调节和控制

　　这是一个适合人的货币心理和货币行为规律的系统的、有效的、完整的调节和控制体系，这是一个经过千百年来人类历史证实了的系统的、有效的、完整的调节和控制体系，这是一个相互联系、相互渗透、相互促进的系统的、有效的、完整的调节和控制体系。人们接受这个调节和控制体系，就会对我国第二个百年奋斗目标的实现多做贡献，货币也会给自己和家人带来快乐、幸福和平安。

第十三章 伦理、道德、法律的调节和控制

  任何有序的社会活动均按照一定的组织和管理秩序而存在和发展，这种组织和管理往往通过社会规范来控制。健全和完善我国的金融市场，规范货币行为，需要较强的内在意识与良好的外部环境约束，因此这就需要伦理、道德、法律来调节。实际上，金融从业者每时每刻都面临着伦理和价值判断的问题。因此，在金融领域中，对伦理道德与法律规范的认识和理解更为重要。本章通过追溯亚当·斯密在《道德情操论》中的观点和中国儒家思想代表人物孔子、孟子的伦理思想，探讨货币与伦理的关系；通过道德的主观性、情境性与个体性特征，分析货币与道德的关系；从立法、执法、司法、守法四个维度阐述货币与法律的关系；最后，对货币的伦理、道德、法律调控的相互关系加以总结。通过本章学习，我们能够对货币与伦理、道德、法律之间的关系有进一步的理解，并基于此明确金融活动中的基本伦理与道德观念，严格遵守金融领域法律法规。

  社会生产力包括物力因素与人力因素，行为货币学要探讨的则是人力因素的部分。每一个人，既有自我的要求，又受社会的政治、法律、伦理的支配和约束。为了使人真正成为人，社会成为真正的有秩序的社会，就必须有道德的自觉规范，因此，作为社会调控体系的重要手段，伦理、道德与法律规定共同构成人们的行为规范内容。在现代经济社会中，伦理、道德与法律的形成离不开货币对人的作用，同时，也约束或控制着人的货币行为。

  在日常话语中，人们通常将伦理等同于道德，两者可以通用，甚至伦理道德合用。实际上，二者还是有区别的。在学术文献中，伦理指处理人们互相关系应遵循的道德和准则。道德则指将外在客观规律转化为内在的人的素质而形成的品性。它们的区别在于：前者指向一种公共生活中外在的客观的理性规范，具有客观性、普遍性、合法性等特征；后者则指向个人生活中内在的主观的情性品格，具有主观性、情境性、个体性等特征。

道德更多或更有可能用于人，更含主观、主体、个人意味；而伦理更具客观、客体、社会、团体的意味。

金融的运行必须得到规定，必须提出它自己的道德标准，只有这样，扰乱经济生活与金融秩序的冲突才能得到遏制，个体才不至于生活在道德真空之中。因此必须确立金融伦理，告诉每个金融从业者其有什么样的权利和义务，它必须细致入微、面面俱到，而不能采用笼统的说法，它必须考虑到每天发生的最普通的事情。

一、货币与伦理的关系

主流经济学假设每一个人都是非常理性的"经济人"，即假设人类经济行为的动机是"自我利益最大化"，而人们的经济活动总是受这种经济理性驱动，所有偏离自利最大化的行为都可以叫作非理性行为，这也就是"道德无涉"命题。但是，在现实当中，人们对于伦理和道德的考虑，往往会影响人们的经济与货币行为。正如1998年诺贝尔经济学奖获得者阿玛蒂亚·森指出的那样，既没有证据表明自利最大化是对人类实际行为的最好近似，也没有证据表明自利最大化必然导致最优的经济条件。因此，把人的目标定义为自利最大化显然低估了人性的复杂程度，表明对市场体系的认识也不够准确。也就是说，我们更应该关注人的"社会性"，人的社会性是指人只有在社会联系中才能称其为人，人在一定的社会中活动，推动社会发展，又受制于社会。当代经济学研究已经证明，市场伦理体系并非仅是以贪欲为基础的体系，而是一个存在诸多道德约束的复杂系统。我们能够看到，在2008年国际金融危机后人们把金融信用、金融监管、金融人的美德建设放在了突出位置。

货币与金融更是无法脱离伦理和价值判断。关于经济、货币与道德伦理之间关系的论断古已有之，在这里对西方伦理学名著《道德情操论》中亚当·斯密提出的利己与利他、美德与利益之间的伦理观点以及我国儒家思想中的义利观与经济伦理思想进行梳理。二者都从人的自然情感出发来探讨伦理与道德规范。

（一）亚当·斯密关于货币与伦理关系的观点

早在17世纪英国就进行了"光荣革命"，从此宣布国家正式由资产阶级掌权，英国跃然成为欧洲最先进的资本主义国家，使资本主义经济得到快速发展。随着封建手工业被资本主义工场手工业所代替，劳动生产率不断提高，资本主义生产方式逐渐成熟，资产阶级获得了高额利润。资产阶级为了谋取更多利益，保护自己的地位，清除封建残余，需要缓和各阶层之间的矛盾。亚当·斯密看到经济的放任发展，使得社会的伦理道德遭到严重的挑战，道德伦理丧失的同时又会影响资本主义经济的发展。所以当时的社会急需一套新的道德规范来维护当时的社会秩序，来适应当时的社会发展。

1. 同情是人类道德的起点

亚当·斯密的《道德情操论》将"同情"作为核心，其伦理学中的主要观点都与"同情"存在紧密的联系，同时这也是解读亚当·斯密思想的关键点。亚当·斯密对其道德世界的优劣与善恶是基于"同情"来评价和构建的，并对其自身行为以及其他的行为展开道德评价，亚当·斯密将其作为道德社会中利他与利己之间彼此协调的内部体系。"人，不管被认为是多么的自私，在他人性中显然还有一些原理，促使他关心他人的命运。"①

在斯密看来，同情也即共情，是可以与他人共同感受到某种情感的能力，不论是正面的还是负面的情感。"凭借想象，我们将自己放在他的位置，设想我们自己正在忍受与之相同的酷刑折磨，我们能够进入他的身体，在一定程度上与他合而为一，进而能够体会他的感觉。"②斯密认为同情来自一种将心比心地设想的情感或者心理能力，将同情转化成感同身受，换位思考，与当时的场景相结合，完成人与人之间的情感跨越，从而来体会当事人的经历。正是由于同情普遍存在于人们心里，人们才会做到推己及人，将诚信内化于心而外显于行，使得以货币尤其是信用货币为媒介的交易成为可能，使得金融成为现代经济的核心。

2. 情感的合宜是拥有美德的前提

人类想象力的基本倾向是要在自己与他人之间达成一致，因此，在同情产生以后，把自己的情感与对方的情感加以对比，自己和他人情感上的和谐会让我们感受到快乐；如果人与人之间产生了情感上的不一致，就会感到失望和痛苦，这与人所具有的社会属性密切相关。正如斯密所说"如果不把一个人带到社会中，那他就不可能想到他自己有什么品格，不可能想到他自己的情感与行为是否合宜或是否有过失。"③

① 亚当·斯密. 道德情操论［M］. 谢宗林，译，北京：中央编译出版社，2009：2.
② 亚当·斯密. 道德情操论［M］. 谢宗林，译，北京：中央编译出版社，2009：2.
③ 亚当·斯密. 道德情操论［M］. 谢宗林，译，北京：中央编译出版社，2009：106.

人们总是与其他人生活在一起，在比较之中人们希望同别人的看法保持一致，从而可以更好地生活在社会之中。因此，人们需要调整自己与他人情感之间的关系，使二者达到和谐，进而在爱人如己（放纵仁慈心）与爱己如人（克制自私心）的过程中发展出道德规范。

当人们审视自己的行为并要宣判它的是非对错时，会把自己分割成两个人：其中作为审判者的那个"我"所扮演的角色，不同于另外那一个行为被审判的"我"。第一个"我"是某个假想的旁观者，它对于自己的行为的感觉，是人们努力想要体会的感觉；为了得到这种体会，人们努力设想自己处在旁观者的位置，并且努力思索，当"我"从旁观者的观点来看待自己的行为时，"我"会有什么样的感觉。第二个"我"是某个行为人，是人们可以正当称之为"我自己"的那个人。"一个有美德的人所以被称为和蔼可亲或应受奖赏，不是因为他是自己所敬爱或感激的对象，而是因为他在他人身上引起的那些感觉。"[①]

良心，是人心里面的那个假想的旁观者，是人们的行为举止的伟大判官与仲裁者。"正是他，每当我们即将作出影响他人幸福的举动时，强烈地告诉我们，我们自己只不过是芸芸众生中的一员，在任何方面都不比芸芸众生的其他任何一员重要，并且要我们知道，当我们这么不知羞耻与这么盲目地重视我们自己而不顾他人时，我们将变成怨恨、憎恶与诅咒的适当对象。只有从他那里，我们才得以知道，我们自己，以及任何有关于我们自己的事物，事实上是多么的渺小，而且也唯有这个公正的旁观者的眼睛，才能够纠正自爱的心理自然会产生的各种与事实不符的扭曲。正是他告知我们，慷慨宽宏的合宜，以及不公不义的丑恶；正是他告知我们，为了更大的他人利益而放弃我们自己最大的利益是合宜的，而对他人造成最小的伤害以便为我们自己谋取最大利益则是丑恶的。促使我们奉行那些神圣的美德的，是一种更有力量的情感，即是因为我们爱光荣与高贵的品行，是因为我们爱我们自己的品行庄严、高贵与卓越。"[②]

金融领域中有诸多参与者，包括金融机构、政府、企业、居民等，因此需要金融伦理来约束和调节人们的经济与金融行为。金融伦理的本质就是要人们明确金融领域的价值取向及行为的规定。基于社会中既有的金融

[①]　亚当·斯密. 道德情操论［M］. 谢宗林，译，北京：中央编译出版社，2009：108－109.

[②]　亚当·斯密. 道德情操论［M］. 谢宗林，译，北京：中央编译出版社，2009：129.

伦理规则，如果利益相关者恶意践踏金融伦理的底线，那么他可能会内心感到不安，或受到社会舆论的谴责，进一步地将会对其后续的货币行为产生影响。

3. 自利并非人类经济行为的唯一动因

在《道德情操论》中，斯密从人类具有的"同情"这一情感推演出人类具有明智、审慎、克制、正义、仁慈的美德，而正是由于这些复杂情感与道德的约束，才使得人们在追逐自身利益的同时提升整个社会的福利。斯密的贡献在于指出对自身利益的追求与对社会公共福利开展起关键作用的道德规律之间的互补性。在斯密眼中，自利并非人类经济行为的唯一动因，因为"社会……不可能存在于那些老是互相损害和伤害的人中间"①，道德才是人类社会存在的前提，各种因素同时起作用从而确保了文明社会的生存和发展。

按照斯密的观点，人们在追逐货币的过程中，并非如"经济人"那样绝对地认为"多比少好，有比无强"，而是要注重一种"合宜"，这种合宜应该是诚实劳动与真实所得的匹配，而非满足虚荣心的过度需求，即所谓的"多"和"有"都是有边界的。因为"人们察觉到他自身的利益与社会的繁荣息息相关，觉察到他的幸福，甚至他自身的继续存在，有赖于社会的持续存在。"② 也就是说，在个人追求自利目标而接受了特定的社会行为准则时，就会造成个人表面上追求的目标与其真实目标之间发生偏离，在这种情况下，可能达成人与人之间的互惠。我们要将人当作"社会人"，用伦理学观点来探讨人们的经济活动与货币行为。

金融机构每天都在跟货币打交道，而其经营的是来自社会的财富，因此，金融机构在逐利的同时更要把客户的利益、人民的利益、社会的利益、国家的利益放在首位，在利己与利他关系的平衡中用金融伦理来约束与调节。

（二）孔孟关于货币与伦理关系的观点

1. 孔子的"仁"学思想

作为中国传统文化的主流，儒家积淀了中国几千年的历史文化，对中国人文化性格的形成产生了极大影响。孔子不论君子之出身，在普遍的意义上认可了人的道德能力，并且点出德性自身的价值，这可以说已经搭起

---

① 亚当·斯密. 道德情操论［M］. 谢宗林，译，北京：中央编译出版社，2009：82.

② 亚当·斯密. 道德情操论［M］. 谢宗林，译，北京：中央编译出版社，2009：84.

了通向义理之性的平台。无此平台，则人性之善、人之为人的道德意义无从彰显。所谓"仁者爱人"，孔子的"仁爱"主张与亚当·斯密提出的"同情"以及由此延伸的正义、仁慈、审慎等美德并无二致，正所谓"己所不欲，勿施于人。"孔子的思想代表一个理性的社会秩序，以伦理为法，以个人修养为本，以道德为施政之基础，以个人正心修身为政治修明之根底。

从本质上说，斯密强调的"合宜美德论"与孔子儒家思想中的"中庸"之道和"仁爱"主张不谋而合。《论语·子罕》中提出"中庸"，中庸原则，即待人、做事都不要走极端，一种极端是"过"，另一种极端是"不及"。儒家思想讲求"中庸"之道，并提出遵循中庸原则的方法是"我叩其两端而竭焉。"能以持平或平等的原则来权衡与社会之间关于自己的劳动产品的分配和享用的问题，亦即不分尊卑贵贱均可共享，蕴含通过自己的劳动创造向全社会贡献的意味。

2. 孔子的义利观

在孔子生活的年代，义和利的相互关系已成为社会生活中普遍关注的问题。当时，随着奴隶制生产方式的衰落和封建生产方式的发展，出现了获得"利"或财富的不同途径和手段。这些途径和手段究竟是否合乎"义"，具有不同道德价值观念的人会作出不同甚至截然相反的评价。义利关系或义利之辩证是在这样的社会背景下应运而生的。

义利关系究其实质而言，是经济利益与道德价值的关系问题。春秋中期，"利"演变成为一个具有经济学意义的概念，用作"货财之利"，并与"义"连用，而具有伦理学的意义。当然，义利关系中的"利"，不仅指经济利益或物质利益，还包括经济以外的其他实际利益，但其主要内容都是指经济利益。"义"字在春秋以后作为仁义之"义"。《中庸》曰："义者'宜'也。"在这里，"义"是指人们的思想行为符合一定的道德标准。义利之说，是孔子经济伦理思想的核心。以孔子为代表的儒家学说所讨论的问题，主要包括"义理何自而来，利欲从何而有，二者于人，孰亲孰疏，孰轻孰重，必不得已，孰取孰舍，孰缓孰急"[1] 问题。人们的社会经济行为的目的在于追求社会财富和物质利益，在这一追求过程中，如何处理经济行为与道德伦理二者的关系，正是义利之说要回答的。

---

[1] 朱熹：《答时子云》。

孔子主张"义以为上"①，强调经济行为不能违背伦理道德。在孔子的义利学说中，"义"是第一位的，而"利"是第二位的。孔子不是全盘否定谋利，而是强调要"见利思义"。根据对"利"的道德评价，然后决定取舍。义利之间不仅是主从关系，而且具有贵贱的关系。孔子提出"君子喻于义，小人喻于利"②，意思是与君子谈事情，他们只问道德上该不该做；与小人谈事情，他们只想问有没有利可图。在孔子生活的那个年代，君子是指地位尊贵、有道德修养的人，而小人则指地位低下、缺乏道德修养的人。"君子喻于义，小人喻于利"这句话又蕴含着讲义是尊贵的，讲利是低贱的，义与利有贵贱之分。孔子的"义以为上"的伦理观点，并不与求利、求财富截然对立。孔子曾说："富与贵，是人之所欲也""贫与贱，是人之所恶也。"③ 他把喜富恶贫说成是一切人的共同心理，并且承认自己也是愿意求富的："富而可求也，虽执鞭之士，吾亦为之。"④ 这就是说，如果能够求得财富的话，即使做一个驾车的车夫，孔子也愿意。从一切人都喜富恶贫出发，统治者实行富民政策，就能够得人心。

因此，孔子非但不反对追求财富，反而从人的本性出发，认为人们应该追求财富，只是他更注重采用什么样的方式获得财富。只有合乎道义的方式得到财富，才是他所肯定的。相反，他反对"放于利而行"，富贵"不以其道得之，不处也"⑤。他还说："不义而富且贵，于我如浮云。"⑥ 于个人如此，于国家也是如此。为了维护道德原则，孔子在"邦无道"的情境下，由"求富"转为"安贫"，极力宣扬"贫而乐"的思想。他说："饭疏食，饮水，曲肱而枕之，乐亦在其中矣。"⑦ 他非常赞赏颜回安贫、乐贫的人生态度，他说："一箪食，一瓢饮，在陋巷，人不堪其忧，回也不改其乐。贤哉，回也！"⑧《论语》中，孔子宣扬安贫、乐贫的言论大大超过了谋利、求富的言论，这是因为在当时"礼崩乐坏"的社会背景下，道义与财富若不能两全，孔子宁愿选择道义。在孔子所处的时代，由于社会的剧烈变动，人们的财产占有关系发生了较大变化。孔子认为"有国有

----

① 《论语·阳货》。
② 《论语·里仁》。
③ 《论语·里仁》。
④ 《论语·述而》。
⑤ 《论语·里仁》。
⑥ 《论语·述而》。
⑦ 《论语·述而》。
⑧ 《论语·雍也》。

家者，不患寡而患不均，不患贫而患不安。盖均无贫，和无寡，安无倾。"① 以应对这种变化。

孔子在消费观念方面是崇俭的。他主张治国要"节用而爱人"②，认为个人生活也是俭胜于奢，因为"奢则不孙，俭则固；与其不孙也，宁固。"③ 孔子的消费观念也是对前人的继承和发展。公元前670年，鲁国大夫御孙就说："俭，德之共也；侈，恶之大也。"④ 那么，何为俭？何为奢呢？孔子把消费与周礼联系起来了。在孔子看来，衣、食、住、行、交际、陈设、婚娶、丧葬、祭祀等各种活动，应该严格按周礼的规定进行。个人在消费中超过了礼制为自己的等级规定的标准，就是"奢"；如果低于等级标准，就是"俭"。在孔子之前，鲁大夫臧孙达提出了"俭而有度"⑤，但语焉不详。孔子明确地把奢俭问题和周礼联系起来，这是孔子对先秦消费伦理观的一个发展。孔子通过"奢"与"俭"的比较来倡导崇俭。他认为，"俭则固"，即显得寒伧，有损体面，但"奢则不孙（逊）"，意味着对上层等级的傲慢和冒犯。因此，"礼，与其奢也，宁俭。"⑥ 从孔子的言论中不难看出，孔子不仅把消费看作经济行为，更看作伦理行为，是人的伦理地位、身份的表达。当季氏超越等级，"八佾舞于庭"，孔子怒不可遏，发出了"是可忍也，孰不可忍也？"⑦ 的谴责。孔子强调以周礼为标准来判断消费行为是否适当，他自己也是身体力行，"非礼勿视，非礼勿听，非礼勿言，非礼勿动"⑧。根据周礼的要求，他在饮食方面"食不厌精，脍不厌细"，"割不正，不食"⑨；服饰方面单、夹、袭均齐备；出门就得有车"以吾从大夫之后，不可徒行也。"⑩ 总之，孔子认为符合周礼的消费行为才是合乎道德的，要不折不扣地按照周礼的等级要求消费；反之，则是不道德的，要坚决反对和谴责。不难看出，无论是求富、分配，还是消费，孔子自始至终贯彻的都是"义以为上"的道德

---

① 《论语·季氏》。
② 《论语·学而》。
③ 《论语·述而》。
④ 《左传·庄公·庄公二十四年》。
⑤ 《左传·桓公·桓公二年》。
⑥ 《论语·八佾》。
⑦ 《论语·八佾》。
⑧ 《论语·颜渊》。
⑨ 《论语·乡党》。
⑩ 《论语·先进》。

价值原则，这一道德价值原则是孔子经济伦理思想的核心。

3. 孟子的义利观

孟子是孔子思想的继承者，他生活在战国时代。自《孟子》被编入"四书"，与《论语》并行以后，孟子的"亚圣"地位得以确定，孔孟之道成为儒学的正统。孟子继承和发展了孔子的义利观，并把义与利的对立推到了极端。孔子"罕言利"，而孟子则认为"何必曰利"。例如，梁惠王问他说："叟，不远千里而来，亦将有以利吾国乎?"他一再回答说"仁义而已矣，何必曰利。"因为在他看来，言利则必然带来国家政权的崩溃，即"上下交征利而国危矣"①。又如有人听说秦楚将发生战争，打算从利害理由劝说两国统治者不要发动战争，但孟子认为应以"仁义说秦楚之王……何必曰利!"② 他再一次表明自己的观点："君臣、父子、兄弟终去仁义，怀利以相接"，国家"不亡者，未之有也。"③

孟子崇尚义，并把义建立在超越功利的基础上，对于弘扬民族精神、提高个体的道德境界和意志力，是有利的。孟子经济伦理思想的突出之处在于为制民之产的伦理辩护。孟子认为"民之为道也，有恒产者有恒心。""苟无恒心，放辟邪侈，无不为己。"④ 这就是说，为了维护封建伦理秩序，必须使老百姓固定地占有或使用财产，这些财产能够做到"仰足以事父母，俯足以畜妻子，乐岁终身饱，凶年免于死亡。"⑤ 那么，这些恒产的具体数量是多少呢? 孟子认为，恒产的数量标准是五亩之宅，百亩之田。这些恒产从何而来? 孟子不主张让农民自行占垦土地，而主张由国家来"制民之产"，即国家把给予每一农户五亩之宅、百亩之田作为一种制度规定下来。孟子详细描述了这种小农经济带米的理想生活："五亩之宅，树之以桑，五十者可以衣帛矣；鸡豚狗彘之畜，无失其时，七十者可以食肉矣。百亩之田，勿夺其时，数口之家可以无饥矣。"⑥ 在保证百姓必要的物质生活条件的基础上，孟子提出了对他们"谨庠序之教，申之以孝悌之义"。⑦

---

① 《孟子·梁惠王上》。

② 《孟子·告子下》。

③ 《孟子·告子下》。

④ 《孟子·滕文公上》。

⑤ 《孟子·梁惠王上》。

⑥ 《孟子·梁惠王上》。

⑦ 《孟子·梁惠王上》。

孟子揭示了人的物质生活与道德生活的联系、百姓的物质生活保证与社会伦理秩序的稳定的联系，这是非常有价值的，它与管仲的"仓廪实而知礼节，衣食足而知荣辱"①的思想是基本一致的。在中国古代经济伦理思想史上，这是不可多得的思想闪光点。分工概念是孟子卓越的经济思想之一。孟子反对农家许行"君民并耕"的主张，并有力论证了社会分工的必要性。在此基础上，孟子阐发了封建伦理关系的根据。他说"治天下独可耕且为与？有大人之事，有小人之事。且一人之身，而百工之所为备，如必自为而后用之，是率天下而路也。故曰，或劳心，或劳力；劳心者治人，劳力者治于人；治于人者食人，治人者食于人，天下之通义也。"②"君子劳心，小人劳力"的观点并非孟子首创，在他以前一两个世纪就不止一次地出现过。但是，孟子首次将社会分工与封建的伦理关系、国家的统治秩序联系起来了。肯定脑力劳动和体力劳动的分工，并为之辩护，这是他的分工思想的积极方面。因为"当人的劳动的生产率还非常低，除了必要生活资料只能提供很少的剩余的时候，生产力的提高、交往的扩大、国家和法的发展、艺术和科学的创立，都只有通过更大的分工才有可能，这种分工的基础是从事单纯体力劳动的群众同管理劳动、经营商业和掌管国事以及后来从事艺术和科学的少数特权分子之间的大分工。"③但是，孟子把脑力劳动与体力劳动的分工和统治者与被统治者、剥削与被剥削的关系混为一谈，这是错误的。

（三）伦理道德与金融机构和金融从业者的关系

实际上，金融从业者每时每刻都面临着伦理和价值判断的问题，而对伦理和价值判断问题的回答，则决定着金融体系的质量，决定着金融机构的生死存亡。2008 年国际金融危机在全球蔓延，作为这一危机的见证者，我们也在思考金融制度的缺陷、部分金融从业者道德的沦丧与伦理的缺失。

在金融领域，对伦理的认识和理解更为重要，这是因为金融体系在以下几个方面与其他领域相比有明显的特殊性。

首先，金融领域比其他领域更容易发生与信任相关的不道德行为，其根本原因在于金融管理的是社会的财富，或者说是"别人的钱"。如果任

① 《管子·牧民》。

② 《孟子·滕文公上》。

③ 马克思，恩格斯. 马克思恩格斯选集：第 3 卷［M］. 北京：人民出版社，1995：525。

由自私与贪婪作祟，那么金融机构和金融市场就容易发生欺诈、操纵、违约和不公平交易。商业银行有可能为满足自己的私欲而放弃稳健经营理念，把储户的资金用于高风险领域，从而导致巨额损失。商业银行的信用缺失可能导致存款人对银行丧失信任，从而引发大规模挤兑，最终可能导致银行破产。2007年美国次贷危机引发的国际金融危机，其根本原因，就在于大量金融机构为追逐更高利润，放弃了稳健经营的基本伦理准则，而将资金投资于风险极高的次级债以及相关衍生产品。这些金融机构为了满足自身的贪欲而置风险于不顾，从而极大地损害了社会的财富。

其次，金融领域与其他领域相比，其信息不对称程度更加严重，从而更容易引发道德风险和逆向选择行为。证券市场的伦理缺失会严重打击广大投资者对上市公司的持股信心和投资热情，同时极大地削弱中介机构在投资者心目中的诚信形象，在这种不信任的驱使之下，投资者对整个资本市场信心不足，他们或者会离开这个市场，或者即使留在市场中也只能选择投机为主的投资策略。从更深的层面来看，证券市场的诚信缺失是因为信用机制和法律法规不健全导致守信成本高而失信成本低，从而那些守信者最终也选择失信。

最后，与其他领域相比，金融领域的知识壁垒更高。尤其是近几十年来，金融体系发展迅猛，各种新兴的金融机构和金融产品层出不穷，基于金融创新的各种衍生金融工具不是所有人都能掌握。

可见，伦理缺失与信用危机对金融市场的打击和影响是致命的。因此，我们要重视金融市场或金融机构的伦理建设，重视对其员工和经理人进行金融伦理教育和职业道德培训，引导金融从业者始终保有"恻隐之心、羞恶之心、辞让之心、是非之心"。[①] 进而培育和营造一种健康的金融伦理文化，这对金融机构的持久发展是非常有利的。

二、货币与道德的关系

道德是社会意识形态之一，是人们共同生活及行为的准则和规范。道德通过人们的自律或通过一定的舆论对社会生活起约束作用。[②] 可见，道德更强调个体的亲历与体悟，是一种以影响或培养某种合乎正义社会所建

---

① 《孟子·告子章句上》。

② 中国社会科学院语言研究所词典编辑室. 现代汉语词典［M］. 北京：商务印书馆，2016：269.

构的规范体系的理性、情性、行为三位一体的复杂性动态结构。对道德情操的注重，存在于所有人类社会当中，如诚实、助人、宽容、忠诚、责任、社会公正、平等等和道德相关的行为，是普世价值的一部分。如前所述，道德具有主观性、情境性、个体性的特点。

（一）道德的主观性

道德的主观性源于作为道德主体的人，体现在人们的道德意识、情感、意念和理想中。道德依靠一种与自我意识密切相关的评价性手段，通过善与恶、是与非、公正与偏私、高尚与卑劣等价值范畴把人与世界联系起来，它对世界的把握主要是一种主观精神的把握。道德关注的核心始终是主体的心理状态，是个体对自我的要求与规范，即"我应当如何"或"我怎样做是正当的"，这是个人与自己心理的对话，使自己成为一个善良的人。

道德的自我性、主体性特点，也使道德带有明显的主观性和不可共享性特点。道德只属于自己的精神世界，特别是当自己受到良心的谴责或心灵的安慰时，往往是闭门思过或"独乐乐"；当我们看到他人作出"不道德"的行为时，也只能在心里作出评判，而不能充当审判其不道德行为的"法官"，因为每个人对自己的道德要求是不同的，我们无法用自己的道德标准去要求别人。

1997 年，索罗斯连续狙击泰国、印度尼西亚等国家货币，使得东南亚国家货币急剧贬值，由此进一步导致相关国家的经济严重下滑。马来西亚时任总理马哈蒂尔将这场金融风暴看作一场战争。他说"西方国家嫉妒东南亚的经济发展速度，以传统的独裁方式让我们忍气吞声，这种方式包括使马来西亚的货币贬值。西方国家现在企图利用自己的财富和经济力量来实行他们的新殖民化政策，以便重新奴役我们。"马哈蒂尔把索罗斯的行为称作是一种"犯罪"。亚洲金融危机发生四年之后，索罗斯曾说过这番话："金融运作方面，说不上有道德还是无道德，这只是一种操作。金融市场是不属于道德范畴的。它不是不道德的，道德根本不存在于这里，因为它有自己的游戏规则。我是金融市场的参与者，我会按照已定的规则来玩游戏，我不会违反这些规则，所以我不觉得内疚或要负责任。"[1] 我们可以看到，这一金融行为基于不同立场得出不同的道德评价，而道德评价对人与世界的矛盾的解决是内在的。

---

① 乔治·索罗斯. 全球资本主义危机［M］. 西宁：青海人民出版社，1999：206－207.

（二）道德的情境性

道德作为一种有着行为“应当”价值内涵的特殊行为规范，有别于法律、宗教，其维系、发展和变迁主要借助于风俗习惯、社会舆论、权威榜样等人文环境的调节和影响。社会历史条件、社会风气、习俗氛围等，是限制道德行为选择的大环境，而具体情境则对人的意志行为选择有着直接的影响和制约作用。虽然人的道德行为以一定的利益关系为基础，受一定价值观念的制约，但具体客观情景的激励与刺激作用也不容忽视，因为道德动机产生的外在根源是道德主体外部的道德刺激，这种外部道德刺激所激起的丰富情感体验是制约行为选择的重要心理因素。一定的社会经济、政治、文化制度下形成的道德关系状态、社会舆论导向与社会道德风尚等都是形成外部道德刺激的情境，情境的刺激与激励造成人的强烈道德情感，唤起道德行为主体的“同情”，在思想斗争中进行着角色的选择和角色形象的自我塑造，完成内在道德冲突的解决，从而在道德价值的等级序列中倾向于高层次的目标，实现道德境界的升华。主体道德选择的过程，就是一个主体与情境的互动过程，由于情境而激发的道德情感在实质的层面构成了道德行为的动因。

在中国的传统哲学中，道德的情境性很早就受到重视，这主要体现在“经权之别”的阐述上。经，是儒家遵循的基础准则和道德标准；权，就是思想中的灵活与变通之处。道德原则在各种具体情境中的变通就是经权之别，即在原则性和灵活性之间采取一种谨慎而不拘泥的态度。孔子曾提出“可与立，未可与权。”[1]《孟子·尽心上》也提到“执中无权，犹执一也。”可以看出，儒家追求行事的最高境界不仅是要依道而行，而且要不拘常规，随时通权达变而合乎于道，也就是说，要将道德原则与具体道德处境联系起来，根据当时当地的情境以及影响道德抉择的诸多偶然因素现实地作出道德决定。例如，从古至今，中华民族一直都有勤俭节约的传统美德，表现在微观个体身上，便是大多数中国人都爱储蓄，即便是在年轻人的消费观念发生转变的当下，中国 2020 年的储蓄率为 45.7%[2]，世界排名第一，远高于全球百分之二十几的平均水平。

随着社会经济的发展变化，人类的道德也在发展变化。“一切以往的

---

① 《论语·子罕》。

② 数据来源：1952—2020 年中国总储蓄率，CEIC Data。

道德论归根到底都是当时的社会经济状况的产物。"[1] 进入新发展时期以来，我国更是将人类命运共同体、习近平新时代中国特色社会主义思想、社会主义核心价值观等融入经济道德的研究之中，形成了新时代的经济道德观。

（三）道德的个体性

马克思提出"人的本质并不是个人的所固有的抽象物，在其现实性上它是一切社会关系的总和。"[2] 也就是说，个人只能在社会关系中生存和发展。在此过程中，人们可能会产生利益冲突，为解决个人利益与他人利益、集体利益之间的冲突和矛盾，就需要各种调节矛盾的行为准则，道德便是在利己与利他的过程中形成的最为普遍、最为基本的行为准则。作为个体，将构建的社会环境中个体的行为标准落地实施，形成习惯，并固化，最后上升为意志，形成习惯意志，又通过习惯意志指导行为。换句话说，道德是道德主体在一定实践基础上对世界的体验，并通过对自身情绪的认识、控制等情感方式实现对自我行为的规范。然而，每个人对于自身道德的要求是不同的，在道德评价时自然也会出现"仁者见仁，智者见智"[3] 的多元化现象。

道德不具有强制性，主要靠人们依托于信念、传统、习惯等自愿自觉地去遵守和执行。但是，只有当一个人具备了社会所需要的必要的道德修养，才能为社会所认同，所接纳，取得扮演特定社会角色的资格。比如，对那些严重失德的人，我们常会说"你这么做太不道德"或者"你这样做还算是人吗？"这里隐含着两层含义：其一，道德行为是落实到个人层面的具体活动；其二，道德是做人的基本标准，是人之所以真正为人的基本要求。

我们会在执行信息公开网站或者一些公共设施（地铁或公交）的大屏幕上看到失信被执行人的名单，实际上，这就是对失信被执行人的信用惩戒，一方面促使其自动履行生效法律文书确定的义务，另一方面将对社会上的每一个人起到警示作用。

可见，道德对个人的发展和完善有着重要的作用和意义。道德形成的过程，是一个从特殊到普遍，从少数人明确到多数人明确的前进过程。当

---

① 恩格斯. 反杜林论［M］. 北京：人民出版社，2018：99.
② 马克思，恩格斯. 马克思恩格斯选集：第 1 卷［M］. 北京：人民出版社，2012：135.
③ 《周易·系辞上》。

调整个人利益和整体利益的关系成为多数人的普遍的共同要求，思想家就会对此进行集中和概括，于是，道德就从一般意识中逐渐分离出来，成为独立的意识形态。

三、货币与法律的关系

法律是统治阶级用以统治社会，维持社会秩序的一个工具，它本身是一项具有国家强制力、约束力的社会规范，它以一种最明确的方式，对当时社会成员的言论或行动作出规范与要求，因而也清楚地反映了人类在各个历史发展阶段中对于不同的人作出的种种具体要求和限制。人类社会几千年的国家文明发展历史已经无可争辩地证明，法律制度乃是维系社会、调节各种社会关系、保持社会稳定的重要的工具。"依法治国是坚持和发展中国特色社会主义的本质要求和重要保障，是实现国家治理体系和治理能力现代化的必然要求。我们要实现经济发展、政治清明、文化昌盛、社会公正、生态良好，必须更好发挥法治引领和规范作用。"①

在金融领域中，法律具有对金融行为的强制约束力，是维护金融稳定的强有力保证和硬约束。近年来，人工智能、大数据、区块链快速地改变着金融的交易模式与手段，金融创新使我们能够在有限的时空里生活得更加美好。但金融运行也是有风险的，它在提升人们生活水平的同时，也会带来风险或放大风险。

社会主义市场经济的发展更是离不开法律的约束。如果没有相关健全与完善的法律体系，我们今天的市场经济根本无从谈起。党的十八届四中全会通过的《中共中央关于全面推进依法治国若干重大问题的决定》指出，"社会主义市场经济本质上是法治经济。使市场在资源配置中起决定性作用和更好发挥政府作用，必须以保护产权、维护契约、统一市场、平等交换、公平竞争、有效监管为基本导向，完善社会主义市场经济法律制度。"一国的法律制度越完善，对投资者的法律保护越充分有效，企业的市场价值越大、分配的股利越多、流动性越高、所有权越分散；企业的融资障碍越小，整个社会的融资成本越低；金融市场及金融机构越发达、越有效率及市场价值，从而金融体系也越有效。

法律在快速变化的财富制度中保障金融市场稳定高效运行，维护社会

---

① 2014年10月20日，习近平在中共十八届四中全会第一次全体会议上关于中央政治局工作的报告。

主义市场经济的发展，一切金融交易模式、金融产品都建立在法律保障的基础上。世界银行 2001 年更加明确地提出，法律是金融基础设施的重要组成部分，是决定金融运行质量和金融安全的重要因素。因此，我们要做到科学立法、严格执法、公正司法、全民守法，发挥好法律保障金融稳定的作用。

（一）立法是规范货币行为的前提

立法通常是指特定国家机关依照一定程序，制定或者认可反映统治阶级意志，并以国家强制力保证实施的行为规范的活动。

1. 货币的法偿性

货币的形态经历了"实物货币—金属货币—不兑现的信用货币"的演变过程。起初的实物货币是基于人们自发的、独立的价值判断，促进商品之间的交易，并未涉及法律的强制规定，因此我们可以看到海贝、布帛、狗牙、石头、盐、可可豆等都做过实物货币。货币的法偿性与国家政治体制与货币形态的变迁密不可分。

货币一经出现，就创造了自己的流通，其作用通过法律得到稳固。价值的概念本身模棱两可、难以量化，但是法律体系要求内容清楚明白，界定直截了当，计算准确无误。因此，一切商品均可转换成货币。公元前 356 年（秦孝公六年）商鞅相秦，实行变法，以李悝的《法经》为蓝本，改法为律。制定了较为完备的刑律及其他方面的法律。秦始皇统一中国以后，实行《秦律十八种》，其中《金布律》是关于货币制度与货币管理的法律。

赋予货币"严格强制使用"的属性是君主行使货币发行权（铸币权）的表现之一，以保障君主发行的具有法定面值的货币能被普遍使用，其完全排除了私人选择支付工具的自由。要求民众"严格强制使用"君主铸造的货币，本质为国家权力绝对排除了私人选择符合自身利益的支付工具的自由，而强制私人使用不足值的货币则进一步损害了私人财产权。另外，"严格强制使用"的规定在实践中较难执行，如民众可以以特定实物交换商品；在战争动乱年代，许多地方出现了民间自发形成的商品或实物货币，国家对此却无法禁绝。公元前 175 年，汉文帝决定以非常规的策略解决货币危机，即私人可以随意铸造货币。虽然此举的确解决了流通中货币不足的问题，但也导致了货币流通的混乱，甚至出现可能会威胁集权统治的状况，《史记》中记载："故吴，诸侯也，以即山铸钱，富埒天子，其后卒以叛逆。"公元前 113 年，汉武帝收回了铸币权。

在 20 世纪两次世界大战期间，由于黄金无法满足各国的筹资需要，金本位制度逐渐被废弃，中央银行发行的银行券从可兑换黄金的足值货币转变为主要依赖国家信用的不足值货币；随着 1971 年布雷顿森林体系的终结，金本位制完全被"纸币本位制"取代，现代国家进入了不兑现纸币占主导、不足值金属硬币并行流通的时期。第二次世界大战以后，英美等国纷纷在本国的宪法、央行法或铸币法中规定国家发行的不兑现纸币与金属硬币是公私债务的法偿货币，相关法律规定的表述逐渐统一化，并淡化了"严格强制使用"的色彩。我国的法定货币人民币是在中国人民银行成立后于 1948 年 12 月 1 日首次发行，新中国成立后成为中华人民共和国法定货币。根据《中国人民银行法》规定："以人民币支付中华人民共和国境内的一切公共的和私人的债务，任何单位和个人不得拒收。"统一货币发行，赋予货币法律地位，通过政府的法令使人民币成为法定货币，避免了市场交易混乱，维护了市场稳定。

2. 金融相关立法

随着以货币为媒介的信用行为的发展与普及，许多金融机构应运而生，形成了金融市场。为了调整金融关系，规范金融行为，我国颁布了《中国人民银行法》《商业银行法》《证券法》等金融法律。近二十年来，我国金融行业发展迅速，金融市场环境发生了深刻变化，我国着手对金融相关法律进行修订，使其更加适应国际金融业发展和国际竞争的需求。

金融在社会经济发展中越来越居于核心地位，维护金融稳定对于社会经济十分重要。2003 年《中国人民银行法》修订，第一条明确规定："为了确立中国人民银行的地位，明确其职责，保证国家货币政策的正确制定和执行，建立和完善中央银行宏观调控体系，维护金融稳定，制定本法。"金融稳定与货币稳定息息相关，中国人民银行通过货币政策维持货币稳定，从而促进金融稳定。该法在第三条中规定"保持货币币值的稳定"作为货币政策目标。《中国人民银行法》中的法律条文，赋予了中国人民银行保持货币稳定的责任，也进一步促进了金融的稳定发展。

《商业银行法》自 1995 年颁布以来，为"保护商业银行、存款人和其他客户的合法权益，规范商业银行的行为，提高信贷资产质量，加强监督管理，保障商业银行的稳健运行，维护金融秩序，促进社会主义市场经济的发展"作出了巨大贡献。但随着银行业的快速发展，规模的不断扩大，参与主体越来越多，一些创新型金融交易业务的涌现，该法已经不适应银行业的发展需求，需要进行新的修订。2020 年 10 月，中国人民银行就《中华人民共和国商业银行法（修改建议稿）》公开征集意见。拟将现行的《商业银行法》更大范围地涵盖公司治理、资本与风险管理、客户权益保护、风险处置与市场退出等方面。《商业银行法》的修订贯彻了党的十九大等重要会议关于金融工作的重要精神，是大势所趋、民心所向。

2020年新修订施行的《中华人民共和国证券法》以立法形式确立证券发行的注册制。注册制的本质是要强化信息披露的真实、准确与完整。如何达到这一目的？一方面，证券发行人律师与保荐人及会计师事务所一起以其知识与经验帮助发行人完善信息披露；另一方面，当发行人的信息披露存在虚假记载、误导性陈述或者重大遗漏，给投资者造成损失时，投资者需要律师作为代理人通过调解、仲裁、诉讼等多种争议解决方法实现对投资者利益的保护。这种制度设计从表面上看，发行人律师与诉讼代表人的律师在信息披露这个问题上是相对立的，但正是这两方律师的对立，确保了证券法信息披露要求得到正确实施。所以，律师作为一个行业，作为一种专业，是用一种特殊的对抗方式来保障法律的正确实施与社会公平正义的实现。

金融相关法律的颁布和修订，保障金融交易有序进行，决定金融运行质量和金融安全，维护金融市场稳定高效运行，促进社会主义市场经济的发展。

（二）执法是规范货币行为的保障

执法是指国家行政机关依照法定职权和法定程序，行使行政管理职权、履行职责、贯彻和实施法律的活动。金融监管部门对金融机构、金融市场实施监管便是执法的一种体现。金融监管部门借助立法赋予的公权力，对金融市场主体及其货币行为实施直接限制和约束。例如，对金融市场进入和退出的监管、对金融服务标准和交易规则的监管、对金融欺诈行为的查处、对金融风险的防范和处置等。

1. 金融监管的执行

金融监管关系是公共管理机关在金融监管活动中与市场主体之间产生的社会关系，其特点是监管主体和被监管主体之间的法律地位不平等，前者依法实施对后者的限制，后者应予服从。金融监管是以矫正和改善市场机制内在问题为目的的一种政府干预行为，是金融市场正常运转、货币行为规范不可或缺的制度条件。

我国在互联网金融领域的法律尚不健全，互联网金融一直存在于法律的灰色地带。以蚂蚁科技集团股份有限公司（以下简称蚂蚁集团）旗下"蚂蚁花呗"服务为例，2014年蚂蚁集团推出"花呗"，蚂蚁花呗通过大量发放贷款，用放出的贷款作为抵押证券，并以该抵押作为担保继续融资扩大规模，杠杆已经远超过法律规定的范围，这种资产抵押证券通过高杠杆使风险成倍放大，使得我国金融系统存在安全隐患。此外，蚂蚁花呗还存在逾期贷款计息方式信息不对称的问题，这使用户每月还款的利率逐月递增。

2020年底，人民银行、银保监会、证监会、外汇局等金融管理部门联合约谈蚂蚁集团，要求其"纠正支付业务不正当竞争行为，打破信息垄断，申设金融控股公司，落实监管要求，管控重要基金产品流动性风险。"监管部门将蚂蚁集团纳入金融监管，并由中国人民银行直接监管，使其受到法律的严格监督。

金融监管部门严格执法，规范经营，维护了市场秩序和金融稳定。换言之，法律作为治理金融风险的最后一道防线，若不能保证执法，作用机制失灵，无法伸张公平与正义，金融主体就会更加不计后果地突破法律底线，最终可能导致风险事件的发生，甚至威胁金融市场的稳定。

2. 货币政策的制定与执行

在当今不兑现的信用货币制度以及货币供给的实现机制下，一国央行制定和执行货币政策的重要性凸显出来，央行货币政策最终目标中，最为重要的一个就是保持"物价稳定"，而物价稳定与币值稳定之间关系密切。《中国人民银行法》第三条规定中国人民银行要保持货币币值稳定，并以此促进经济增长。

从历史到现在，全球几次恶性通货膨胀的发生都与大肆印刷钞票相关，币值稳定事关国计民生。因此，不能脱离经济发展状况随便发行货币，货币的法偿性更要求货币的发行要根据客观经济发展的需要，保持货币供给与货币需求的平衡。这就要求中央银行制定并执行货币政策，维持货币币值稳定，从而促进经济发展。

（三）司法可纠偏

司法是指国家司法机关及司法人员依照法定职权和法定程序，具体运用法律处理案件的专门活动。

金融司法的价值取向直接源自我国全面深化金融改革，促进金融业持续健康发展的大局，以人为本，统筹兼顾，以全力贯彻金融法律、政策的价值目标为己任，通过有效司法，实现金融司法的法律效果和社会效果的有机统一。具体而言：

1. 保护投资者的合法权益

保护投资者合法权益始终是国家对资本市场管理的重要价值目标，这主要因为在金融市场中，投资者处于信息的弱势地位；而投资者又是金融市场的重要参与者，对投资者保护不力，挫伤其投资积极性，将导致市场处于低迷状态，甚至走向衰亡。

司法保护投资者合法权益，其执法价值取向在于贯彻公平原则，落实在个案审理中，就是要考虑投资者在市场交易中相对于中介者和组织者所处的弱势地位，在实体利益和程序权益上给予充分平衡。例如，在投资者与金融机构之间的财产损害赔偿纠纷案件中，鉴于金融机构在金融业务活动中处于主导地位，在利益分配和行为能力上具有特定的行业优势，法院一般要对金融机构课以较多的举证义务和推定过错责任，即对于客户和投资者资产损失，金融机构及其从业人员必须证明其自身没有过错，否则就推定其有过错而应承担相应的赔偿责任。这种做法的意义就在于充分保护客户和投资者弱势群体的合法权益，同时对金融机构及其从业人员规范自身的经营行为也具有明显的督促作用。与此同时，在强调保护投资者合法权益的过程中，司法并不忽视对投资者自身过错或恶意转嫁交易风险的审查，以及与金融机构分担责任的问题，以免矫枉过正而有损金融信用和安全。比如在客户或投资者与金融机构发生存款、托收汇兑、证券和期货经纪、资产管理等金融业务关系中，一方面，金融机构作为特殊行业的经营者，固然应按行业规范尽特殊的注意义务，谨慎操作，防范第三人犯罪的发生；另一方面，客户也应当对自身财产利益持负责的态度和合理的注意义务，包括妥善保管身份证件、存单、信用卡、交易密码，谨慎合乎规范地填写票据，对自己委托的证券交易下单指令人给予足够的防范和注意，以免资产受到侵害，否则，客户或投资者自身也应当承担相应的风险，而不能一味要求金融机构承担责任。

2. 维护社会经济秩序和公共利益

司法维护社会秩序和公共利益，落实到审理金融纠纷案件中，就是要从近年来我国金融市场改革和发展的现实状况出发，充分发挥司法审判职能，切实贯彻落实国家加强金融监管、整顿金融秩序、防范金融风险、维护金融稳定的金融政策。具体而言，需要把握好以下关系：

一是从国家经济安全高度来审视金融活动的合法性。法院在审理金融纠纷案件过程中，一方面，应考虑我国金融市场正加快与国际通行做法接轨的现实状况，依法保障规范交易和有序竞争，并借鉴世界各国成熟的金融法律理论与实践经验，在现有的立法框架内，结合国际规则和惯例来评判各类金融活动的合法性，促进金融改革和开放。另一方面，在金融全球化的时代背景下，司法审判金融纠纷要以保障国家利益为前提，绝不能以顺应国际市场自由化为由而疏于规制无序交易和防范国际金融风险。

二是从经济全局和整体发展的角度来审视金融活动的合法性。司法在审理个案调整平等个体间权利义务的过程中，要兼顾监控和协调个体与社会关系、维护社会整体公正与效率。法院在处理具体金融纠纷中，一方面要切实保障当事人意思自治和个体合法权利，不轻易认定合同无效；另一方面要考虑地方利益、局部经济要服从国家金融体系全局性和整体性利益，特别是对利用市场发育不完善，恶意规避法律进行经营性垄断、不正当竞争以及逃废金融债权等行为，应善于适用效力条款确认无效，以充分发挥维护市场经济健康、有序发展的审判职能。

三是从维护稳定和秩序角度来审视金融活动的合法性。金融稳定和社会稳定相辅相成，金融稳定是社会稳定的重要基础，而金融稳定也只有在社会稳定的前提下才得以充分实现。在司法实践中，司法必须注意审查金融交易活动是否存在对社会构成潜在的不稳定因素，发挥审判职能的金融风险揭示和防范作用。值得注意的是，司法还应考虑维稳的正当性，不能为了局部利益的"维稳"而牺牲法律原则和合法金融债权，这样将会对国家整个金融体系的稳定和安全构成破坏。司法在积极保护合法金融债权的基础上，还要发挥对金融市场行为的规制和警示作用，对于包括金融机构在内的违反法律法规和金融政策的行为，要通过案件的处理展示司法对金融违法和违规行为的制裁以及对金融秩序的维护。特别是在规范市场方面，司法应当严厉打击金融欺诈等违法违规行为，并强化诚信责任，督促公开、公平、公正的市场交易行为准则、秩序的建立和完善。

3. 促进市场的可持续健康发展

我国金融改革和发展的价值目标在于积极寻求金融安全与金融效率上的协调统一。针对金融创新的金融监管应当是适当的和有效的。所谓适当监管，就是要顺应市场发展规律，发挥金融市场自发的调节功能和行业自律，不能一味通过高压管制，遏制金融市场自然竞争和发展的活力；所谓有效监管，就是要在维护金融安全的前提下，建立保护市场参与者合法权益、维护交易平等、培育诚信、促进行业规范和有序竞争、激发创新和发展活力的监管目标、监管方式、监管法律体系和协调机制。与上述金融监管方针相适应，用安全与效率相统一的金融市场监管价值标准来审视金融创新的生命力，反映到法律层面上的价值取向，就是司法在金融行为自由与限制上的权衡，具体个案中应当把握好金融创新合同效力判断的辩证法。

一是避免合同绝对自由倾向。特别是在加强监管的市场背景下，放任创新交易行为的意思自治是不现实的。司法应当充分考虑市场的敏感性、复杂性和特殊性，时刻注意创新交易行为经营风险给整个系统带来的潜在的安全隐患，发现违反诚信、违规操作从而危害金融安全和国民经济健康发展的情况，应当果敢作出司法裁量予以整治和规范，以及时防范和化解市场风险。

二是避免绝对干预的倾向。司法的目标不在于干预市场经济活动，而是通过维护市场诚信和秩序，促进市场自律和发展。在严格监管和风险控制的前提下，应当鼓励符合市场供求规律的交易行为。证券投资委托理财行为是以市场为主导的金融产品创新，只要市场自律机制能够有效发挥作用，对系统性风险不构成根本性危害，司法就无需对此行使国家公权强加干涉，相反要以强调交易安全和效率的民商事法律原则予以保护。这种做法与我国争取市场经济地位的目标和努力方向也是相吻合的。

（四）守法是规范货币行为的基础

守法，是指一切国家机关及其工作人员、政党、社会团体、企事业单位和全体公民，自觉遵守法律的规定，将法律的要求转化为自己的行为，从而使法律得以实现的活动。法律制定者立法的目的，就是要让法律在社会生活中得以实施。如果只有法律，却不能在生活中得到遵守和执行，法律的制定就失去了意义，法律也失去了权威和尊严。《管子·任法》中提到："故曰：有生法，有守法，有法于法。生法者，君也；守法者，臣也；法于法者，民也。君臣上下贵贱皆从法，此为大治也。"亚里士多德法治公式中提到："我们应该注意到邦国虽有良法，要是人民不能全部遵循，仍然不能实现法治。"

习近平总书记指出："全面推进依法治国，必须坚持全民守法。"[1] 全民守法是依法治国的基础，只有法律得到全民的尊重和遵守，才能真正实现法治。

金融主体要有守法意识。在高风险行业中工作的金融从业者更应该养

行为货币学

---

① 2020年11月17日，习近平在中央全面依法治国工作会议上的重要讲话。

成守法遵规的好习惯，若是被一时的贪欲冲昏了头脑，触碰了法律这根高压线，最终都会受到法律的制裁甚至付出生命的代价。法治的实现，归根结底要依赖金融主体的自觉守法精神。立法、执法、司法和监督，没有守法作为落脚点，都只能是空中楼阁。

四、货币的伦理、道德、法律调控的相互关系

任何有序的社会活动均按一定的组织和管理秩序而存在和发展，这种组织和管理往往通过社会规范控制。健全和完善我国的金融市场，规范货币行为，需要较高的内在意识与良好的外部环境约束，这就需要伦理、道德、法律的调节。伦理、道德与法律对货币行为的调节互通融合，相辅相成。

在金融活动中，伦理、道德和法律三者共同起到约束金融主体行为的作用。所谓金融伦理道德，是指金融从业者在处理金融业务时应该遵循的道德标准和处事原则，以社会道德舆论和内心理性等规范金融从业者的行为。金融法律法规是由国家权力机关和行政机关制定的各种金融规范性文件，比如《银行业监督管理法》《商业银行法》《证券法》等，当道德标准、伦理准则不足以充分约束金融主体的行为时，法律的强制性可以更好地保障规则的有效实施。

（一）金融法律和金融伦理道德的联系

金融伦理、道德和法律三者共同保障着金融工作有序进行，促进金融活动的协调发展，因此它们之间存在着密切的联系。

首先，三者相辅相成，缺一不可。伦理、道德和法律都是要使金融从业者的行为保持在合理的秩序范围内。道德和伦理是法律的基础，法律的制定是以道德为准绳的；法律是道德和伦理的支撑，若法律制度不健全，让有心之人钻了法律的空子，就会出现伦理道德的沦丧。相反，若法律健全公正，就可以反过来促进伦理和道德发挥作用。

我国传统法律文化主张"礼法合治"[1]，将道德教化与法律相结合，共同治理国家。众多思想家认为，法律和道德、伦理不可分离，即法律、道德、伦理一体化。一方面，使道德和伦理具有法律的功能，以道德治理社会中的法律问题。另一方面，法律是调节社会的硬措施，赋予其伦理和道德的属性和功能，从而成为解决道德问题的有效手段。构建和谐社会，

---

[1] 《荀子·修身》。

法治和德治缺一不可。

我国古代法律文化还主张"德主刑辅"①，以德治为主，以刑罚为辅。西周初，实行礼治，"道德仁义，非礼不成；教训正俗，非礼不备；分争辩讼，非礼不决；君臣上下，父子兄弟，非礼不定；宦学事师，非礼不亲；班朝治军，莅官行法，非礼威严不行"。②"安上治民，莫善于礼。"③也就是说，治理国家不能一味适用刑罚，法律规范要以道德规范为基础，按照伦理、道德的标准来立法、执法和司法。但这并不代表法律不重要，法律和伦理、道德都是维护社会和谐稳定的重要手段。法律为道德、伦理起着保障的作用，维护社会秩序需要依靠法律的强制力，没有这种强制力保证，道德和伦理教化也很难发挥作用。

因此，法律和道德、伦理三者是不可分离的整体，在发挥法律手段作用的同时，也要重视道德、伦理的引导。在以道德、伦理引导行为的同时，要通过法律的强制力保证实施，发挥好法律强大的震慑作用。当某些金融行为已经不符合伦理、道德的准则，但法律又无权干涉，就要通过社会舆论手段和个人内心信念加以调节。若金融行为不仅违背了道德、伦理标准，还违反了法律规定，这时伦理、道德和法律就同时发挥作用，对该行为进行约束、监管及制裁。

其次，三者在内容上趋同，相互包含。金融伦理、道德和金融法规的内容存在着很多共同之处，最早的法律是在道德的基础上建立的，法律将道德标准转化为法律规范。金融伦理、道德中的很多内容也是法律所规定的，很多违反法律的金融行为，也违背了道德标准。比如《证券法》第五十六条规定："禁止任何单位和个人编造、传播虚假信息或者误导性信息，扰乱证券市场。禁止证券交易场所、证券公司、证券登记结算机构、证券服务机构及其从业人员，证券业协会、证券监督管理机构及其工作人员，在证券交易活动中作出虚假陈述或者信息误导。"第一百七十九条规定："国务院证券监督管理机构工作人员必须忠于职守、依法办事、公正廉洁，不得利用职务便利牟取不正当利益，不得泄露所知悉的有关单位和个人的商业秘密。"这些是法律对金融从业人员的规范，同样也是道德和伦理对他们的规范。金融法律体现了道德和伦理的内容。同时，道德和伦理中的

---

① 《汉书·董仲舒传》。

② 《礼记·曲里上》。

③ 《孝经·广要道》。

义务也会通过法律来实现，如金融诈骗、贪污腐败等，违反了道德和伦理，同时也违反了法律。

（二）金融法律和金融伦理、道德的区别

伦理、道德和法律虽然有着相同之处，但法律不能等同于伦理和道德，伦理、道德也不能代替法律，它们之间存在着区别。主要表现为：

第一，伦理和道德是通过人本身的思想意识规范金融行为，法律是通过国家强制力维护金融秩序。首先，伦理和道德通过人自身的修养对人起到约束作用，法律的存在对于一些心存侥幸的投机者起到警示作用。金融主体在从事违法行为之前，心理预期到自己的行为会受到道德谴责和法律惩罚，并且获得的收益远不如付出的成本，进而可能打消进行风险活动的念头。其次，国家通过在企业内外部设立监管部门对金融活动进行监督，制约金融道德风险的发生。一旦发现有违规定的行为立即给予揭露和纠正，避免类似的事件再次发生从而造成恶劣的影响，人内心的道德正义感也起到辅助作用。

第二，金融伦理、道德调节和适用的范围相比法律更广泛。法律只能划分行为有罪还是无罪，对于未能在法律条文上明文规定的违反道德的行为不能进行干预。金融伦理、道德则不一样，它不仅可以评价法律规定范围内的行为，更多的是对法律不能触及的范围进行干预。比如金融从业人员对待工作轻率，怠慢客户，不遵守工作规定。更严重的是有投机者研究法律的漏洞，行为严重违反道德标准，法律却不能进行干预。这时社会舆论带来的压力会使那些行为得到谴责和纠正，同时引起法律制定部门的重视，弥补这一漏洞。因此，在金融领域，每一个金融从业者不仅要知法、懂法、守法，还要不断提高思想道德素养和社会责任感，加强金融道德修养，营造良性的社会舆论氛围，从而促进金融工作良好开展。

第三，违反伦理、道德和违反法律造成的后果不同。无论是在金融领域还是在社会生活中，违反法律和违反道德、伦理带来的后果都不相同。以金融领域为例，金融从业者在出现怠慢顾客、工作态度不端正等问题时，受到的只是社会舆论的谴责和自身良心的拷问，法律没有干预的权力。以索罗斯狙击泰铢引起亚洲金融危机为例，索罗斯没有违反国际法律和有关国家的法律，只是发现了亚洲国家经济不健康，其是在规则范围内进行操作。索罗斯的行为在多数人眼里是有违道德标准的，但没有受到法律的惩罚。当违反法律时，金融主体就会依据相关法律受到行政处罚或刑事处罚。

（三）如何处理好金融法律、伦理、道德之间的关系

基于上述分析，我们要正确处理好金融法律和金融伦理、道德之间的关系，必须使健全法律和强化道德、伦理教育同步进行。

首先，在健全法律方面，应该向着法律规范的极限继续延伸，让法律更广泛地覆盖金融领域的每一个角落，并实际应用到金融领域中。从法律观念、法律体系到法律实施等方面构建更合理的法律机制，发挥法律的强制保障作用，维护金融市场秩序。

其次，在强化道德教育方面，加强金融伦理与道德的宣传与教育，引导新一代青年树立正确的世界观、人生观和价值观，尤其是要把金融伦理、道德由内在心理到外在行为落实在每一个金融从业者身上。在一些法律难以干预的地方，由道德的约束力来弥补。

综上所述，伦理、道德和法律之间既存在相同之处又存在不同之处。道德是法律建立的基础，法律是道德的制度化规范。法律不能规范和约束所有方面，这时候就需要强大的道德力量来支撑。伦理、道德的软约束力不能完全保证金融秩序的良好运行，这就需要强制性的法律来保证。处理好金融法律与金融伦理、道德之间的关系对于金融领域的发展至关重要。

复习思考题

1. 根据亚当·斯密的观点，伦理与道德从何而来？其与孔子、孟子的伦理道德思想有什么关系？

2. 孔子"不患寡而患不均"的思想与"共同富裕"有什么关系？

3. 社会学意义上的信用与经济学意义上的信用之间有什么关系？

4. 在现代市场经济条件下，人们的金融活动是否主要靠法律来维系？你对此是如何理解的？

5. 2020年《中华人民共和国民法典》的颁布对货币行为、金融活动来说有什么意义？

6. 人们的货币行为、金融活动范围不断扩大，你认为道德约束更有效还是法律约束更有效？为什么？

7. 归纳总结货币的伦理、道德、法律调控的相互关系。

第十四章　货币理论建设是基础

自从货币产生以来，就出现各种各样的货币理论，其中拜金主义产生的历史最长，各国都有，必须批判拜金主义的货币理论，这是端正社会主义市场经济发展方向的根本问题。要总结百年来社会主义货币理论发展的经验教训，研究人的货币心理、货币行为，研究活货币，把货币研究活，更好地发挥货币在经济、社会中的作用。

一、中国历史上的拜金主义

中国在世界上最早出现商品和货币，中国货币经济发展历史悠久。中国古代的货币思想出现得很早，民间长期流传着"有钱能使鬼推磨""钱能通神""人为财死，鸟为食亡"等口头禅。拜金主义的思想言论流传很早，很广泛，不少人赞同；也有不少人抵制、讽刺和鄙视，批判拜金主义。

在我国历史上，有许多史实记载和生动的描述。比如，管仲是春秋时期著名的、成就较大的政治家和经济学家。他有着丰富深刻的经济思想，他的货币理论十分精辟，他对货币的起源、本位、本质、职能、数量等曾有过全面深入的论述。他所著的《管子》，对当时流传的拜金主义进行了批判。

他说："货财行于国，则法令毁于官。"[1] 也就是说，如果在国家机构内行贿活动盛行，那么造成的后果必然是国家的法令被贪官污吏所破坏，这也说明了当时的贪官污吏拜倒在货币力量面前。

他又说："故君法则主位安，臣法则货赂止，而民无奸。"[2] 以法治国，皇位就会稳定，大小官吏就会守法，贿赂之风就能被制止，老百姓也就不会有奸邪之心。管仲提倡法治，提倡杜绝贪官污吏的不法行为，反对

---

① 《管子·八观》，第十三。
② 《管子·七臣七主》，第五十二。

官吏拜倒在货币面前。

他又说："人君唯无好金玉货财，必欲得其所好，然则必有以易之。所以易之者何也？大官尊位；不然，则尊爵重禄也，如是，则不肖者在上位矣。然则贤者不为下，智者不为谋，信者不为约，勇者不为死，如是，则驱国而捐之也，故曰：'金玉货财之说胜，则爵服下流。'"① 人君用什么交换到自己的金玉货财呢？或者是"大官尊位"，或者是"尊爵重禄"。管仲在这里充分揭露了当时买官的腐败现象。这种拜倒在货币面前的买官活动，带来很大的危害，其结果是"贤者不为下，智者不为谋，信者不为约，勇者不为死，如是，则驱国而捐之也。"

韩非继承并综合了春秋战国以来法家代表人物及先驱人物的思想，确立了法家的学术思想体系。他在著作中揭露了当时的人们为了追逐货币，甚至置自己的生命于不顾的社会现象，他说："荆南之地，丽水之中生金，人多窃采金。采金之禁，得而辄辜磔于市。甚众，壅离其水也，而人窃金不止。"② 为了追逐货币，偷采黄金，即使被斩首抛尸，尸体堵塞了河流，也仍然有人偷采不止。这生动描述了当时不少人拜倒在货币面前，为了追逐货币，不惜任何代价，甚至置自己的生命于不顾的现象，也充分说明了当时拜金主义已经流传很广，深入人心。

在中国封建社会长期以来被奉为神圣的封建礼教，以及忠、孝、礼、义、廉、耻等道德规范，也敌不过拜金主义。人们渐渐对这些封建礼教淡薄起来，甚至将其抛在脑后。父母之爱、夫妻之恋、儿女之情、亲友之谊都遭到了冷落，甚至被出卖，人与人之间的关系变成了赤裸裸的金钱关系。《战国策》描述的苏秦的遭遇就是一个很生动的例子。"（苏秦）说秦王书十上，而说不行。……去秦而归。……归至家，妻不下紝，嫂不为炊，父母不与言。……于是……见说赵王于华屋之下，抵掌而谈。赵王大悦，封为武安君，受相印，革车百乘，锦绣千纯，白璧百双，黄金万镒，以随其后。……将说楚王，路过洛阳，父母闻之，清宫除道，张乐设饮，郊迎三十里。妻侧目而视，倾耳而听。嫂蛇形匍伏，四拜自跪而谢。苏秦曰：'嫂，何前倨而后卑也？'嫂曰：'以季子之位尊而多金。'"③ 苏秦的这段经历，充分说明了当时拜金主义已经在人们当中普遍流传了，货币渗

① 《管子·立政九败解》，第六十五。
② 《韩非子·内储说上》。
③ 《战国策·秦策》。

透了人的灵魂，一切伦理道德、人情都已成为货币的俘虏。

到了秦汉时期，由于商品生产和货币经济的更大发展，拜金主义也就流传更广泛、更深入。司马迁根据当时社会政治经济的发展情况，对拜金主义作了深刻的分析，他在《史记·货殖列传》中说："贤人深谋于廊庙，论议朝廷，守信死节，隐居岩穴之士，设为名高者，安归乎？归于富厚也……壮士在军，攻城先登，陷阵却敌，斩将搴旗，前蒙矢石，不避汤火之难者，为重赏使也。其在闾巷少年，攻剽椎埋，劫人作奸，掘冢铸币，任侠并兼，借交报仇，篡逐幽隐，不避法禁，走死地如骛者，其实皆为财用耳。今夫赵女郑姬，设形容，揳鸣琴，揄长袂，蹑利屣，目挑心招，出不远千里，不择老少者，奔富厚也。游闲公子，饰冠剑，连车骑，亦为富贵容也。……吏士舞文弄法，刻章伪书，不避刀锯之诛者，没于赂遗也。农工商贾畜长，固求富益货也。"[1] 这段文字充分说明，从官吏到平民，再到隐士、小偷、妓女等，他们的地位、官阶、门第等都由人们所掌握的货币数量多少决定，这是由货币的神奇力量决定的。

到了魏晋时期，拜金主义对人们生活的影响更加广泛深入。公元3—4世纪，就有两篇文章反映货币的神奇力量，很受当时社会各界的关注。成公绥写到"路中纷纷，行人悠悠。载驰载驱，唯钱是求。朱衣素带，当涂之士，爱我家兄，皆无能已。执我之手，托分终始，不计优劣，不论能否，宾客辐凑，门常如市。谚曰：'钱无耳，何可暗使？'岂虚也哉！"[2] 这反映出当时货币在人们头脑中占有重要地位，货币的神奇力量驱使人们疯狂地追求货币。

西晋时期，社会各种矛盾激化，引起人们广泛的不满。有个愤世嫉俗的隐士名叫鲁褒，他对当时统治阶级的腐败和社会风气的败坏深恶痛绝，他的《钱神论》就是在这种背景下写的：

"钱之为体，有乾有坤。内则其方，外则其圆。其积如山，其流如川。动静有时，行藏有节。市井便易，不患耗折。难朽象寿，不匮象道；故能长久，为世神宝。亲爱如兄，字曰'孔方'。失之则贫弱，得之则富强。无翼而飞，无足而走。解严毅之颜，开难发之口。钱多者处前，钱少者居后。处前者为君长，在后者为臣仆。君长者丰衍而有余，臣仆者穷竭而不足……"

---

① 《史记·货殖列传》。

② 《太平御览》，第 836 页。

"钱之为言泉也，百姓日用，其源不匮。无远不往，无深不至。京邑衣冠，疲劳讲肆。厌闻清谈，对之睡寐；见我家兄，莫不惊视。钱之所祐，吉无不利。何必读书，然后富贵！昔吕公欣悦于空版，汉祖克之于嬴二。文君解布裳而被锦绣，相如乘高盖而解犊鼻，官尊名显，皆钱所致。空版至虚，而况有实；嬴二虽少，以致亲密。由是论之，可谓神物。无位而尊，无势而热，排朱门，入紫闼……是故忿诤辩讼，非钱不胜；孤弱幽滞，非钱不拔；怨仇嫌恨，非钱不解；令问笑谈，非钱不发。"

"夫钱，穷者能使通达，富者能使温暖，贫者能使勇悍。故曰'君无财，则士不来；君无赏，则士不往'。谚曰：'官无中人，不如归田。'虽有中人，而无家兄，何异无足而欲行，无翼而欲翔？使才如颜子，容如子张。空手掉臂，何所希望？不如早归，广修农商。舟车上下，役使孔方。凡百君子，同尘和光，上交下接，名誉益彰。"①

鲁褒的《钱神论》比较完整地反映出中国封建社会中存在的拜金主义，指出货币在当时的力量是无边的，货币神威似天，是无可替代的神奇宝贝。有钱可以指使鬼，何况人乎？尊贵无比的帝王、仁德高尚的圣贤、世代贵族和受宠的官吏，统统拜倒在货币面前。之前只有像孔夫子所称的智、勇、廉、艺各方面都很好，而且还要有礼乐修养的人士才是完备的人才，而西晋王朝腐败，判断人的标准已经是钱了。社会上的一切是非曲直和穷达亲疏，都被钱左右。这篇文章充分反映出当时社会上拜金主义已经广泛流行、深入人心了。

南北朝时期，连封建君主也发生了对金钱因爱极而生恨，以及任意挥霍的荒唐行为。南齐郁林王"极意赏赐，动百数十万。每见钱，辄曰：'我昔时思汝一文不得，今得用汝未？'期年之间，世祖斋库储钱数亿垂尽。"② 这也说明在当时中国封建社会中，货币经济已经有相当大的发展，货币在人们头脑中已占据重要地位。

隋唐时期，拜金主义得到了更加广泛的传播，更加成为人们议论的中心话题，以货币为题材的文章比比皆是。唐代张说的《钱本草》中说："钱，味甘，大热，有毒，偏能驻颜，采泽流润。善疗饥寒，解困厄之患，立验。能利邦国，污贤达……其药，采无时，采之非理则伤神。此既流行，能役神灵，通鬼气。如积而不散，则有水火盗贼之灾生；如散而不

---

① 鲁褒：《钱神论》，《全晋文》，第 113 辑。
② 《南齐书·郁林王记》。

积，则有饥寒困厄之患至。一积一散谓之道，不以为珍谓之德，取与合宜谓之义，无求非分谓之礼，博施济众谓之仁，出不失期谓之信，人不妨己谓之智。以此七术精炼，方可久而服之，令人长寿。"[①] 这篇文章把钱比喻为"神药"，这种比喻很形象。文章对钱做了全面的分析，特别是对于怎样正确对待金钱的阐述有许多正确的地方，对于指导当时人们正确看待金钱具有一定的价值，说明了这个时期人们对货币的研究已经到达了一定的深度。

不仅如此，唐代拜金主义思想在诗人的作品中也有很多反映。唐代诗人张谓在《题长安壁主人》[②] 这首诗中写到：

世人结交须黄金，黄金不多交不深。

纵令然诺暂相许，终是悠悠行路心。

这首诗说明当时人和人之间的友谊是建立在金钱基础上的，黄金的多少成为友谊深浅的决定因素。黄金不多，交情就不深；如果没有黄金，即使是在口头上承诺一些事，也只是表面上的敷衍应酬，根本谈不上交情。

唐代以后，我国开始流通纸币，我国成为世界上纸币流通最早的国家，这说明货币经济有了进一步发展。在纸币流通条件下，用几乎没有任何价值的纸币就可以购买任何商品，这更引起人们对货币的崇拜。元代戏剧家高则诚在《鸟宝传》中以纸币为题材阐释了拜金主义，他说："鸟宝者，其先出于会稽褚氏。世尚儒，务词藻，然皆不甚显……宝之所在，人争迎取邀致。若得至其家，则老稚婢隶，无不忻悦。且重扃邃宇，敬事保爱，惟恐其他适也。然素趋势利，其富室执人，每屈辄往。虽终身服役弗厌。其窭人贫氓，有倾心愿见，终不肯一往……"[③] 作者充分描述了当时的"鸟宝"即纸币，是人人喜爱并追逐的目标。纸币的发行和流通，使拜金主义更广泛地流传，更深入人心。

明清时期，货币经济有了进一步发展，主要标志是贵金属白银在货币流通中的地位提高和作用日益增强，成为国内流通中最普遍使用的货币，并且是占主要地位的货币，这正是中国封建社会晚期商品经济发展的结果和重要标志。随着商品经济的进一步发展，拜金主义的影响更加扩大，当时揭露和讽刺拜金主义的文章和作品也很多。

---

① 《全唐文·钱本草》。

② 《全唐诗》。

③ 《南村辍耕录》卷七十三。

朱载堉是明仁宗朱高炽的后裔，他虽然是明宗室子弟，但一生困苦忧愁，以愤慨而又迷茫的心情，揭露了当时人们的命运受货币支配的状况，以及人们在货币面前种种可鄙而又可憎的言论和表现。他说："世间人睁眼观见，论英雄钱是好汉。有了它诸般称意，没了它寸步也难。拐子有钱，走歪步合款；哑巴有钱，打手势好看。如今人敬的是有钱……"① 这段话充分描述了当时货币的神奇力量，在这个人世间，有了钱和没有钱是完全不同的。他又说："劝人没钱休投亲，若去投亲贱了身。一般都是人情理，主人偏有两样心……恐君不信席前看，酒来先敬有钱人。"② 在这个人世间，亲情、友情也是由货币来支配的。有了货币，就格外受到亲友的亲近和敬重；没有货币时，还是不投亲、不接触朋友为好。亲情、友情等一向是中国封建社会十分重视的，被公认为天理和圣道，但是，在货币神奇力量的威力下，它们也都望尘莫及。什么至亲骨肉、知心朋友，一切都依靠金钱来支撑，一旦没有了钱，便什么都不存在了。

清代乾隆、嘉庆时期（1736—1820 年），以歌曲形式表现人们崇拜货币、追逐货币的作品较多，举例如下。沈逢吉的《南商调·黄莺儿·咏钱》写道："最好是铜钱，有了钱，百事全……亲族尽欢颜，奴婢进谀言，小孩儿也把铜钱骗。满堂前，家人骨肉，不过为铜钱。"③ 意思是说，有了钱，一切事都好办，家庭也有了欢乐，家庭成员也都是为了货币，货币的力量渗透到了家庭。

自 1840 年鸦片战争到 1949 年中华人民共和国成立百余年，在帝国主义列强的军事侵略和经济掠夺下，中国由封建社会逐步沦为半殖民地半封建社会，成为帝国主义列强掠夺市场、瓜分殖民地和争夺势力范围的一个主要目标。外国资本在华投资迅速扩张，帝国主义列强通过借款的形式，在华设立银行和金融机构，进行对华企业投资和商品倾销等。伴随着市场经济的盛行，西方的拜金主义思想进一步广泛地传入中国。

在国民党反动统治下，官僚资本迅速膨胀，国内市场也有了很大发展。市场上流通的商品种类和数量增多，中国资本主义商业从沿海到内地、从城市到农村迅速发展起来，票号、钱庄、银行等金融业也发展起来，商业、金融业的投机倒把现象也蔓延开来，拜金主义在旧中国逐步进

---

① 朱载堉：《醒世词·钱是好汉》。
② 朱载堉：《醒世词·叹人敬富》。
③ 《小仓山房诗余》。

入流行的高峰。

新中国成立后，宣扬拜金主义的经济基础已经被彻底摧毁，保护拜金主义的社会制度已经不存在，人们的思想精神面貌发生了根本变化，所以，拜金主义的思想理论已经失去了存在的经济基础、社会制度和思想支撑，公开宣扬拜金主义已经不可能存在，但是，由于上面描述的，拜金主义存在的历史长久，思想影响很深，各种各样的拜金主义思想残余还时有出现，极少数人还相信拜金主义。例如，有人在事情难办遇到麻烦时，就想用金钱去摆平；个别有钱人趾高气扬地说"有钱真好使"；还有的人说"只要用钱能解决的问题就不是什么问题"。这些言论，是"钱能通神"的新版本，说的很隐蔽，实际上还是在传播拜金主义。

我们必须高举马克思主义的伟大旗帜，加强马克思主义基础理论建设，彻底清除拜金主义的思想影响，加强马克思主义货币金融理论建设，树立正确的货币观。净化货币氛围，加强基础理论建设是根本。

二、外国历史上的拜金主义

在其他国家也是一样，许多历史记载和文学名著都记载和描述了拜金主义的种种表现。莎士比亚在《雅典的泰门》第四幕第三场中写道：

"金子！黄黄的、发光的、宝贵的金子！

……

这东西，只这一点点儿，

就可以使黑的变成白的，丑的变成美的；

错的变成对的，卑鄙变成尊贵，

老人变成少年，懦夫变成勇士，

……

这东西会把你们的祭司和仆人从你们的身边拉走，

把壮士头颅底下的枕垫抽去；

这黄色的奴隶可以使异教联盟，同宗分裂；

它可以使受诅咒的人得福，

使害着灰白色的癞病的人为众人所敬爱；

它可以使窃贼得到高爵显位，和元老们分庭抗礼；

它可以使鸡皮黄脸的寡妇重作新娘，

即使她的尊容会使身染恶疮的人见了呕吐，

有了这东西也会恢复三春的娇艳。"①

莎士比亚所处的时代，是资本主义产生的前夕，在这一时代，货币经济成了资本主义制度的"催生婆"，资本主义的原始资本积累正在以疯狂的姿态积聚着货币，因此，这个时代的拜金主义比过去更流行。

19世纪三四十年代，德国空想社会主义的著名代表威廉·魏特林对拜金主义的社会现象作了描述，他认为，在资本主义制度下，金钱成了人们命运的支配力量，金钱把富裕手工业者的儿子变成商人，把商人变成骗子，把骗子变成游手好闲的懒汉，把懒汉变成自私而狠心的吝啬鬼，只要对他有利，甚至把劳动者的皮剥下来换钱的事他都干得出来。金钱造成了贫穷和富裕、丰足和匮乏的更迭变换。金钱沾满了无数人的血迹，诈取他们的脂膏，吮吸他们的骨髓，使劳动者及其妻儿老小在困苦中死亡。金钱以魔术般的光辉燃起了第一次战争，铸成了第一把匕首，架起了第一座断头台。金钱把千百万人投入监狱，送上刑场。金钱把青年赶到炮口面前，强迫他们为战争而死，不允许他们为劳动而生。金钱使年轻的妇女把自己出卖给有钱的人，拿自己的美貌和娇媚、良心和贞操同浪荡子弟万恶的黄金交换。金钱像沙漠中的热风，把人们心里爱情的种子活活烫死。

金钱婚姻中追逐的是嫁妆、遗产、爵位和官衔，一方为了金钱甚至盼望对方早死。金钱使成千上万的伪君子和谄谀小人匍匐在有权有势的大人物面前，天赋的丈夫精神变成了狗精神。金钱的灿烂光辉是穷人、孤儿、寡妇们的心酸的反照。金钱造成了社会的两极。地球上的两个角度都在喊着钱；侯爵和窃贼、律师和骗子、传教士和江湖术士，全都喊着钱。②

魏特林将资本主义社会存在的拜金主义揭露得淋漓尽致。资本主义社会是一个金钱至上的社会，金钱支配和主宰人们的一切行动，包括名誉、良心、感情、道德等。

杰弗雷·乔叟是中世纪英国最杰出的诗人。他生活的14世纪后半期，正是英国封建制度解体、资本主义经济逐步上升的时期，货币地租已兴起代替实物地租，货币开始显示出神奇的力量，人们追逐着货币。《坎特伯雷故事》是他一生最后十余年时间对英国文学的巨大贡献，他在这部著作中写到："如果一个牧人的女儿有钱，她可以在千人间挑选她的丈夫；因为在千人中没有一个会放弃或拒绝她的。""你如果有钱，你就会有宾客来

---

① 莎士比亚全集［M］．北京：人民文学出版社，1978.

② 莎士比亚全集［M］．北京：人民文学出版社，1978.

往，门庭若市。一旦你落魄囊罄，自然就门可罗雀，孤苦伶仃……""奴役和奴役出身的人只要有钱财，也可以身价百倍，为人尊敬。"①

巴尔扎克是 19 世纪法国优秀的小说家，他的名著《高老头》写于1834 年，书中写道："高老头是被女儿们榨干了财产的老人，奄奄一息地躺在伏盖公寓的阁楼上，不停地呼唤女儿们的名字，可是两个女儿一个也不来。老人想起当初女儿们出嫁时，也给了她们每人八十万法郎做嫁妆，女儿女婿把他当作财神，谁也不敢怠慢他。可是如今他已经一无所有了，谁也不再把他放在心上。老头一辈子把两个女儿看得比自己的性命还贵重，临终时总算张开了眼说：'唉！倘若我有钱，倘若我留着家私，没有把财产给她们，她们就回来，用她们的亲吻来舐我的脸！……钱能买到一切，买到女儿。啊！我的钱到哪去了！倘若我还有财产留下，她们会来伺候我，招呼我，我可以听到她们，看到她们……做父亲的应该永远有钱，应该拉紧儿女的缰绳，像对付狡猾的马一样。'"②

《安娜·卡列尼娜》是托尔斯泰创作于 19 世纪 70 年代的作品，当时俄国正处于历史大变动时期，古老的封建地主受到西欧资本主义浪潮的猛烈冲击，封建贵族的旧秩序被颠倒了过来，资本主义制度刚刚开始建立。在这场史无前例的大变动中，社会制度、经济结构、思想意识无一不受到震撼，受到重大的冲击。书中写到："优伦斯基总是铁面无私，咬定价钱不放……竭力做到一本万利。"③ 书中的奥勃斯基说："我需要钱，没钱可活不下去。"④ 这两个人的表现都反映出资本主义社会金钱的魅力。

《神曲》是世界文学史上最重要的作品之一，是欧洲由中世纪过渡到近代资本主义时期文学巨匠、意大利文艺复兴先驱但丁的代表作。他在这部著作中严厉批判了统治阶级的寡廉鲜耻及其对人民的残酷压榨。诗中写到：

"那边除了庞得洛每个人都是贪官；

他们可以为金钱把'非'变成'是'"⑤

《白鲸》的作者赫尔曼·麦尔维尔是富有特色的美国作家。美国统治阶级早在反英独立战争中就把"人人生而平等"的口号喊得很响，但是独

① 杰弗雷·乔叟. 坎特伯雷故事集 [M]. 上海：上海译文出版社，1993：296.

② 巴尔扎克. 高老头 [M]. 杭州：浙江文艺出版社，1991：373.

③ 托尔斯泰. 安娜·卡列尼娜 [M]. 上海：上海译文出版社，1989：791.

④ 托尔斯泰. 安娜·卡列尼娜 [M]. 上海：上海译文出版社，1989：895.

⑤ 但丁. 神曲 [M]. 上海：上海译文出版社，1990：142.

立后，南方的黑奴制度依然原封未动，在奴隶主的残酷迫害下，黑人被当成一种可以买卖的商品。这部小说抒发了对统治阶级种族政策的不满，揭露与讽刺了资产阶级的所谓"文明"。小说中写到："因此，这世界上，掏钱和拿钱是完全不同的。掏钱这种行为恐怕就是那两个偷果树园的贼，给我们招来的最不受用痛苦的。甚至于人家付钱给你——那还有什么比得上这个？一个人接受钱时的那种彬彬有礼的态度，倒确实是不可思议的，因此我们都那么诚心相信钱是尘世上一切罪恶的根源，有钱人是决计进不了天堂的。"[1] 资产阶级的道德标准是，一个人有了钱，在法律和事实上都是自由的，一个人没有钱，在法律上是自由的，但在事实上是不自由的，这充分揭露了在资产阶级尊崇虚伪的时代货币的神奇力量。

三、社会主义货币理论发展的第一个阶段

社会主义货币理论发展经历了三个阶段。1917 年 10 月苏联社会主义革命胜利后，成立了世界上第一个社会主义国家，创立了社会主义货币信用理论，这是社会主义货币理论发展的第一阶段。在这个阶段，社会主义货币理论主要是环绕着社会主义社会存在货币必要性展开的。

在历史上，早期的空想社会主义者是非常痛恨货币的，他们极力主张废除货币。16 世纪英国空想社会主义者托马斯·莫尔（1478—1535 年）写了简称为《乌托邦》的一本书，他对理想社会乌托邦的描绘，就是全国财产公有，按需分配，取消货币。拿金银做便桶、溺器以及放污物的容器，表达他们对金银货币的极度鄙视。在社会主义革命取得胜利后，马克思、恩格斯倾向于把社会从对货币过分依赖和货币拜物教的束缚中解放出来。但是，马克思、恩格斯设想的社会主义是在资本主义商品生产高度发展之后建立起来的。全部生产资料统归整个社会所有，实行单一的全民所有制，社会可以按照需要调配生产资料和劳动力，有计划地组织生产。因此，生产者的劳动直接就是社会劳动，而不再是私人劳动；劳动产品直接就是社会产品，而不再是私人商品，它们是由社会统一进行分配的。在这里，不存在私人劳动向社会劳动转化、私人产品向社会产品转化的必要。也就是说，劳动直接成为社会劳动，产品也就没有必要转化为商品，商品不存在，货币也就消亡了。

苏联在十月社会主义革命胜利后，面临的是外国武装干涉和国内战争，

---

① 赫尔曼·麦尔维尔. 白鲸 [M]. 上海：上海译文出版社，1990.

国民经济十分困难，财政收入减少，财政支出很大，只能依靠发行纸币来弥补，通货膨胀严重，货币迅速贬值。在这种情况下，1918年9月2日，全俄中央执行委员会的指令宣布苏维埃俄国为军营，全国一切经济都要服从作战的需要，服从一个任务，"一切为了前线，一切为了胜利！"这个方针在历史上曾经被称为战时共产主义政策。苏维埃政权为了合理地利用非常有限的国家资源和取缔资本家的罪恶活动，开始进一步剥夺资产阶级的私有财产，把极大部分工业企业掌握在自己手中。由于实行征收农民一切余粮的余粮收集制，禁止私人贸易并实行产品配给制，市场和货币的作用被缩减到最低限度，国家实际上开始实行产品直接交换的原则，实行经济关系的实物化，主要表现是：第一，农产品的采购主要不是用工业品交换，而是采取按国家规定数量强制摊派的办法。第二，国家与企业、企业与企业之间的相互关系实物化。国家无偿向企业提供原材料，企业的产品和其他一切收入毫无保留地上缴，企业与企业之间的直接结算随之取消，相互之间的货币债务也一笔勾销。苏维埃管理机构、国有化企业、市政企业及商业企业之间的相互结算采用簿记方式，取消货币结算。第三，职工实物工资比重不断提高。由于货币贬值，工人工资的实际内容是由它的实物部分确定的，国家按照固定价格拨给工人实物。第四，国家开始逐步取消销售给居民商品的货款和国家提供的劳务收费。从1919年7月4日开始，国家无偿供给工人工作服和蔬菜，实行免费义务教育，供给学生膳食、服装、教材和教具等。第五，在城乡市场的经济联系中，因为农民不可能用货币买到工业品，所以，直接的实物分配以及自然经济排挤了商品货币关系。

如果说在苏联十月社会主义革命初期，否定社会主义货币存在的必要性还仅仅停留在理论上，到了战时共产主义的后期，当经济关系实物化的各项措施达到了顶点时，消灭货币的政策也就被提上了议事日程，当时的经济学家鼓吹货币会在苏维埃经济中不可避免地"死去""货币趋于死亡"等。1919年3月俄共（布）第八次代表大会的决议指出："扩展无货币的结算范围，以便准备废除货币。"有的中央领导人断言货币、工资等概念都属于旧的经济范畴，它们已经结束了自己的时代，并已让位于直接的物资分配方式，主张国家必须尽快消灭货币工资体系。

战时共产主义政策的一些主要措施，在反对外国武装干涉和国内战争中发挥了很大的作用，保证了战争的胜利。但是，由于实行经济关系的实物化，否定了商品货币关系，废除了市场，产生的严重后果日益显现。由于实行余粮收集制，农民的不满日益增强，工农联盟崩裂的危险日益增加，而且农产品的价格低、工业品的价格高，农民不满的情绪日益高涨。不但农民逐渐与苏维埃政权离心，而且工人也不满，因为政府禁止他们到自由市场购买实物，向他们供给的粮食往往又不能满足他们的需求，又由于原材料缺乏，工厂经常停工，工人无活可干，日渐与政府离心。因此，废除战时共产主义政策，改行新经济政策势在必行。

以上分析表明，过早地否定商品货币关系、废除货币，带来了多么严重的后果，这样做会使整个经济无法运转，使人民对政府产生严重不满。列宁通过实践，总结了经验教训，他指出："……货币是不能一下子就废除的，而我们根据切身的经验也证实了这一点……要消灭货币，需要很多技术上的成就，而困难得多和重要得多的是组织上的成就。所以，我们不能一下子废除货币。"① 1921 年，苏联开始实行新经济政策，废除对农民产品的征集制，实行用实物缴纳的农业税。恢复自由市场，重建市场关系，商品货币关系重新恢复和发展起来。列宁通过这项伟大的革命和建设的实践，又一次肯定了社会主义制度下货币存在的必要性，一切"货币取消论"都以失败而告终。

所以，苏联十月社会主义革命胜利后，在货币理论上，争论的焦点是社会主义货币存在的必要性这个重大的理论和实践问题。在这种情况下，货币对人的作用被长期忽略，这是传统的社会主义货币理论的重大缺陷。

苏联解体的惨痛历史教训，充分证明了传统的社会主义货币理论，只讲货币对经济的作用，不讲货币对人的作用，危害极大，造成了国际共产主义运动史上无法挽回的重大损失。

20 世纪 80 年代末 90 年代初的苏联解体和东欧社会主义国家剧变，震惊了世界，导致苏联解体的原因是多方面的，包括高度的计划经济体制阻碍了社会生产力的发展；闭关自守，不能适应世界经济发展和技术革命的要求，高度集权的政治体制，民族关系上的大俄罗斯沙文主义；对外关系上的霸权主义，但是，还有一个重要的原因，就是拜金主义的产生、蔓延和发展，它使苏联 70 多年社会主义建设的努力付之东流，使超级大国解体。在国际共产主义运动中，这个教训是十分惨痛的。在苏联，拜金主义的产生、蔓延和发展，主要表现在以下几个方面：

第一，权钱交易。

苏联长期实行的高度集权制导致形成一个特权阶层，他们开始是以管

行为货币学

---

① 列宁全集：第 29 卷［M］．北京：人民出版社，1956：321．

理集团的身份出现的，享有各种不合理的特权和优惠，例如，享有别墅、高级轿车、津贴、各种优惠等，严重脱离群众。

后来，在赫鲁晓夫主政时期，苏联下放了中央权力，扩大了地方经济管理权力，强调物质刺激的改革，刺激了领导干部的贪欲，也为其提供了谋私的空间。对经济管理体制进行改革后，地方主义迅速膨胀。在生产方面，任意破坏国家计划，只根据地区需要进行生产；在投资方面，非法挪用资金，将国家计划中规定用于发展重工业的投资，用于建设住宅等非生产项目；在基本建设方面，新建大批项目，资产分散，未完工程增加。在赫鲁晓夫改革的末期，苏联实际上已经形成了许多利用政权的小集团，他们大搞权钱交易和受贿索贿。20世纪50年代中期以后，苏联历史上贪污贿赂的转折点形成，不少拜金主义者出现在苏联的经济、政治和社会生活中。到了勃列日涅夫主政时期，以权谋私的风气盛行。勃列日涅夫执政后，针对赫鲁晓夫因实行地区经济管理原则而导致地方主义泛滥的严重后果进行了经济改革，重新恢复了经济管理原则，在加强经济集中领导的前提下，适当扩大了各加盟共和国和企业的权限；同时，把集中的计划和利用商品货币关系结合起来，这个改革进一步推动了特权阶层的发展，为一部分官员以权谋私，进行权钱交易提供了很大的空间，使拜金主义进一步蔓延到各个部门。在工业部门，企业需要按时完成指令计划规定的生产指标，但是，原材料和设备的供应往往是短缺的，为了完成生产计划，企业不得不向国家主管部门的官员行贿，受贿者是各部门的中高级官员。在商业部门，为了从供应点领取发放的货物，领取单位也需要大量行贿，受贿者是直接负责商业工作的党政部门官员。由于只有拿到商业部和地方商业局的调拨单才能从批发中心得到供货，所以必须向负责批准和填写调拨单的官员行贿。组织部门出卖官职在各加盟共和国成为普遍现象，行贿的多少往往决定于卖官者的职务大小和买到官后能够产生多少非法收入。向司法部门的官员行贿，往往可以使正在接受审讯或侦查的犯罪分子蒙混过关或者减刑。

在勃列日涅夫主政时期，向官员送礼行贿，进行权钱交易的拜金主义之风，从基层席卷高层，形成制度性的腐败，甚至苏共中央委员、书记也都从事肮脏的勾当。

经济管理部门的官员利用手中的权力谋取个人的利益的一个重要途径是创办合资企业，而且政府对合资企业规定了优惠政策。在其他非合资企业从事进出口活动受到许可证严格限制的情况下，苏联境内的合资企业在出口自产商品和进口本身所需商品时，不要许可证，没有限额。因此，为了追求更多的利润和货币，许多官员办起了合资企业。

经济管理部门的官员利用手中的权力获取优惠贷款，是他们追求更多货币的另一个重要途径。在经济改革初期，卢布对美元的汇率有三种：国家的汇率、商业的汇率和旅游的汇率。商业汇率和旅游汇率逐步接近黑市汇率，而国家汇率较低，所以官员们纷纷通过关系和行贿获取外汇贷款，从而赚到更多的货币。

经济管理部门的官员利用手中的权力低价购买不动产，是他们以权谋私的有一个重要途径。他们用低价购买国家最优的财产，在这些官员把持下的公司用低价收购效益很好的国有企业，购买不动产。企业的厂长利用入股、租赁、改组等各种形式，逐步侵吞了国有企业，使国有企业变成了私人企业，国有资产变成了私有资产。

第二，资本原始积累。

拜金主义者在自发市场上掀起了社会财富再分配的惊心动魄的波澜。一批官员利用手中的权力迅速积累了数百万、数千万甚至数亿卢布，知识分子通过下海经商也赚了大量货币，商人、小私有者大量涌现，掀起了第一次企业家浪潮。私有财富的积累就是开始于这个时期，当时的经济官员手中掌握大权，没有竞争对手，他们通过权力和资本创造了大量财富。1988—1989 年，原始资本快速积累，这时也是做生意的最好时期。

通过权钱交易，经济官员、商人等拜金主义者在短短数年间就完成了资本主义经历了数百年完成的资本原始积累的大部分过程。俄罗斯七个金融寡头之一的梅纳捷普金融集团的总裁、2004 年底被拘捕的俄罗斯首富霍多尔科夫斯基，以及奥涅克希姆集团总裁波塔宁等人利用手中的权力，在苏联国内价格与国际价格存在巨大差距的情况下，从对西方矿物原料的出口生意中赚够了建立自己私人银行的资本金。他们还组建了石油控股公司，挑选和控制了全苏联生产力最高、产品最优的企业，赚取了大量利润。他们的手伸入各个经济部门、各个行业最优的企业，将其占为己有，从而追逐到大量货币。

掀起这第一次企业家浪潮的，除了官员外，还有中青年知识分子。知识分子虽然手中没有权力，但是，他们中间有聪敏能干的人，他们可以在财富再分配的过程中贿赂依靠的官员，例如，从院士到金融寡头的别列佐夫斯基就是一个典型例子，在改革前，他主要在陶里亚帝城的伏尔加汽车制造厂的生产专业化系统工作，他深知在苏联只有依靠权力才能发财，所以，他不但成立了一家合资的私人公司，而且说服了伏尔加汽车制造厂的厂长，让厂长当这个公司的总裁，他自己当这个公司的总经理，既倒卖国产汽车，也倒卖进口汽车，最后赚了几亿美元，完成了原始资本积累，成为苏联第一批亿万富翁。事实证明，知识技能对商业成功有很大影响。

第三，自发私有化是对国有资产实行的再分配。

苏联在1991年7月通过《私有化法》，对国有资产的再分配被正式提上日程，但是，实际上拜金主义者对国有资产的再分配，在这以前就早已自发地进行了，而且自发私有化成为苏联资源再分配的重要组成部分，已是拜金主义者发财致富的重要领域。在苏联，这种自发私有化可以分为以下三个阶段。

第一阶段：从1988年1月《国营企业（联合公司）法》生效到1990年3月颁布《所有制法》。这是自发私有化的开始阶段。企业从国家的集中控制下解脱出来，自筹物资、资金和自销产品，结果在现金和划拨资金之间出现了缺口，国有企业想方设法把划拨资金转为现金，导致国家的物资和资金从这个缺口流入非国有经济部门，造成国有资产流失。1988年5月后颁布的《合作社法》和《租赁法》成为自发私有化进程继续推进的新的刺激因素。由于国家对经济的控制日益弱化，在建立合作社和租赁制的地方，往往出现产权界限不清、国家资产被共同窃取的情况。

第二阶段：从1990年3月颁布《所有制法》到1991年7月颁布《私有化法》。这是自发私有化的形式增加和范围逐步扩大阶段。有的官员趁经济管理机构或国有企业专制之机，进行有利于个人控制和窃取国有财产的变相转制；有的加盟共和国为了保持该地区联盟财产的控制权，组建了类似股份公司的联合体和协会；国有企业的厂长想方设法从自己窃取的国有资产中获取最大的利润，并千方百计地保持自己今后对这些资产的控制；有的官员通过签订赎买租赁合同，将国有企业转给本企业的劳动集体经营，并使国有企业成为劳动集体或实际上为个人所有；有的地方在苏联正式实行私有化以前，已经开始出售企业了，主要是小型商业、日常生活服务业等；有的管理层官员通过合作社赎买国有企业，利用国家的设备和物资在合作社或私人企业生产产品或提供服务，并由集团或私人获取利润，将国有企业股份转移到合资企业归私人所有，获取国有资产，并建立私人集团收购亏损的国有企业，或使国有企业假破产，压低价格收购国有企业等。

第三阶段：1991年7月至12月底。这是自发私有化的疯狂阶段。这个阶段的特点是私有化法令和文件不仅没有束缚私有化的手脚，相反，官员在私有化开始之前想赶快捞一把，造成占有国家财产的既成事实，导致私有化速度加快，无秩序状态有增无减，而且通过贿赂获取国有财产的行为更为普遍和明显。在这一阶段，联盟当局、各个经济部门、主管机关、地方官员加紧利用自己的权限建立康采恩、协会、银团、联合会等分别比此前几年的总数多三分之一到数倍。他们追逐货币，发了横财。苏联社会上曾经绝迹的资产阶级雏形逐步形成，广大劳动者实际上已经是潜在的雇佣劳动者了，新的资本主义社会结构的雏形已经出现在苏联的大地上。

第四，商人群体扩大。

商人中的一部分拜金主义者追逐货币，变成国内"倒爷"。这些商人熟悉国内商品供求情况，了解生活用品或物资的缺口和价差，能够钻国家商品供应的空子，囤积紧俏商品或物资，投机倒把，大发横财。他们把国营企业的原材料搞到手，高价卖出，同时，大批买进紧缺商品，高价卖出。他们甚至连分配给老战士的商品也不放过，结果老战士分配到的优惠商品也成为他们投机倒把的对象，成为其获利渠道。军用商品店也成为他们"走后门"、倒买倒卖和赚钱的场所。

商人中的一部分拜金主义者变成国际"倒爷"。他们在国际上通过倒买倒卖赚了大钱。他们一般和官员勾结，贿赂官员，因而能够搞到石油、铝等国际市场紧俏的原材料，用成列的火车运往西方，赚到百万甚至千万美元。有的用汽车运走俄罗斯的套鞋、绣品和森林的蘑菇。从波兰、匈牙利等东欧国家和中国买进服装、鞋靴、化妆品、传真机、计算机等进行倒卖，也能获取大量利润。他们甚至倒卖外汇，搞非法洗钱活动，追逐更多的货币。

第五，广大群众的经济状况恶化。

体力劳动资源贬值。国家规定，知识分子与工人们的报酬要拉开差距，鼓励解雇多余的工人，以提高其他工人的收入，但实际上却使工人的体力资源，尤其是非熟练工人的劳动资源绝对贬值。

不仅如此，工人队伍也发生了分化。由于改革向熟练工人倾斜，有技术和特长的熟练工人，既可以去合作社发展，也可以从事个体经营，使熟练技能有了升值的可能。在服务领域工作并有条件接近商品和客户的工人，在交通部门工作并有条件利用商品的地区差价从事倒买倒卖的熟练工人，以及在建筑部门劳动工作并有条件窃取建筑材料的工人，虽然其体力劳动本身没有升值，但其货币收入却增加了。

大部分工人在改革以后收入下降，生活水平也随之下降。这些工人主要在流水线上工作，是远离商品和客户的一般工人，尤其是中老年工人，他们在大工业生产流水线上劳动，没有制造最终产品的生产技能，难以进入合作社或个体经济，而且没有精力学习新的知识和技能，因此，他们往往货币收入下降，生活状况恶化。

不仅如此，改革后名义工资虽然增加，但是通货膨胀的速度更快，使一般劳动者的实际工资下降。通货膨胀率是工资增长率的 2～4 倍，普通劳动者的实际收入急剧下降，生活状况恶化。广大劳动者的经济状况和上述拜金主义者追逐到的货币形成明显对比，表现为两极分化。拜金主义者之所以能够追逐到大量货币，正是因为他们侵吞了广大劳动者的劳动成果。广大劳动者又重新沦落为无产阶级，拜金主义者又重新变成了资产阶级，苏联原来的社会结构瓦解，又重新形成了资本主义的社会结构，蜕化成资本主义社会。

拜金主义的各种表现形式中，最危险的是权钱交易。它是无声的枪，是"糖衣炮弹"，可以打中那些革命意志薄弱的国家公务人员，使他们变成国家肌体中的蛀虫，它可以瓦解社会主义的经济基础，瓦解社会主义的上层建筑，这是苏联社会主义瓦解的重要原因之一。国际共产主义运动中的这个惨痛教训，值得我们永远记取。

苏联在对待拜金主义的理论建设上犯了两个大错误，一个大错误是在建国初期，为了抵制拜金主义取消货币，过早地提出消灭货币，给当时经济发展带来了极大的困难，这个错误在实践中得到了改正；另一个大错误是后期又让拜金主义泛滥，瓦解了社会主义。所以，要很好地总结百年来社会主义货币理论建设的经验教训，正确对待和分析在社会主义市场经济条件下产生拜金主义的原因、形式、性质、危害，以及如何正确、有效、长期反对拜金主义。

我们要牢记，在 1917 年，无数革命烈士抛头颅、洒热血，取得了苏联十月社会主义革命的伟大胜利，建立了世界上第一个社会主义国家；在第二次世界大战中，无数革命烈士抛头颅、洒热血，取得了反对法西斯战争的伟大胜利，保卫了社会主义国家；以后苏联全体劳动人民辛勤劳动，取得了建设社会主义国家的伟大成就。但是，由于拜金主义的蔓延和盛行，最终瓦解了强大的社会主义国家。年轻人通过学习这一课，要牢记国际共产主义运动中的这一惨痛教训，在自己的一生中要预防和坚决反对拜金主义，建设中国特色社会主义制度下的魅力中国！

四、社会主义货币理论发展的第二个阶段

根据苏联解体的惨痛历史教训，根据新中国成立初期"三反""五反"的经验，根据中国社会主义建设的经验，货币神奇论阐述了货币对人作用的客观必然性，把货币对人的作用概括为"货币五力论"，全面、系统地阐述了社会主义制度下货币对人的作用，既要研究货币对经济的作用，又要研究货币对人的作用，指出了社会主义市场经济条件下，产生拜金主义的原因、形式、危害。社会主义货币理论发展进入了第二阶段。

研究货币对人的作用，也使货币理论的研究更贴近生活，更贴近群众，更贴近实践的检验。

研究货币对人的作用，使货币理论的研究更贴近生活。货币理论的研究不能只停留在书本上，必须贴近生活，只有贴近生活，货币理论才会像有源之水，不断被注入活力，这是因为：

第一，货币和人的日常生活是紧密联系在一起的。人和货币是密不可分的，人们的生活离不开货币，货币离不开人们的生活，人们日常生活柴、米、油、盐、衣、食、住、行样样都离不开货币。

第二，货币是人们生活中关注的中心。货币是人们平常谈论的中心话题，家庭每年或每月货币收入多少，货币支出多少，结余多少，想买大件商品，钱够不够；想买房买车，钱够不够；学费、医疗费开支够不够；想出去旅游，舍不舍得花钱；这家有钱，那家缺钱，这家是大款，那家是困难户；等等。总之，有关货币的话题是丰富多彩的，十分生动具体的。

第三，货币的多少决定人们的生活条件。一般而言，掌握的货币多，生活条件就更好些；掌握的货币少，生活条件就差一些，人们总是希望不断改善自己的生活条件，因此，要争取更多的货币收入，不仅如此，货币收入还决定了贫富差别、社会地位、人际关系等。

第四，货币往往成为生活中矛盾的焦点。人们生活离不开货币，货币的多少往往会引发夫妻间的争吵，子女与父母的争吵；为了分得父母的遗产，甚至兄弟姐妹之间会发生争吵；朋友、同事之间因为货币也会发生不愉快的事情。总之，货币往往成为生活中矛盾的焦点。

第五，社会各阶层货币收支的变化是国家制定经济政策的重要依据之一。研究社会各阶层，特别是城市中低收入阶层、农民货币收支、各地区尤其是少数民族地区货币收支的变化，是国家制定经济政策和开展经济工作必须关注的重要问题，要及时采取和调整有关的经济政策和宏观调控

措施。

总之，生活中因货币发生的各种事情，都是货币对人作用的结果。因此，只有系统地研究货币对人的作用，不断把人们生活中货币的动态、变化和作用提高到理论上进行研究，才能使货币理论的研究更生动具体。研究货币理论如果不研究丰富生动的生活，货币理论就会僵化。实践永无止境，创新永无止境，要坚持解放思想、与时俱进，不断总结实践经验，在货币理论上不断概括和提升。传统的社会主义货币理论存在不研究现实生活，因而不可能研究货币对人的作用的严重缺陷。

研究货币对人的作用，使货币理论的研究更贴近群众。货币理论的研究必须贴近群众，在群众中研究货币理论，这是因为：

第一，人民群众是经济金融活动的参加者。一切经济金融活动都是由有目的、有意识的人所参加的，都是社会的人活动的结果。没有人民群众，就没有经济金融活动。人民群众是历史的创造者，是社会物质财富的创造者，是经济金融发展的决定力量。因此，只有研究货币对人的作用，才能使货币理论的研究更贴近群众。

第二，人民群众对货币的感悟最深。人民群众对货币的感性和实践知识最丰富，人民群众对货币对人的作用感悟最深刻、最难忘，只有不断地向人民群众学习，总结人民群众的感性知识，不断将其提高到理论上来，才能使货币理论不断创新。

第三，人民群众是货币理论的真正创造者。理论来自实践，广大人民群众货币活动的实践，是创新货币理论取之不尽的来源，只有总结人民群众货币实践的经验，并提高到理性上来认识，才能创新货币理论。货币理论工作者只有不断总结人民群众的实践经验，才能真正创造丰富多彩、生动活泼的货币理论。

研究货币对人的作用，使货币理论的研究更贴近实践的检验，才能真正识别哪些是正确的货币理论，哪些是错误的或有缺陷的货币理论。应从以下几个方面进行实践的检验。

第一，群众对货币有什么看法？有什么主要倾向？这是货币金融理论工作者十分关注的问题。改革开放以来，货币对经济的作用越来越重要，货币对人的作用越来越明显，货币的分量越来越重，绝大多数人民群众能够正确对待货币，但是人们的观点也会出现差异；有的人对流行的"一切向钱看"的观点半信半疑；有的人信以为真；有的人认为不对劲；有的人则用批判和谴责的眼光看待这种提法。总之，人们的思想很活跃，看法很多，这给货币理论工作者提出了许多活生生的资料，需要在货币理论上研究正确与否，货币理论得到了实践的检验。

第二，各个时期群众对货币有什么反映？反映有什么变化？货币每天都会对人发生作用，各个时期群众对货币有各种反映是很自然的，我国物价基本上是稳定的，有些年月可能出现物价上涨，在物价上涨的过程中，货币对人的作用特别明显，人们感到东西贵了，货币贬值了。物价问题牵动着千家万户，物价上涨给老百姓，特别是部分低收入群众的生活带来了不小的压力，群众希望政府能够采取有力措施，把物价稳定下来。当然，也产生了各种议论，这正是给货币理论工作者提供了活生生的资料，需要在理论上进行研究，货币理论得到了实践的检验。

第三，群众对金融运行和金融稳定有什么反映？由于货币对人的作用，金融的稳定运行对人民群众的影响最大。2008年9月，美国次贷危机引发了国际金融危机，牵动了无数人的心。这些都充分反映出货币对人的作用是多么明显、生动和具体！因为金融稳不稳定关系到每个人的根本利益，牵动着每个人的心。

第四，各个阶层的人民群众对自己的货币收入有什么看法？这是党和国家需要经常掌握的情况，以便采取政策措施加以调节，货币对人的作用在这里是更明显的。

我们还可以列出许多方面，总之，只有深入到生活中去，只有深入到群众中去，才能了解到货币对人的作用最灵敏、最生动的资料，货币理论工作者不深入群众，不深入生活，脱离了实践，就会使货币理论的研究犹如死水一潭！

货币对经济的作用是客观存在的，但是，货币是掌握在人的手中的，货币对经济的客观作用是通过人来实现的，因此，必须研究货币对人的作用，掌握货币的金融工作者对待货币的态度不同，往往会影响货币对经济客观作用的发挥。对能够正确对待货币，对工作有高度责任感的人来说，他们手中掌握的货币，就能够充分发挥货币促进经济发展的作用，发挥货币资金的最佳经济效用；反之，对不能正确对待货币，对货币有各种错误的态度和想法，甚至把自己手中掌握的国家或集体的货币资金用来谋私利的人来说，他们手中掌握的货币，不仅不能发挥货币对经济的作用，反而会造成国家和集体的经济损失。

人们对待货币的态度是复杂多样的，因此，货币对人的作用是不同的，进而影响到货币对经济的作用也是不同的。只有系统、深入地研究货币对人的作用，深入到人民群众中去，深入到生活中去，接受实践的检验，才能使货币理论的研究更实际，具有更高的理论素质和更强的实践性。

五、社会主义货币理论发展的第三个阶段

根据马克思《资本论》中对人与货币、商品的关系的阐述，根据亚当·斯密《道德情操论》中的启示，根据我国社会主义市场经济建设和改革开放的经验，本书在研究货币对人作用的基础上，进一步研究了人对货币的作用，分析了净化人的货币心里、货币行为、社会货币氛围的重要性，从而促进货币更好地发挥对经济、社会的作用。社会主义货币理论发展进入第三阶段新的境界。人对货币起决定性的作用，主要表现在以下几个方面。

第一，人把货币送进了流通领域。货币不能自己进入流通界，是人把它投入流通领域，马克思说："商品不能自己到市场去，不能自己去交换。因此，我们必须找寻它的监护人，商品所有者。"① 货币进入和退出流通领域，也是由人投放和回笼的。

第二，人调控货币流通。各个金融主管部门根据货币流通的规律，通过实施各种货币方针、政策、措施、方法进行调控，使货币流通为发展经济、改善人民生活服务，是人调控流通中的货币。

第三，人决定货币流通的数量和规模。随着生产的发展，人民物质文化生活水平的提高，商品供应充裕，市场繁荣，人掌握市场货币流通的规模和数量，促进人民享受美好的生活。

第四，人掌握货币，最终要使货币为人民美好生活服务。社会主义就是要使广大人民过上美好的生活，一切为了人民，发展依靠人民，发展为了人民，发展成果由人民共享，人民币要为人民服务。

"研究活货币论。"人对货币起决定性的作用，可以概括为研究活货币论，不研究死货币，要把货币研究活。这是因为人的货币动机和货币行为，使投入流通的货币带着人的使命和目标，人对货币运行具有预期结果。

货币是物，是死的，货币自己不能投入流通界，把货币投入流通的是人。指挥货币流通的是人，是由人的货币心理、货币行为、货币动机、货

---

① 马克思. 资本论：第1卷［M］. 北京：人民出版社，1963：102.

币情绪、货币传情等决定的。因此，经济范畴的货币是带着人的使命和目标对经济、社会发生作用的，是受人的指挥的，人对货币发挥作用起着决定性的作用。在货币理论上孤立地、片面地研究货币对经济、社会的作用，那是研究死货币，不受人的指挥发挥作用的货币，在现实生活中是不存在的。为什么要研究活货币，不研究死货币，要把货币研究活，这是因为：

第一，人的货币心理是活的，对货币注入了活力。人的心理现象是自然界最复杂、最奇妙的一种现象，每个人的货币心理是不同的，这是因为每个人的货币心理在认知、动机、情绪、能力、人格等方面都是不同的，所以，形成的货币心理是不同的，要对研究人对货币的认知、动机、情绪、能力、人格等，这样才能掌握这个人的货币心理，把货币研究活。

第二，人的货币行为是活的，对货币注入了活力。人的货币行为也是复杂的，人的货币行为由货币心理引起，货币心理支配货币行为，人的货币心理是复杂的，因而人的货币行为也必然是复杂的。货币心理是一种主观的精神现象，是看不见、摸不着的，而货币行为却是显露在外的，货币通过货币行为对经济、社会发生作用。人的货币行为往往受外界的刺激经常发生变化，同是一个人，同是一样的货币，但不同的货币行为对己、对人、对集体、对国家往往产生不同的态度和行为，所以，直接影响货币对经济、社会的作用。特别要研究在社会主义市场经济条件下，拜金主义者人数虽然极少，但危害性却极大。这是社会主义市场经济条件下的主要危险。要研究拜金主义产生的原因、形式、危害。这也说明了货币不是死的，是受人指挥的，是活的。

第三，人的货币动机是活的，对货币注入了活力。货币动机是人的货币行为的内在动力，是引起、支配和维持人的货币行为的内部过程，货币动机对人的货币行为的激发和指引，必然对货币也产生激活的力量。人的货币动机必须有目标，目标指引人的货币行为，并且提供原动力，同样，人的货币动机也激活了货币。

第四，人的货币情绪是活的，对货币注入了活力。人的日常生活往往充满了许多情绪，有时因为货币而高兴，有时因为货币而焦虑，为货币患得患失，为货币烦闷苦恼，这种人的活生生的情绪，也使货币变活。

第五，货币传情是活的，对货币注入了活力。货币是物，是死的，但它是一种特殊商品，是一般等价物，是财富的代表，人人喜爱，人人对它产生激情，所以，货币可以传情，货币传情使货币活了起来，蹦了起来，所以，必须要研究活货币，不能研究死货币。

从以上分析可知，人的货币心理、货币行为、货币动机、货币传情等融化在货币的投放中，融化在货币的运行中，融化在货币的结果中，在货币对经济、社会的作用中，人是货币的灵魂，是策划者、指挥者，在货币对经济、社会的起作用的过程中，人起着决定性的作用。

在生产领域，货币受生产企业、单位领导人的指挥，因此，货币对促进企业合理组织生产，提高经济效益，提高产品质量，改善经营管理发挥积极作用。

在分配领域，货币受企业领导人、主管部门的指挥，因此其更加关注公平、公正、合理分配，按劳取酬，多劳多得，对提高全体职工生产和工作的积极性、创造性发挥积极作用。

在交换领域，货币受商品交换双方的指挥，实行等价交换，违反了等价交换的根本原则，就损害了交换双方或多方的根本利益，交换就不能成立。

在消费领域，货币受商业企业、服务行业领导人的指挥，适应消费者消费心理的变化和需求，促使全体职工对消费者提供优质服务，改善商品供应，提供物美价廉的商品。

以上分析表明，同是货币，在不同的领域、不同的行业，货币带着企业领导人的使命和目标、全体职工的努力和愿望，发挥不同的作用，所以，货币的作用不是千篇一律的，不是统一的，货币不是死的，而是活的，是因为在货币对经济、社会起作用的过程中，人起着决定性的作用，把货币是物和人的决定作用结合起来，才能把货币研究活。

研究人对货币的作用，使货币理论的研究更联系实际，更贴近人民群众生活；使货币理论的研究更全面、更系统；使货币理论的研究充满活力，不断发展、创新。

第一，使货币理论的研究更联系实际，更贴近人民群众生活。货币理论的研究进入研究人的货币心理、货币行为，使货币理论的研究深入得多。自古以来，人类在探索自然界奥秘的同时，也在不断探索人类自身的奥秘，在改造客观世界的同时，也在不断改造主观世界，这些认识和经验是代代相传的，人类认识和改造客观世界的本领是高超无比的，所以，把这些经验运用到研究人的货币心理和货币行为，这使货币理论研究深入到"攻心战"，这比过去历史上的货币理论研究深入得多。

不仅如此，研究人的货币心理和货币行为，深入人民群众的生活，贴近人民的日常生活，货币理论的研究更加实际，更加生动，深入广大群众中去，深入人的货币行为的实践中，带有很强的实践色彩，大大增强了货币理论研究的实践性，理论来自实践，在实践中才能使货币理论的研究不断吸取营养，达到新的高度。

在实际金融工作中，特别是领导部门和决策部门，不仅要研究人民群众的货币心理和货币行为，而且要研究金融实际工作者的货币心理和货币行为，例如，国家多次强调要大力支持小微企业，对小微企业的贷款要特别注意在发放时有否被挪用、被截留的货币行为，在小微企业贷款的运用过程中存在哪些问题，最后发放效果如何，同样地，对所有的贷款都要深入掌握，深入分析，深入评估，这是从微观上举例。从宏观上举例，由于美国金融行业错误的货币心理和货币行为，造成次级房屋信贷违约剧增，信用紧缩，并引发国际金融市场的震荡、恐慌和危机，这次次贷危机席卷了美国、欧盟和日本等主要国家和地区。所以，错误的货币心理和货币行为可以造成金融危机，影响国家安全。

第二，使货币理论的研究更全面、更系统。既研究了货币这个经济范畴及其运行规律，又研究了调控货币、指挥货币运行的人的货币心理、货币行为及其运行规律；既研究了货币这个载体，又研究了调控货币这个人的主体，对货币的研究比过去历史上的研究全面得多、系统得多，不是研究死货币，而是把货币研究活了。

但是，这里特别要引起注意的是：人对货币的决定性作用，是遵守货币及其运行的规律条件下的决定性作用，而不是任意妄为，也不是为所欲为；也是在遵守人的货币心理、货币行为及其运行规律条件下的决定性作用，而不是任意妄为，为所欲为。违反客观经济规律、违反人的货币心理和货币行为规律，那是要受到客观规律的惩罚的，会把自己碰得头破血流，陷入主观唯心论的泥坑。

第三，使货币理论研究充满活力，不断发展和创新。过去传统的社会主义理论是研究死货币，所以，传统的社会主义货币理论在近百年内，几乎停滞不前，表现为阐述货币对经济的作用，就是固定那几条，甚至在内容、表述的方式和文字上都没有太大变化，停滞不前。在社会主义货币理论研究的第三阶段，在行为货币学的指引下，理论一定会有更大的发展和创新。

研究活货币，把货币研究活。货币是经济范畴，货币是物，人的货币心理和货币行为是活的，要把二者融合在一起研究。货币运行的整个过程肩负着人的使命和目标，货币的运行反映了人的货币心理、货币行为，两者融合在一起，激活了货币，开启了货币理论研究的新道路。

研究活货币，把货币研究活。研究人的货币心理、货币行为，才能正确投放和回笼货币，保持通货的基本稳定。既要研究货币流通规律的客观性，又要研究人的货币心理、货币行为的主观性，只有人的正确的、良好的货币心理、货币行为的主观性和货币流通规律要求的客观性保持一致，才能使投放和回笼货币数量符合流通界的客观需要。过去只强调货币流通规律的客观性，而不研究人的货币心理、货币行为的主观性，这种对货币流通规律客观性的研究，只是停留在书本上的研究，是片面的，缺乏实践意义。

研究活货币，把货币研究活。通过研究人的货币心理、货币行为，增加了人对货币的洞察力。通过观察和研究货币运行，发现哪些是人的良好的货币行为，哪些是不良的货币行为，特别要注意少数人利用货币以权谋私、以钱欺人、以钱骗人等，增加了人对货币行为的洞察力。提倡良好的货币行为，打击不良的货币行为，保证货币的正常运行。

研究活货币，把货币研究活。通过研究人的货币心理、货币行为，提高了人对货币的调控力。深入实际，洞察实际，掌握货币的实际运行，有的放矢地进行货币的调控，把人的因素和货币的因素都考虑进去，结合起来研究，增强了人对货币的调控力。

研究活货币，把货币研究活。通过研究人的货币心理、货币行为，传递了货币的亲和力。社会主义制度下人与人之间的关系，再不是阶级社会中奴役、压迫、剥削的关系，而是互助、合作、同志式的关系，货币带去了亲和力，带去了真情，带去了温暖，货币活了，货币跳起来了，货币蹦起来了，开创了货币与人的情感交流结合在一起研究，开创了货币理论研究的新境界。

以上分析表明，通过对人的货币心理、货币行为的研究，研究活货币，把货币研究活，使社会主义货币理论的研究不断发展和创新。

新阶段。通过研究人的货币心理、货币行为，研究活货币，把货币研究活，不再研究死货币，开创了社会主义货币理论研究的新阶段。

新理念。通过对人的货币心理、货币行为如何影响流通中货币运行的研究，使人们认识到不仅要研究货币流通规律的客观性，而且要研究人的货币心理、货币行为的主观性，使人的货币心理、货币行为的主观性和货币流通规律的客观性保持一致，开创了社会主义货币理论研究的新理念。

新经验。通过对人的货币心理、货币行为的研究，深挖了货币的活力，增强了人对货币的洞察力，增强了人对货币的调控力，开创了社会主义货币金融工作的新经验。

新境界。通过对人的货币心理、货币行为的研究，可以发现货币能够传情，传递社会主义制度下人与人之间互助合作之情，传递人间真情，开创了社会主义货币理论研究的新境界。

新作用。通过对人的货币心理、货币行为的研究，可以发现在社会主义制度下，货币能够在更高层次上，在经济绿色发展、共同富裕、精神文明建设上发挥更新、更好的作用，在实现全面建成社会主义现代化强国的第二个百年奋斗目标的过程中发挥更好的作用。

复习思考题

1. 对于中国历史上的拜金主义，你有什么感想？

2. 中外历史上拜金主义有什么共同点？有什么不同点？

3. 传统的社会主义货币金融理论为什么长期忽略了货币对人的作用，造成了什么危害？

4. 不研究货币对人的作用，你对此有什么看法？

5. 研究货币对人的作用，为什么使货币理论更贴近生活、贴近群众？

6. 你对货币理论发展三个阶段的概括有什么看法？

7. 怎样研究货币心理和货币行为？

8. 你对研究活货币有什么看法？

第十五章　货币观是根本

人类社会发展的历史表明，对一个民族、一个国家来说，最持久、最深层的力量是全社会共同认可的社会核心价值体系。我们必须用社会主义核心价值体系凝魂聚力，更好构筑中国精神、中国价值、中国力量，为中国特色社会主义事业提供源源不断的精神动力和道德滋养，树立和巩固正确的货币观。

一、两种根本不同的货币观

货币观是人们对货币的看法、态度和追求。人类要生存和发展，就必然要求自然界满足自己的各种需要，而自然界是不会自动满足人类需要的，人类要通过共同的劳动来满足自身在物质上和精神上的各种需要。每个人只有参与了社会共同活动，社会才能满足其需要，而这种满足在商品生产和商品流通的社会，是通过货币这个一般等价物来实现的。因此，人们在物质和精神上的各种需要都是通过货币来满足的。人们的经济生活天天都离不开货币，货币在人们头脑中的反映，必然形成货币观，即人们对货币的看法、态度和追求。

货币作为一般等价物、财富的代表，在我国社会主义市场经中发挥着重要作用，但是，货币的重要作用是通过人来实现的，离开了人的实践活动，离开了人的货币行为，货币在市场经济中作为一般等价物的作用就很难发挥。不同的人持有不同的货币观，对货币的看法、态度和追求不同，使货币在市场经济中作为一般等价物、财富代表的职能受到了重要影响。因此，只研究客观存在的经济范畴的货币，不研究人的货币观、人的货币行为，这实际上只研究了货币问题的一个方面，而没有对货币进行全面的研究。在实际经济工作中，如果只注意研究货币和资金，不研究掌握货币和资金的人的看法、态度和追求，就有可能给经济、金融工作造成重大损失。因此，研究货币观和研究货币一样，具有重要的理论和实践意义。

货币观是理性思维的表现形式，在意识形态中占据重要地位，它受社会经济制度的制约，是由社会经济基础决定的，在不同的社会，有不同的货币观。

在资本主义社会，占主导地位的货币观是金钱至上，赚钱是人一切活动的目的。这种货币观的实质是一切以个人为中心，一切以个人利益为出发点，强调个人中心和个人至上，这是资产阶级整个意识形态的最集中的表现，是资产阶级政治、经济、法律、文化思想的核心和基础。一切为了赚钱，这种货币观是资本主义社会生产关系决定的，也是与资本主义生产资料私人占有制相适应的。在一个社会占统治地位的观念，总是由该社会占统治地位的社会生产关系决定的。在资本主义制度下，社会上最多、最穷的广大劳动人民为社会创造了大量的财富，这些财富表现为巨额的钱财，但是，他们自己却连必要的生活资料也得不到满足，腰包空空，而极少数资产阶级享乐至上、穷奢极欲，却拥有大量钱财，人和人之间是冷冰的金钱关系。但是，在资本主义社会，也不是所有的人都持有这种占主导地位的货币观，由于个人的情况，如家庭、所受教育、经历、经济条件、社会地位等不同，人的货币观也不尽相同。社会上许多有识之士慷慨解囊，扶贫帮困，搞慈善事业，热心于社会公益事业，愿意为社会做贡献，他们已经突破了资产阶级货币观的约束。

在中国特色社会主义制度下，占主导地位的是有益于人民利益的货币观，一切为了人民，人民至上，人民当家作主是社会主义民主政治的本质和核心，执政为民，权为民所用，绝大多数的人民群众都具有正确的货币观，这种货币观的核心是集体主义和爱国主义，集体主义和爱国主义就是要使集体利益、国家利益高于个人利益，强调个人对集体、对社会的义务和责任。只有国家和社会兴旺发达了，国家和社会中的每一个成员才能够得到更好的发展，才能拥有幸福的生活，才能拥有美好的未来。爱国主义是推动我国社会历史前进的巨大力量，是各族人民共同的精神支柱，是激励全国人民团结奋斗的光辉旗帜。

树立有益于人民利益的货币观，就是要正确处理对社会的贡献与索取的关系。在实行生产资料私有制的社会，人对社会的贡献与索取往往是分离的。只有在社会主义社会，贡献与索取才能由过去的分离走向统一。树立有益于人民利益的货币观，就是要正确处理贡献与索取这两者的关系，主要包括：

第一，辛勤劳动，多做贡献。个人在物质和精神上的各种需要都是要从社会上取得并得到满足，这里必须有一个先决条件，就是个人进行辛勤劳动和创造，多做贡献。没有这个先决条件，个人的各种需要、愿望和设想，都不能变成现实，不仅如此，没有这个先决条件，人的存在和发展也都是不可能的。要把劳动看成起始点，劳动创造了人，劳动促进了人类自身的发展，劳动创造了物质产品和精神产品，劳动创造了社会财富和人类文明，劳动创造了人类社会，并推动人类社会不断进步与发展，然后劳动者才能向所在的企业、集体、单位取得按劳取酬的货币。所以，要树立有益于人民利益的货币观，就必须把劳动看成获取货币的出发点。

第二，正确、科学地选择需要。人的需要是对客观需要存在的主观反映，社会可提供的需要是种类繁多、千差万别的，而个人的反映能力又是有差异和局限性的。因此，个人需要也有合理和不合理、可能和不可能、应该和不应该的区分，也就是说，个人确立的需要，有的可能是不合理的、不应该的、根本不可能实现的；有的既是合理的，又是应该的，但是，由于自己的劳动、贡献和持有的货币有限，目前还不能实现。因此，个人必须以客观的、科学的态度选择自己的需要，或者调整好个人的需要，处理好贡献与索取的关系，处理好需要与可能的关系。即使合理的需要也要分轻重缓急，把个人需要建立在合理、科学、可行的基础上。

第三，不断提高个人的素质。人的需要是人对客观条件的依赖和要求，个人需要的实现也是主观条件和客观条件的统一。主观条件是指人的能力、水平、人品等。客观条件是指个人需要得以实现的社会条件和自然条件，物质需要的满足程度取决于生产力的发展程度和水平，以及社会制度、个人货币收入等。精神需要的满足程度主要决定于社会政治条件和建设状况。只有不断提高个人需要的主客观条件，才能正确处理贡献与索取的关系，树立正确的货币观。

如果每个人都能做到贡献大于索取，个人的生活就会很充实，很愉快，个人的思想境界就会提高，个人就会受到社会和人们的尊敬，就会树立牢固、正确的货币观。如果全体社会成员都能做到贡献大于索取，社会就能增加积累，增加投入，扩大社会再生产，发展科学技术，扩大需要的领域，提高满足社会需要的水平，社会的发展也会更快。这不仅局限在物质财富的创造上，在精神文明建设上的意义也是巨大的。假如一个国家、一个民族能坚持多贡献、少索取，这说明人们在艰苦奋斗，开拓进取，奋发向上，这是巨大的精神动力。反之，如果有人希望索取大于贡献，他就会经常不愉快，不满足，不能做到"知足者常乐"，总觉得挣钱太少，钱不够花，就会对树立有益于人民利益的货币观产生这样和那样的消极影响。

有极少数的人不想劳动，还没有对社会做贡献，就想索取，而且还要多索取。如果不能及时改正这种错误想法，就可能陷入拜金主义的泥坑中。

在社会主义社会占主导地位的是有益于人民利益的货币观与资本主义社会占主导地位的是金钱至上的货币观是两种根本不同的货币观，主要表现在以下几个方面。

第一，在哲学上表现为坚持唯物论和坚持唯心论的根本不同。世界是物质的，物质是客观存在的，人的感觉、意识是对客观存在物质的反映。世界上的一切物质和文化成果都是人类劳动的结晶。因此，社会主义制度下有益于人民利益的货币观，首先是强调劳动，人们只有通过劳动创造劳动成果，才能从劳动成果中取得属于自己的份额。这是坚持物质是第一性的辩证唯物主义的基本观点。

资本主义社会金钱至上的货币观，不强调个人的索取要以劳动为前提，不强调先有劳动的付出，然后才能谈赚钱，而是强调一切为了赚钱，把赚钱放在第一位，不讲劳动，靠剥削发财，这实质上是一种唯心论的观点。因此，这两种不同的货币观表现出来的是坚持唯物论与坚持唯心论的根本不同。

第二，在方法论上表现为坚持唯物辩证法还是形而上学的根本不同。在货币观上，如何看待个人与集体、权利与义务、奉献与索取等诸范畴之间的关系，唯物辩证法的观点与形而上学的思维模式是根本对立的。资产阶级货币观的核心是个人主义，这种个人主义根植于资本主义生产关系之中，把人与人之间的关系看作冷冰冰的金钱关系，强调一切从个人出发，割断了个人与集体、个人与社会之间的内在联系，只讲或多讲索取，不讲或少讲贡献，这是一种形而上学的货币观。在社会主义社会，有益于人民利益货币观的核心是集体主义、爱国主义。人是社会关系的综合，社会中的个人不可能孤立、封闭地存在，人要生存，就必然结成一定的生产关系和各种社会交往关系，人是社会的细胞，人是离不开社会的。从这个基本观点出发，为了使个人更好地生活，得到更好的发展，为了使社会得到更好的发展，就必须坚持社会利益高于个人利益，在保障社会整体利益的前提下，实现个人利益和社会整体利益的结合。坚持社会利益高于个人利益，并不意味着否定个人利益，恰恰相反，它使个人利益得到保证和实现。集体主义、爱国主义反映了个人与社会的双向辩证关系，它既包括个人对社会的贡献和责任，又包括社会对个人的尊重和满足。对个人来讲，在社会主义制度下，有益于人民利益的货币观首先强调对社会的贡献，然后讲对社会的索取，多讲贡献，少讲索取。

第三，从社会经济基础上看，两种货币观有根本不同。货币观作为一种社会意识，是社会存在的反映，它总有着特定的社会经济基础和阶级主体。每一个社会的不同阶级的代表，总是通过各种方式、不同程度地表达本阶级的经济利益和政治理想。货币观作为一种意识形态，反映的就是不同社会统治阶级的利益。因此，两种货币观的对立反映了两种不同社会意识形态的对立，反映了两种不同的社会制度、两种不同的社会经济基础的对立。

在资本主义制度下，金钱至上的货币观是在资产阶级赖以生存的生产资料私人占有制的经济基础上建立起来的，是受商品经济原则支配的。在我国社会主义制度下，有利于人民利益的货币观是在生产资料公有制为基础，多种所有制经济共同发展的经济制度的基础上建立起来的，是巩固和发展社会主义公有制经济，鼓励、支持和引导非公有制经济发展，维护最广大人民的根本利益所需要的。

资本主义制度下金钱至上的货币观和社会主义制度下有益于人民利益的货币观存在着上述三个根本不同，这些不同反映出两种不同的社会制度在思想意识上的对立。坚持什么样的货币观问题，实质上是一个社会确立什么方向，引导人们走什么道路的根本问题。是坚持个人主义，还是坚持集体主义，是两种货币观对立的实质和核心。

资本主义思想意识和货币观的核心是个人主义，即一切从个人利益出发，以个人为中心，一切都是为了达到个人的目的，社会和集体充其量只能当作个人存在和发展的条件和手段，而个人的存在和发展才是唯一的目的，它建立在抽象的人性论的基础上，割裂了社会、集体和个人之间的辩证关系。在社会主义社会，个人与社会的统一有了根本利益一致的经济基础，社会主义思想意识和货币观的核心是集体主义和爱国主义，集体主义、爱国主义与社会主义是不可分割的。坚持走社会主义道路，就是要坚持集体主义和爱国主义。必须以人民为中心，把最广大人民根本利益作为最高标准，人民群众是发展的主体，也是发展的最大受益者，坚持以人民为中心的发展思想，就是要把增进人民福祉，促进人民全面发展作为发展的出发点和落脚点，做到发展为了人民，发展依靠人民，发展成果由人民共享，不断实现好、维护好、发展好最广大人民的根本利益，树立和巩固有益于人民利益的货币观。

二、价值观、人生观、世界观决定货币观

人的货币观是由人的价值观、人生观和世界观决定的。人的价值观是指作为主体的人以自身需要为尺度，对社会现象和发展的评价及追求。资产阶级的价值观把个人的需要看成脱离具体的历史条件、脱离社会制度的，主张一切个人为中心，一切以个人需要为出发点，因而把实现个人的利益、权力和价值看作至高无上的唯一目的。

社会主义价值观的核心是集体主义。集体主义是调节个人与社会、个人利益与集体利益之间关系的一种指导思想和行为准则，不是为极少数人谋利益，而是真正为绝大多数人谋利益。人的价值观是由人对社会、对人生的评价和追求决定的。人生目的是人生观中最根本的问题。人究竟为什么活着，人生活着的目的和意义是什么，人的一生究竟应该如何度过，这就是人们常说的人生观问题。人生观是一个人对人生目的和意义的根本看法和态度。所以，人生观是价值观的基础。

人的本质是自私的吗？资产阶级思想家认为，人的本质是自私的，并提出"自私是人的天性"。他们极力鼓吹以个人主义为核心的人生观，这种人生观是以"人的本质是自私的"作为理论根据的。

人类社会的历史表明，人的本质在人类社会的不断发展中是不断改变的。"人的本质是自私的"这一观点，把人与社会制度割裂开来，抛开了人所依存的社会制度，它只是反映私有制社会中的现象，而且即使在私有制社会中，舍己为人、为国捐躯的人也大有人在。每个国家、民族和阶级中都产生过许许多多高尚的、富有远见卓识的、舍己为公的、受到国家和民族推崇的先进人物，他们为维护国家和民族的利益，为社会的发展作出了无私的贡献，甚至牺牲了自己的生命。

随着大工业的发展，登上历史舞台的无产阶级成为新的社会生产关系的代表，他们以推翻一切剥削制度，解放全人类为目的，与一切旧的传统观念彻底决裂，与此相适应，他们大公无私的思想达到了人类思想的崭新境界。

在社会主义制度下，要树立全心全意为人民服务的宗旨。全心全意为人民服务是无产阶级人生目的的核心，这是由于人民群众是创造历史的主人，人类社会发展的历史是人民群众的历史，全心全意为人民服务是无产阶级的人生目的，应该把它作为一切行为的出发点和归宿点。要自觉地按照集体主义、爱国主义的根本要求，把个人利益置于集体利益之中，集体

利益高于个人利益，个人利益必须无条件地服从集体利益。提倡大公无私的思想，为了国家的长远利益和整体利益，甘愿牺牲个人利益，吃苦在前，享受在后，培养见义勇为，助人为乐，舍己为人的高尚风格。人生观决定人生的根本方向和道路，并影响人生价值的大小，因此，树立正确的人生观是极为重要的。

世界观是人们对整个世界总的看法，是人们对世界的本质和各种关系，如人和周围环境之间、人和人之间以及其他事物之间的关系总的看法，是人们对于世界上一切事物的根本观点和根本看法。人生观问题实质上是世界观问题，人生观是世界观在人生问题上的具体表现。人生目的、人生态度和人生评价构成人生观的基本内容，但它们都受世界观支配，都是由世界观决定的。也就是说，有什么样的世界观，就有什么样的人生观。世界观影响着对人生总的看法，指导着人生道路，制约着人们对社会生活的观念。因此，世界观决定人生观，人生观反映世界观。

以上分析表明，正确的价值观、人生观和世界观指导人们确定正确的人生方向和选择正确的生活道路；不正确的价值观、人生观和世界观误导人们确定错误的人生方向和选择错误的生活道路。有什么样的价值观、人生观和世界观，就有什么样的人生追求。以金钱至上为人生价值取向的人，想到的、做到的必然就是追求金钱。以个人为社会辛勤劳动、多做贡献为人生价值取向的人，往往不计较个人得失，对货币看得很平淡，进入了一种忘我劳动、为社会多做贡献的思想境界。人生的价值在于奉献，在于为人民谋利益。多做有益于人民利益的事，埋头苦干，默默贡献，有助于实现人生最大的价值。因此，价值观、人生观和世界观决定货币观。

三、货币观是价值观、人生观、世界观最集中和具体的表现

在日常生活中，人们的价值观、人生观和世界观是很隐蔽的，在表面上是很难看出来的，但是，当接触到货币时，人们能否正确对待货币，即人们对货币的态度，就能够最明显、最集中、最具体地反映出人们的价值观、人生观和世界观。

在市场经济中，货币就好像是一面镜子、一块试金石、一个测量器，最明显、最具体地反映了人们的价值观、人生观和世界观。在货币面前，人们往往无法掩饰，暴露无遗。在货币面前，有的人能够正确对待货币，能够很客观、很理智地对待货币，有的人对货币斤斤计较，热衷于追求货币，甚至在货币面前失态。在货币面前，人们有各种不同的态度表现，包

括形象、看法、行为甚至发生争吵等，从而最明显、最集中、最具体地反映了人们的价值观、人生观和世界观。这出于以下几个主要原因：

第一，货币是私有的。自从货币产生以来，货币从来都是私有的，为自己所用，人们的私有制观念很牢固，因为货币关系到自己和家庭的生活，关系到物质和精神生活水平的提高，人们如何处置货币，直接关系到自身的利益。

第二，货币是一般等价物、财富的代表。货币有各种用途，货币持有者对货币的使用，有各种打算，想实现各种愿望。增加货币或减少货币，直接关系到货币持有者愿望的实现，要么能够实现更多的愿望，要么根本不能实现愿望。所以，人们很难回避对货币的态度。

第三，货币数量是最重要的。货币持有者最关心的是货币数量，经常盘算自己的货币能否逐步增加，甚至计划增加到什么水平。能否恰当对待或处置货币，往往关系到人们货币数量的多少，因此，人们也往往要暴露出自己的真面目。

在日常生活中，在货币面前，从各个方面通过各种事情，可以反映出人们的价值观、人生观和世界观，主要包括以下六个方面。

第一，义与利。这里说的"义"，主要指道德合乎正义，合乎公益，合乎国家利益。这里说的"利"，主要指物质利益。因此，义与利的关系是指道德与金钱的关系。企业、公司的所有者或领导人在义与利的面前有两种选择：或者是先考虑到国家利益、社会利益，宁可自己的企业、公司少赚点钱，也要为国家多做些贡献，为社会、为消费者多做些贡献；或者是牺牲国家、社会、消费者的利益，只是为了使自己的企业、公司多赚点钱。企业、公司的所有者或领导人的价值观、人生观和世界观在货币面前暴露无遗。货币观就像一块试金石，检验着人们的价值观、人生观和世界观。

改革开放以来，中国有许多企业和公司坚持正确的发展方向，把国家、社会的利益放在第一位，通过技术创新、产品创新、经营管理创新，开拓国际市场，逐步成为国际先进企业，用名牌产品占领了国际市场，是国家的纳税大户，为国家和社会作出了巨大贡献，这些企业和公司所有者或领导人具有正确的货币观。

第二，把顾客真正看作上帝。办企业和公司时，是把顾客看作上帝，还是只是为了赚钱，是企业和公司所有者或领导人的价值观、人生观、货币观的测量器。

改革开放以来，在日常生活中涌现出许多讲诚信、服务顾客的企业和公司。这些企业和公司对于其生产经营的产品保修保退，上门服务，热情周到，使顾客满意，这样的企业和公司在讲究诚信至上、顾客至上的经营中得到不断的发展，是顾客信得过的企业和公司。企业、公司赢得了顾客，为国家、社会作出了贡献，这些企业和公司的所有者或领导人具有正确的货币观。

第三，在严重的自然灾害和疫情面前，是慷慨解囊，献出一份爱心，还是不愿掏出自己口袋中的钱，这是对每个人价值观、人生观、货币观很好的检验。2008 年 5 月汶川大地震是对中华民族的考验，也是对中国特色社会主义制度的考验。这次新冠肺炎疫情又是一次对中华民族的考验，中华大地涌现出空前规模的爱心热流，人们捐出了大量的救济款和物资，彰显了中国特色社会主义时代风貌、强大的力量和特殊价值，中国精神感天动地，中国力量令人惊叹，对各国疫情的支援，令世界瞩目，中华民族的精神在此升华，无数可歌可泣的事迹被载入中国的光荣史册。

第四，把货币的多少作为人际交往的尺度和标准。人们一般根据爱好、专业、性格等选择交往的对象，但是，在日常生活中，也有少数人，他们对亲戚朋友中富有的就愿意多交往，不富有的就疏远，这往往是其货币观的一种反映，有的甚至在恋爱婚姻中不注重人品，却注重金钱，有的女青年认为嫁给大款，就能够少奋斗几十年。甚至报刊上还出现女骗子，他们用"富婆"的名义来征婚，结果使那些有不正确货币观的人上了当，受了骗。

第五，在货币面前表现出高尚的思想道德情操。在困难面前，在别人极需要帮助时，能否献出爱心，用货币支援那些急需用钱治病、上学、救济的人，也是对人的货币观的检验。许多人都能慷慨解囊，用货币支援别人，宁肯自己省吃俭用。在我国，路不拾遗的感人事迹经常发生，出租车司机、宾馆服务员拾到旅客的钱包、贵重物品，想方设法找到失主归还，这样的事件是经常发生的，这些事例充分反映出他们高尚的思想道德情操，反映出他们正确的货币观，也生动、具体地反映了他们具有正确的人生观和世界观。

第六，在生活上是追求享乐至上，还是坚持艰苦奋斗，这也是在货币面前，对人们的货币观、人生观、世界观的检验。在经济发展的基础上，人们的货币收入普遍提高，人们在物质生活水平和精神生活水平逐步提高的基础上，讲究提高生活质量，使生活更丰富多彩，要求享受健康美好的生活，这是完全应该的。社会主义社会生产的目的，就是为了不断提高全体人民的物质文化生活水平。

但是，极少数人追求资产阶级腐朽的生活方式，穷奢极欲，纸醉金迷，荒淫无度，而且即便没有钱也向往和追求这种生活方式，这种向往和追求暴露了这些人资产阶级的货币观、人生观、世界观。

其实，在资本主义制度下，那些有理想、有抱负的优秀企业家以及社会上的有识之士，也坚持艰苦奋斗，他们的生活也是很俭朴的，他们将节省下来的钱用于社会公益事业和慈善事业，甚至死后也不把遗产留给子女。因此，富人不一定都是拜金主义者。在我国社会主义制度下更是如此，绝大多数企业和公司的领导人都能够坚持艰苦奋斗的精神，吃苦在前，享受在后，反对享乐主义。

四、要分清七个原则性的区别

在我国社会主义市场经济中，在日常生活中，要认清以下七个原则性的区别，正确对待货币，充分发挥货币在我国社会主义经济建设中的重要作用。

第一，要把货币是拜金主义产生的客观条件与货币在市场经济中发挥重要作用区别开来。货币对人类社会的发展曾经起过并且依然起着重要作用。在市场经济条件下，货币对市场经济的重大作用，归纳起来说，就在于促进了社会分工的大发展，促进了社会生产力的大发展，促进了社会各方面的大发展。在我国，现阶段货币仍然在促进社会生产力的大发展，在生产、分配、交换、消费等各个环节，货币都发挥着重要作用，一切经济活动都离不开货币，无论是促进生产、建设和投资，还是从事新技术开发，发展国际贸易，动员和分配资金，进行宏观调控等各方面都离不开货币。货币在促进经济高质量发展、促进区域经济协调发展等各方面都发挥着重要作用。一切政治、社会、文化活动都离不开货币，货币在促进社会和谐发展，促进人与自然协调发展等方面发挥着重要作用。因此，要把货币发挥重要作用和它是拜金主义产生的客观条件严格区分开来，这是两回事，不能混淆。如果把两者混淆，必然会轻视或削弱货币的重要作用，那将会给经济工作带来重大损失。

第二，要把拜金主义产生的客观条件与拜金主义产生的主观原因区别开来。古今中外许多人把货币是拜金主义产生的客观条件与拜金主义产生的主观原因相混淆。因此，他们把拜金主义给人们带来的严重后果都归咎于货币，说货币是"万恶之源"，诅咒货币。但是，这些人不懂得拜金主义造成的严重后果，是由当时社会实行的剥削制度及其社会生产关系决定的。

在我国社会主义市场经济中，拜金主义产生的主观原因是极少数人存在错误的货币观、人生观和世界观，祸根是极少数人的主观世界，而不是货币。

第三，要把这样或那样有错误货币观的人与拜金主义者严格区别开来。有这样或那样错误货币观的人，只要他们没有违反党纪国法，仍然属于思想意识方面的问题，要耐心帮助他们提高认识，改正错误思想，树立正确的货币观、人生观和世界观，而且这往往需要一定的时间，需要一个过程，同时，也要警告他们，拜金主义者错误的思想意识来自错误的货币观，如果不及时改正，那是很危险的。

第四，要把获得正当的收入与拜金主义区别开来。每个人获得正当的货币收入，是每个人付出辛勤劳动后应该得到的劳动报酬，是劳动者创造的必要产品的货币表现。每个劳动者向社会提供一定形式的劳动，从社会获得一定数量的货币收入，这是受国家法律保护的。劳动者的货币收入越多，说明他们对社会的贡献越大。社会主义生产的目的，就是要满足人民日益增长的物质和文化需要。在社会主义经济增长的基础上，人们的货币收入必然也逐步增长，这与拜金主义者想不劳而获，非法追求货币是根本不同的。

第五，要把企业追求利润与拜金主义区别开来。任何企业、经济单位的合法利润，都是它们为扩大再生产和满足社会公共需要而创造的社会财富的一部分，是社会积累的重要来源，是为社会创造更多的价值、实现更大的经济效益的表现。每个企业、经济单位都要贯彻执行国家的方针政策，遵守国家的财经纪律，努力生产，保证产品质量，通过不断创新，增产节约，改善经营管理，创造更多的利润，为社会做更大的贡献，这和拜金主义者通过非法手段不劳而获，追逐货币是根本不同的。

第六，要把物质利益的原则与拜金主义区别开来。社会主义物质利益原则是社会主义经济工作的一项根本原则，它要求在社会主义的生产、分配、交换、消费等各个方面正确处理国家、集体和个人的经济利益关系，把劳动者的个人利益与国家和集体的利益结合起来，把长远利益与当前利益、局部利益与全局利益结合起来，使每个经济单位和个人都能够从本身利益上关心社会生产的发展。在强调国家利益和集体利益时，绝不能忽视个人的物质利益；在强调局部利益服从国家利益时，绝不能忽视企业、单位的局部利益，使个人、企业都能从物质利益上关心整个社会的经济发展。要把政治思想教育和物质利益原则相结合，充分调动人们生产和工作的积极性和创造性，促进经济高质量发展。为社会多劳动、多贡献，这样就能够获得更多的货币报酬，获得更多的荣誉，这就激励人们不断前进，取得更大的成就，这与拜金主义者想不劳而获，非法获取货币，把人们引到邪路上是根本不同的。

第七，要把富起来与拜金主义区别开来。改革开放以来，由于经济发展，人民的物质文化生活水平提高，货币收入增加，货币收入来源渠道拓宽，人们逐步过上富裕的生活，富裕的人越来越多，这是中国经济发展生动的、具体的表现。同时，鼓励一部分人通过诚实的劳动先富起来，以带动全体人民共同富裕。富裕的人付出了更多劳动，作出了更多贡献。我国涌现出许多优秀的企业家，他们有理想、有抱负，他们经营的企业为国家作出了巨大贡献，企业生产的产品远销国际市场，为国家争得了荣誉，这些企业家很富裕，但是他们中有许多人生活很俭朴，坚持艰苦奋斗，为企业的员工作出了榜样，这与拜金主义者是根本不同的。

这些富裕的人为我国的抗震救灾、新冠肺炎疫情、希望工程、扶贫帮困等公益事业作出了巨大贡献。所以人富不富裕、有没有钱，与是否具有正确的货币观没有必然的联系。几千年来，我国劳动人民形成了勤劳、勇敢、节约的好风尚。中国有句古话称："人穷志不穷"，也就是说，人穷不穷困与是否具有正确的货币观没有必然联系，"人穷志不穷"恰恰说明其具有正确的货币观。所以，人的货币观正确与否，不决定于人拥有多少货币，而是由人的价值观、人生观和世界观决定的。

五、必须高度重视和抵制市场经济中货币对树立正确货币观的消极影响

货币在我国社会主义市场经济中发挥着重要作用，但是，也必须高度重视市场经济中货币对人们树立正确货币观的消极作用。

第一，市场经济作为以利益为中心分配资源的配置方式，往往表现为各个经济主体追求利益的最大化。市场经济是商品经济发展的必然结果，属于商品经济范畴，不可避免地具有商品经济的特征。商品生产和市场是以私人利益为动力而运转的，生产者的目的是实现个人的经济利益，他们的劳动只是一种私人劳动，但是，决定商品价值的是社会必要劳动。商品是价值和使用价值的统一，但是，商品生产者的目的是获得价值而不是商

品的使用价值，使用价值是价值的物质承担者，商品生产者直接追求的是价值，如果价值不能实现，则意味着物化在商品中的劳动没有转化为社会劳动，私人劳动没有转化为社会劳动，劳动就变成了无效劳动。所以，商品生产者注重的是能否出售商品，实现其价值，追求个人的经济利益，由此产生了市场经济机制下的经济行为主体从自身利益出发，追求利益最大化。在商品生产者的眼里，宏观经济利益和全局对他们来说意义不大，或者微乎其微，这样往往导致个人主义膨胀，即以个人为中心，这对在社会主义制度下树立以集体主义和爱国主义为核心的正确货币观产生消极影响，这种消极影响在人们中间随时随地、潜移默化进行着，决不能低估。

第二，商品生产者的商品能否顺利出售，能否以较高的价格出售，以及商品生产者能否赚到钱，直接关系着他们的命运。如果商品能够顺利出售，包含在商品中的劳动就能够得到社会的承认，商品生产者就能生存，就能发展，甚至发财致富；反之，商品生产者耗费在商品中的劳动得不到社会承认，商品生产者就要亏本甚至破产。货币是商品交换的中介，是一般等价物，有了货币就可以购买商品，人们就容易产生"一切为了赚钱"的想法。这对于社会主义制度下树立正确的货币观产生了消极影响。

在这种消极影响下，"一切向钱看"成为有些人的信条，他们抵制不住商品经济的这种消极影响，只想多赚钱，认为别的都没有用。因此，做生意的人过新年时大家见面拱手说句"恭喜发财"，就是祝贺的意思，希望新的一年生意兴隆，赚到更多的钱，带来好运。

第三，商品生产者的物质利益追求，是商品生产的出发点和归宿点。商品生产者往往怀着实现自我利益的动机投身于交换过程，竞争往往使商品生产者以私人利益作为生产者的唯一目的，甚至采取损人利己的手段，这对于在社会主义制度下树立正确的货币观产生了消极影响。

有些人抵制不住商品经济这种消极影响，在他们身上没有情感，他们的眼中只有利益。他们损人利己，不考虑宏观经济的利益，只考虑个人能否赚到钱和赚到更多的钱，他们还肆意歪曲做人的根本原则，鼓吹"在利益面前，不可能存在良知"。其实，这些人是受到了商品经济的消极影响，戴着有色眼镜看世界，以为自己在利益面前无良知，别人也是这样。事实上，在社会主义制度下绝大多数人在利益面前是有良知的，能够正确处理个人利益与国家、集体利益的关系。

第四，市场经济是一种讲究效率的经济。社会主义市场经济也要求不断提高效率，为不断改善和提高人们的物质文化生活水平创造日益丰富的产品，使人们享受美好的生活。这既是社会进步的表现，也是社会主义生产的目的。但是，在追求效率的过程中，一些人往往着重追求个人享受，降低精神上的追求，把追求更多的利润和金钱，追求个人物质生活上的享受作为唯一目标，甚至向往奢侈的生活，主张享乐至上，即便没有钱也追求这种生活。受这种消极思想影响的人，不仅花自己的钱追求奢侈生活，而且往往花公家的钱进行享受。

从以上分析可知，在我国社会主义市场经济中，极少数人在市场经济的消极影响下，不知不觉地远离了正确的货币观，一步一步形成了错误的货币观。有的国家公务人员曾经是先进人物或劳动模范，结果受到这种消极影响，变成了罪犯；有的人脑袋里只装着钱，萎靡不振；有的人赚不到钱，满腹牢骚；有的人为了钱闹不团结；有的人为了钱闹离婚。因此，对市场经济中货币对人们树立正确货币观的消极影响，必须有充分的认识，绝不能掉以轻心，更不能受到影响。

六、建立社会主义核心价值体系，树立正确的货币观

只有建设社会主义核心价值体系，才能树立正确的货币观。马克思主义是社会主义核心价值体系的灵魂。建设社会主义核心价值体系，第一位的就是坚持马克思主义的指导地位。马克思主义是关于自然界、人类社会和人类思维发展普遍规律科学，是关于建设社会主义和实现共产主义的科学，是我们立党立国的根本指导思想，是社会主义意识形态的旗帜和灵魂。在社会主义核心价值体系中，马克思主义提供的是科学的价值观、人生观和世界观，也是树立正确货币观的指导思想，只有坚持马克思主义的指导思想地位，才能消除和战胜各种不正确的货币观，树立和巩固正确的货币观。

中国特色社会主义的共同理想是社会主义核心价值体系的主题。这个共同理想指明了社会主义的正确道路，赋予民族复兴的强大生机。这个理想把国家、民族与个人紧紧地联系在一起，强调国家要基本实现现代化，民族要实现伟大复兴，人民要过上富裕生活。这个理想体现了现阶段党的奋斗目标，又体现了党的最终目标。共产主义理想是人生观的航标，人要度过漫长的一生，离不开人生的航标——理想。有了共产主义理想，才有强大的精神支柱，才能逐步树立起共产主义的人生观，树立无产阶级的世界观，树立正确的货币观。

民族精神和时代精神是社会主义核心价值体系的精髓。民族精神和时

代精神是一个民族赖以生存和发展的精神支撑。一个民族没有振奋的精神和高尚的品格，就不可能自立于世界民族之林。中华民族五千多年的发展史中，形成了团结统一，爱好和平，勤劳勇敢，自强不息的民族精神。爱国主义是民族精神的核心，创新是民族精神的灵魂。只有坚持民族精神和时代精神，才能冲破资产阶级的货币观，冲破一切不合时宜的、不正确的货币观，树立符合民族精神和时代精神的正确的货币观。

社会主义荣辱观是社会主义核心价值体系的基础。"八荣八耻"是当代社会主义人生观、价值观、道德观的核心内容之一。要在全社会大力弘扬爱国主义、集体主义、社会主义思想，倡导社会主义基本道德规范，促进良好的社会风气的形成和发展，坚持以热爱祖国为荣，以危害祖国为耻，以服务人民为荣，以背离人民为耻，以崇尚科技为荣，以愚昧无知为耻，以辛勤劳动为荣，以好逸恶劳为耻，以团结互助为荣，以损人利己为耻，以诚实守信为荣，以见利忘义为耻，以遵纪守法为荣，以违法乱纪为耻，以艰苦奋斗为荣，以骄奢淫逸为耻。

以"八荣八耻"为主要内容的社会主义荣辱观，旗帜鲜明地批判了资产阶级的货币观，树立和巩固社会主义正确的货币观。

社会主义核心价值体系是社会主义制度的内在精神和生命之魂，它反映社会意识的性质，涵盖社会发展的指导思想、意识形态和价值取向，影响人们的思想观念、思维方式和行为规范，是引导社会前进的精神旗帜。只有建设社会主义核心价值体系，才能树立和巩固正确的货币观。

用社会主义核心价值体系引领新思潮，最大限度地形成社会思想共识，主动做好意识形态工作，既要遵守差异，包容多样，又要抵制各种错误和腐朽思想的影响。社会思潮是特殊的社会意识现象，是一定时期存在的反映。在多样化的社会思潮当中，有与历史前进方向一致的正确思想，也有与历史前进方向相背离的思潮，因此，必须巩固社会主义意识形态的主导地位，必须对当代中国的各种社会思潮进行有效的引领。要用社会主义核心价值体系引领多样化的社会思潮，主动吸取多样化社会思潮中的各种积极因素，既要不断追求自身的发展和创新，又要不断寻求和扩大社会思想共识，以发展扩大共识，要尊重差异，充分包容社会思潮中的合理因素。在坚持马克思主义指导思想的前提下，只有尊重差异，才能扩大社会认同，只有包容多样，才能增进思想共识，才能团结不同认识水平的人们，才能充分挖掘和鼓励不同阶层、不同群体蕴含的积极向上的思想精神，也才能最大限度地形成思想共识，凝聚力量，万众一心地建设中国特色社会主义。为实现第二个百年奋斗目标多做贡献。要批判多样社会思潮中的有害因素，错误思潮的存在和传播，不可避免地带来了在货币观、人生观、世界观上一些不容忽视的问题。对于多样社会思潮中的消极有害因素，特别是各种反马克思主义的社会思潮，我们绝不能退缩，任其蔓延滋生，必须积极主动地开展旗帜鲜明的思想斗争和批判，只有这样才能树立正确的货币观。

复习思考题

1. 什么是货币观？有哪两种根本对立的货币观？对立的主要表现是什么？

2. 为什么说人生观、世界观决定货币观？

3. 为什么说货币观是价值观、人生观、世界观最集中和具体的体现？

4. 正确对待货币，要认清哪七个原则性的区别？认清该区别的重大意义是什么？

5. 市场经济中货币对树立正确的货币观有哪些消极影响？

6. 社会主义核心价值体系和树立正确货币观有什么关系？

7. "八荣八耻"的主要内容是什么？它和树立正确的货币观有什么关系？

8. 怎样用社会主义核心价值体系引领社会思潮？

论　文　集

目　　录

货币交换的根本原则是等价交换

传统的社会主义经济学认为货币是经济范畴，研究货币对经济的作用及其运行规律，不研究货币对人的作用，从而不能全面地解释现实生活。西方经济学把货币看成经济工具、经济杠杆，否认货币交换中反映的社会生产关系，从而也不能全面地解释现实生活。因此，在中国的经济和金融工作中，特别要重视避免这两种理论的影响。

一、货币交换的基础和核心

研究货币交换必须要先从研究商品交换开始，商品内在矛盾及其发展产生了货币交换，也只有从商品内在矛盾的发展中才能研究清楚货币交换，才能得出研究货币交换的重要结论。马克思在他的伟大科学巨著《资本论》中，研究资本主义生产方式，就是从研究资本主义生产方式的细胞商品开始的。

商品有两个因素：使用价值和价值，使用价值是满足人某种需要的物质属性，是形成财富的物质内容，每种物都具有不同的使用价值，都具有特殊质的规定性。形成商品价值的是相同的人类抽象劳动，抽象劳动的量是由社会必要劳动量决定的。交换价值是价值的表现形式，交换价值是一种使用价值和另一种使用价值交换的量的关系和比例。使用价值和交换价值的对立统一，是商品的内在矛盾，商品的内在矛盾是商品运动和变化的动力。

商品的内在矛盾根源于劳动的矛盾，体现了劳动的二重性，即具体劳动和抽象劳动。不同的使用价值是由不同的具体劳动创造的，另外，它们又体现了人类抽象劳动，因而才能够按照一定的比例进行交换，具体劳动和抽象劳动的对立统一，就是劳动的二重性，也是商品内在矛盾的根源。在以私有制为基础的商品生产条件下，生产使用价值的具体劳动，表现为私人劳动，作为创造价值的抽象劳动，又意味着相互联系的社会劳动，这就是商品生产的基本矛盾。

马克思分析资本主义生产方式，从解剖商品开始，从商品的两个因素到劳动的二重性，再到商品生产的基本矛盾、私人劳动和社会劳动，就这样一步一步深入地揭露了资本主义生产方式的内在矛盾及其发展规律，这是马克思运用唯物辩证法研究资本主义生产方式在方法论上的典范。

从商品的使用价值转化为交换价值，具体劳动转化为抽象劳动，私人劳动转化为社会劳动，从而商品交换转化为货币交换，这一切实际上都是劳动的交换。因此，劳动是货币交换的基础，这是从上述商品内在矛盾到商品生产的基本矛盾分析中，得出来的货币交换的重要结论之一。

价值形式的发展反映了商品经济的发展，简单的、个别的或偶然的价值形式是价值形式发展的历史起点。马克思说："指明这种货币形式的起源，就是说，探讨商品价值关系中包含的价值表现，怎样从最简单的最不显眼的样子一直发展到炫目的货币形式。这样，货币的谜就会随着消失。"商品内在的矛盾：使用价值和交换价值，具体劳动和抽象劳动，私人劳动和社会劳动之间的矛盾，表现为外在的两个商品之间的对立，一个商品处于相对价值形式，另一个商品处于等价形式。等价形式具有三个特点：第一，使用价值成为它的对立面，价值的表现形式；第二，具体劳动成为它的对立面，抽象劳动的表现形式；第三，私人劳动成为它的对立面，社会劳动的表现形式。处于等价形式的商品，它的自然形态就成为价值形式，它是当作物的一定量，当作一定分量起等价作用，处在相对价值形式的商品价值，在等价形式的自然形态上，变得能够看得见、摸得着，围绕着是否等价，从等价形式三个特点上对两个商品的价值进行比较，这里等价是核心。

商品货币交换是以交换的双方处在平等地位为前提，双方都有随意支配自己商品的权利，都要求这种商品交换是相互需要的、是等价的；不然，商品货币交换就很难成交。在前两个价值形式，即简单的、个别的或偶然的价值形式，扩大的价值形式中，商品交换是物的直接交换，交换双方关心的是两个问题：商品是否相互需要？是否等价？在后两个价值形式中，即一般价值形式和货币价值形式中，商品交换双方对商品的相互需要已经不存在，等价交换就是商品所有者最关心的问题，也是根本利益所在，等价交换就变成了货币交换的核心。

在现代社会，货币价值形式已经不是当初的金银，也不是铸币，而是货币价值符号，主要是纸币，这是因为货币发挥流通手段职能的特点，是转瞬即逝的。马克思说："……金实际上只是商品形态变化的连结，是商品的仅仅瞬息间的货币存在。""仅仅是闪电一样的现实性，金虽然是实在的金，但只执行虚幻的金的职能，因而在这个职能上可以由自己的符号来代替。"货币价值符号是用它所代表的人类社会劳动来衡量一切商品的价值，一般等价物是价值符号的外壳，代表人类社会劳动是价值符号的内核，价值符号的外壳和内核是货币的两个侧面，外壳是价值符号存在和表现的形式，内核是价值符号存在的基础，二者是统一的。在价值符号的外壳和内核中，内核是起决定性作用的，是比较活跃的，当价值符号的内核代表人类社会劳动发生变化，价值符号的外壳就会反映这种变化，货币和商品交换的价格就会变化。因此，价值符号的内核决定价值符号的外壳。货币和商品交换，实际上就是价值符号所代表的人类社会劳动和商品所包含的人类社会劳动相交换，两者必须是对等的。

纸币如果发行过多，纸币就会贬值，每个单位纸币所代表的价值就会减少，这是由纸币流通的特殊规律所决定的。马克思说："没有价值的记号，只有在它们流通过程中代表金的限度内，才能成为价值符号，它们只有在金本身原来就会作为铸币进入流通过程限度内，才代表金，这个量，在商品价值和商品形态变化限度的时候，由金本身的价值决定。"马克思又说："国家固然可以把印有任意数量的纸币投入流通，可是它的控制同这个机械动作一起结束。价值符号或纸币一经为流通所掌握，就受流通的内在规律的支配。"由此可见，纸币发行的数量是由纸币流通的客观规律决定的，如果国家继续发行纸币超过客观的限度，就会发生通货膨胀，国家就要花大力气来制止通货膨胀。因此，在纸币流通条件下，必须要保证货币的等价交换正常进行。

以上从等价形式的三个特点，从商品交换所有者的根本利益，到纸币流通的特有规律，从历史和现实的结合上，都充分说明一切货币交换都围绕着等价交换这个根本问题来进行。因此，等价交换是货币交换的核心。这是从上述商品内在矛盾到商品生产基本矛盾的分析中，得出来的货币交换的重要结论之二。

商品生产和交换是货币交换的前提。商品内在矛盾的斗争和发展，是通过外部商品和货币交换来解决的。因此，商品生产和交换决定货币交换，货币交换反作用于商品生产和交换，货币交换对发展商品生产、扩大商品交换、形成市场经济发挥着重要作用，金融是现代市场经济的中心。经济决定金融，金融反作用经济，但作用和反作用不是绝对的，在一定条件下，金融也可以起决定性作用，这是在实际的经济和金融工作中，研究经济和金融关系的基本观点。因此，经济决定金融，金融反作用经济，这是从上述商品内在矛盾到商品生产基本矛盾的分析中，得出来的货币交换的重要结论之三。

以上从研究商品内在矛盾到商品生产基本矛盾的分析中，得出来的关于货币交换的三个重要结论，这是研究货币交换的根本方法，也是唯物辩证法在货币交换中的具体运用。

从以上分析可知，商品生产和交换是货币交换的前提，劳动是货币交换的基础，商品货币交换说到底，就是人类社会劳动的交换，人类社会劳动交换必须是对等的，因而货币交换的核心是等价交换。只要有商品生产和交换存在的社会，商品货币交换都必须遵循等价交换的原则。在中国社会主义市场经济条件下，每个人的日常经济生活，社会的经济运行，都离不开货币交换，遵循货币的等价交换原则，对于进入新时代，决胜全面建成小康社会是十分重要的。

遵循货币的等价交换原则，是使市场在资源配置中起决定性作用，更好地发挥政府作用的客观要求。社会再生产中的生产、流通、分配、消费是有机的统一体，是密不可分的，这种连接只能是通过货币交换连接的，货币交换是连接社会再生产的纽带，如果货币的等价交换原则遭到破坏，货币交换的这个纽带就变成了纸带，直接影响市场在资源配置中起决定性作用。

货币的等价交换是市场经济正常运行的根本原则。只有保持货币的等价交换，才能保证交易双方的经济利益不受到损害，市场经济才能有序的、健康的运行，促进经济发展；不然，市场经济就会处处受阻，甚至很难进行，直接影响到正常的经济秩序，必然会给社会主义市场经济带来严重损失。

货币的等价交换是促进社会公平、合理的物质基础。只有劳动者多劳动、多贡献、多所得，劳动者有更多的获得感，劳动者的经济利益得到保护，不受到任何侵害，才能保持社会公平、合理；不然，每个劳动者付出得不到应有的回报，劳动成果受到侵害，也就谈不上社会的公平、合理。

货币的等价交换是促进社会安定团结的前提。劳动者的经济利益得到保护，劳动者和劳动者之间，劳动者和企业、单位之间没有经济利益冲突，才能化解社会矛盾，促进社会安定团结，建设和谐社会。

二、货币交换存在着表面上等价、实际上不等价的可能性

过去对价值形式发展的研究都是：随着商品生产和交换的发展，从简单的、个别的或偶然的价值形式存在着缺陷，发展到扩大的价值形式；扩大的价值形式存在着缺陷，发展到一般的价值形式；一般的价值形式存在着缺陷，发展到货币的价值形式。到此为止，就是不研究货币价值形式的缺陷。其实，自从商品交换一般等价物出现，商品的直接交换形式就过渡到商品的间接交换形式，这是价值形式发展质的变化，质的变化是根本的变化，这里交易已经不是双方，而是三方，存在着第三者"插足"，使商品交易的等价变得看不见、摸不着、不明显，具有隐蔽性，这里存在着迷藏，存在着人为的因素，因而可能产生欺骗性。马克思说："商品不能自己到市场去，不能自己去交换。因此，我们必须找寻它的监护人，商品所有者。"研究货币价值形式的这种缺陷，比研究以往任何价值形式的缺陷，离我们年代更近，离我们的现实生活最近，这是更重要的。货币价值形式是价值形式发展最后的、最方便的、唯一的价值形式，但也要看到货币价值形式存在着缺陷，这种缺陷需要从理论上和实践上进一步研究。

货币交换有等价交换存在，就存在不等价交换，这是一个事物的两个方面，货币交换的不等价交换，不可能是赤裸裸的、看得见、摸得着，如果是这样，不等价交换就很难存在了。那么，不等价的货币交换究竟采取什么隐蔽的形式呢？这是我们需要在这里深入研究的问题，马克思著名的剩余价值学说，就是通过货币交换的现象，揭露不等价货币交货本质的典范。现象是由事物的本质决定的，但现象是变化的，本质是事物内部深藏的。现象完全歪曲它的本质，这是资本主义制度最主要的特点，马克思研究资本主义社会的利润，从 G－W－G 开始，为了追踪利润所掩盖的剩余价值，最后追到了产生剩余价值的发源地，全部秘密就在于在新价值的生产过程中，延长了的劳动时间超过了劳动力价值再生产所需要的时间，这个过程分为劳动力的再生产和剩余价值的生产，而剩余价值的源泉是劳动力的消耗和延长超过了劳动力再生产所需要的时间。马克思说："如果我们现在把价值形成过程和价值增殖过程比较一下，就会知道，价值增殖过程不外是超过一定点而延长出了的价值形成过程。"这就揭露了利润是所掩盖的剩余劳动，剩余劳动是利润的源泉。在商品市场上，劳动力所有者和资本家在市场上相遇，彼此以平等的所有者发生关系，在法律上是平等的人，实际上，一个是被剥削者、被掠夺者，另一个是剥削者、掠夺者，

表面上是平等的，实际上是不平等的，是很不平等的，资本家和工人根据双方签订的劳动合同，资本家按时向工人支付工资，从表面上看是等价的，实际上是不等价的，货币交换就是反映这种表面上等价、实际上不等价的商品生产关系。因此，货币交换表面上等价、实际上不等价，这是货币交换不等价典型的表现形式。

研究货币交换表面上等价、实际上不等价的重大现实性和理论性就在于：研究西方国家货币交换表面上等价、实际上不等价，进一步揭露资本主义生产方式的剥削本质和掠夺性。研究中国特色社会主义制度下，存在货币交换表面上等价、实际上不等价，和中国进入新时代，中华民族伟大复兴，全面建成小康社会是极其不相称的，不等价的货币交换直接损害人民的根本利益，特别是这种不等价的货币交换又采取了表面上等价、实际上不等价的隐蔽方式，一时很难发现，损害的时间越长，对人民的损害越大，直接损害我们建设公平、正义、和谐的社会主义社会。因此，必须要逐步减少和消除这种不等价的货币交换，更好地建设中国特色社会主义社会，使人民生活更美好。

货币交换表面上等价、实际上不等价，这是货币交换中不等价的表现形式，这里必须要和由于商品供求关系的变动，商品价格有时高于或低于价值，这是价值规律的调节作用，严格区别开来。在市场上，由于商品供求关系，商品价值自发地变为商品价格，两者不可能完全一致，商品价格和商品价值向一个方向的任何背离，都会由相反的背离来修正和补充，围绕着商品价格和商品价值的背离，正是发挥价格机制调节生产、调节市场需求的作用。因此，这种商品价格背离商品价值仍然属于货币等价交换的范围，这是价值规律作用的表现形式，与不等价的货币交换表面上等价、实际上不等价，这两者在表现形式上是不同的，在性质上是根本不同的，这是两回事，不能混淆。

研究货币交换中表面上等价、实际上不等价的可能性，要搞清楚以下三个关系：可能性和必然性的关系，可能性和现实性的关系，可能性和偶然性的关系。货币交换中的等价交换是市场经济中的必然性，是市场经济运行中合乎规律的、确定不移的趋势，是市场经济条件下的不可避免性和确定性。因此，货币交换中的等价交换是市场运行中的根本原则，也是市场经济运行的客观要求。

货币交换的等价交换是货币交换的主流，在货币交换中占支配地位。货币交换中表面上等价、实际上的不等价是一种可能性，可能性是在市场经济运行中当客观条件存在时，有可能出现；当客观条件不存在时，就是不可能性。不可能性是指市场经济运行中，如果不具备这些条件，它是永远不可能出现的。

可能性包含在现实性之中，但又不等于现实性，现实性是实现了的可能性。因此，货币交换中表面上等价、实际上不等价的可能性和现实性是紧密联系的。可能性要转化为现实性，需要具备客观条件和主观条件，客观条件是社会制度，主观条件是人的货币观。在西方社会，资本家占有生产资料，工人一无所有，只有向资本家出卖自己的劳动力，资本家通过货币交换购买工人的劳动力，从表面上看是等价的，实际上是不等价的。西方经济学否定货币交换反映的这种不等价关系，这种剥削关系，吹嘘资本主义社会是平等的、自由的，掩盖了表面上平等、实际上不平等的真相。他们把资本主义的生产关系看作永恒的像自然现象一样，把资本主义的经济现象也当作永恒的自然现象一样，他们认为是永存的。西方社会罢工游行原因是多方面的，是复杂的，但有许多就是因为工资待遇、福利不公平、不合理引起的，就是货币交换中表面上等价、实际上不等价造成的。广大的工人为了抗议货币交换这种表面上等价、实际上不等价，罢工浪潮此起彼伏，甚至美国屡屡发生的枪击事件，其中有的就是因为仇视这种社会制度带来的实际上不平等，长期给自己在精神上遭受到压抑折磨造成的。

在西方社会，追求个人利益高于一切，一切为了个人利益，货币交换中表面上等价、实际上不等价，恰恰成为有些非法追逐货币人的可乘之机，他们通过不等价交换，低价买进，高价卖出，投机倒把，非法经营等方式追逐货币。

以上分析表明，在西方社会货币交换中表面上等价、实际上不等价的这种可能性，转化为现实性是经常出现的，是屡见不鲜的。

由于中国特色社会主义制度，人民当家作主的主人翁地位，全心全意为人民服务的宗旨，使货币交换存在表面上等价、实际上不等价的可能性转化为现实性的这种主客观条件发生了根本变化，使这种转化表现为偶然性。偶然性是市场经济偶尔出现的摇摆、失衡、不协调，使货币交换表面上等价、实际上不等价的可能性，可以偶尔这样出现或那样出现，带有偶然性，是暂时的。例如，分配制度有待于进一步调整和完善，流通渠道有待于进一步疏通和规范，消费市场有待于进一步整顿和治理，民营企业劳资关系有待于进一步协调等。在主观条件方面，极少数拜金主义者搞非法经营、权钱交换，也偶有发生，这些都可能使货币交换表面上等价、实际上不等价的可能性转化为现实性具有偶然性。

三、减少和消除不等价的货币交换，是一个长期、艰巨和细致的任务

在中国出现不等价的货币交换虽然具有偶然性，是暂时的现象，是支流，但它的危害性却很大，和中国进入新时代，中国特色社会主义制度是格格不入的，直接危害广大人民的利益，直接危害经济的正常运行，直接危害全体人民走共同富裕的道路，直接危害促进公平正义。因此，千万不能掉以轻心，必须要深入细致地分析产生的原因、性质和对策，才能使它不再发生。

货币交换存在不等价交换，是反映中国现阶段仍处于并长期处于社会主义初级阶段的国情没有变，社会主义初级阶段还存在着旧社会的斑痕、旧的经济体制的束缚和影响，消除旧社会的斑痕、旧的经济体制束缚的影响是一个长期、艰巨的任务。

在商品货币存在的条件下，生产商品的社会必要劳动量不可能直接用劳动时间来计算，而只能通过货币来测量，商品价值的货币表现形成商品价格，这个价格是历史上无数次商品货币交换形成的。因此，商品交换的不等价有的表现很明显，从而比较容易解决；有的是不明显的，只能通过无数次商品货币交换的实践才能逐步被认清，因而减少和消除不等价的货币交换是一个十分细致的任务。

减少和消除不等价的货币交换，也要从不断发展和完善中国特色社会主义制度、树立正确的货币观这两个方面进行。在中国社会主义市场经济中，任何经济活动都是通过货币交换来实现的，因而减少和消除不等价货币交换，牵涉到经济各个领域，主要是以下主要方面：

全面深化改革，不断发展和完善中国特色社会主义制度。只有改革开放才能发展中国，发展社会主义，发展马克思主义。只有深化改革，才能从根本上奠定决胜全面建成小康社会所需要的各项制度和条件，才能调动各方面的积极性和创造性，真正形成决胜全面建成小康社会所需要的无穷力量，这正是从社会制度上减少和消除不等价货币交换的发生，充分发挥中国社会主义制度的优越性。

全面深化改革，坚决破除各方面体制机制弊端，突破利益固定化的藩篱。这对货币交换来说，正是从社会主义初级阶段旧社会的斑痕、体制和

机制的弊端所产生不等价货币交换的发源地上，构建系统完备、科学规范、运行有效的制度体系，这是减少和消除不等价货币交换的制度体系保证。

全面深化改革，深入贯彻以人民为中心的发展思想。让改革发展成果更多、更公平惠及全体人民，使人民有更多的获得感、幸福感和安全感。促进社会更公平、更正义、更合理，这就会从本质上减少和消除不等价货币交换的发生，因为货币交换中的表面上等价、实际上不等价，正是经济体制中、经济运行中不公平、不正义、不合理的货币表现，把不等价的货币交换去掉一件，我们社会的公平、正义、合理就增添一份。因此，减少和消除不等价的货币交换，要一件一件地去做，一年接着一年去干。

不断提高人民收入水平，逐步实现人民共同富裕。新时代我们社会主要矛盾是人民日益增长的美好生活需要和不平衡不充分的发展之间的矛盾，提高人民收入水平，逐步实现全体人民共同富裕是新时代目标的重要内容。坚持经济由高速度增长转向高质量发展的经济发展方式，必然会带来人民收入更多更快的增长，坚持在经济增长的同时实现人民收入同步增长，在提高劳动生产率的同时实现劳动报酬同步增长，扩大中等收入群体，使中等收入群体比例明显提高，增加低收入群体的收入，调节过高收入。缩小城乡和区域发展差距和人民生活水平差距，深入开展脱贫攻坚，减少贫困人口。上述这一切，从收入分配上减少和消除不等价的货币交换的发生。

把经济发展的着力点放在实体经济。必须坚定不移地贯彻创新、协调、绿色、开放、共享的新发展理念，推动实体经济发展，要依靠科技创新和科技进步，提升实体经济的质量和效益，有效化解过剩产能，促进产业优化重组，支持传统产业优化升级。建设现代化经济体系要充分发挥金融对实体经济的支撑作用，金融是实体经济的血脉，为实体经济服务是金融的宗旨，要把更多的金融资源配置到经济发展的重点领域和薄弱环节，提高直接融资的比重，促进多层次资本市场健康发展。但是，金融对实体经济的支持不能只满足在贷款的数量增加上，银行信贷同样要从数量型向质量型转变，要看贷款的经济效益，不能见物不见人，金融工作要看到人的行为作用，更值得注意的是，对实体经济，对小微企业的贷款也是这样，有一部分银行贷款被"截留"，转向虚拟经济，甚至转向股票债券市场，或中途搞拆借，获取高利息，存在着脱实向虚现象，虚拟经济源源不断地从实体经济中夺取资金，脱实向虚是产生不等价货币交换十分有害的渠道，必须要引起足够的重视。

完善社会主义市场经济体制。要使市场在资源配置中起决定性作用，这是通过市场机制实现的，市场机制就是价格机制，即在公平竞争中产生价格，它反映资源的稀缺程度，指引资源的合理流向，实现各种资源最有效的配置，实现竞争公平有序，优胜劣汰，防止市场垄断，更好地发挥政府作用，完善宏观调控，发挥国家发展规划的战略导向作用，政府要全力保证市场在资源配置中起决定性作用，才能最大程度地提高经济效益。市场垄断，公平竞争削弱，供求失衡是产生不等价货币交换的重要原因。因此，必须要充分发挥市场在资源配置中的决定性作用和更好地发挥政府作用，逐步减少和消除不等价货币交换的发生。

完善市场监管体制。坚决打击少数非法经营、非法获取利润的丑恶行为，打击假冒伪劣商品，商品的产销价格不能太大。例如，农民出售农副产品价格很低，获利很少，但经销商把农副产品运到城市就卖高价格，获取很大利润，这里发生了不等价的货币交换。全面整顿市场秩序，全面依法执政，坚持法治建设，提倡诚信经营，依法经营，信息共享，公平竞争，建立一个完善、开放、守法、诚信、健康的市场体系，这就使不等价的货币交换失去生存的土壤，使这种行为无立足之地。

充分发挥财税的调节作用，深化财税体制改革。财税政策是宏观经济政策的重要组成部分，财税政策要促进供给侧结构性改革，激发经济活力，提升经济增长的质量和效益，化解过剩产能。财政预算既要保证国家战略重点建设的资金需要，又要满足公共产品服务的资金需要，更多地提供教育、医疗和社会保障等公共服务，要保证扶贫财政资金的需要，要量力而行。要管控好政府债券规模，防止出现债务风险。要改善初次分配结构，通过财政增加低收入群体的收入，调节过高收入，通过财税调节作用减少和消除不等价的货币交换的发生。

保持通货的基本稳定。通货稳定促进经济稳定、健康发展，促进社会安定团结。要使人民收入的增长超过物价上涨，不然，人民的实际生活水平就会下降，这里就会发生不等价的货币交换。银行存款利率不能太低；不然，在物价上涨的情况下，银行存款就会出现负利率，人民的存款就会越存越少，这里就会产生不等价的货币交换。

防范和化解金融风险，特别是系统性金融风险的发生，这是金融永恒的主题，直接关系到国家的安全、人民的利益，要加强金融监管，杜绝由于金融风险可能发生的不等价的货币交换。

传统的社会主义经济学不研究货币对人的作用，社会生产力中是人和物的因素的结合，人是社会生产力中最积极活跃的因素，货币对经济发生作用，不可避免地对人也发生作用。苏联的经济理论，不研究货币对人的作用，忽视了人要树立正确的货币观，结果造成拜金主义蔓延，贪污腐败成风，干部变质，人变质，国家变质，这是苏联解体的重要原因之一，是国际共产主义运动的惨痛教训。

我们必须严惩腐败，把反腐斗争进行到底，反对腐败始终在路上，建设风正气清的社会。坚持社会主义核心价值体系建设，培育和践行社会主义核心价值观，牢固地树立正确的货币观。

四、货币交换思想理论上的谬误

货币交换存在表面上等价、实际上不等价这个缺陷，在思想理论上产生了许多谬误。

"货币是好东西，也是坏东西！"一些中年人和老人，经过人世间风风雨雨，往往得出这种感叹和结论。其实，这种看法是把货币的客观性和主观性混淆了，货币是商品经济中客观存在的经济范畴，它的出现有利于人们的劳动交换，便利人们的经济生活，促进经济的发展，肯定是好东西。由于人的人生观、价值观、货币观不同，有少数人存在着错误的货币观，堕落为拜金主义者，非法追逐货币，最后搞得家破人亡。因此，坏东西应该是错误的货币观，是拜金主义，而不是货币；相反地，许多思想境界很高的人，把自己的货币捐献给困难群体，帮助他们渡过生活难关，支持穷困学生上学等，在他们那里货币就变得更是好东西，超越了货币的等价交换，闪耀着人间的真情！人们都向超越货币等价交换的人致敬！

"有钱能使鬼推磨。"这是中国几千年来流传的口头禅，是拜金主义的信条，是拜金主义者走上毁灭自己、家破人亡的迷魂汤，多少人中了毒，毁坏了家庭，毁坏了自己，最后的结果不是货币能使鬼推磨，而是自己变成了鬼，造成了人世间多少惨剧！多少悲哀、遗憾和悔恨！有些家长从小教育孩子长大了挣大钱，使孩子从小就满脑子都想着金钱，长大了很容易走上邪路。这些家长应该换换思想、换换教育孩子的方式，要教育孩子从小就要正确对待货币，树立正确的货币观，将来为国家、为社会多做贡献，只有这样自己和家庭都能快乐一生！树立正确的货币观要从孩子抓起。

"货币交换是资产阶级法权！"得出这种结论的人们，只看见了货币交换消极方面，没有看见货币交换的主要方面是货币交换的积极作用，企图逐步取消和消灭货币交换，这是根本不可能的。只要有商品经济的存在，就必然有货币交换的存在，货币交换不是资本主义社会所特有的，更不是资产阶级法权，资产阶级法权是体现资产阶级的意志，由国家法治保证的行为规则，是资产阶级专政的工具，是资本主义国家上层建筑的一部分，而货币交换是在所有存在商品经济社会中，是实现商品交换的普遍形式，它反映了资本主义制度的社会生产关系，而不是反映资产阶级的思想意识，更不是资产阶级法权，不是要限制和消灭货币交换，而是要充分发挥货币交换的积极作用，我们要树立正确的货币观。

货币交换不仅对社会主义市场经济发挥重要作用，而且货币交换反映不同社会的生产关系，反映不同政权的性质，中国特色社会主义进入了新时代，它反映新时代的新征程，1996 年前，中国属于低收入国家，1999年中国稳定地进入中等收入国家，2010 年中国进入中上等收入国家行列，据估计，中国今后几年有可能进入高收入国家，2030 年跨入高收入国家行列。

不忘初心。我们不能忘记 1948 年 10 月 1 日人民币诞生前夕，老一辈无产阶级革命家命名人民自己发行的货币为人民币，人民币是人民自己的货币，是为人民服务的。人人都遵循和享受货币交换的根本原则等价交换，减少和消除不等价的货币交换，使中国特色社会主义社会的货币交换更好地为广大人民服务，使社会变得更公平、更正义、更合理、更美好！

参考文献

[1] 马克思. 资本论：第 1 卷 [M]. 北京：人民出版社，1975：61，102，271.

[2] 马克思，恩格斯. 马克思恩格斯全集：第 13 卷 [M]. 北京：人民出版社，1962：105，108，109 – 110.

[3] 林毅夫. 从高质量发展迈向高收入国家 [N]. 人民日报，2018 – 01 – 14.

[4] 徐明君. 马克思与罗默的剥削理论比较研究 [J]. 东南大学学报（哲学社会科学版），2012（3）：15 – 18.

[5] 沈尚武，袁岳. 经济学范畴的存在论根基 [J]. 科学经济社会，2012（2）：55 – 63.

[6] 习近平. 决胜全面建成小康社会夺取新时代中国特色社会主义伟

大胜利 [N]. 人民日报，2017 - 10 - 28.

[7] 高旭，曾小锋. "三张清单"制度：理论逻辑、现实困境与突破路径 [J]. 宁夏社会科学，2016（3）：34 - 40.

（原载《东北财经大学学报》，2018 年第 5 期）

货币与真情

人世间最引人注目的，一是货币，二是真情。货币是人们物质生活最需要的，真情是人们精神生活最需要的。

一、重新认识和处理货币与真情的关系

人的一生任何时候都不能没有货币与真情，货币能够购买一切商品，人没有货币就没有物质生活；真情是发自内心的真实感情，是真心实意，没有了真情，就没有了精神生活。因此，货币与真情，两者缺一不可。

物质生活是基础，没有物质生活，也就没有精神生活，精神生活以物质生活为基础，物质生活对精神生活具有独立性、根源性，精神生活对物质生活具有依赖性、派生性。精神生活是适应人们改造客观世界的需要而产生和发展的，对物质生活具有能动性，具有反作用，具体表现在：真情能形成合力，真情在物质生产中能够增加生产者之间的相互了解，相互合作，形成合力；真情能够挖掘潜力，真情能够促进生产者振奋精神，能使生产者之间取长补短，团结互助，挖掘潜力；真情能增添生产者的青春活力，使生产者生活得更阳光、更舒坦，充分发挥生产者的积极性，创造更多的物质财富，精神变物质，这就是物质变精神、精神变物质的唯物辩证法。

自货币产生以来，货币与真情这对矛盾天天摆在人们面前，人们往往容易选择重货币、轻真情，因为物质生活是人的第一需要，是由当时生产力发展水平、社会制度决定的。在中国特色社会主义制度下，重新认识和处理货币与真情的关系是由以下客观要求决定的。

第一，这是新时期中国特色社会主义经济发展、人民收入增加的客观要求。中国特色社会主义进入了新时代，中华民族迎来了从站起来、富起来到强起来的伟大飞跃，是决胜全面建成小康社会，进而全面建设社会主义现代化强国，逐步实现全体人民共同富裕的新时代，中国经济发展已经立足在世界各国的前列。富起来就拥有更多的物质和资源。改革开放以

来，全国居民人均可支配收入由171元增加到2.6万元，中等收入群体持续扩大，中国贫困人口累计减少7.4亿人，贫困发生率下降94.4个百分点，谱写了人类反贫困史上的辉煌篇章。相对来说，必然会增加轻货币、重真情的程度，要求人们重新认识和处理货币与真情的关系，向真情倾斜。

第二，这是新时期建设中国特色社会主义和谐社会的客观要求。真情是真心交真心，是患难与共，无私奉献，肝胆相照，情深义重，是人类感情中的真善美。社会上人与人之间许多误会、矛盾和纠纷，在真情的交流中都会融化，人与人之间只有真情相行，真情交流，真诚联系，才能增进团结，为建设和谐社会注入活力。提倡向真情倾斜，多一点真情，这是建设中国特色社会主义和谐社会的精神支柱。

第三，这是新时期公民道德建设的客观要求。在社会主义市场经济中，人们日常经济生活一刻也离不开货币，人们能否正确对待货币，正确认识和处理货币与真情的关系，这与公民道德建设有密切关系。道德是由社会生产关系决定的，是依靠人们的信念、评价善恶的原则规范，是心理意识和行为活动的总和，道德是一种思想意识，是建立在一定社会经济基础上的意识形态，集体主义是作为社会主义道德的基本原则，是社会主义整个道德体系的灵魂，它贯穿社会主义一切规范和范畴之中，是衡量个人行为和品质的最高道德标准。集体主义要求正确处理个人利益、集体利益与国家利益的关系，在国家利益、集体利益和个人利益发生矛盾时，集体利益优先于个人利益，国家利益又高于集体利益，个人要以集体利益和国家利益为重，而且在必要的情况下，个人利益要服从国家利益、集体利益，更不能允许损伤国家利益和集体利益，损公利己是公民道德建设的大敌；同时，集体主义原则又要求集体和国家必须尽力保障个人的正当利益，促进个人自由全面发展和人生价值的实现，才能成为充满活力、具有创造力、富有蓬勃朝气的集体和国家。爱祖国、爱人民、爱劳动、爱科学、爱社会主义是新时期公民道德建设的基本要求，推动全民道德素质达到一个新高度，追求更高的人生境界，最终促进社会的全面进步，实现人的自由全面发展。因此，必须建设中国社会发展进步的社会主义道德体系，提升公民道德素质，传递人间真情。

第四，这是新时期建设中国特色社会主义文明社会的客观要求。建设美丽中国，必须建设绿水青山的生态文明，必须建设风清气正的社会文明，生态和社会这两个文明建设是缺一不可的，这是关系着决胜全面建成小康社会，关系着中华民族永续发展的根本大计。人们能够正确认识和处理货币与真情的关系，是人们具有较高的思想觉悟、修养、风尚、道德品质、心理素养的表现，是新时期建设中国特色社会主义文明社会的重要精神元素。迈向美好未来，既要有经济技术力量，也要有文化文明力量，未来中国，必然会以更有活力的文明成就贡献世界。因此，要重新认识和处理货币与真情的关系，向真情倾斜，多一点真情，是建设社会主义文明社会所必需的。

第五，这是研究货币方法论创新的客观要求。传统的社会主义经济理论，只研究货币对经济的作用，不研究货币对人的作用，这种研究方法是脱离现实的，因为货币对经济发生作用，必然对生产力中最活跃、最积极的因素人发生作用。不仅如此，货币对经济的作用，也是要通过人才能发生作用的。研究货币与真情的关系，是研究货币对人作用的重要领域，在传统的社会主义经济学中，是找不到货币对人作用的研究成果的。但是，在现实金融工作中，确实每时每刻都发生货币对人的作用，每个金融工作者能否真情地为党和国家的金融事业做贡献呢？还是个别的有想为自己多捞点儿货币呢？例如，国家为了支持小微企业发展，一再强调要对小微企业发放贷款，但对这些贷款发放出去后，是否全部都用在小微企业上，还是有部分为经手人挪作他用，为自己捞货币？在这方面的贷款检查监督就很不够，这就是传统的社会主义经济理论不研究货币对人的作用带来的后果。因此，既要研究货币对经济的作用，又要研究货币对人的作用，这才是理论与实际相结合的研究方法。

货币对人产生四种力，即吸引力、和谐力、扭曲力和诱惑力。货币对人的吸引力、和谐力，对人产生正面作用，使真情更浓；货币的扭曲力、诱惑力对人产生负面作用，使真情变味。

二、货币使真情更浓

（一）货币对人具有吸引力

人类生存的首要前提，必须要有生活资料，人们关心和重视自己生活水平的提高和改善，关心自己的经济利益，这是正常的，也是不可避免的。货币是一般等价物，又是一般财富的代表，这是货币具有吸引力的客观基础，正是因为货币对人具有吸引力，推动人们积极地去劳动、生产和工作，去获取更多货币。只要有商品生产和货币的存在，只要人们有发展和享受的生存欲望，货币对人的吸引力就是客观普遍存在的。

经济利益在人们经济活动中是作为经济范畴出现，而在道德活动中，又是任何道德范畴的基石，所以经济利益既是人们经济活动中追求的目标，又是道德所要调节的目标。这就决定了货币吸引力是这样一种力量，它既来自作为一般等价物的货币，又来自通过货币作用于人的头脑思想产生的，因而货币吸引力既具有客观性，又具有主观性，这是货币吸引力的特点。因此，货币吸引力的大小，由于每个人的经济条件和思想状况不同而不同的。

货币吸引力推动人们积极地从事劳动、生产和工作，创造更多的物质财富，获取更多的货币，也使物质生活更充裕，从而带来了更多的享受和欢乐，加强了人与人之间的感情联系和交流，为传递更多的真情奠定了物质基础，使真情更浓。在收获时节，看见自己的辛勤劳动，创造了更多的物质财富，增加了货币，浓浓真情油然而生。货币的吸引力推动了人们创造了物质财富，给人世间带来了更多的真情，使真情更浓。

（二）货币对人具有和谐力

货币和谐力是人们通过货币给别人以资助，带去爱心，传递人间真情，送去温暖，帮助别人减轻或解决暂时的经济困难，将痛苦转化为欢乐和感激，使人与人之间的关系更加和谐，这是传递人间真情在思想上的飞跃。在各种社会中，都有一些社会上有识之士和思想先进的人，他们突破了货币私有制的观念，乐于帮助别人，捐助慈善事业、教育事业和社会福利事业，这时货币产生了和谐力，使社会更和谐。

在人类历史上，由于货币和谐力，传递了人间珍贵的真情，产生了多少可歌可泣的动人故事：有人饥寒交迫时，得到别人的救济；有人没钱治病时，得到了别人的资助；有的青年人非常盼望上学却交不起学费时，得到了别人的赞助；等等，货币传递了人间真情，货币和谐力是一种巨大力量，这时货币不仅是物质的，也变成了精神力量。真情带去了物质，使真情具有物质基础，真情就更浓；物质传递了真情，使物质享受更尽情、更欢乐，这里又展示了物质变精神、精神变物质的唯物辩证法。

2008年5月12日，汶川地震，山崩地裂，天翻地覆，全球震惊。灾难无情人有情。举国响应，捐款捐物，心系灾区群众，爱心涌现全国大地，涌现出许多可歌可泣的动人故事。国家意志在此体现，民族精神于此提升。以爱心战胜死神，充分体现了货币和谐力。在新冠肺炎疫情中，全国人民捐款捐物，帮助湖北人民战胜疫情，夺取武汉、湖北疫情阻击战的胜利，涌现出许多人民的英雄。国际友人也纷纷捐款捐物；同样地，其他国家有疫情时，中国政府和中国人民也纷纷向其他国家捐款捐物，表现出了崇高的国际主义精神，货币和谐力传递了人间珍贵的真情。

货币和谐力是一种巨大的、有效的力量，主要表现在：一是产生了巨大的作用，使得到资助的人减轻或解决了经济困难。"一分钱难倒英雄汉"。经济困难往往是拦路虎，使人很难越过。通过别人的资助，经济困难减轻或解决了，人就可以从痛苦和忧愁中解脱出来，重新振作精神，愉快地劳动和工作。二是传递了人间真情。得到别人的无私资助，使许多人激动，终生难忘。也许就是这次资助，对他们的一生产生了很重要的影响，使他们得到了新的机遇。无私资助给他们送去了温暖，送去了爱心，使人和人之间更亲近、更和谐。三是发挥了极大的威力，使许多人增强了信心，增加了力量。个别遭受经济困难的人甚至想走绝路，但通过别人的资助，困难解决了，他们也恢复了信心。例如，被资助的人愿望得到了实现，他们用优异的成绩回报资助人、回报社会，为社会做贡献。四是发挥了每个单位货币的最大效用。货币有剩余的人以货币的形式帮助贫困的人，每个单位的货币就能够发挥最大的效用。例如，同样一个数目的钱，对于富裕的人来说是无足轻重的，对于贫困的人来说就十分顶用。

货币和谐力的特点体现在人们突破了货币私有制的观念，用自己的钱扶贫帮困，帮助别人解决经济困难，使人与人之间的关系更加和谐，促使社会和谐发展，促进形成良好的社会风气。

三、货币使真情变味

（一）货币对人具有扭曲力

人们为了获得货币或获得更多的货币，致使事物本来的面目发生了扭曲，这就是货币扭曲力。货币对人具有扭曲力。如果人们重货币、轻真情，一味追求更多的货币，往往就会使人与人之间的关系发生扭曲，使真情变味。在货币与真情的关系上，表现为货币是硬的、真情是软的，硬货币，软真情，真情一碰到货币就被扭曲，真情就变味。父子或母子关系本来是一种血缘关系，母子爱、父子情是世界上最伟大的真情，人世间都赞美伟大的母爱、父爱，从子女出生开始，父母不考虑任何困难，全心全意地抚养子女，真情淋漓。孩子长大成人后，自己有了小家庭，有极少数重货币、轻真情的子女往往考虑货币多，忘记了母子爱、父子情，把老人当作包袱、累赘，使真情变味。兄弟姐妹从小生长在一个家庭，朝夕相处，情如手足。长大结婚以后，各自成立了小家庭，有极少数重货币、轻真情的人，兄弟姐妹关系疏远陌生，甚至很少往来，有的为了分遗产变成了仇人，使真情变味。人们都赞美爱情是最纯洁、最激动人心的真情，使人终生难忘，夫妻情是患难与共的终身伴侣，但有极少数重货币、轻真情的人，使真情变味。朋友情是精神生活中快乐的享受，但后来朋友中逐步有贫富差别，有极少数重货币、轻真情的人，昨日最熟悉的朋友，变成了今日的陌生人，使真情变味。货币使人际关系被扭曲，使真情变味，污染了社会货币氛围。

货币扭曲力对能够正确对待货币、树立正确货币观的人不发生作用或作用很小，只对那些不能正确对待货币，重货币、轻真情的人，才发生作用，而且这种作用不能低估，甚至是很大的，不仅在人际关系上，而且通过这些人，在市场经济中使经济活动也被扭曲。

（二）货币对人具有诱惑力

货币对人的诱惑力是由于货币作为一般等价物，在质上是无限的，有货币可以购买任何商品；在量上是有限的，一个人拥有的货币总是只有一定的数量，市场商品琳琅满目，到处是商品宣传广告，使人眼花缭乱，有钱人追求豪华别墅、高档轿车，产生了物质诱惑。享乐至上，高消费，灯红酒绿，大吃大喝等，产生了精神诱惑。西方的电影、电视、报刊充满了色情，产生了色情诱惑。这三种诱惑都集中表现在货币诱惑上，没有货币，这三种诱惑都无法获得，这对极少数革命意志薄弱的人，重货币、轻真情的人，产生了诱惑力。货币诱惑力使真情变味，也使人变味。

在货币诱惑力的萌芽阶段。极少数革命意志薄弱的人，重货币、轻真情的人，在日常经济生活中，偶然地受到了货币诱惑力的影响，但偶发性事情过去以后，这些人的脑子恢复了正常状态。在货币诱惑力的缠绵阶段。极少数革命意志薄弱的人，重货币、轻真情的人，多次受到货币诱惑力的袭击，货币经常在他们的脑子中出现，使他们处在不能自拔的状态。在货币诱惑力的升温阶段。极少数革命意志薄弱的人，重货币、轻真情的人，对货币产生了眷恋，对货币诱惑力发生了兴趣，因而他们对货币的热情也就逐步升温。在货币诱惑力的最后阶段，货币诱惑力导致产生拜金主义，货币诱惑力是拜金主义产生的内在力量。

货币诱惑力对革命意志坚定的人，思想健康的人是不起作用的或作用力很小；货币诱惑力只对那些革命意志薄弱的人，思想不健康的人，才发生作用。由于主客观条件的变化，也可能逆向转化，在各方面的帮助和教育下，大多数人能够用正确的思想战胜货币诱惑力，只有极少数人受货币诱惑力越来越大，最后发展到货币诱惑力全部占有了这些人的思想，渗透其灵魂，沦落为拜金主义者，甚至罪犯，污染了社会货币氛围。

四、净化社会货币氛围

货币对人的扭曲力、诱惑力，使人与人之间的关系扭曲、变味，向社会散发了错误的货币气息，污染了社会货币氛围，必须要净化社会货币氛围，才能更好地、更普遍地传递人间真情，为传递人间真情创造良好的环境和条件。

净化社会货币氛围要达到的目标是：在市场经济条件下，货币交换联系社会各个领域和方面，社会风正不正、气清不清，都会从社会货币氛围中反映出来，净化社会货币氛围，促进建设风清气正的社会。经济运行既有它的客观规律，又是通过人来掌握和促进的，净化社会货币氛围，就是要使参与经济运行的人具有正确的货币观，能够正确地对待货币，在经济运行中不谋私利，使客观经济规律充分发挥作用，为经济的有效运行提供有利条件。净化社会货币氛围，逐步净化历史上遗留下来的、西方传播进来的"一切为了金钱，金钱就是一切"错误的社会货币氛围，人们能够正确对待货币，克服重货币、轻真情的倾向，传递人间真情，社会风尚得到进一步提高，是社会文明建设新境界的表现。每个人拥有货币的多少是不等的，但在政治上是平等的，在人格上应该彼此尊重，大家都是通过辛勤的劳动获得货币报酬的，不能有贵贱之分、主次之分、上下之分，营造一个平等、公正、和谐、风清气正的社会环境，使人们不仅具有富裕的物质生活，也具有美好的精神生活。

中国仍处于并将长期处于社会主义初级阶段的基本国情没有变，仍然遗留有旧社会的斑痕，还受西方不良的思想文化的影响，净化社会货币氛围是一个长期、艰巨和重要的任务，针对当前实际，从以下十个主要方面净化社会货币氛围。

（一）警示后来人

腐败是净化社会货币氛围的雾霾区，在社会主义市场经济条件下，有极少数拜金主义者没有一丝人间真情，只追逐货币，被货币腐蚀透了灵魂，被货币诱惑力牵着鼻子走，触犯了党纪国法，侵吞了国家、集体、他人的财产，污染了社会货币氛围，对他们必须以其人之道，还治其人之身，绳之以党纪国法。我党以零容忍态度惩治腐败，"老虎""苍蝇"一起打，腐败发生一起，就要一查到底。古今中外，有多少贪污腐败分子最终落得家破人亡的结局。把他们作为反面教材，后来人要在这些活生生的事例中，吸取血的教训，货币诱惑力的杀伤性是很大的，是一付慢性的麻醉剂，最后甚至会夺去人的性命，走上不归路。一定要正确对待货币，不是自己辛勤劳动获得的货币，千万不要伸手，树立正确的货币观，做一个清清白白的人，净化社会货币氛围。

（二）风清气正

"不要人夸颜色好，只留清气满乾坤。"党的十九大闭幕之后，习近平总书记同中外记者见面，引用了这两句诗，这是新时期对中国共产党人严以修身提出的更高标准，坚持以人民为中心，确保立党为公，执政为民，坚持改革创新，确保党永葆清正廉洁的政治本色，风清气正才能巩固和发展反腐败斗争的压倒性胜利，反腐败斗争永远在路上，要坚决和腐败行为斗争到底。

"党内要保持健康的党内同志关系，倡导清清爽爽的同志关系，规规矩矩的上下级关系，坚决抵制拉拉扯扯、吹吹拍拍等歪风邪气，让党内关系正常化、纯洁化"，风清气正，承前启后，继往开来，才能在新的历史条件下继续夺取中国特色社会主义伟大胜利，决胜全面建成小康社会，进而全面建设社会主义现代化强国，逐步实现全体人民共同富裕，不断为人类命运共同体作出更大的贡献。风清气正，清清白白做人，干干净净做事，每个人心情舒畅，精神饱满，充满自信，前程似锦地忘我工作和劳动，在这里没有金钱瓜葛，没有金钱包袱，没有金钱枷锁，各尽所能，按劳取酬，不想发横财，不算计别人，不防范别人，在这里，良好的社会货币氛围是传递人间真情的广阔天地！

（三）诚信为重

市场吹来阵阵社会主义企业文明经营的清风，也闻到唯利是图的臭气，市场是净化社会货币氛围的争夺区。诚信是社会最普遍也是最基本的伦理价值需要，诚信是市场经济发展的必然要求。在人类道德规范体系中，诚信的理念是最重要的基本理念之一。中国是一个有着悠久文化和伦理传统的国家，道德规范在人们的社会生活中始终起着十分重要的作用。信用经济是社会主义市场经济的一个基本特征，诚信是社会主义市场经济的主要道德支柱之一。诚信是基本的商业道德规范，只有遵守这一商业道德规范，市场经济才能有效地运行，才能真正发挥作用。在社会主义市场经济条件下，企业领导人或企业所有者只有具备诚信的道德品质，才能使企业具备讲究诚信的良好社会形象，才能为客户所信赖，才能适应现代社会竞争的要求，并实现企业的发展目标，获取合法的利润。企业必须要在诚信这一道德原则和规范的指导下从事经济活动，企业的发展目标和规划、一切规章制度和经营管理都要按照诚信的原则制定和进行。诚信是确保行业之间、企业之间良性互动的道德原则，企业的从业人员在经济活动中必须遵守这一原则，并将其作为职业道德建设的重要规范，只有这样，企业才能有良好的信誉，企业才能发展。因此，诚信是企业塑造形象并赢得信誉的基石，是企业在市场竞争中获胜的重要法宝，是企业的生命线。

诚信是市场经济的灵魂，是调节社会关系的最基本、最普遍的准则。信用伦理精神已成为市场经济健康发展的重要基础。诚信是市场经济的内在要求。各国的实践证明，市场经济越发达，就越要求诚信，就越要强化信用伦理，这是融入世界经济、参与国际竞争的先决条件，也是规范市场经济秩序的治本之策。企业诚信是社会信用制度的重点，信用、信任和信誉是现代经济活动的通行证，也是确保企业成功的动力源泉和优势成本。只有守信用的企业才能得到客户和社会的信任，才有从事商业活动的良好环境。企业要想生存和发展，要想实现自己的利益和目标，首先要奉行诚信经营原则。企业只有讲究诚信才能有较好的信誉，才能有比较好的经济效益。信誉是一个企业的精神财富和价值资源，信誉好的企业在市场上具有良好的形象，具有较高的知名度，这本身就是一笔巨大的无形资产。因此，市场是营造风清气正经济健康运行，为人们提供物质生活的重要场所，也是拜金主义蔓延和活动的场所，市场是净化社会货币氛围的争夺区。依法打击出售假冒伪劣商品等非法行为，让严重者付出付不起的代价。加强市场监管，加强市场秩序治理，完善失信联合惩戒机制，促进各类市场主体守法诚信经营，净化社会货币氛围。提倡诚信经营，依法经营，信息共享，公平竞争，建立一个完善、开放、守法、诚信、健康的市场体系，净化社会货币氛围。顾客和企业关系的真情就是诚信，是一种相互信任、相互依托的关系，诚是企业对顾客内在的品行和道德，信是企业对顾客外在的责任和规范，是对顾客的一种神圣责任和使命，也是一种企业自身生存和发展、谋取合法利润的行为和方式，只有提倡诚信的企业文化，企业才能生存，才能兴旺发达；反之，极少数重货币、轻真情，一味追求货币的企业领导人，不讲诚信，最后必然败坏了自己企业的信誉，自己搞垮了自己的企业，所以要大力提倡诚信的企业文化，在市场公平竞争中赢得更多的市场，释放诚信的良好货币气息，净化社会货币氛围。

（四）坚持社会公平

在社会主义市场经济中，一切经济活动都通过货币和货币交换，社会生产、流通、分配、消费中一切社会不公平，都会从货币交换中反映出来。不仅如此，甚至社会活动、政治活动中的社会不公平，只要和货币有关，引起货币交换，也会从社会货币氛围中反映出来，所以社会不公平是污染社会货币氛围的最大来源。因此，坚持社会公平是从根本上、源头上净化社会货币氛围。坚持社会公平是千百年来无数仁人志士所追求的社会理想，只有在社会主义制度下才能实现，净化社会货币氛围，正气上升，风清气正，是保持社会稳定的牢固基础，是构建和谐社会的内在要求，能激发广大劳动者劳动和工作的积极性和创造性，大大地提高社会经济效率，增强经济活力，促进经济繁荣。坚持社会公平，要坚持以下四个主要方面的公平。

第一，坚持权利公平。权利公平即权利的平等，这是社会公平的基础，是社会公平的内在要求。公平作为一种社会关系，体现的是社会对所有成员的平等。坚持以人为本，首先要尊重人的权利。公民的平等权利，是人民当家作主的具体表现形式和基本要求，无论是企业领导人还是工人，都是普通劳动者，都是为企业、为国家贡献自己的力量，都是为社会主义劳动，都要受到企业和社会的尊重，净化社会货币氛围。

第二，坚持机会公平。机会公平即机会均等，这是社会公平的前提。机会公平是最大的公平，它要求社会提供的生存、发展、享受机会对于每一个人都始终平等。提供平等竞争的机会，公平竞争、优胜劣汰是市场经济的核心，才能激发市场经济的活力，公正监督是公平竞争的保障，使参与市场竞争的人都享有完全平等的权利，履行完全平等的义务，不能存在特权。实现机会平等可以调动全民积极性，激发整个社会活力，最大限度地发挥每个人的才能，才能净化社会货币氛围。

第三，坚持规则公平。规则公平是实现社会公平的重要环节，是社会和谐的重要保证。规则公平要求社会主体在参与经济和社会发展的过程中所面对的行为规范和行为准则（如法律法规、规章制度等），都必须正确地、真实地反映社会生活中的各种关系及其相互作用，反映经济和社会发展的趋势，体现人民的愿望和要求。规则公平使每个人受着同样的行为规范的约束，在同样的规则中开展竞争，体现着过程的公平，是实现社会公平的重要环节，并为最终实现结果的公平提供必要的保障，才能真正实现经济上的社会公平，才能真正实现公平竞争，才能净化社会货币氛围。

第四，坚持分配公平。分配公平主要是指利益分配公正，这是社会公平的理想目标。分配公平是指每个劳动者都有获得正当利益和社会保障的权利。分配公平是社会公平的核心内容，它体现着社会利益以及社会财富分配的合理性和平等性。坚持分配公平，并不是搞平均主义，而是要使社会利益处于一种相对平衡、相对平等的状态。利益分配差别要控制在整个社会能够普遍接受的限度内，构建一种既有一定差别又有一定公平的相对均衡的利益分配结构。建立健全市场机制，并辅之以必要的行政手段，以效率为前提，确立按劳分配和按生产要素分配相结合的原则，实现分配公平，才能净化社会货币氛围。

要坚持发展、改革、开放，促进社会公平。发展是硬道理，不断增强中国综合国力，解放和发展社会生产力，推动社会经济持续健康发展，通过发展为实现社会公平创造雄厚的物质基础。改革开放是中国历史上一次伟大革命，推动了中国特色社会主义事业的伟大飞跃，牢牢把握全面深化改革的正确方向，增强改革的系统性、整体性、协同性，促进社会公平。坚持扩大开放，中国发展离不开世界，世界繁荣也需要中国，形成全方位、多层次、宽领域的全面开放格局，为中国创造了良好的国际环境，开拓了广阔的发展空间。推动建设相互尊重、公平正义、合作共赢的新型国际关系，促进世界公平正义，不断推动共建人类命运共同体，借鉴国外经验和教训，促进中国社会公平。

（五）人民是货币的主人

人民是历史的创造者，是决定党和国家命运的根本力量，必须坚持人民主体地位，践行全心全意为人民服务的根本宗旨，把人民对美好生活的向往作为奋斗目标，保证人民当家作主落实到国家政治生活和社会生活之中。在社会主义市场经济条件下，人民是货币的主人，就是把人民当家作主落实到社会经济生活中的重要方面。老一辈无产阶级革命家，把中国货币命名为人民币，就是使人民做货币的主人，货币要为人民服务。

在中国特色社会主义制度下，人人在货币面前是平等的，不论拥有货币多少，都是货币的主人，没有贵贱之分、高低之分、主次之分，在政治上是平等的，在人格上应该受到尊重。一是不再受货币的奴役。劳动创造了社会财富和文明，劳动创造了人类社会，劳动产品应该属于劳动人民，归劳动人民所有，货币应该归劳动人民所有，人民应该是货币的主人，建设社会主义就是为人的生存、享受和全面发展创造更好的条件，促进经济繁荣和人民安居乐业，使人民的物质文化生活水平不断提高，人民的货币收入不断增加，摆脱贫困，不再受人奴役，在旧社会，货币作为奴役与被奴役、统治与被统治的工具已经一去不复返，人民是货币主人的地位将会不断发展和巩固。二是不再受货币的欺压。不论有钱人掌握了多少货币，都不能欺压别人，都不能把货币作为欺压人的手段，不能克扣农民工的工资，那是法律所不允许的。不能任意通过各种方法和借口降低和减少工人的工资，不能用钱势压迫人、欺负人、侮辱人，那是中国法律所不允许的。每个人的能力有高低，职位有高低，货币收入有多少，但在政治生活和社会生活中都是公民，都应该享受到公民的权利，都要受到尊重。三是不再受货币的掠夺。中国实行稳健的货币政策，就是要使货币更好地为人民服务，人民是货币的主人。在资本主义社会，通货膨胀实际上是隐蔽的征税，资产阶级国家往往采用通货膨胀、增加税收、发行公债三种方法来解决经济危机或暂时遇到的经济困难，其中通货膨胀的方法对资产阶级国家的统治最有利，因为增加税收的做法很露骨，每次增加税收都要遭到广大人民的强烈反抗；而发行的公债不容易推销，事倍功半，收入很少。因此，资产阶级国家往往采取通货膨胀的方法，使广大人民不知道真相，欺骗人民，推卸责任，对广大人民进行财富的掠夺。

　　一部人类社会的剥削史，就是一部劳动人民的苦难史，也是一部广大人民做货币的奴隶、少数剥削者做货币的主人的历史，广大人民是货币的奴隶，受尽了货币的折磨，造成了人类历史上多少悲剧！少数剥削者做了货币的主人，过着花天酒地、穷奢极侈的生活。在奴隶社会，用货币买卖奴隶，奴隶不过是"会说话的工具"，奴隶被奴隶主用货币买进后，根本不把奴隶当成人看待，奴隶可以像牲畜一样被随便转卖和屠杀，奴隶主杀死了自己的奴隶并不犯法。在封建社会，农民向地主交纳实物或货币地租，地主对农民进行残酷的剥削，地主是货币的主人，农民是货币的奴隶。在资本主义社会，生产资料掌握在资本家手中，无产阶级只能向资产阶级出卖劳动力，资本家是货币的主人，无产阶级是货币的奴隶，资产阶级通过剥削无产阶级的剩余价值发财致富。总之，在一切剥削社会里，广大人民是受剥削的，其劳动成果的绝大部分被剥削者无偿占有，他们没有或缺少货币，而剥削者掠夺了劳动人民的大部分劳动成果，掌握了大量的货币，剥削者是货币的主人，被剥削者始终是货币的奴隶。

　　人民要做货币的主人，不再做货币的奴隶。只有在社会主义制度下，人民是货币的主人，货币为人民服务提供了社会制度的保证，所以在中国社会主义制度下，从社会生产关系上，人民已经不可能做货币的奴隶，已经不存在人民做货币奴隶的经济基础，但在现实生活中，个别人仍然有可能做了货币的奴隶。例如，个别拜金主义者因为追求货币，使真情变味、人变味，最后沦落为贪污罪犯，做了货币的奴隶。在人民内部，由于个别人重货币、轻真情，不能正确认识和处理货币与真情的关系，在思想和行为上做了货币的奴隶，不仅给自己带来了烦恼和痛苦，而且污染了社会货币氛围。因此，在中国特色社会主义新时代，重新认识和处理货币与真情的关系是非常必要的，也是十分重要的。

（六）建立优良家风

建立优良的家风、家教是净化社会货币氛围的细胞，"国之本在家"，家庭是国家最基本的细胞，家和万事兴，国家富强，民族复兴，最终要体现在千千万万个家庭的幸福美满上，净化社会货币氛围，必然要体现在每个家庭建立起的优良家风上。树立正确的货币观，要从娃娃抓起，极少数重货币、轻真情的家长对子女说，长大了挣大钱，养活爸妈，孩子从小就瞄准了挣大钱这个目标，长大了那是很危险的；还是要大力提倡"我在马路上捡到一分钱，把它交给警察叔叔手里边"这种诚实清白的精神，从小树立和培养正确的货币观；极少数重货币、轻真情的家庭货币扭曲了家庭关系，使家庭关系扭曲，即使在外面挣了大钱，货币没有给他们带来欢乐，货币带来的是争吵、痛苦和分裂，留下了家庭四分五裂的终生遗憾。因此，在市场经济条件下，货币交换如果没有传递真情，即便赚了钱，也不一定能带来快乐，只有传递了真情的货币交换，才能给人民带去欢乐；极少数家长一心扑在孩子身上，把货币都花在孩子身上，冷落了老人，使老人感到很伤心。孩子天天看着自己的父母是怎样对待长辈的，他们长大了也照搬照学，这些家长晚年自食其果。中华民族有着悠久的孝老爱亲、尊老敬老的传统美德，必须一代代地传递下去，千万不要在孩子的童年留下重货币、轻真情的阴影，这将会是孩子未来的隐患。

（七）做好人类灵魂工程师

教育要立德树人，培养学生德、智、体、美、劳全面发展。但是，有极少数重货币、轻真情的教师，在课堂上少讲课程内容，在课外补课收取学生的"讲课费"，货币扭曲了师生关系，使真情变味，给学生道德品质培养上、树立正确货币观等方面造成了创伤，扰乱了教学秩序，给学生家长在思想和经济上造成了很大的负担，向社会散发了很坏的货币气息，污染了社会货币氛围。除教育当局、学校应该花大力气纠正外，更主要的是广大教师要清醒过来，把自己从货币的束缚下解放出来，不要玷污人类灵魂工程师的崇高称号。人类灵魂工程师不是一般的工程师，在自己的灵魂上尽可能没有瑕疵，没有污点，收取"讲课费"，货币扭曲和侵蚀了自己的声誉，货币虽然多了，但却听从了货币的使唤，在思想和行为上做了货币的奴隶，给自己的声誉造成了创伤，这个创伤不是用货币能够治愈的；不收"讲课费"，货币虽然少了，但却做了货币的主人，挺起了腰杆。学校是教育人的地方，是充满希望的土地，净化社会货币氛围，应该首先把这块土地变成社会文明建设的绿水青山，为国家培养更多的优秀人才。

（八）做好白衣天使

救死扶伤是医务工作者的天职和使命，白衣天使是人民给予医务工作者的崇高而神圣的称号。但是，有极少数重货币、轻真情的医师，给患者治病收取"红包"，货币扭曲了医患关系，使医患关系变味，污染了社会货币氛围，给患者造成了精神和经济上的负担。同样地，除了医疗要花大力气来纠正外，广大医务工作者要觉醒过来，把自己从货币的束缚下解放出来，维护人民给予的白衣天使的光辉形象，白衣天使的白衣是洁白的，千万不能沾染上污点，天使应该是充满了人间的真情，是真情的化身，这是关系着千家万户的生命安全和健康的头等大事。收取"红包"，货币虽然多了，但却听从了货币的使唤，在思想行为上做了货币的奴隶，败坏了"救死扶伤"崇高使命的形象，心中是愧疚的、郁闷的；不收"红包"，货币虽然少了，但做了货币的主人，挺起了腰杆，心情是舒坦的。在这次新冠肺炎疫情中，涌现出许多白衣天使中的人民英雄，涌现出许多感人肺腑的事迹，白衣天使展示了中国精神，白衣天使的光辉形象将会载入中国史册，传递人间真情，要向白衣天使学习。医务工作者的医德尤为重要，医务工作者应该向患者向社会传递更多的人间真情，那是广大患者及其家属日夜盼望的，那是雪中送炭，将会给患者及其家属留下终生难忘的真情！医院是传递人间真情最主要、最重要的地方，医院是一块充满盼望的土地，在社会文明建设中应该领先变成绿水青山。

（九）理论建设是基础

理论建设是净化社会货币氛围的基础，有极少数重货币、轻真情的有钱人，趾高气扬地说"有钱真好使""只要用钱能办到的事就不是什么问题"，这是"钱能通神"的新版本。金钱至上，一切为了赚钱，这在资本主义社会意识形态中占有重要地位，它是由资本主义社会的经济基础决定的，这是一切以个人为中心，一切以个人利益为出发点的资产阶级的人生观和价值观，我们必须高举马克思主义旗帜，加强基础理论建设，彻底清除这种拜金主义的理论基础，才能净化社会货币氛围。要加强理论建设，各级学校要加强对学生马克思主义经济、货币理论的学习，树立正确的货币观，特别在高等学校尤为重要，事实证明，很多贪污犯是受过高等教育的，既要讲货币对经济的作用，又要讲货币对人的作用，自觉地抵御货币扭曲力、诱惑力对自身的影响。

（十）生活作风要律己

带领人民创造美好生活，实现人民共同富裕、同心协力奔小康，是我们党始终不渝的奋斗目标。在生活作风上，要弘扬党的优良作风，保持党的本色，保持艰苦奋斗，勤俭节约仍然是我们的传家宝。反对享乐主义，反对讲排场、比阔气，反对铺张浪费，反对公款消费，反对公私不分，损公肥私。贪污罪犯往往是从追求奢侈生活、腐化堕落开始，"对享乐主义、奢靡之风等歪风陋习要露头就打"，个别有钱人在生活作风上享乐至上、穷奢极侈，摆起"大款"的派头，过着低级趣味，甚至道德败坏的生活，散发了"铜臭"，货币本身是没有气味的，"铜臭"是这些人的脑子腐烂散发了臭气，污染了社会货币氛围，社会有关部门要坚决消除这些丑恶行为，彻底消除这些"铜臭"，净化社会货币氛围。

人人参与、人人有责是净化货币氛围的基本方法。以上十个方面都要求净化社会货币氛围，人人参与，人人有责。货币交换时时处处都发生，人人都离不开货币交换，只要有货币的交换，就会传递货币的气息，人人要传递风清气正的货币气息，抵制变味的货币气息，清除"铜臭"。因此，人人参与，人人有责，这是净化社会货币氛围的基本方法。要广泛宣传，深入人心，做到净化社会货币氛围，人人出力，人人做净化货币氛围的宣传者、担当者、维护者和营造者，营造一个心情舒坦、和谐、真情的社会环境，运用人人参与，人人有责净化社会货币氛围的基本方法，社会货币氛围一定能够得到净化。

五、结语

树立正确的货币观是根本。货币观是人们对货币的看法、态度和追求，人的货币观是由人的人生观、价值观决定的。人的价值观是作为主体的人以自身需要为尺度，对社会现象及其发展的评价和追求，人的价值观是由人的人生观决定的，人生目的是人生观最根本的问题，究竟人为什么活着，人生的目的和意义是什么，人的一生究竟应该怎样度过，人生观是一个人对人生目的、意义和态度的根本看法。因此，人生观是价值观的基础。货币观又是价值观、人生观最集中和具体的表现，在市场经济中，货币就好像是一面镜子，表现各种不同的形象、各种不同的看法，甚至发生争吵等，从而最明显、最集中、最具体地反映了人的价值观、人生观。因此，以社会主义核心价值观为引领，培养和践行社会主义核心价值观，树立正确的人生观、价值观、货币观，是净化社会货币氛围的根本。

风景这边独好。在中国特色社会主义新时代，将会逐步出现人类历史上从未有过的风清气正、公平、正义、和谐的社会货币氛围，人与人之间充满了真情，这里生活更舒坦，心情更欢乐，工作更自信，前程更美好，真情充满了人世间，让人们具有更高的道德素质，展示于世界。让中国社会文明建设以新的境界展示于世界，人们既有富裕的物质生活享受，又有心情欢乐的精神生活享受，人世间真情更珍贵，真情更难忘，真情更欢乐，无限风光在中国！

参考文献

[1] 习近平. 习近平在庆祝改革开放40周年大会上的讲话 [N]. 人民日报，2018－12－19.

[2] 林继肯. 货币神奇论 [M]. 北京：中国金融出版社，2009.

[3]《平"语"近人——习近平总书记用典》解说词（第六集）[N]. 光明日报，2018－10－14.

[4] 习近平. 在十九届中央纪委三次全会上发表重要讲话 [N]. 人民日报，2019－01－12.

[5]《平"语"近人——习近平总书记用典》解说词（第四集）[N]. 光明日报，2018－10－12.

[6] 林继肯. 货币交换的根本原则是等价交换 [J]. 东北财经大学学报，2018（5）：12－18.

货币之谜

在报刊上经常看到个别省部级、厅局级干部因为货币、贪污受贿被查被捕，为什么货币有这么大的诱惑力，把高级领导干部迷倒？产生了极少数"老虎""苍蝇"，揭开货币这个谜，对于反腐防腐，拒腐防变，廉洁自律，对于深入研究货币的基础理论，都具有重大的理论和实践意义。

一、马克思货币拜物教学说的深刻分析、精髓、对现实的重要指导意义

马克思货币拜物教学说对于揭露资本主义社会人与人之间的社会关系，表现为物与物的关系，把一切人的关系当作物的关系来反映，把人与物的关系颠倒了过来，物统治人，人与人表现为冷酷无情的金钱关系。对于我们今天反对拜金主义，人要驾驭货币，不能再被货币驾驭，仍然具有深远的指导意义。

马克思解剖资本主义生产方式，是从解剖资本主义生产方式的细胞——商品开始的，分析货币拜物教的产生也是从商品开始的，马克思货币拜物教学说是分析资本主义生产方式细胞——商品的最后总结。商品具有两种属性：使用价值和价值。物的有用性使物具有使用价值，使用价值是在人们使用或消费商品中得到实现的，不论财富的社会形式如何，使用价值总是构成财富的物质内容，商品的各种不同属性满足人们的各种不同需要，商品的使用价值没有什么神秘的地方。

再从商品的另一个因素——价值决定的内容来分析，第一，决定价值的是人类社会劳动的结晶，尽管有各种各样的生产劳动的内容和形式，但它们都是人类劳动力耗费的凝结，都积累了人类劳动，构成了商品的价值，这是一个生理学上的真理，是无可争辩的。第二，决定商品价值量多少的基础，就是耗费的人类劳动量，是用劳动的持续时间来计算的，即社会必要劳动时间，社会必要劳动量决定商品的价值，这也是十分清楚的。第三，人们不是为自己劳动，而是为别人劳动，他们的劳动是社会劳动的

一部分，取得了社会劳动的形式，这是彼此存在和发展的必要条件，也是社会分工的必然结果。所以，从以上三点分析来看，价值内容的决定也是没有什么神秘的地方。

商品形式的神秘性，既然不是来自商品的使用价值，也不是来自商品价值内容的决定性，显然只能来自价值表现的形式，一个商品的价值表现在另一个商品上，即劳动产品表现为商品形式，也就是说，劳动产品采取了商品形式，货币的神秘性正是来自商品这种形式的本身，即价值表现的形式，这是因为：第一，人类劳动的等同性，取得了劳动产品等同的价值这种物的表现形式，即一个商品的价值表现在另一个商品上，取得了商品的价值形式。第二，用劳动时间来计量产品中人类劳动力的耗费，取得了劳动产品价值量的形式。第三，生产者之间的社会关系，也就是它们劳动的社会性质，取得了劳动产品社会关系物的表现形式。从以上三点分析来看，劳动产品转化为商品形式，商品生产者之间的关系，不是表现为人与人之间直接的社会关系，而是表现为人们之间物的关系，这种人们之间的社会关系被物的关系掩盖着，正是这种商品形式产生了神秘性，把人们之间的社会关系被商品偶像化了，这种偶像化的虚幻形式，在宗教中找到了一个比喻，叫作商品拜物教，这就是商品拜物教的由来。

货币拜物教，通俗地可以称为拜金主义，是商品拜物教发展的顶峰，这是因为：第一，货币价值形式是价值形式发展的最后阶段。在货币价值形式中，商品的价值不再像过去简单的，或扩大的价值形式那样，商品的价值表现在许多商品上，而是集中地表现在货币上，使人与人之间社会关系的偶像化在货币上达到了顶峰，拜金主义者就集中拜倒在货币面前。第二，商品的直接交换变成了间接交换，使货币变得更神秘。在货币出现以前，商品是直接交换的，商品之间的等价交换原则在这里表现为可以用两个商品做对比，是摸得着的，是很具体的。到了货币价值形式，商品之商的交换变成了间接交换，商品所有者先拿商品与货币相交换，再拿货币购买所需要的商品，商品所有者卖出买进的商品是否等价、公平，在这里就显得模糊起来，甚至还可以赚钱，存在着"猫腻"，使货币变得更神秘。第三，商品的价值用货币来衡量产生了商品价格。商品价格的高低往往决定了人们商品买卖的行为，因此，货币指挥着人，商品统治了人，使货币显得更神秘。第四，货币充当了新角色。劳动力成为商品，货币转化为资本。在劳动力市场上，一个是出卖劳动力这种商品的卖者，另一个是雇佣劳动力的买者，劳动的过程就是价值增值的过程，劳动者通过劳动创造的价值，远远超过资本家支付给工人的工资，这里创造了剩余价值，这就是资本家的利润来源，反映了资产阶级对无产阶级的剥削关系。大货币能够产生小货币，使拜金主义更加盛行。第五，一切都是金钱关系。在资本主义制度下，一切人的关系都表现为物的关系，都表现为金钱的买卖关系，在这里除了赤裸裸的利害关系和冷酷无情的现金交易以外，再也找不出别的关系了，甚至包括家庭关系，"资产阶级撕破了笼罩在家庭关系上面的温情脉脉的纱幕，把这种关系变成了单纯的金钱关系。"甚至不是商品的东西，如名誉、良心、权利、姿色等都可以当作商品买卖。

　　综上分析，人与人之间的社会关系表现为人们之间物的关系，商品支配人，而不是人支配商品，商品统治人，而不是人统治商品，人与物的关系颠倒了过来。商品拜物教发展到货币拜物教，不是人统治货币，而是货币统治人，不是人指挥货币，而是货币指挥人，人与货币的关系颠倒了过来。马克思举例说："用木头做桌子，木头的形状就改变了。可是桌子还是木头，还是一个普通的可以感觉的物，但是桌子一旦作为商品出现，就变成了一个可感觉而又超感觉的物了。它不仅用它的脚站在地上，而且在对其他一切商品的关系上用头倒立着，从它的木脑袋里生出它自动跳舞还奇怪得多的狂想。"用头倒立着，从它的木脑袋里生出它自动跳舞还奇怪得多的狂想，这就是马克思货币拜物教学说的精髓。因为在这里揭露了拜金主义的要害，把商品与人、货币与人的关系颠倒了过来，而人的经济、社会生活一刻也离不开货币、商品，从而拜金主义者对社会的一切问题，都倒着看，做各式各样的黄金梦，对于我们今天分析现实生活中的拜金主义仍然具有重要的指导意义。

　　货币是一般等价物。可以购买任何商品，但是，购买者需要先付出辛勤的劳动，劳动转化为货币，然后才能购买自己所需要的商品。拜金主义者却倒着看，劳动换货币，只看见后面"货币"两个字，看不见前面"劳动"两个字，市场上商品种类繁多，还有高级名牌商品，他们不想多付出劳动，只想购买，只想空手捞货币，白日做黄金梦。

　　货币是财富的代表。拜金主义者对"劳动致富"四个字倒着看，只看见后面的两个字"致富"，看不见前面两个字"劳动"，所以，他们不肯付出辛勤的劳动，整天琢磨致富，妄想各种歪道，不付出劳动就能致富，甚至还提出只有暴富，才能使人真正快乐。

　　货币量是核心。十万元、百万元、千万元、亿元……这是国家或集体的资金，拜金主义者却倒着看，看不见前面"国家""集体"，只看见后面"资金"两个字,做各种各样的黄金梦,货币变成了黄金梦的核心,这使他们走上了不归之路,越走越远。

付出与索取。任何人对社会、对集体、对单位,必须先要付出,要付出自己辛勤的劳动,然后才能有索取,并且付出应该大于索取,给社会、集体、单位留下剩余,作为社会、集体、单位的后备,用于各种公共支出,但是拜金主义者却倒着看,只看见后面两个字"索取",看不见前面两个字"付出",眼睛盯住索取,总想索取多一点,付出少一点,索取再索取,多捞点货币。

货币转化为资本。国家领导干部不能搞特权,不能用权谋私,要把权力关进制度的笼子里,让人民监督权力。但是,拜金主义者却倒着看,只看见后面两个字"特权",自己手中有特权,看不见前面两个字"不搞",结果伙同自己的子女、亲属经商,捞取资本,捞取货币。

我们党以零容忍的态度惩治腐败,坚决遏制腐败现象蔓延势头,"老虎""苍蝇"一起打。拜金主义者把人与物、人与货币的关系颠倒了过来,倒着看一切问题,做各式各样的黄金梦,这就是为什么他们的态度如此顽固,掉进了自己脑中形成的货币迷魂的陷阱中,走上了邪路,越走越远的根本原因。

如果只停留在过去的理解水平,只认识马克思分析资本主义生产方式是从商品这个细胞开始的,这是只理解第一,还要理解第二:马克思分析货币拜物教的产生也是从商品开始的,正是因为商品这种价值表现的形式产生了神秘性,马克思才对商品价值形式的发展做了详尽的分析,从简单的、个别的价值形式分析到货币的价值形式,对商品价值形式的分析,也就是对货币拜物教产生的分析;还要理解第三:马克思货币拜物教学说是对商品这个细胞的分析,作了一个整体的、高度的概况,是最后分析的总结。只有认识和理解这三个相互联系的、完整的要点,才能进一步认识马克思对商品、货币拜物教的深刻分析及其精髓,对现实的重要指导意义。只要有商品、货币的存在,就存在产生拜金主义的可能性,拜金主义的人数虽然极少,但是危害却极大,对国家、集体造成了极大的经济损失,腐蚀了党和国家的机体,是社会主义市场经济下的主要危险。

二、货币本质新论

货币为什么有这么大的力量?在市场经济条件下,货币对经济、社会、人的重要性进一步增强,这是由于货币的本质有了新的变化。商品经济经历了简单商品经济和发达商品经济两个阶段。从货币产生的历史看，货币是从商品经济中分离出来的，是占有特殊地位的商品，即货币是商品经济中的一般等价物，货币的本质是一般等价物，这是古今中外的共识。但是，这是简单商品经济中货币已经具有的属性。随着社会生产力的发展、社会生产关系的改变，货币的这个属性不可能是一成不变的。在市场经济中，货币本质发生了新的变化，这种新变化应该从质、量、变三个方面来研究。质是货币的属性，量是货币的数量，变是货币属性的变化，这三者是密切联系、相互依存的。质是事物的内在规定性，随着事物的发展，事物的质往往表现为多种多样的属性或特性，货币的质也是这样的，货币具有多方面的属性，这是客观的，是不以人们的意志为转移的，在发达商品经济初期，货币开始具有二质：一质：货币是一般等价物，这个属性是最基本的，没有改变；二质：货币是财富的代表，进入市场经济以后，这个属性更明显。为什么货币增添了一质？这是因为在市场经济中，货币已经不仅仅是商品交换的媒介，这和简单商品经济条件下相比是不同的。

第一，社会财富明显增加。商品生产和流通规模有更大的发展，生产企业增多，商业扩大，服务业兴旺，交通运输发达，出现了金融业、借贷资本、虚拟资本、国际贸易等，科学技术革命对社会生产力发展有巨大的推动作用，创造了更多的社会财富。这些社会财富都是通过货币来表现的，因此，货币变成了社会财富的代表，拥有货币，就是拥有社会财富，拥有较多的货币，就变成了富人，甚至富豪。货币的财富代表的属性就更明显、更突出。在简单商品经济条件下，不存在这么多行业，这么多社会财富。

第二，在资本主义制度下，拥有财富极不平衡。通过资本的积累和集中，财富越来越集中到少数资本家手中，社会上少数人集中了绝对多数的财富，产业后备军日益扩大，无产阶级贫困的状况越加严重，出现了相对贫困化，资本主义积累的一般规律，必然产生两个对立面，财富在资产阶级一方积累，贫困在无产阶级一方积累，形成了严重的贫富两极分化，因此，货币作为财富代表是唯一的重要标志。这反映了资本主义制度下阶级矛盾的进一步激化，这是引起抢劫、刑事犯罪等不断发生的一个重要原因，罢工浪潮此起彼伏。

第三，在我国社会主义制度下，走共同富裕的道路。我国脱贫攻坚取得全面的胜利，5575 万农村贫困人口实现脱贫，决胜全面建成小康社会取得决定性成就。持续增进民生福祉，扎实推动共同富裕。改善收入和财富分配格局，完善个人收入和财产信息系统。货币作为财富代表的属性更重要、更深刻。

以上分析表明，在市场经济条件下，货币的本质是一般等价物，虽然这仍然是最基本的属性，但是已经不能概括货币属性的全部，货币增添了另一个属性，即货币是财富的代表，这两者都是货币的属性，是有密切联系的，主要表现在财富作为商品，仍然需要货币作为一般等价物衡量其价值，即表现为财富的价格，财富如果要出售，货币作为一般等价物仍然是交换的中介。但是，这两个属性是独立的，是有区别的，主要表现在：第一，货币是一般等价物，是价值的代表，货币是财富的代表，是富裕程度的代表，两者代表的性质不同。第二，货币是一般等价物，是商品交换的中介，是转瞬即逝的，所以，流通中的货币是纸币，它本身是没有价值的。财富就是拥有的财产，拥有的金钱、物资、房屋、土地、有价证券、债券等，都是高价值的商品。第三，财富是积累的劳动，是多年来辛勤劳动的成果，货币只占其中的一部分。第四，货币作为财富的代表，富裕是和贫困作比较的，贫富差距就是占有财产的差距，要了解共同富裕的情况，了解同时富裕，同步富裕，同等富裕的情况，这些都是用货币作为一般等价物和作为财富的代表来衡量的。第五，货币具有二质，货币是一般等价物，是财富的代表，全面成为衡量小康社会的主要标准之一。在我国人民的生活中，20世纪五六十年代财产是手表、电视机、缝纫机、自行车四大件，在当前的经济生活中，农村有使用的土地、有房、有生产工具，有的更富裕；在城市有房、有车，有的要逐步实现有房、有车，这已经很普遍，有的还拥有其他财富，货币作为财富的代表在各个时期是不同的，所以，货币作为财富的代表，比作为交换媒介的重要性已经更重要、更明显、更现实。

量是货币的核心。在市场经济下，在一切经济活动中，货币数量都是核心。量和质一样，也是事物固有的一种规定性，量和质是事物两种不同的规定性，量的规定性也是客观的。区分事物的质和认识事物的量，两者是辩证的统一，质是认识事物的开始，是考察量的前提，量是认识事物的继续，是对事物质认识的深化。在市场经济下，在一切经济活动中，量都是核心，比起简单商品流通条件下，量的核心显得更为重要，这和简单商品经济条件下相比也是不同的。

第一，在市场经济中，商品转化为货币，人们最关心的是货币的量。

对商品出售者来说，是商品能够转化为多少货币；对商品购买者来说，是需要支付多少货币，货币量是核心。在简单商品经济条件下，商品生产者更关心的是商品能否转化为货币，再拿这些货币去购买自己需要的商品。

第二，在资本主义制度下，相对剩余价值和绝对剩余价值，大货币产生小货币，货币数量是核心；贫富两极分化，货币数量是核心；国家之间经济矛盾和摩擦，货币数量是核心；经济危机造成的经济下滑，货币数量是核心。总之，资本主义社会人与人的关系都是金钱关系，货币数量是核心。

第三，在我国社会主义制度下，过去五年我国国民生产总值从不到70万亿元增加到超过100万亿元，这个货币数量是国民经济发展的核心。它说明了我国经济发展取得了新的历史性成就，经济运行总体平稳，经济结构持续优化，创新型国家建设成果丰硕，农业现代化稳步推进，粮食生产连年丰收，生态环境明显改善，人民生活水平显著提高，深化改革取得重大突破，对外开放持续扩大等。

2020年全国一般公共预算收入182894.92亿元，全国一般公共预算支出244588.03亿元，说明在这一年国家预算在全力支持抗击新冠肺炎疫情，实施规模性纾困政策，推动三大攻坚战，大力支持科技创新，着力支持实体经济转型升级，持续保障和改善民生等各方面发挥了稳定经济的关键作用，有力地维护了经济发展和社会稳定大局。2020年末广义货币供应量（M2）余额218.7万亿元，比上年末增长10.1%，狭义货币供应量（M1）余额62.6万亿元，增长8.6%，流通中货币（M0）余额8.4万亿元，增长9.2%，促进了经济的发展和正常运行，币值的稳定。全年全国居民人均可支配收入32189元，比上年增长4.7%，扣除价格因素，实际增长2.1%。城镇居民人均可支配收入43834元，比上年增长3.5%，扣除价格因素，实际增长1.2%。农村居民人均可支配收入17131元，比上年增长6.9%，扣除价格因素，实际增长3.8%。在2020年新冠肺炎疫情下，我国人民的生活水平又有了进一步的提高和改善，真是来之不易。

从以上分析可知，货币数量是市场经济活动的核心，是货币运行的核心，是人们关注的核心。在市场经济中，矛盾有许多，这些矛盾都集中表现为货币数量的矛盾，也往往是家庭、亲戚、朋友关系和交往的核心。所以，从微观经济到宏观经济，从货币的量变到质变，从物质到意识，货币数量都是货币运行中核心。

变是货币转化为资本。变和量有着密切的联系，货币的运行和变化，通过量变和质变表现出来，量变和质变是货币变化的两种形式或两种状态，量变是货币数量的增减变化，质变是货币性质的变化，当货币数量的增加达到一定的界限时，货币转化为资本，这是货币的质变，资本是一个独立的经济范畴，已经不属于货币这个经济范畴，但是，资本是从货币转化来的。在我国社会主义初级阶段，资本创造了更多的社会财富，大货币产生小货币，是公有制经济和非公有制经济共享。资本能够创造出更多的社会财富，更引人刮目相看。在简单商品经济条件下，不存在资本，货币也就不可能增值。

在市场经济条件下，货币本质的新变化，货币的质、量、变三者的相互关系，可以用图表示为：

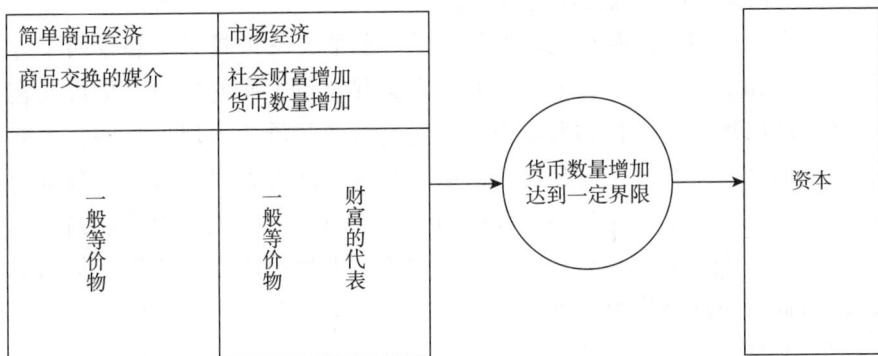

简单商品经济	市场经济			
商品交换的媒介	社会财富增加 货币数量增加			
一般等价物	一般等价物	财富的代表	货币数量增加达到一定界限 →	资本

以上分析表明，货币只是一般等价物，这是停留在简单商品经济阶段货币的属性，理论远远落后于实际，提出货币具有二质，这在货币基础理论上是一个突破。"十四五"时期是我国全面建成小康社会、实现第一个百年奋斗目标之后，趁势而上，开启全面建设社会主义现代化国家新征程，向第二个百年奋斗目标进军的第一个五年。坚持共同富裕方向，民生福祉要达到新水平，全体人民共同富裕要迈出坚实步伐。共同富裕是中国特色社会主义制度的本质要求，所以，提出货币作为财富的代表的属性关系到社会主义制度下走共同富裕道路这个根本性问题，具有重要的现实意义。市场经济通过竞争机制，优胜劣汰，促进社会生产力高质量发展，创造更多的社会财富，调节社会资源合理有效配置，但是，市场经济也会引发社会分配不公、社会两极分化等市场失灵，所以，必须进一步通过货币是财富代表的属性，了解各个时期走共同富裕道路的情况和问题，财富在城乡、地区、社会各阶层的分布情况，个人拥有财富发生和变化情况，怎样更好地实现共同富裕，以此作为党和国家在政治上、经济上采取各方面

政策措施的参考，政府对市场失灵进行宏观调控，更好地实现共同富裕，实现人民对美好生活的向往。

货币质、量、变的研究，是从货币的量变、质变、新的量变、质量互变来研究三者的关系，是货币基础理论在研究方法上的创新，也是研究货币本质新论的根本方法，货币是一般等价物，当货币数量增加到一定程度时，货币作为一般等价物就转化为财富的代表，人们通过长期的劳动积累了更多的货币，用于个人长期消费或积蓄，财富越多，生活越富裕。研究货币质、量、变三者关系变化的实践意义，在于正确认识坚持按劳分配为主体，各种分配方式并存，提高劳动报酬在初次分配中的比例，完善按要素分配的政策制度，扩大中等收入群体，完善再分配机制，改善收入和财富分配的格局，更好地实现共同富裕。

货币的质和量这两种规定性是不可分割的，货币具有质和量两个方面，是质和量的统一体，不存在有质无量和有量无质的货币。货币处在经济活动的运行、变化和发展中，是通过量变和质变表现出来的，量变是质变的准备阶段，质变是量变的必然结果，这就表现为当货币数量达到一定的程度，货币作为一般等价物就变成财富的代表；货币达到一定的规模时，投入生产和经营，货币就增值，大货币产生小货币，货币就转化为资本，这是货币的量变到质变；货币又在新的质的基础上，产生量变，财富越多，生活越富裕，资本越多，创造的社会财富就越多，这就是货币质和量互变的客观规律。货币质和量互变的特殊性，在于货币数量是核心。

一切事物都不是孤立存在的，都同周围的事物相互联系，货币也是这样。货币的质、量、变三者是密切联系的，是相互依存的，是相互发生重要作用的，因而这三者不是非本质的联系，而是本质的联系。所以，只有从这三者的整体上研究货币的本质，才能更全面、更深入地研究和掌握货币的本质，把握市场经济条件下货币本质的新变化，更好地发挥货币在市场经济中的作用。

在市场经济条件下，货币本质的新变化，使货币对经济、社会、人都发挥更大的作用，使人们更加重视货币，更加关心货币，更加惦记货币，促使人们更愿意通过自己辛勤的劳动和工作，换来更多的货币，创造更多的社会财富，为集体和国家多做贡献，自己和家人过上更美好的生活。

对拜金主义者来说，货币本质的新变化产生更大的诱惑力，他们贪婪货币是一般等价物，可以购买高贵名牌商品，更贪婪货币是财富的代表，他们天天做变成巨富的黄金梦，甚至认为只有变成巨富，贪婪的欲望才能真正得到满足，这是在市场经济条件下，货币本质的新变化，是高级领导干部落马的客观原因之一，但他们的主观原因是更主要的，他们头倒立着，倒着看，做各式各样的黄金梦，掉进了自己脑子中形成的货币迷魂的陷阱中，走向邪路。

三、货币的诱惑力

对于思想不健康的人，货币诱惑力为什么这么大？他们对货币着了迷，被带进了货币之谜，逐步变成为拜金主义者，主要表现在以下三个方面。

第一，物质诱惑。市场上商品琳琅满目，到处是商品广告，使他们眼花缭乱。富人居住各式各样的高级别墅，进出有各式各样的小轿车，还有游艇、私人飞机等。普通人住一般公共建筑房，生活水平相差越大，越存在物质上的诱惑。

第二，精神诱惑。有钱的人很体面，面子上很好看，亲戚朋友对有钱人特别热情，精神上很神气，很爽快。还有的富人享乐至上，追求高消费，大吃大喝，享受人间快乐。一般收入者，只能过着普通生活。

第三，色情诱惑。向往享乐至上，花天酒地，灯红酒绿，奢靡之风，生活腐化，道德败坏。

上述物质诱惑、精神诱惑、色情诱惑，归根结底都是货币诱惑，没有货币，上面的一切享受都无法获得。对思想不健康的人来说，货币诱惑力逐步形成，并增减变化和不断发展，随着客观条件和主观条件的变化，有时变化得慢些，有时快些，有时减弱，有时增大，也可能出现反复、逆变化。一般的规律可以分为四个阶段，可以用图表示如下：

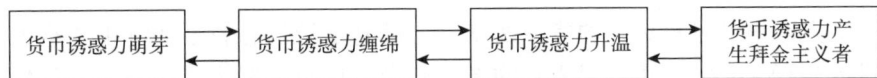

货币诱惑力萌芽 → 货币诱惑力缠绵 → 货币诱惑力升温 → 货币诱惑力产生拜金主义者

货币诱惑力的萌芽阶段。一部分思想不健康的人，在日常生活中偶尔受到货币诱惑力的影响，但是，偶然事件过去以后，这些人的脑子又恢复到正常状况，但是，却有极少数人对货币诱惑力不能忘记，印象深刻，记忆犹新，这时进入了货币诱惑力的萌芽阶段。

货币诱惑力的缠绵阶段。一部分思想不健康的人，多次受到了货币诱惑力的袭击，不能抵制，货币诱惑力经常在脑子中出现，在眼前晃悠，使他们处在不能自拔的状态，本单位的政治思想教育，同志们的帮助听不进去。这时出现了彷徨的情绪，心里不安宁，东张西望，心里堵得慌。

货币诱惑力的升温阶段。极少数思想不健康的人，存在着贪婪心理，这是产生拜金主义的基本心理，对货币追求的热度增加，信奉"爹亲娘亲不如金钱亲"，错误地估计了客观形势，认为小贪别人看不见，不容易被发现，"不捞白不捞""过了这个村，没有这个店"。货币诱惑力逐步升级，这些人开始倒着看，做黄金梦。

货币诱惑力产生拜金主义阶段。货币诱惑力逐步升级，贪婪心理日益严重，还产生了侥幸心理，这是导致拜金主义者犯罪的危险心理，他们一切都倒着看，沉醉于做黄金梦，人在单位，魂在货币之谜中，货币诱惑力变成产生拜金主义的内在动力，渗透他们的灵魂，这时，在思想上他们已经完全是拜金主义者。

根据以上分析，货币诱惑力的特点是：第一，货币诱惑力不是对所有的人都起作用，只是对那些思想不健康的人才发生作用，对思想健康的人来说，是不起作用的，或者是在眼前晃了一下，他们很快就用正确的思想战胜了它。

第二，货币诱惑力对于思想不健康的人，也是逐步渗透的。在他们的脑子中，是不知不觉地起作用的，是日积月累的，在这个过程中存在着两种可能性：一种可能是，这些人在客观条件的影响下，在主观的努力下，最后用正确的思想战胜了它，这是绝大多数；另一种可能是，极少数人越陷越深，不能自拔，掉进了货币之谜。

第三，货币诱惑力最后侵占了这极少数人的全部思想，使这些人麻木不仁，变成行尸走肉，倒着看一切问题，做各种各样的黄金梦，在思想上已经是拜金主义者，但是，还没有拜金主义的行为，离行为上的拜金主义者还差一步。

上面讲的是思想上的货币诱惑力，行贿是指从思想上的货币诱惑力进入到行为上的货币诱惑力，前者为后者在思想上铺了底，行为上的货币诱惑力是在官员的心理上、行为上下功夫，是人调控的、精心策划的货币诱惑力。一般是采取迂回方式包围官员，方式和花样很多，一般规律是：

关系。行贿者利用中国人重视关系的心理，从拉关系开始，想方设法地四处找关系，细心地培养关系，精心地经营关系，拉近和官员心理上的距离，和官员的关系搞得很近，使官员失去了防钱，失去了警惕，趁机而入。

围猎。了解官员的性格和爱好，"不怕领导讲原则，就怕领导没爱好"，行贿者从官员的喜好中找门路，赠送礼品、养生会诊、打球玩牌等，投其所好，作为诱饵，合围而猎。

决口。行贿者往往在官员的生活作风方面打开缺口，行贿者陪同官员进出私人会馆，过灯红酒绿的生活，官员腐化堕落，同流合污，失去了警戒线。

行贿是人为的、现实的货币诱惑力，这种货币诱惑力的特点是：第一，力度更大的货币诱惑力。行贿是现实的货币诱惑力，是活生生的货币诱惑力，是把货币放在贪官的手心中，激动他们的心弦，货币诱惑力的魅力更大。第二，施展各种伎俩的货币诱惑力。行贿者通过设陷阱、诱使上钩、施诡计等各种手法，使官员进入圈套。第三，外诱内因的货币诱惑力。极少数官员经过思想上货币诱惑力的渗透，货币诱惑力已经渗透了他们的灵魂，再加上行贿是外部的货币诱惑力，诱惑和赃款俱全，发生了共鸣。第四，命中率很高的货币诱惑力。行贿者经过事前充分调查，摸清了官员的底细，掌握了官员的各种情况，有的放矢，是更能穿透官员的货币诱惑力。第五，重金的货币诱惑力。对"苍蝇"，少量的货币行贿就能迷倒；对"老虎"，重金的行贿也能迷倒，使个别思想不健康的高级领导干部就这样忘记了自己的使命，忘记了党和国家的培养，忘记了人民的重托，一步一步地被货币迷倒。行贿者通过行贿造成国家、集体财产的巨大损失，行贿者却获得暴利，行贿数额只占他们暴利很小的百分比。

以上分析表明，一种是思想上的渗透和演变，是思想上的货币诱惑力；另一种是行为上的行贿和受贿，是现实的货币诱惑力，这两种货币诱惑力内外夹攻，使极少数开始时只是思想上不健康的人，一步一步地变成了拜金主义者，掉进了货币之谜的深渊，变成了贪污受贿的罪犯，这警示着后来人，要从中吸取人生最惨痛的教训。

四、管好脑中看不见的货币

预防货币诱惑力的渗入，廉洁自律，抗腐拒腐，主要在于管好脑中的货币。手中的货币是看得见的货币，脑中的货币是看不见的货币，要管好脑中看不见的货币。

手中的货币是现实的货币，是看得见的货币。人们的经济生活，一刻也离不开手中的货币，一个人的经济上宽不宽松、富不富裕，就看手中有多少货币，手中的货币，如现金、存款等，人们看得见，摸得着，是看得见的货币。所以，人们经常算，经常查，妥善保管。

手中的货币是否是等价交换得来的，这是看得见的。手中的货币是通过劳动交换得来的，劳动是货币交换的基础，等价交换是货币交换的根本原则，等价交换是交换双方的根本利益所在。经过长期的交换，长期的实践，是否等价，是否吃亏，各人心中是有数的。

手中货币的所有权是看得见的。是个人所有的货币，还是国家、集体所有的货币，这个界限是看得很清楚的，个人不能侵犯国家、集体的货币，同样地，个人的货币只要是合法的收入，也受国家法律的保护，这些界限是很明确的，是看得见的。

物质决定意识，意识是客观存在的反映，有货币的存在，就存在货币意识。这种货币意识可以通俗地、形象地、有充分事实根据地称为"脑中的货币"，理由有三：第一，意识是人们能动地认识世界和改造世界的内部资源，人脑是货币意识和活动的物质基础，离开了人脑就不存在货币意识；第二，货币意识是人脑的机能，现实的货币无数次地刺激人的大脑，形成了复杂神经活动的生理过程，意识是一种高级的心理功能，使人的活动具有明确的目的，能够预先计划达到目的的方法和手段，意识对人的身心起着统合、管理和调控的作用，意识是一种与物质相对立的精神实体；第三，货币意识的存在，是现实货币形象在人脑中的反映，所以，这种货币意识是可以称为"脑中的货币"，这是看不见的货币。

脑中的货币是现实的货币，即手中的货币和市场上的货币，对人神经系统无数次的刺激形成的，是世界上一切物质对人都具有反映这个特性决定的。脑中的货币就是现实货币特性的反映，但是，脑中的货币又不是现实货币，脑中的货币具有精神现象的特征，是现实货币的主观反映，是人的主观世界所特有的，就其反映的形式而言，是脑中的货币；就其反映的对象和内容而言，又是客观的，所以脑中的货币体现了货币的客观和主观的统一。

脑中的货币反映同是现实生活中的货币和货币的运行过程，但是，不同的人却有不同的反映，或者差别很大，这表现的是脑中货币的主观性。各个人脑中的货币差别性很大，甚至有根本的差别，这正是体现了脑中的货币的主观性。有的人存在货币之谜，有的人就不存在货币之谜。

不仅如此，从脑中货币的主观特征和客观基础来说，脑中的货币不仅表现为对现实货币的近似摹写，而且还可能表现为和现实货币不相干的、荒诞的观念形态，有的人白日做黄金梦，做千奇百怪的黄金梦，但是，即便是歪曲的、颠倒的主观印象，也毕竟是对现实货币的主观反映。

脑中的货币不仅是现实货币的反映，而且对于手中的货币具有能动的反作用。脑中的货币对手中货币的增减变化具有一定的动机和目的，具有预定的蓝图、目标、活动方式和步骤等，这种能动作用是手中的货币所没有的，不仅如此，脑中的货币还通过实践，把预定的蓝图、目标、活动方式和步骤等变为现实，通过实践把观念的东西变为现实。所以，脑中看不见的货币指挥着手中看得见的货币，决定手中看得见的货币。

这里关键是脑中的货币，这些预定的蓝图、目标、活动方式和步骤等是否有正确的思想作为指导，是否反映事物的本质和规律。如果有正确的思想作指导，反映事物的本质和规律，脑中的货币就会通过实践，把脑中这些蓝图、目标、步骤和方法逐步实现。脑中看不见的货币，就会逐步变成手中看得见的货币，把人们引向健康的、美好的、富裕的生活；如果不是这样，用错误的思想作指导，违背了货币的运行规律，在实践中就会到处碰壁，把人们引向邪路，甚至带来灾难！

人们往往重视手中看得见的货币，因为这是现实的货币，不重视看不见的脑中货币，不重视自己脑中的货币意识，不重视货币的意识形态，其实，手中的货币如果发生了错误，毕竟是发生了货币的差错，最多也就是造成了经济上的损失，当然，这要尽量避免。如果不重视自己的货币意识，不重视脑中看不见的货币，一旦发生了错误，就可能走上了邪路，甚至带来灾难，会改变整个人生！贪污犯罪就是不重视脑中看不见的货币，不重视见自己货币意识的结果。

产生拜金主义的主观原因是主要的，这个主观原因，在人的脑中；倒着看，做各式各样的黄金梦，在人的脑中；货币的诱惑力把思想不健康的人逐步变成了拜金主义者，在人的脑中；手中看得见的货币是有限的，拜金主义者脑中看不见的货币是无限的，这就是产生货币之谜的实质，在人的脑中。所以，必须要管好脑中的货币，廉洁自律，就是要管好脑中的货币，要具有健康的货币意识，人的意识具有执行和监督两种基本功能，执行功能可以控制和规范自己的行为；监督功能可以观察自己的行为。形成健康的货币意识需要长期的基本功，要接受长期的思想教育，长期的自我思想锻炼和修养，长期的实践考验。依靠自身的努力，自身的反省，自身的决心。有了健康的货币意识，拜金主义思想一渗入，就会被毫不犹豫地拒绝，健康的货币意识具有反弹的作用，可以通过货币意识执行自身坚定的信念，是廉洁自律的警戒线。

管好头脑中看不见的货币，最根本的是要树立正确的货币观。货币观是人们对货币的看法、态度和追求。人的货币观是由人的价值观、人生观和世界观决定的，货币观又是人们价值观、人生观和世界观最集中和具体的表现。在日常生活中，人们的价值观、人生观和世界观是隐蔽的，在表面上是很难看出来的，但是，当接触到日常生活中的货币时，人们能否正确对待货币，就最明显、最集中、最具体地反映出其价值观、人生观和世界观，货币观好像是一面镜子、一块试金石、一个测量器。正确的货币观和拜金的货币观是根本对立的，两者是格格不入的，树立了正确的货币观，拜金主义就不可能渗入。

从以上分析可知，通过树立正确的货币观，能形成健康的货币意识，管好脑中的货币，产生风清气正的货币氛围，这是管好脑中货币的表现和必然结果，促进净化货币氛围，货币会促使人们的生活更加和谐、更美好、更快乐。

五、结论和建议

根据以上分析，可以得出以下四点结论：

第一，货币之谜的谜底，不在货币里，而在拜金主义者的脑子里，是他们脑子里的拜金主义。

第二，这是个骗局。当拜金主义者沦为罪犯，被押上人民的审判台时，他们手中的货币，不论数字多大，对他们来说，都变成了一文不值，这是货币欺骗了拜金主义者。在拜金主义者痛哭流涕的忏悔中，头慢慢地顺过来，头才开始顺着看，面对人民对他们的量刑。

第三，在市场经济条件下，最主要的危险是拜金主义，拜金主义者人数虽然极少，但危害却极大，反腐败斗争永远在路上。

第四，从货币的二质，货币数量是核心，货币转化为资本，货币的质、量、变三者的相互关系是研究货币本质的根本方法，到货币本质新论，这是对货币基础理论的新探索、新成果。

根据以上分析，提出如下三点建议：

第一，把树立正确的货币观融入社会主义核心价值观的教育中。在市场经济中，货币观是人们日常生活中最频繁、最具体、最直接的价值观、人生观的反映，货币观和社会主义核心价值观是密切联系的，使广大人民群众受到货币观和社会核心价值观融合在一起的教育，指引人们形成健康的思想和行为，正确对待和处理天天发生的货币收支，对于构建社会主义和谐社会有重要的促进作用。社会和谐是中国特色社会主义的本质属性，构建社会主义和谐社会是国家富强、民族振兴、人民幸福的重要保证，指引人们为社会多做贡献。

第二，传统的社会主义经济学、金融学，只讲货币对经济的作用，不讲货币对人的作用，这在理论上是一个重大的缺陷，在实践中造成严重的后果。苏联解体的原因是多方面的，但是，只讲货币对经济的作用，不讲货币对人的作用，到后期拜金主义蔓延，贪官污吏严重脱离群众，民怨载道，社会动荡，是苏联解体的重要原因之一，这是国际共产主义运动的惨痛教训，后来人必须永远记取。

第三，从现有揭发的材料来看，许多大的贪污官员都是受过高等教育的，因此，必须把反对拜金主义引入高等学校的课堂，特别是财经院校专业课的教学内容中，使广大学生了解思想不健康的人是怎样受到货币诱惑力的侵蚀，由于平时没有管好自己脑中看不见的货币，缺乏健康的货币意识，一步一步地变成了拜金主义者，最后沦为罪犯的。在学校就培养学生反对拜金主义，反腐拒腐的思想品质，走上工作岗位后，才能具有反腐拒腐的能力，才能做好合格的社会主义接班人。

参考文献

［1］马克思，恩格斯．马克思恩格斯全集：第 4 卷［M］．北京：人民出版社，1962．

［2］马克思．资本论：第 1 卷［M］．北京：人民出版社，1975．

［3］李克强在十三届人民代表大会第四次会议上所作的政府工作报告，人民日报［N］．2021－03－13．

［4］中华人民共和国国民经济和社会发展第十四个五年规划和 2035 年远景目标纲要［N］．人民日报，2021－03－13．

［5］关于 2020 年中央和地方预算执行情况与 2021 年中央和地方预算草案的报告［N］．人民日报，2021－03－14．

［6］中华人民共和国 2020 年国民经济和社会发展统计公报［N］．人民日报，2021－03－01．

［7］习近平．关于党风廉政建设和反腐败斗争论述摘编［M］．北京：中央文献出版社，中国正方出版社，2015．

[8] 习近平. 在庆祝中国共产党成立一百周年大会上的讲话 [N]. 人民日报, 2021 - 07 - 02.

[9] 林继肯. 货币神奇论 [M]. 北京: 中国金融出版社, 2009.

（原载《东北财经大学学报》, 2022 年第 2 期）

手中的货币与脑中的货币

一、手中的货币

手中的货币具有个人所有权。个人手中的货币只要是合法收入，就受到国家法律的保护，任何人不能侵犯。个人手中的货币是个人劳动或经营的结果，完全可以由个人支配和使用，任何人无权干涉。

手中的货币是市场经济中的一般等价物。有货币就可以在市场购买任何商品，享受劳务服务等。所以，不仅一个人的生活水平高低是由手中的货币多少决定的，甚至其社会地位、个人声誉也和手中的货币多少有关系。

手中的货币在质上是相同的，在量上是不同的。在质上货币都是一般等价物，在量上却是不同的，甚至很不相同。一个人只有一般性收入，则只能过着普通的生活水平；另一个人是富人，甚至是巨富，与一般人生活差别就会很大，有时是天渊之别。人们都希望自己手中的货币多起来，有更高的生活水平，这就往往促使有些人追逐货币。手中的货币是看得见的货币，是活蹦乱跳的货币。

二、脑中的货币

物质决定意识，意识是对客观存在的反映。有货币的存在，就存在货币意识。这种货币意识可以通俗地、形象地、有充分事实根据地称之为"脑中的货币"，理由有三：第一，人脑是货币意识产生和活动的物质基础，离开了人脑就不存在货币意识；第二，货币意识是人脑的机能，现实的货币无数次地刺激人的大脑，形成复杂神经活动的生理过程；第三，货币意识的存在，是现实货币形象在人脑中的反映，所以，这种货币意识可以称为"脑中的货币"，这是看不见的货币。

脑中的货币反映的是现实生活中的货币和货币运行的过程。从脑中货币的主观特征和客观基础来说，脑中货币不仅表现为对现实货币的近似摹写，而且还可能表现为与现实货币毫不相干的、虚幻的、荒诞的观念形态。

脑中的货币不仅是对现实手中货币的反映，而且对手中的货币具有能动的反作用。脑中的货币对手中货币的增减变化具有一定的动机和目的，具有预定的蓝图、目标、活动方式和步骤等，这种能动的反作用是手中的货币所没有的。脑中看不见的货币指挥着手中看得见的货币，决定着手中看得见的货币。

这里最关键的是脑中的货币。要看这些预定的蓝图、目标、活动方式和步骤等，是否具有正确的思想作指导，是否反映事物的本质和规律。如果具有正确的思想作指导，能反映事物的本质和规律，脑中的货币就会通过人们的实践活动，把这些蓝图、目标、步骤和方法等逐步得到实现，脑中看不见的货币就会逐步变成手中看得见的货币，把人们引向健康的、美好的富裕生活。

人们往往重视手中看得见的货币，因为这是现实的货币，而不重视看不见的脑中货币，不重视自己的货币意识，不重视货币的意识形态。其实，手中的货币一时发生了错误，最多也就是造成了经济上的损失（当然这要尽量避免）；但如果不注重自己的货币意识，不注重脑中看不见的货币，一旦发生了错误，就可能走上邪路，改变整个人生！贪污罪犯就是不注重脑中看不见货币的结果！

三、手中的货币受客观经济规律所制约

手中看得见货币的多少，是受看不见的客观经济规律所制约的。手中看得见的货币从哪里来？是通过货币交换得来的。商品生产和交换是货币交换的前提，劳动是货币交换的基础，商品货币交换就是人类社会劳动的交换，商品货币交换的双方必须是等价的，等价交换是交换双方的根本利益所在，如果任何一方是不等价的，商品货币交换就不能实现，货币商品交换的核心是等价交换，只要有商品生产和货币交换的存在，就必须遵循等价交换的原则，这是商品货币交换的根本原则，也是商品货币交换的客观规律。

只有遵循商品货币等价交换的客观规律，才能使货币更好地连接社会生产、流通、分配和消费。社会再生产中的生产、流通、分配、消费是有机的统一体，是密不可分的，这只能通过商品货币交换连接，所以，货币交换是连接社会扩大再生产的纽带。如果不遵循商品货币等价交换的客观

规律，货币交换就很难发挥连接纽带的作用，这将直接影响市场在资源配置中的决定性作用。

只有遵循商品货币等价交换的客观规律，才能保持市场经济的正常运行。只有保持商品货币的等价交换，才能保证交易双方的利益不受损害，市场经济才能有序地、健康地运行，促进社会经济的发展；不然，违反了这条经济规律的客观要求，市场经济就会处处受阻甚至很难运行，直接影响到正常的经济秩序，必然会给市场经济带来严重损失。

遵循商品货币等价交换这客观规律的要求，是促进社会公平、合理的物质基础。劳动者只要多劳动、多贡献，就能多有所得。只有劳动者的经济利益得到保护，不受任何侵害，才能保持社会公平合理；反之，如果违反了商品货币等价交换的客观规律，每个人劳动付出得不到应有的回报，劳动成果受到侵害，也就谈不上社会的公平合理。

遵循商品货币等价交换的客观经济规律，是促进社会安定团结的前提。只有劳动者的经济利益得到保护，人和人之间、人和企业之间、企业之间没有经济利益的冲突，才能化解社会矛盾，促进社会安定团结，建设和谐社会。

从以上分析可知，商品货币的等价交换是客观经济规律，也是商品货币交换的根本原则，每个人手中看得见的货币的多少，是受这条看不见的客观经济规律所制约。

四、管好脑中看不见的货币

管好脑中看不见的货币，最根本的是要树立正确的货币观。货币观是人们对货币的看法、态度和追求。人的货币观是由人的价值观、人生观和世界观决定的。货币观又是人们价值观、人生观和世界观最集中和具体的表现，在日常生活中，人们的价值观、人生观和世界观是隐蔽的，在表面上是很难看出来的，但是，当接触到货币时，人们能否正确对待货币，就最明显、最集中、最具体地反映出其价值观、人生观和世界观。货币好像是一面镜子，一块试金石，一个测量器。

树立正确的货币观要通过改善和提高家庭教育、学校教育和社会教育，这是三个十分重要的阶段。要从娃娃抓起，从小孩接触到金钱起，就要教育小孩如何正确对待金钱。现在有个别家庭从小只教育小孩将来要挣大钱，让爸爸妈妈过富人生活！这使小孩子脑中就瞄准了金钱，小孩无形中就会把追逐金钱作为一生唯一的目标，长大了就很容易走上邪路。所以，要使小孩从小就在讲道德、讲文明、爱劳动的氛围中茁壮成长。

高等学府是研究和讲解客观规律的殿堂，一定要深入讲解客观规律，使学生真正懂得和掌握客观规律。财经院校一定要把客观经济规律讲深讲透。一些贪污犯在学校没有真正懂得客观经济规律，在实践中更不懂得尊重客观经济规律，最终违背了客观经济规律，受到客观经济规律的严厉惩罚。既要讲货币对经济的作用，又要讲货币对人的作用。过去传统的社会主义经济学和金融学，只讲货币对经济的作用，不讲货币对人的作用，不懂得货币对经济的作用也是要通过人起作用的，严重脱离了实际。在学校没有培养学生对货币诱惑力的防御能力，结果一出校门便在"糖衣炮弹"面前吃了败仗。金融工作者、经济工作者都要促进更好地发挥货币对经济的作用。

中国特色社会主义制度，人民当家作主的政权，全心全意为人民服务的宗旨，坚持党的绝对领导，坚持社会主义核心价值体系建设等社会教育，对刚刚进入社会的年轻人的教育来说是十分重要的。一个单位风清气正，人心向上，领导班子廉洁自律，艰苦奋斗，对年轻人的感染力是很强的；反之，如果一个单位领导腐败堕落，则会带坏一批年轻人。

家庭教育、学校教育、社会教育对一个人树立正确的人生观、价值观、货币观是很重要的。但是，任何事物内在的因素起决定性的作用，更重要的是依靠自身的努力、自身的修养、自身的决心，懂得人生的价值，树立正确的货币观，干干净净地做事、清清白白地做人。不然，脑中看不见的货币会腐蚀人的灵魂，会使人变质，变为拜金主义者，毁掉了自己的一生！古今中外，多少人死在金钱之下，多少人在金钱诱惑之下家破人亡！所以，人的一生都要管好脑中看不见的货币。

在市场经济中，人际交往是离不开手中的货币的，人们总以为这是由人的主观意志决定的，其实不然，这仍然是自觉和不自觉地受货币等价交换这个客观经济规律所制约，表现在人际交往的行动上，可以概括为四种情况。第一种人在帮助贫困学生上学、帮助困难群众渡过生活难关面前，慷慨解囊，献出自己的爱心，他们的行为很感人，这些人虽然不多，却影响很大，受到广大人民群众的赞扬！他们的思想境界很高，超越了货币等价交换这个客观规律。第二种人在人际交往上，厚人薄己，对别人很大方，对自己很节俭。这种人好像在金钱上吃了亏，却得到了更多的朋友、更多的信息、更多的机会、更多的快乐。第三种人在人际交往中，既不愿意吃亏，也不愿意占别人便宜，完全按照等价交换办事，人际交往是一杯

"白开水"。第四种人是在人际交往中，斤斤计较，吃不了一点亏，非常"抠门"，结果往往影响了人际间的正常交往，给自己生活也带来了许多烦恼！以上四种情况，第一种人跨越了货币等价交换的这把尺子，人们向他们致敬！后三种人都是自觉和不自觉地受到了货币等价交换这条客观经济规律的制约。

研究货币理论和实践问题，抓住了货币等价交换这条客观经济规律，就是抓住了纲。管好脑中看不见的货币，树立正确的人生观、货币观这个根本。管好脑中看不见的货币，既要抓住纲，又要抓住本，这是认识客观世界和改造主观世界的统一。

（原载《中国金融》，2018 年第 19 期）

贵在联系实际和勇于创新

——学习外国经济、金融理论和经验的回顾与思考

《中国金融》杂志60年来，成绩卓著，可喜可贺。值此之际，回顾与展望国内金融理论变迁，我对学习外国经济、金融理论和经验，谈些粗浅的看法。

一、学习外国经济、金融理论和经验的反思

60年来，学习外国经济、金融理论和经验分为计划经济和市场经济两个时期，总的来说，学习成绩都是巨大的，是主要的；缺点和不足是次要的，但最主要的都是全盘照搬，既不联系中国实际，也不联系外国实际。在这里着重反思和认识缺点和不足，目的在于总结经验教训，就能站在更高的起点上，把今后学习外国经济、金融理论和经验提高到更高的水平上，倡导马克思主义的研究方法，弘扬马克思主义的优良学风。

新中国成立后，学习计划经济的理论和经验，对于我国有计划的、大规模的经济建设，培养社会主义建设人才，开展理论研究等各方面都发挥了重要作用，成绩是主要的；缺点和不足是次要的，主要表现在：

第一，只讲计划经济的优点，不讲计划经济的缺点，甚至是不允许讲计划经济的缺点。结果，1958年的"大跃进"，由于追求"高速度""高指标"，各地流行："人有多大胆，地有多大产！"我们是坚持唯物论辩证法的国家，唯心论形而上学却到处流行，给经济的发展造成了严重损失！历史的教训值得牢记。

第二，误认为苏联的经济和金融制度，就是社会主义制度。全盘照搬，既不联系中国实际，也不联系苏联的实际，造成很多规章制度不适合中国国情，行不通，当时银行制度机械繁杂，就是一个突出的例子。

第三，只讲社会主义制度的优越性，不讲社会主义制度还需要不断完善，甚至把计划经济的弊病，误当作社会主义制度的优越性来讲。例如，当时苏联孤立发展重工业，轻工业、农业短腿，造成市场货币流通量过

大，消费品供应不足，发生了通货膨胀，国内却说成是在社会主义制度下，群众的消费增长，总是超过生产的增长，推动生产向前发展，当作社会主义制度的优越性来讲，否认在社会主义制度下也存在通货膨胀。其实，只不过是在计划经济条件下的通货膨胀，由于商品价格是国家规定的，不表现为物价上涨，而是表现为商品短缺，商品短缺正是计划经济条件下，通货膨胀的表现形式。

改革开放是实现国家强盛、人民幸福的重大抉择，学习西方的经济、金融理论和经验，对于促进改革开放，建设社会主义市场经济体制，促进经济又快又好发展，培养建设人才，繁荣学术研究等各方面都发挥了重要作用，成绩是主要的；缺点和不足是次要的，主要表现在：

第一，只看到市场经济的优点，看不到市场经济的缺点。有极少数研究成果形成了"三部曲"的构架，第一部曲是高音，说西方是怎样先进，西方的理论是怎样说的；第二部曲是低音，说我国是怎样落后；第三部曲是中音，根据西方的理论和经验说我国要怎样赶上。"三部曲"具体地反映了把西方的经济、金融理论和经验都看成是优点，不存在任何缺点和不足，其实，西方有的经济学家也承认市场经济有缺点和不足。

第二，繁杂的数学模型推导，乏力的经济理论论证。西方在经济和金融理论中应用数学模型和方程式比较多，研究上也比较深入，这是很值得我们学习的，经济是离不开数学的，数学是研究经济的一种重要方法。但是，数学模型和方程式推导过于繁琐，甚至有的模型推导和数学方程式离开了经济、金融研究领域，这在西方也有不少经济学者是反对的。

我国极少数的研究成果也引用了西方的数学模型和方程式，模型和方程式推导的篇幅很长，演算很复杂，但是得出来的结论却很少，或者不充分，甚至和实际经济工作是两层皮，导致理论脱离实际，这种倾向是应该力求避免的。

第三，用西方的理论分析西方的金融危机。我们应该用马克思主义理论分析西方的金融危机，但极少数的研究成果照搬西方的理论，或者是模仿西方的理论来分析，得出来的结论只能是像西方经济理论的通病，只看现象，不看本质，不能揭示西方金融危机的本质。

这次美国金融危机是资本主义制度造成的，是资本主义生产方式内在矛盾的必然产物，要从资本主义社会化生产和私人占有的基本矛盾来研究美国金融危机。次贷危机，虚拟经济膨胀，泡沫经济都是反映了资本主义经济是高度发达的，资本家已不满足追求最大限度利润，热衷于追求投机利润，使广大劳动人民相对贫困化，债务累累，"房奴""车奴"正是劳动人民相对贫困化的具体表现形式，这一切正是资本主义基本矛盾的反映，这是整个资本主义制度危机。

西方经济学家和国家领导人由于阶级利益的局限，不可能认识这次金融危机形成的真正原因，他们在维护资本主义制度是合理的、永恒的前提下，只能从金融运行模式、金融衍生产品、金融监管等方面找原因，但这是治标，不能治本。

二、取其精华，去其糟粕，洋为中用

以上分析表明，两次学习外国经济、金融理论和经验，最主要的缺点和不足都是全盘照搬，既不联系中国实际，也不联系外国实际。因此，必须要采取另一种和全盘照搬相对立的学习方法：取其精华，去其糟粕，洋为中用。怎样才能做到呢？主要是把握好以下四个坚持：

第一，坚持唯物史观。人类社会是逐步发展的，是和一定的物质条件相联系的，表现为多阶段历史发展过程。西方的经济、金融理论和经验，也是在一定的历史背景、国情、经济发展阶段产生的，所以，必须要联系外国的实际来研究。分析外国在什么样的历史背景、国情、发展阶段产生的理论和经验，才能真正掌握西方理论的精华，经验的实质，联系中国的历史背景、国情、经济发展阶段，才能洋为中用。要读经济学说史和经济发展史。

人类的知识、经验和理论是随着社会的不断发展而积累的，马克思主义是讲科学的继承性，马克思的经济、金融理论许多是继承了古典政治经济学的理论。所以，我们要吸取市场经济中经济、金融的基本原理、基本规律、基本经验、基本知识和基本技能。

旧中国的金融业是学习西方的，高等财经院校的教材是采用英国、美国的。新中国成立初期，学习计划经济的理论和经验时，把这些一概否定，说得一无是处，彻底批判。当我们学习市场经济的理论和经验时，又把计划经济说得一无是处，这是割断了历史，没有看到科学的继承性，我们要保持和发扬马克思主义是人类精神文明的结晶和伟大成果的理论品格。

第二，坚持社会主义道路。要学习西方经济、金融的先进理念、管理、方法和技术，使我国的金融既融入国际社会，又不依附西方；既借鉴和吸取西方先进的因素，又坚持独立自主。但要清醒地认识到，西方的经济、金融理论是为资产阶级做辩护的，有明显的辩护性。例如：货币是一般等价物，这是共识，但马克思主义认为货币是经济范畴，是反映一定社会的生产关系，西方的金融理论是研究流通中货币的历史、民族形式的通货，如美元、英镑、法郎、马克等，只研究通货的运行机制、调节方法、制度、措施等，否认货币反映一定的社会关系。他们认为在货币面前，人人是平等的，实际上，资产阶级的钱包是鼓鼓的，无产阶级的钱包是空空的，不但如此，西方企业的高管阶层和工人货币收入的差距也是很大的，所以，在货币面前是不可能平等的。西方的经济理论宣扬资本主义制度是最合理的、是永恒的，美化资本主义，这种辩护性不仅不能学习，还必须要批判，而且我国要防止贫富两极分化，要缩小货币收入的差距，不能一叶障目，影响和动摇我们建设社会主义的信念和理想。

第三，坚持唯物辩证法。唯物辩证法是阐述自然和社会发展最完整、严密的科学体系，为经济金融的研究提供了正确的思维理论和研究方法。例如，经济和金融有着密切关系，这是共识，但马克思主义认为经济决定金融，金融反作用于经济，作用和反作用是对立的统一。一般来说，经济是矛盾的主要方面，金融是矛盾的次要方面，但是，在一定条件下，矛盾的主要方面和次要方面是可以相互转化的。当重振经济是最紧迫任务时，就可以实施宽松的货币政策，通过多投放货币和信贷，支持经济的发展，但是，多投放货币和信贷，要有一个"度"，超过了这个"度"，就要警惕和防范通货膨胀的潜在危险。

西方却宣扬"货币是第一推动力"，与上述经济和金融的辩证关系是根本不同的，这是资产阶级的偏见，如果把这种偏见应用到我国社会主义制度下的社会生活、生产和工作、政治领域中，那只会助长拜金主义思想的蔓延。

既要看到西方的经济、金融理论中资产阶级的辩护性和偏见，又要看到去掉了它们的辩护性和偏见，就还原为货币、信用、银行、金融的本来面目，有许多共识，这要吸取；对西方经济、金融理论中，以及渗透到西方金融体制、制度、措施、方法中的资产阶级辩护性和偏见，必须要批判。

第四，坚持社会主义核心价值体系建设。为实现社会主义、共产主义而奋斗是我们的共同理想，为人民服务是我们的宗旨，要弘扬爱国主义、集体主义、民族精神和时代精神，倡导社会主义基本道德规范，形成良好的社会风气。

西方的伦理标准是个人利益第一，金钱至上，一切为了金钱。所以，在西方经济、金融理论和经验的背后，隐藏着这个阴影。我们要找到这个阴影，批判一切为了赚钱的资产阶级世界观、人生观和价值观，及其对我国金融工作的影响。

三、建设具有中国特色的社会主义货币金融理论和金融业

回顾过去，放眼世界，展望未来，建设具有中国特色的社会主义货币金融理论和金融事业，是中国金融业发展的必由之路，是赶超西方金融业，并逐步显示社会主义制度优越性的最佳选择。

第一，人民币要为人民服务。在劳动人民当家作主的新中国，不能忘记老一辈的无产阶级革命家命名货币是人民币的深刻含义，即人民币是要为人民服务的，这是中国特色社会主义货币本质的反映及其必然要求，以人民为本，这是马克思主义的精髓，这是各经济部门的共同任务。

保持人民币币值稳定，这是人民币为人民服务的前提，只有人民币币值稳定，才能促进经济又好又快发展，增加人民收入，使人民安居乐业，促进社会安定团结，构建和谐社会；反之，出现通货膨胀则影响和破坏了人民币为人民服务。因为通货膨胀实际上是一种隐蔽的征税，通货膨胀率往往是最不合理的征税率，这种负担是极不公平和不合理的，不论个人的收入多少，都是同一个通货膨胀率，收入高的人不在乎，而对收入低的人则是沉重负担。通货膨胀会影响安定团结，影响公平合理，影响构建和谐社会。

第二，批判拜金主义。马克思主义的理论是批判的和革命的，马克思的经济理论是在对资产阶级各种经济流派的批判中形成的，他的伟大著作《资本论》是在批判资本主义制度的剥削本质和弊病中产生的。批判拜金主义是建设具有中国特色社会主义货币金融理论的一项长期、艰巨的重要任务。

传统的社会主义货币理论只研究货币对经济的作用，已经不适应社会主义市场经济体制下的客观实际，当下我们不仅要研究货币对经济的作用，而且要研究货币对人的作用。这是因为人是经济活动的主体，在社会生产力中，人是活的、决定性的因素；经济发展是掌握在人的手中的，要依靠人来管理；人有生存和发展的欲望，有物质和精神需求，表现为对货币的需求。所以，既要研究货币对经济的作用，又要研究货币对人的作用，这两者又是密切联系的。

要研究在社会主义市场经济体制下，产生拜金主义的客观基础、表现

形式及其危害。拜金主义者虽然是极少数，但是，危害却很大，破坏了社会主义的经济基础，破坏了社会主义的市场经济秩序，腐蚀党和国家的肌体，污染了社会风气，拜金主义有蔓延的趋势，是影响到党和国家发展前途和命运的重大问题，必须要彻底批判拜金主义。前苏联解体有许多原因，拜金主义盛行是其中的重要原因之一，必须要吸取国际共产主义运动史中这个惨痛的教训，才能使我国沿着中国特色的社会主义道路前进，才能建设有中国特色社会主义金融事业。

第三，走中国金融业自己的路。60年来，为什么两次都全盘照搬外国的经济、金融理论和经验呢？这是有历史渊源的：旧中国是一个半殖民地、半封建的国家，一穷二白，总以为洋人先进，洋人强盛，所以，全盘照搬外国。但是，实践证明走苏联金融业的路是行不通的，历史已经作了结论。也不能走西方金融业的路，因为我国和西方国家有四个不同：社会制度不同，我国是社会主义金融业，西方是资本主义金融业，这是两种根本不同的制度，当然是社会主义制度好；指导思想不同，我国金融业是以马克思主义为指导思想，西方金融以各种流派、主张为指导；各国金融业面临的国情、历史、发展阶段都是不同的；出发点不同，我国金融业的根本出发点是以人为本，西方金融业是一切以赚钱为根本出发点。只有在理论上搞清楚了这四个不同，在实践上才能纠正有些同志一提到中国金融业的改革就照搬西方金融模式，这只能把中国金融业的改革引上歧途。

第四，总结中国金融业自己的经验。60年来，学习外国经济、金融的理论和经验，花费的精力和时间比较多，总结我国金融业自己的经验相对不足，重视不够。实践是认识的基础，一切真知都是从社会实践中来的。马克思主义也是在总结人类历史经验，特别是革命实践经验基础上创立的科学理论，具有实践性。我国金融业经过60年来的发展和改革，我们自己的经验是很丰富的，必须要很好地总结，才能发展和深化理性认识，指导改革的实践，建设具有中国特色的社会主义金融业。

实践是检验理论的唯一标准，只有通过实践，才能验证哪些外国理论的经验是正确的、是精华；哪些是不正确的、是糟粕或者是不适合中国的国情。正确的理论和经验是经得起实践的检验的，错误的理论和经验，是经不起实践检验的。所以，总结自己经验的过程，也是洋为中用的过程。

查找缺点，排除隐患。这是总结经验的另一个重要方面，不要以为这些年来已经引进的西方的理论和经验都是先进的，要通过总结经验，查找在已经引进的外国金融体制、模式、制度、方法中，哪些在实践中证明是错误的，或者不适合我国国情，生搬硬套，甚至已偏离了社会主义方向，存在着隐患，必须要加以纠正，才能不断完善具有中国特色的社会主义金融业。

总结我们自己的经验，实际上，也是建设具有中国特色的社会主义货币金融理论的基本方法。实践、认识、再实践、再认识，人们对金融的反复实践、总结经验，从感性认识到理性认识，就会更多地把马克思主义的基本原理与中国的金融实际相结合，形成具有中国特色，适合中国国情并破解中国金融实际问题的中国化论著和教材，与时俱进，逐步建设具有中国特色的社会主义货币金融理论体系。

第五，勇于创新。回顾 60 年来，学习外国的经济、金融理论和经验，贵在联系实际，勇于创新。要不断总结实践经验、勇于创新，创新永无止境。

勇于创新是经济发展的客观要求。经济发展正在调整结构，发展低碳经济，加快经济发展方式转变，这一切都要求金融业勇于创新。创新是金融业改革和发展的客观要求，是在 60 年来已经取得巨大成就的基础上，建设具有中国特色社会主义货币金融理论和金融业的客观要求，也是时代发展的客观要求，我国经济实力不断增长，在国际上占有重要地位，创新是我国金融业进入世界前列的客观要求。

当前，勇于创新具备了许多有利的客观条件。我国金融业创新的目标已经明确：建设具有中国特色货币金融理论和金融业；60 年来经济发展取得了举世瞩目的成就，金融业积累了丰富的经验；学习外国金融理论和经验取得了经验和教训。

勇于创新需具备的主观条件。金融理论工作者需要在自己研究的领域内，金融实际工作者需要在自己从事的专业范围内或具体业务工作中，对外国的经济、金融理论和经验取其精华，去其糟粕，洋为中用，既深入了解中国实际，又了解外国实际，做到融外贯通。所以，勇于创新就是在更高的起点上，更高的水平上，更高的境界上，有所作为，有所突破，这正是勇于创新可贵之处。

只有那些具有坚实的马克思主义理论功底，又熟悉西方经济、金融理论和经验，深入实际，不怕艰苦，不怕困难，勇于拼搏的金融实际工作者和理论工作者，才能攀登到建设具有中国特色社会主义货币金融理论和金融业的高峰！

（原载《中国金融》，2010 年第 19~20 期）

建设中国特色社会主义金融学科

今年 7 月是我参加金融教学工作 60 周年，回顾 60 年来的教学生涯，把经验和教训集中到一点就是：必须坚持马克思主义思想为指导，建设中国特色社会主义金融学科，建设中国特色社会主义金融业。

中国特色社会主义金融学科和金融业，要反映中国特色社会主义的内涵和本质特征，反映中国国情，体现时代的、民族的、文化的特色；要总结中国金融业成功和挫折的历史经验教训，镜鉴西方金融业兴衰成败，深入推进改革开放，不断提高对外开放的水平，放眼世界，走向世界。

一、在中国化上狠下功夫

金融学科和金融业的中国化，是把马克思主义的基本理论和中国的金融实践相结合；坚持走中国特色社会主义金融业的道路，而不是照抄照搬外国的金融学科和金融业；在吸取外国先进理论和经验的基础上，创建比西方更高水平的中国金融学科和金融业。

早在 20 世纪 50 年代末期，我国就提出了金融学科和金融业的中国化问题。新中国成立初期，"向苏联一边倒"，全面学习前苏联的经济、金融等各个方面的理论和经验。后来，教师和学生渐渐地都感到这种做法脱离中国实际，金融工作者也感到脱离中国实际。到了 1958 年，高等学校提出了要编写中国化金融教材，银行提出了要吸取过去中国传统的银行业务做法。1964 年我还参加了当时由中国人民银行副行长主持的、有丰富实践经验的金融实际工作者和教师参加的"三结合"金融教材编写组，历时一年，完成了教材的初稿，后因"文化大革命"而中断。

改革开放是实现国家强盛、人民幸福的重大抉择，改革开放 30 多年来，我国取得了举世瞩目的伟大成就，学习和借鉴西方有益的经济、金融理论和经验，对于建设中国特色社会主义金融学科和金融业发挥了重要的作用。人类的知识、经验和理论是随着社会的不断发展而积累的，我们仍然要继续吸取西方反映客观规律的经济、金融理论和为实践证明了的成功经验。

为什么在上述两次学习外国经济、金融理论和经验的许多年以后，都提出了相同的问题：要实现中国化。这是因为外国的经济、金融理论和经验是在外国的经济发展道路、发展阶段、国情、文化、伦理等条件下产生和形成的，而中国的经济发展道路、发展阶段、国情、文化、伦理等和外国是不同的，必然要提出来一个中国化的问题，这反映了不以人们意志为转移的历史发展的客观要求，也是时代赋予我们的重要任务。

金融学科和金融业实现中国化是十分必要的。首先，有些外国的经验、金融理论在外国是先进的，在中国不一定能接受；有些成功经验，在外国是可行的，在中国不一定能行得通。其次，学习外国是为了要在中国运用，在中国运用必须要适合中国国情，适合中国的文化、伦理、民族特色等，不能削足适履，一切要从中国实际出发，才能在中国扎下根，行得通，取得效果。再次，学习外国是要解决中国的金融实际问题，要破解中国的金融难题。中国的实际问题和难题是具体的，和其他经济问题密切相关，一般的原理、制度、方法必须要与中国的实际情况相结合，才能破解中国的难题。最后，学习外国要结合中国实际，才能在实践中进一步丰富和发展金融理论，发展金融业务，实现金融业的创新，对世界金融学科和金融业作出贡献。

不仅如此，中国金融学科和金融业当前应该迈入中国化阶段。在过去引进、消化、吸收外国理论和经验的基础上，目前我们已经具备了迈入中国化阶段的客观条件。

第一，中国特色社会主义理论体系，为建设中国特色社会主义金融学科和金融业奠定了理论基础。这个理论体系集中回答了什么是中国特色社会主义，怎样建设中国特色社会主义这个根本问题。建设中国特色社会主义金融学科和金融业，又会丰富和深化中国特色社会主义理论体系。

第二，新中国成立60多年来，中国金融业积累了丰富的经验和教训。20世纪50年代全面学习前苏联，改革开放30多年以来引进和学习西方的经济、金融理论和经验，这些在实践中可行或不可行，有益或无益，我们积累了许多经验和教训。中国还有革命根据地办金融的经验，旧中国几百年金融业的经验教训，都值得总结和研究。

第三，新中国成立60多年来，金融学科积累了丰富的教学经验，出版了大批优秀教材，撰写了大量的金融专著和科研成果，培养了大批人才，这是创建中国特色社会主义金融学科和金融业的宝贵财富。要吸取历史上一切优秀的金融教材和科研成果的优点和养分，总结经验，不断创新。

第四，2008年爆发了国际金融危机，2011年爆发了欧债危机，这使我国和世界人民都在反思，对西方的经济、金融理论和经验有了重新认识，也激励我们要建设中国特色社会主义金融学科和金融业。

实践是实现金融学科和金融业中国化的源泉。总结中国金融的实践经验，上升到金融理论上来，将它规范化、条理化和系统化，可以不断提高理论水平。我们要着眼于对金融实际问题的理论思考，着眼于金融新的实践和新的发展，用金融实践基础上的理论创新，去研究改革开放中出现的金融理论和实际问题，开辟金融理论和实践的新境界，建设中国特色的社会主义金融学科和金融业，走中国自己的路。

总结实践经验是实现中国金融学科和金融业中国化的基本方法。我国金融业经过60多年来的发展和改革，自己的经验是很丰富的，必须要很好地总结，只有总结经验才能提高认识。总结经验，也是进一步消化西方正确的经济、金融理论和经验的过程，使一切外国的金融理论和经验同中国的实际相结合，建设中国特色的社会主义金融学科和金融业。

群众是实现金融学科和金融业中国化的依靠。要总结广大群众的新经验，提高对新经验的认识并把经验上升到新的理论，吸收到建设有中国特色社会主义金融学科和金融业上来。

自主创新是实现金融学科和金融业中国化的动力。创新是人类社会发展、文明提升、民族进步和国家兴旺发达的动力。从建设中国特色社会主义金融学科和金融业出发，从总结我国金融业的实践经验出发，从创建比西方更高水平的金融学科和金融业出发，以这三个出发点为基石，努力创新。

中国特色是实现金融学科和金融业中国化的根本保证。我国和西方金融学科和金融业在基本原理、基本规律、基本经验、基本知识和基本技能上是相通的；但是，在社会制度、指导思想、发展阶段、人生观、价值观、世界观上是不同的；在体制、制度和方法上是相互借鉴的，这是中国金融学科和金融业的特色。其次，中国金融学科和金融业要具有中国鲜明的时代特色、民族特色和文化特色。最后，中国金融学科和金融业再经过几代人的艰苦努力，要超越西方金融学科和金融业，这是历来金融实际工作者和理论工作者为之奋斗的理想境界。所以，中国特色是实现中国金融学科和金融业中国化的纲，纲举目张。

要防止借中国化而拒绝学习外国。改革开放是中国走向繁荣富强、实现中华民族伟大复兴必由之路，是中国特色社会主义理论体系的重要内容。只有坚持改革开放，中国金融学科和金融业才能广泛吸收世界各国创造的一切文明成果，才能实现中国化，所以，金融学科和金融业必须要继续吸取外国先进的经济、金融理论和经验。

中国金融学科和金融业必须拥有国际视野和世界眼光。随着经济、金融全球化的发展，中国的经济、金融实际变化已经与世界密不可分。不仅如此，只有坚持改革开放，中国金融学科和金融业的中国化，才能在世界视野上逐步得到外国的关注，才能对世界各国金融学科和金融业的建设作出贡献。

二、树立正确的货币观

建设中国特色社会主义金融学科和金融业，不能忘记老一辈无产阶级革命家，在新中国成立前夕，命名"中国人民银行"的深远含义。中国金融业的宗旨是要为人民服务的，而西方资本主义金融业一切为了赚钱。我们要推进社会主义核心价值体系建设，树立正确的货币观，反对拜金主义。这是中国特色社会主义金融学科和金融业的魂，要贯彻到金融学科建设的始终，要贯彻到金融业实践的始终，这是两种不同社会制度下金融业的根本区别，也是决定中国金融业沿着中国特色社会主义道路正确方向发展的保证。

在社会主义市场经济体制下，货币对经济发展发挥了比过去任何时期更为重要的作用，对人的作用也很明显，很具体，很生动。既要看到货币对人的积极作用，又要看到货币对人的消极作用。

在我国社会主义市场经济中，拜金主义就是把货币看得高于一切，拜倒在货币面前，为了追求货币，不顾党纪国法，铤而走险。拜金主义有各种表现形式：权钱交易、侵吞国家资财、出售假冒伪劣产品、经济诈骗、证券交易舞弊、刑事犯罪等。

在我国社会主义市场经济中拜金主义的特点是残缺的、更危险的拜金主义。因为社会制度的不同，由于经济基础和上层建筑的不同，我国社会主义市场经济中的拜金主义，和资本主义制度下拜金主义比较起来，是残缺的，但却是更危险的拜金主义。这是因为拜金主义者在我国虽然是极少数，但是，危害性却很大，破坏社会主义经济基础，影响国民经济又好又快发展，破坏社会主义市场秩序，腐蚀党和国家的机体，腐蚀人的灵魂，污染社会风气。

货币观是人们对货币的看法、态度和追求，货币观是人的价值观、人生观最集中和最具体的表现。货币对人发生作用，必然产生了人的货币观。过去传统的社会主义货币信用学只讲货币这个客观经济范畴，不讲货币观，只讲客观，不讲主观，使学生对货币这个概念理解上很抽象，很模糊，不具体。也放弃了对学生进行货币观、人生观的思想道德教育，放弃了帮助学生树立正确的货币观。中国金融学科要帮助学生推进社会主义核心价值体系建设，树立正确的货币观，反对拜金主义，这样才能培养金融工作可靠的接班人。金融业只有帮助每个工作者树立正确的货币观，反对拜金主义，才能正确对待工作、家庭和社会，才能正确地掌握和运筹资金，促进经济发展，才能做好金融工作。

树立正确的货币观，反对拜金主义，金融学科不能丢掉这个魂，不然，就有可能培养出金融蛀虫。金融工作者不能丢掉这个魂，不然，就会后悔莫及。金融业不能丢掉这个魂，不然，金融业就会偏离中国特色社会主义道路的正确方向。

三、运用马克思主义理论分析西方的金融危机

马克思主义理论是革命的和批判的，运用马克思主义理论分析当前西方的金融危机和经济危机，是中国金融学科的国际任务，要把金融学科建设成为当代运用马克思主义理论分析西方金融危机和经济危机强大的理论阵地。

2008年以来，一场由美国次贷危机引发的国际金融危机席卷全球，许多国家经济陷入衰退，社会动荡。2011年下半年发生的欧洲主权债务危机，进一步加深了西方的金融危机和经济危机，再一次证明了马克思主义理论是革命性和科学性的高度统一。但是，对于这次西方世界性经济、金融危机的分析，有两种不同的理论：一种是西方的经济理论，把资本主义市场经济看作是一种最优的、永恒的经济制度，否认发生经济危机的可能性，把危机产生的原因归结为政策和行为的失误；另一种是马克思主义理论，认为这是反映资本主义制度的本质特征，是资本主义制度基本矛盾的集中爆发。西方经济、金融理论的特点，是只研究表面现象，不研究本质，只研究西方经济、金融危机的现象，不研究西方经济、金融危机的本质。我们千万不要受西方经济理论的误导，只注意西方经济、金融危机的表面现象，不深入经济、金融危机的本质。

要运用马克思主义关于资本主义基本矛盾的理论，分析这次西方经济、金融危机产生的根源。这次西方经济危机和金融危机的爆发，反映了资本主义制度的本质特征和必然结果，它的根源仍然是资本主义基本矛盾，即资本主义生产的社会化与资本主义生产资料私人占有制之间的矛盾决定的，这个基本矛盾决定着资本主义经济是高度发达的，广大劳动人民却相对贫困化，从而出现生产相对过剩。资本主义这个基本矛盾在当代表现的特点，是资本家已经不满足追求最大限度利润，而是贪得无厌，追求暴利和投机利润。广大劳动人民的相对贫困化，已经不是表现为生活水平低下，而是背上了沉重的债务，"房奴""车奴"是当代劳动人民相对贫困化的典型表现。中国有句谚语说："冷的是风，穷的是债。"所以，这次经济危机和金融危机是从次贷危机中爆发的，次贷危机是经济危机这座火山的爆发点，它的根源仍然是资本主义的基本矛盾决定的。

要运用马克思主义关于虚拟资本的理论，分析这次西方经济危机、金融危机新的特点和形式。虚拟资本是不同于真实资本的所有权资本，如股票、国债、信用票据等，虚拟资本产生的原因是资本的贪婪性，追求暴利。虚拟资本具有虚拟性、衍生性、高风险性和掠夺性。金融衍生品是最高形态的虚拟资本，种类繁多，无限地放大了真实资本。虚拟资本的发展孕育着虚拟经济，虚拟经济的过度膨胀和金融的虚拟化形成了经济泡沫、房地产泡沫、股市泡沫。居民从消费需求不足，变成超前消费、负债消费、过度消费，使一些没有消费能力的人也能消费，银行为了追求更多的利润，无限制地发放贷款，虚拟经济演变成投机经济，投机盛行，蔓延全球。最后是虚拟经济膨胀中的信用链断裂，发生次贷危机。所以，虚拟经济过度膨胀是次贷危机、金融危机爆发的重要原因。

要运用马克思主义关于金融危机和经济危机关系的理论，分析这次金融危机、经济危机的发生和发展。金融危机是经济危机的前兆和组成部分，西方的这次经济危机正是从次贷危机开始的，金融危机导致了经济危机，经济危机又加深了金融危机。

和马克思主义理论相反，当代西方流行的新自由主义经济思潮，极力宣扬私有化、自由化，鼓吹自由市场经济制度的魔力，把经济自由和市场经济制度推崇到了绝对的地步，结果造成了对资本贪婪和疯狂本性的纵容。鼓吹私有化万能，主张把所有经济活动都交给企业和市场，由市场主宰，由国际跨国公司摆布，解除了一切政府行政法规的约束，放松了政府对市场的监管，任由资本家赚暴利，赚大钱，造成了经济的混乱和社会动荡。所以，新自由主义思潮对这次西方世界性的经济、金融危机产生了恶劣的影响，也证明了西方新自由主义理论的彻底破产。

这次从美国金融"海啸"引发的国际经济危机和金融危机，再一次证明了马克思主义理论具有强大的生命力和科学真理，我们应该营造学习马克思主义理论的浓厚氛围，把金融学科建设成为分析西方经济、金融危机强大的理论阵地，这也是金融学科重大的国际任务。

综上所述，在中国化上狠下功夫，是对金融学科内容体系上的要求，金融学科要具有实践性；树立正确的货币观，反对拜金主义，是对金融学科政治思想上的要求，金融学科要具有思想性；运用马克思主义理论分析西方的金融危机，是对金融学科在国际责任上的要求，金融学科要具有革命性，这三者是相互密切联系的，也是中国金融学科的三个根本特点。中国金融学科要在实践性、思想性、革命性上多做努力。

（原载《中国金融》，2012 年第 11 期）

再论建设中国特色社会主义金融学科

2012 年 7 月，我在回顾和总结自己从事金融教学 60 周年的历程时，把经验和教训集中到一点，提出要建设中国特色社会主义金融学科和金融业。

一、必由之路

旧中国是一个半封建、半殖民地、贫穷落后的国家，新中国成立初期，全面学习苏联的经济、金融理论和经验，对于建成独立、完整的国民经济体系，对于金融业和金融学科的建设都发挥了重要作用。改革开放时期，学习西方有益的经济、金融理论和经验，对于我国发展经济，改善人民生活，对于中国金融学科和金融业的发展也都发挥了重要作用。

这两次引进成绩是主要的，但共同的缺点都是部分内容"全盘照搬"。社会科学和自然科学有所不同，金融学科和金融业"全盘照搬"必然造成脱离国情、脱离实践、脱离群众、脱离政治，这"四个脱离"危害很大，是一条行不通的死胡同。

回顾新中国成立 60 多年中国金融学科和金融业走过的路程，可以发现，建设中国特色社会主义金融学科和金融业，是必由之路。

第一，这是建设中国特色社会主义内在的必然要求。中国金融业和金融学科是中国特色社会主义的重要组成部分，金融理论在特色社会主义理论中占有重要地位。中国金融学科和金融业，必须要反映中国特色社会主义的内涵和本质特征。中国特色社会主义道路、理论、制度，为中国金融学科和金融业指明了发展的根本方向。

第二，这是深化改革开放的必然结果。改革开放以来，我国已经大规模地引进了西方的金融理论和经验，出版了大批西方的金融教科书、参考资料、金融法规制度等，今后还要继续引进。金融实践的不断发展和改革开放的不断深入，要求我们深入地理解和消化西方经济、金融理论和经验，弄懂它们是在什么国情、历史背景、发展阶段产生和应用的，要真正掌握其精神实质。要分清楚哪里是精华，哪里是糟粕。洋为中用，为建设中国特色社会主义金融学科吸收养分、添砖加瓦，这是深化改革开放的必然结果。

第三，这是历史发展的客观规律。60多年来，中国金融业取得了巨大成绩，积累了丰富的实践经验，出版了大量的金融专著、科学研究成果、优秀的金融教材，培养了大批人才，这是宝贵的财富。必然要求将中国的金融实践经验，不断在金融理论上概括和提升，创新出联系实际的、科学的金融新概念、新表述、新内容、新理论、新体系，建设具有中国特色、中国风格、中国气派的金融学科和金融业，这是历史发展的客观规律。

第四，这是世界经济和金融发展的必然选择。2008年爆发的国际金融危机、2011年爆发的欧盟主权债务危机，使各国对西方的经济、金融理论和经验有了新的认识。世界的发展影响中国，中国的发展影响世界，中国金融学科和金融业的发展，已经不仅属于中国，同时也属于世界。建设中国特色的金融学科和金融业，这是世界经济发展和中国发展提出的重任，这是必由之路，成功之路。

二、中国特色

建设中国特色社会主义金融学科和金融业，比"全盘照搬"西方的金融学科和金融业，具有更高要求。它是在理解和消化外国金融理论和经验、总结我国金融实践经验基础上的升华和飞跃。中国金融学科应该具有以下六个特色：

思想特色。千万不能忘记老一辈无产阶级革命家，命名我国货币为人民币、银行为人民银行的深远含义。人民币要为人民服务，银行要为人民服务，一切金融事业都是人民的，都要为人民服务，这种思想是中国特色社会主义制度的本质反映和客观要求。

青年学生走进课堂的第一天老师就要让他们懂得货币、银行、金融是人民的，是要为人民服务的。走进金融工作岗位的第一天，就要牢牢记住金融工作是要为人民服务的。这是一条思想主线，要把它作为金融学科内容和金融工作的出发点、着力点、落脚点，贯彻到金融学科内容的各章节中；要贯彻到一切金融工作中去。研究金融工作、讨论金融问题，都要把这条思想主线贯彻始终。教师不仅要教书，更要育人。金融学科的教师、金融工作的各级领导人，要懂得金融领域是容易产生腐败的地带，要培养金融战线的革命接班人，预防金融蛀虫的产生，要培养和提高青年对腐败的抵抗力和免疫力。

西方金融教科书在讲办银行时，把赚钱作为办银行、办金融的唯一目的。在讲货币时，只讲货币的作用，没钱是万万不行的，培养青年"一切为了个人""一切为了赚钱"的世界观、人生观和价值观。西方货币理论讲的是流通中的通货理论，只讲通货的运行机制，通货的发行、调节、政策等，不讲通货运行中反映的人与人的关系，认为贫富相差悬殊是天经地义的。所以，中国金融学科和金融业要具有以人为本，全心全意为人民服务的思想特色。

民族特色。中国是古老文明的国家，要汲取中华民族优秀金融文化的丰富营养，要研究中华民族几千年来发行货币、稳定货币、融通资金、发展金融的历史经验和教训，要研究中华民族历史上经济和金融的学说思想。中国金融学科和金融业要大力吸取和显示中国元素，将中国民族最为深厚、最有效率、最具创新的优秀金融文化融入中国金融学科和金融业。

实践特色。中国金融学科要具有鲜明的实践特色，要能够推动和指导金融实践活动。中国金融学科本身就是金融实践的产物，是在实践中不断创新、不断总结、不断上升形成的。建设中国特色社会主义金融学科和金融业，就是中国特色社会主义伟大实践的重要组成部分。

实践是建设中国金融学科和金融业的源泉。要着眼于对金融实际问题的理论思考，着眼于金融新的实践和新的发展，用金融实践基础上的理论创新去研究改革开放中出现的金融理论和实践的新问题，开辟金融理论和实践的新境界。

总结实践经验是建设中国特色社会主义金融学科和金融业的基本方法。我国金融业经过 60 多年的发展和改革，自己的经验是很丰富的，必须要很好地总结。只有总结才能提高认识，上升到金融理论上来；才能真正认识和区别这些年来引进的西方经济、金融理论和经验，哪些是正确的理论、哪些是资产阶级的偏见，哪些是为实践证明了的成功经验、哪些是资产阶级赚钱的伎俩，哪些是在外国社会经济条件下是可行的、哪些是适合中国国情的。使一切外国有益的经济、金融理论和经验同中国的实际相结合，建设中国特色社会主义金融学科和金融业。

理论特色。新中国的金融学科和金融业始终坚持马克思主义的基本原理，和当代中国金融的实际相结合。马克思对货币金融有大量的阐述，内容极为丰富和深刻，是金融业和金融学科的理论宝库。

同时，中国金融学科和金融业要和苏联模式作比较，吸收建设社会主义金融业的养分，扬弃其高度集中、闭关自守的金融模式；要和西方模式作比较，吸收西方理论上现代的理念、先进的管理经验和方法，舍弃由他们的人生观、价值观决定的经济、金融理论上的局限性，以及为它所决定的西方金融业的弊病。因此，中国金融学科要根据马克思的基本原理，吸收人类金融业的先进文明、理论和经验，以全新的视野，创建新的金融理论，中国金融理论必将具有理论上的独创性。

时代特色。中国金融学科必须要具有鲜明的时代特征，洋溢时代精神，体现时代的要求。马克思主义的理论品格就在于与时俱进，要把马克思主义基本理论同时代特征结合起来，根据中国不断发展和变化的金融实践，作出新的理论概括和论述。要研究当代金融的重大课题，如绿色金融、建设文明金融制度、金融的结构调整和转型升级等；要研究当代西方金融理论的新发展，金融科技的新成就，最新的金融模式、结构、治理经验等；要借鉴国外当代金融的一切有益成果；要大力弘扬以改革创新为核心的时代精神，通过改革开放，赶上世界金融业发展的前进步伐。

保持中国金融学科的时代特色，必须要勇于创新，努力创新，不断创新。增强自主创新能力，培养创新型人才，营造创新型金融文化，适应金融业时代发展的新要求。

世界特色。建设中国特色社会主义金融学科，既是中国金融学科的建设，又是世界金融学科建设。世界各国金融学科和金融业在金融的基本原理、基本规律、基本经验、基本知识、基本技能上是相通的，要结合中国实践、做到海纳百川，博采众长。

三、坚持自信

坚持道路、理论、制度自信，这是马克思主义理论的重要创新，自信来源于对伟大理想、奋斗目标、崇高信仰坚定不移的追求，这是马克思主义者的人格魅力。只有自信，才能振作精神，奋发图强，不为任何风险困难所阻，建设中国特色社会主义金融学科和金融业，要坚持以下五个自信：

第一，坚持道路自信。中国特色社会主义道路是民族复兴、国家富强、人民幸福之路，是为历史、实践、人民所证实了的发展中国唯一正确的道路。中国金融学科和金融业必须要沿着这条道路向前发展，既不能走封闭僵化的金融学科和金融业的老路，也不能走改旗易帜的邪路。

第二，坚持理论自信。坚信中国特色社会主义金融理论，这种自信来源于对我国金融业发展历程的探索和已经取得的巨大成就。不仅如此，中国金融理论必将兴起，必将蓬勃向前发展，充满生机活力。

第三，坚持制度自信。制度是建设中国特色社会主义的根本保障，中国特色社会主义道路和理论创新，都要最终形成一种制度将它固定下来，制度集中体现了中国特色社会主义的性质、特点和优点。中国金融学科和金融业要建立和巩固为实践证明正确而行之有效的金融制度，它是社会主义制度的组成部分。

第四，坚持人生观、价值观自信。建设社会主义核心价值观是兴国之魂，反对拜金主义。有商品生产和货币的存在，就存在拜金主义，要研究我国社会主义制度下拜金主义存在的原因、本质、表现形式及其危害性。要充分认识在社会主义制度下，拜金主义腐蚀党和国的机体，腐蚀人的灵魂，玷污社会风气，这是关系到国家前途和命运的重大问题。

第五，坚持方法论自信。坚持马克思主义唯物辩证法，应用各种现代科技手段，研究经济和金融问题。在两次引进外国经济、金融理论和经验中都发生了"全盘照搬"的错误，前一次突出表现在全盘照搬苏联繁杂、机械的银行规章制度上；后一次突出表现在有的全盘照搬西方的经济数学模型上。经济数学模型的精华在于能够解决经济、金融的现实问题，在于适用。不适用的经济数学模型，浪费了大量的精力和时间，毫无价值。要把马克思主义唯物辩证法运用到中国金融学科和金融业的实践中，在实践中不断丰富和发展马克思主义的唯物辩证法。

建设中国特色社会主义金融学科和金融业，经过了几代人的艰辛努力，艰苦的探索。我们只要坚持自信，深入实际，不怕艰苦，不怕困难，一定能够攀登世界金融学科的高峰。无限风光在顶峰！

（原载《中国金融》，2013 年第 19 期）

金融学科历史经验的回顾与思考

新中国成立以来，金融学科的改革与建设已经历了半个多世纪，经过两次较大的改革。第一次是新中国成立初期，从旧中国遗留下来的经济体制向计划经济体制转换，从而相应地引起了金融学科的改革与建设。改革开放以来，我国从计划经济体制向市场经济体制转换，正在经历着第二次金融学科的改革与建设。历史的经验值得注意，这两次金融学科改革与建设的历史背景、条件、内容等有很大的不同，但是，在方法、步骤、发展规律上却有相同之处，可以概括为一是引进、二是消化、三是中国化。这两次金融学科的改革与建设大体上都经历了这样三个阶段。

一、全面引进

在这两次金融学科改革与建设的期初阶段，全面引进是完全必要的，这也是最重要的步骤和方法。新中国成立初期，为了适应向计划经济体制转换的需要，全面引进和翻译了苏联的教学计划、教材和教学参考书等。课堂上讲授的也是这些教材的内容。当时，由于国情不同，再加上翻译上文字难懂，教师就逐段逐句地读懂，然后向学生讲授。金融实务部门也是根据苏联专家的经验和参考引进的书籍对中国金融体制进行改革和建设，其中全面引进起到了极为重要的作用。

改革开放以来，在我国进行第二次金融学科的改革与建设的期初阶段，全面引进同样是重要的步骤和方法。引进西方发达国家的教学方案、教材、教学参考书等。虽然这两次引进的历史条件不同，引进的内容很不相同，第一次引进的是计划经济体制，第二次引进的是市场经济体制，但是，在这两次金融学科改革与建设的期初阶段，全面引进是完全必要的，是正确的，是发展的共同规律，采取的具体做法和措施是相类似的，是相同的。主要包括：

第一，全面、大量地引进和翻译外国金融教材、教学参考书、名著等，是这两次金融学科改革与建设的重要手段。没有外国金融教材、教学参考书、名著等的引进和翻译，这两次金融学科的改革和建设是无法进行的。

第二，聘请了国外的专家、学者到有条件的大学讲学，直接推动了金融学科的改革与建设。所不同的是，第一次聘请外国专家、学者的数量较少，金融学科只限于中国人民大学，中国人民银行也有外国专家。第二次聘请西方的外国专家、学者数量较多，许多大学都聘请了外国专家、学者进行长期的或短期的讲学。

第三，选派出国留学生到国外留学。留学生学成回国后，对于推动金融学科的改革与建设起到了积极的作用。当然，由于历史条件不同，这次派出的留学生数量较多，留学的国家更广泛，不仅有攻读学位的，也有访问学者，还有国外回国定居的专家学者。

第四，掀起学习外语的热潮，学习国外教材、教学参考书、专著等，必然掀起学习外语的热潮。新中国成立初期，校园里到处是朗读俄语的声音，现在到处是朗读英语的声音。

在全面引进阶段，存在的主要问题和经验教训包括：

第一，学习国外经验，结合中国的实际不够。在全面引进的期初阶段，教师整天忙于学习搞懂国外教材，修改讲稿，没有时间、也不重视联系中国实际。照搬外国，出现了"两段式"和"三段式"，这种现象的产生也是很自然的。

所谓的"两段式"，就是在新中国成立初期，教师在课堂讲课或到实际部门讲课，由于不了解中国的实际，只讲苏联教材，回答实践部门同志提出的问题总是说："苏联的今天就是我们的明天"，这是两段式，不结合中国实际。在学校讲课有时学生问老师："我们银行工作现在是怎样做的？"老师由于不了解中国实际，不能直接回答学生提出来的问题，也是回答说"苏联的今天就是我们的明天"。

现在部分教师在课堂上讲课，由于全面引进国外教材，不深入中国实际，出现了"三段式"：第一段是先讲国外的经验怎么怎么好，第二段是讲当前中国怎么怎么落后，第三段是讲中国应该怎么怎么迎头赶上。博士生的论文很多也是这个模式。

第二，只讲一种经济体制是完美无缺的。在第一次金融学科的改革与建设中，只讲计划经济体制的优越性，几乎每堂课都讲，不允许怀疑计划经济体制，更不允许讲计划经济体制的缺陷。在当时的历史条件下，把实行计划经济体制和走社会主义道路等同起来，如果谁反对实行计划经济体制，谁在政治上就要大祸临头。这种缺乏一分为二的形而上学的观点，给我国实际的经济工作曾经带来很大的损失，也使金融学科的改革与建设走了不少弯路。当前我们在引进西方的理论和经验时，也要注意这个问题，实际上，在西方的经济学家中也认为市场经济体制存在一些不足和缺陷，我们不能把它讲成是完美无缺的。

第三，贯彻"百家争鸣，百花齐放"的方针不够。在第一次金融学科的改革与建设中，只能讲一种观点，即苏联教材的观点；讲一种经济体制，即计划经济体制；讲一种经验，即苏联的经济、金融工作经验。甚至在一个时期搞统一教材，统一讲稿，统一试讲，把高等学校的教学和研究工作搞得死气沉沉，培养的学生思路很狭窄，没有生气。当前正在进行第二次金融学科的改革与建设，历史条件不同了，为贯彻执行"百家争鸣，百花齐放"的方针创造了良好的条件，但是，我们仍然需要注意这个问题，即不能把对学习西方有任何不同意见的人，通通说成是思想保守，或"怀念计划经济"，等等。

二、深入消化

当前学习西方存在的"三段式"，以及新中国成立初期存在的"两段式"，在学习国外理论和经验的期初阶段，这些都是不可避免的。存在这种问题并不奇怪。如何解决这个问题？就是要深入消化。同时要逐步联系中国实际。所谓深入消化的第二阶段，就是指目前我们对西方的理论和先进经验的学习虽然已经取得了很大的成绩，形势喜人，但是，很多西方理论和先进经验我们还处在半消化状态，西方很多理论和经验还没有深入接触到。还要进一步引进，进一步开放，进一步消化，使师生对西方的理论和经验的学习和理解建立起巩固的基础。

第一，要进一步翻译和引进西方经济、金融的优秀教材、参考书和名著。使学习西方的理论基础进一步深化和巩固，进一步扩大视野。当前翻译和引进西方的优秀教材、参考书和名著等在数量和品种上都还很不够，要进一步扩大引进，使师生对西方经济、金融理论和经验的研究更深入，学得更透彻，基础更加牢固。

第二，要进一步"请进来，派出去"。"请进来"是指要请一些知名专家学者来讲学，请外国的一般教师来讲学，收获不大，而且费用较多，召集学生和听众都很困难。"派出去"是主要的。"派出去"的访问学者学习时间要长一些，这样能够比较全面、深入了解和研究西方的金融学科。"请进来"的往往讲西方教育的优点较多，从不讲缺点，这也不全面。

第三，在深入学习和消化西方的经济、金融理论和经验中，要进一步搞清楚以下几个问题：

一是要搞清楚西方这种金融体制、制度、办法是在什么历史条件下，哪些经济发展阶段上采用的，要和我国的历史发展条件和阶段做对比。对西方的金融理论要了解它的产生和发展及其和经济、金融实践发展的关系。

二是要搞清楚西方金融体制、制度和经验先进在哪里？还存在哪些不足？适不适合当前我国的实际情况，不能盲目照搬。

三是要了解西方金融理论中各学派的分歧点，以及分歧点的各自论据；金融工作中不同体制、制度和办法的优缺点，并结合我国的实际进行对比和研究。

四是要了解哪些是市场经济的共同规律，是普遍真理，哪些是个别国家在特殊情况下采取的办法，或是在特殊阶段采取的权宜之计。不要再像新中国成立初期那样把苏联经济金融工作中的一切做法都误认为是社会主义的普遍规律、普遍真理，把苏联当时流行的一切理论、观点都认为是社会主义放之四海而皆准的普遍真理。

五是要研究西方经济和金融思想史，只有把西方经济、金融学说的产生、发展搞清楚，把各种学说的来龙去脉搞清楚，才能真正掌握西方经济、金融的各种学说。要研究西方经济和金融的发展史，搞清楚西方经济和金融工作的发展，是在什么经济发展阶段，在什么条件下采用的制度和办法，这样才能对西方的经济、金融制度、办法、工作有比较全面的了解。

第四，要总结我国经济金融工作中的实践经验。要深入了解我国经济、金融工作的发展，特别要系统总结新中国成立以来金融实践工作的经验教训。要从我国的国情出发，从我国的实际出发，要总结出哪些是成功的经验，哪些是适合我国国情的制度、办法，哪些是失败的经验教训等，这也有利于更好地理解和消化西方经济、金融的理论和工作制度、办法和经验。

第五，要总结我国高等学校金融学科改革和发展的经验教训。半个多世纪以来，我国金融学科改革和发展的经验教训是很丰富的，要总结出哪些是行之有效的经验，哪些是有欠缺的做法；西方在金融学科教育中，有哪些经验和做法值得我们借鉴和参考，存在哪些不足和欠缺。

第六，总结我国金融理论的研讨成果。新中国成立以来，我国理论界和实际部门围绕着金融工作的实践，有很多理论上的探讨、热门话题，这些理论的探讨往往是围绕着我国经济和金融工作的实践进行的，很值得我们进一步深入研究，有的完全可以引进金融学科的教学内容中。我国有五千多年的悠久历史，思想文化都很丰富，有很多值得研究的金融理论和思想，这些值得我们进一步研究。

第七，提高学生英语和数学水平。逐步提高学生的英语水平，这对适应我国进一步改革开放的新形势，学习国外经济、金融理论与经验是十分必要的。当前比较适合的方式是引导学生逐步阅读外文参考书和资料。搞双语教学，这种方式在当前要求过高，效果不一定好。逐步提高学生的数学水平，这样才能真正看懂和深入理解国外的金融学科教材和参考书，所以，要求报考经济类高等学校的学生考理科数学是有一定道理的。

三、中国特色

在我国第一次金融学科改革与建设的发展进程中，1958年针对教材建设提出了"中国化"。在我国第二次金融学科改革与建设进程中，同样提出了建设具有中国特色的金融学科，这是我们奋斗的最终目标。在深入消化国外先进金融理论和经验，不断总结我国金融实践经验的基础上，逐步建立具有中国特色的金融学科，这需要几代人的努力拼搏和辛勤努力。

第一，这是对金融学科的改革与建设提出更高的要求。只有在更深入、更广泛、更全面研究国外先进金融理论和经验，深入总结我国金融实践的经验，深入了解和研究我国国情的基础上，才能建设具有中国特色的金融学科。有的同志提出金融学科的改革与建设不存在中国特色的问题，只需引进国外的教材、教学方案等，如果强调中国特色，就会影响向国外学习。其实，建设具有中国特色的金融学科，是对学习国外金融理论和经验提出了更高的要求。只有全面、深入地研究国外先进金融理论和经验，才能融会贯通，才能吸收其精华，洋为中用，具有比较高的学术修养，才能建设有中国特色的金融学科，培养出既懂国外，又熟悉本国，具有独立思考、独立工作能力，富有创造性，为社会主义祖国服务的金融人才。当然，各学校、各门课程、各个人在具体进程和时间安排上是不同的。

第二，要深入研究中国国情。建设具有中国特色的金融学科，必须深入研究中国国情，中国是一个人口众多、地大物博、历史悠久的国家，很多情况是和国外不同的。中国金融改革和建设具有丰富的实践经验，不能看不起自己付出代价取得的经验，对这些宝贵的实践经验要很好研究。要研究中国经济与金融发展的阶段，并和国外经济金融发展阶段做对比研究。总之，不能全盘否定自己，盲目照搬照抄。历史的经验证明，不加分析比较，全盘照搬照抄是要吃大亏的。

第三，理论与实践相结合。建设具有中国特色的金融学科，必须实行理论与实践相结合，理论来源于实践，又高于实践，只有实行理论与实践相结合的原则，才能建设具有中国特色的金融学科，这是建设具有中国特色金融学科的一项重要原则。但是，要正确实行两者的结合，也不是件容易的事。我曾经有一段实践的粗浅体会。1958 年以后，当时十分强调理论与实践相结合的原则，编写"中国化"教材，师生纷纷深入工厂、农村、银行基层等，曾经进行过许多形式和方法的尝试，当时突破苏联教材的老框框，编写出"中国化"教材的思想深入人心。1964 年中国人民银行召开新中国成立以来的第一次教材工作会议，会上对各院校教材编写进行了分工。会后由当时中国人民银行副行长领导起草了《货币信用学》编写大纲，由中国人民银行具有多年丰富实践工作经验的领导同志和院校的教师集体编写，编写工作完全在金融实际工作部门的领导具体布置下进行。但是，在编写过程中和编写出来后，金融实际工作部门的同志认为院校同志编写的各章，仍然存在理论脱离实践的问题；院校的同志却感觉到金融实际工作部门的同志编写的各章节没有办法在课堂上讲授，缺少概念、范畴，太注重实际。花了一年时间，教材编出来了，正准备出版，但由于 1966 年"文化大革命"来了，教材以流产告终。改革开放以来，在各院校金融学科教材编写大纲和初稿的讨论中，有的没有请金融实际部门的同志参加，这也不利于理论联系实际。所以，以上这两种方式都要避免，而且要进一步探索中国特色社会主义金融学科建设中理论与实践相结合的正确方式和方法。

第四，认真总结新中国成立以来金融学科改革和建设的经验。我们既要学习国外，又要认真总结自己的经验。其实，半个多世纪以来，无数师生为我国金融学科的改革与建设付出过辛勤劳动，取得了许多宝贵的经验，这是我国独有的。例如，培养学生树立远大的理想，热爱祖国、热爱人民、热爱社会主义的政治思想教育工作；我们重视理论与实践相结合的原则；等等。这些宝贵的经验值得我们认真总结。我国也编写和出版了一批优秀教材、教学参考书、专著等。同样地，西方的高等教育也存在一些缺点，例如，有些教师工作态度马虎，对教学工作不认真负责，市场经济养成个人利益第一，等等。所以，不能把国外的看成是十全十美的，是一朵花；也不能把本国自己的都看成是落后的，是满脸疮。

第五，基础教育和专业教育相结合。新中国成立初期，学习苏联的经验，高等教育培养的是专家，金融专业培养的是金融专家，所以，十分强调专业教育，专业分得很细，专门化课程划分很细，设置了很多专业、专门课程。改革开放以来，学习西方，重视基础教育，这是完全必要的、正确的。我认为两者最好能够结合起来，在本科阶段重视基础教育，在硕士阶段重视专业教育。缺乏基础教育，学生的基础不牢固，学识不广博，思路很窄，这要避免。缺乏专业教育，学生了解专业不深，毕业后独立工作能力不强，这也要避免。

第六，在教学环节上，要继承和发展我们理论与实践相结合较好的方式和做法。例如，教师讲课中贯彻理论联系实际的原则，定期邀请有实践经验的金融实际部门同志来校做报告，坚持深入金融实际部门生产实习，学生的毕业论文选择实践性较强的题目，等等。

第七，金融专业有必要开设中外经济思想史和中外经济发展史课程。只有这样，才能深入了解国外经济、金融发展的思想和历史，才能真正把外国先进的金融理论和经验学深学透，才能根据我国经济、金融发展的实际，灵活适当地加以运用，旧中国的金融专业开设这两门课程是有道理的，值得我们思考和借鉴。

第八，根据金融专业培养人才的需要，在政治课中，有必要开设经济伦理课程，或者增加这部分内容。不然，金融专业毕业的学生没有树立正确的人生观、价值观、金钱观，不懂得拜金主义的危害。毕业后，从事经济金融的实际工作，缺乏防卫"糖衣炮弹"的能力，是很容易被"糖衣炮弹"击中的，事实上，这方面的经验教训是很多的。

第九，要努力提高数学水平，要把数学和实践结合起来。吸取旧中国金融专业的经验，报考金融专业的学生，最好是考理科数学，有比较好的数学基础，才能看懂西方经济和金融的教材、参考书和专著。更重要的是要把所学到的这些数学模型、方程式等和金融实际工作结合起来，付诸实际应用。西方金融学科中许多数学模型、方程式等在金融实际工作中不能应用；甚至在硕士、博士生课程中，数学的推导往往脱离了金融学科，这在国外的学术界也是有很大争论的。有不少学者反对这种脱离经济、金融课程的内容和十分繁琐的数学推导。我们应该开辟一条新路，把经济金融课程中的数学和金融的实践密切结合起来，使学到的数学真正运用于金融实践中。

第十，要研究我国历史上的金融思想和金融实践工作的经验。中国是世界上历史最悠久，文化遗产、经济工作实践最丰富的国家。历史上许多经济学家都有卓越的经济思想和金融思想，很值得我们研究。例如，公元前730年到公元前645年春秋早期杰出的政治家和经济学家管仲，对货币的起源、本质、本位、职能、作用、数量、国际货币等有全面的、系统的精辟论述，很值得我们研究参考。我国历史上对货币金融的管理有很多经验教训，这些都值得我们研究。

对我国几千年来的历史、文化、经验教训一定要很好地研究，不能一概否定，全盘西化，不然就会像《庄子》寓言中那个邯郸学步的人一样，最后连自己走步的能力都遗忘干净，只落得匍匐而归的尴尬下场。

建设具有中国特色社会主义的金融学科，经过几代人的努力，一定能够逐步完成。到那时，中国人将意气风发，昂首阔步前进，不再跟着洋人后面走！

（原载《中国金融学教育与金融学科发展——历史回顾和经验总结》，中国金融出版社，2007）